가상 현실의 탄생 Dawn of the New Everything

가상 현실의 탄생 Dawn of the New Everything

나의 애장판 제페토 러니어, 자신과 과학을 말하다 Encounters with Reality and Virtual Reality

재런 러니어 Jaron Lanier

노승영 옮김

이 책은 실로 꿰매어 제본하는 정통적인 사철 방식으로 만들어졌습니다.
사철 방식으로 제본된 책은 오랫동안 보관해도 손상되지 않습니다.

이 책에 언급된 모든 분과 언급하고 싶었던 많은 분들에게:

제가 이런 삶을 살게 된 것에 감사드립니다.

차례

서문　　　　　가상 현실의 순간

1980년대 후반에 있었던 일이다. 캘리포니아 레드우드시티에 있는 한 기술 스타트업의 현관문 틈새로 〈엑스선 촬영 금지〉라는 무시무시한 스티커가 붙은 커다란 봉투 하나가 들어오더니 툭 떨어졌다. 봉투 안에 든 내용물은 도시 전체에 대한 최초의 디지털 모형을 담은 플로피 디스크였다. 아침 내내 기다리던 자료였다. 「재런, 왔어. 연구실로 가자고!」 엔지니어 한 명이 누구보다 먼저 봉투를 낚아채어 열고는 연구실로 달려가 컴퓨터의 슬롯에 플로피 디스크를 밀어 넣었다.

　난생 처음 가상 세계에 발을 내딛는 순간이었다.

　나는 구름 한 점 없이 화창한 파란 하늘에 손을 뻗고는 눈을 찡그리며 올려다보았다. 나의 거대한 손이 시애틀 도심 위로 솟아 있었다. 손목에서 손끝까지가 300미터는 되는 것 같았다.

　버그가 있는 게 틀림없었다. 손은 사과나 야구공을 쥐기에 알맞은 크기여야지 빌딩보다 커서는 안 된다. 손은 미터로 측정하는 게 아니다. 게다가 300미터라니. 말도 안 된다.

　도시는 추상적이었다. 당시는 아직 VR의 초창기였기에, 빌딩은 컬러 점토를 잘라 만든 것 같았으며 시애틀답지 않게 원색으로 알록달록했다.

도시의 안개는 초현실적으로 뿌옇고 균일했다.[◆]

처음 든 생각은 실험을 중단하고 버그를 잡아야겠다는 것이었지만, 좀 더 실험을 해보기로 했다. 손을 지상으로 내려, 물보라 이는 퓨젓사운드 만에 떠 있는 페리선을 건드려 보았다. 움직였다! 내가 컨트롤할 수 있다니. 기대하지 않았는데. 터무니없이 거대한 손이지만 제대로 작동했다.

이따금 VR에서 버그가 발생하면 사람들이 세상에 — 또한 서로에게 — 연결될 수 있는 참신한 방법이 드러난다. 이때야말로 최고의 순간이다. 그러면 나는 늘 잠시 멈춰 그 감각을 음미한다.

VR 버그를 몇 번 겪고 나면 이런 의문이 들게 마련이다. 〈아무것도 없는데 이 사건들을 경험하는 자는 누구인가?〉 그는 당신이다. 꼭 그런 것은 아니지만. 자신의 몸과 세계에 대해 사실상 모든 것을 바꿀 수 있다면 당신에게 남는 것은 무엇일까?

내 아이폰EyePhone에는 케이블이 한 다발 꽂혀 있었는데, 이 케이블들은 천장에 매달린 고리를 통과해서, 일렬로 늘어선 컴퓨터들에 연결되었다. 냉장고만 한 컴퓨터들에서 냉각 팬 소리가 요란했다. 손에는 데이터글러브DataGlove를 꼈다. 매끈한 검은색 망사 재질에 광섬유 센서가 박음질되어 있었는데, 손목에 연결된 더 굵은 케이블 다발이 천장의 고리에 걸쳐져 있었다. 빛이 반짝거리고 화면이 깜박거렸다. 아이폰을 썼다 벗으면 고무 테두리 때문에 눈두덩이 벌겋고 축축하게 파였다.

◆ 이 버전의 시애틀은 실제 버전과 마찬가지로 시애틀 주민들이 제작했다. 그들은 연구자로, 나중에 워싱턴 대학교 HIT연구실의 일원이 되었다. 이곳은 군사 시뮬레이터 연구를 하다가 VR 분야의 선구자가 된 톰 퍼니스Tom Furness가 개설한 초창기 VR 연구 부서이다.

연구실로 돌아오니 현실이 낯설었다. 실리콘 밸리의 건물들은 벽에 융단을 댔으며 우주 시대Space Age♦ 싸구려 책상의 나무 무늬는 가짜였다. 알루미늄과 하수구 냄새가 희미하게 감돌았다.

괴짜 기술 천재 일당이 장치 주위로 몰려들었다. 다들 한번 만져 보고 싶어서 안달이 났다. 척은 휠체어를 끌고 왔다. 거는 나무꾼처럼 생겼으며 건장한 체구에 수염을 길렀다. 톰은 몇 분 전까지만 해도 샌프란시스코를 밤새 누비며 벌인 기상천외한 모험 이야기를 해놓고 지금은 전문적이고 분석적으로 굴었다. 앤은 왜 이번에도 자기만 어른 역할을 하고 있는 건지 의아해하는 듯했다.

「진짜 시애틀에 있는 것 같았어?」

내가 말했다. 「그런 것 같아. 정말이지…… 근사해.」 다들 장치 쪽으로 비집고 들어왔다. 우리 프로젝트는 반복할수록 나아졌다. 「버그가 있어. 아바타 손이 어마어마하게 커.」

VR 안에서 내 손을 쓰는 단순한 행동은 결코 지루하지 않았다. VR 안에 몸을 가져올 수 있으면 나는 단순한 관찰자가 아니라 주민이 된다. 하지만 가상의 손이 어떻게 해야 가상의 물체를 집을 수 있는지 알아내는 따위의 기능적 세부 사항은 여간 힘든 과제가 아니었다.

물체를 집으려고 했는데 가상의 손끝이 실수로 물체를 꿰뚫는 문제를 해결하려다 보니 어쩌다 손이 어마어마하게 커졌는지도 모른다. 모든 것이 모든 것과 연결되어 있다. 새로운 세계의 규칙을 바꿀 때마다 놀랍고 초현실적인 버그가 언제든 생길 수 있다.

버그는 가상 현실에 들어 있는 꿈이었다. 꿈은 변화를 일으킨다.

♦ 미소 간에 우주 탐사 경쟁이 벌어지던 시기 ― 옮긴이주.

1980년대 후반의 저자. VR을 벗었을 때와 썼을 때.

　거대한 손의 경험은 가상 현실이 느껴지는 방식뿐 아니라 실제 현실이 느껴지는 방식까지도 바꿨다. 방 안의 친구들은 반투명하게 고동치는 존재처럼 보였다. 그들의 투명한 눈은 의미로 가득했다. 이것은 환각이 아니라 향상된 지각이었다.

　새롭게 드러난 물질성이었다.

머리말   VR이란 무엇일까?

VR은 커다란 헤드셋으로, 이걸 쓰고 있으면 밖에서 볼 때 웃긴 꼴이
된다. 안에서 경험하는 것에 대한 놀람과 기쁨이 자기도 모르게 밖으로
표출되기 때문이다. VR은 과학 소설에서 즐겨 쓰는 상투적 장치이며
참전 군인의 외상 후 스트레스 장애를 치료하는 수단이기도 하다. VR을
생각하기만 해도 늦은 밤 의식과 현실에 대한 온갖 몽상이 피어오른다.
모든 사람을 〈반드시〉 감시하지 않고서도 실리콘 밸리에서 수십억
달러를 금세 확보할 수 있는, 지금으로서는 몇 안 되는 방법 중
하나이기도 하다.
   VR은 우리 시대의 과학적, 철학적, 기술적 첨단에 놓여 있다. VR은
자신이 다른 장소에 ― 어쩌면 인간과 동떨어진 몸을 가지고서, 어쩌면
환상적인 외계 환경에 ― 있는 듯한 철저한 환상을 만들어 내는
수단이다. 하지만 인지와 지각의 관점에서 인간이란 무엇인지를 가장
심층적으로 연구하는 장치이기도 하다.
   이토록 아름다울 수 있으면서도 또한 이토록 소름 끼칠 수 있는
매체는 일찍이 없었다. 가상 현실은 우리를 시험할 것이다. 우리의
심성을 어떤 매체보다 강하게 증폭할 것이다.

〈하나의 가상 세계에 여러 사람이 동시에 있을 수 있다〉라는 원래 정의에 따른 최초의 가상 현실 시스템. 이 장치는 VPL에서 제작한 RB2, 즉 〈둘을 위해 구축한 현실Reality Built for Two〉이다. 두 사람의 뒤에 있는 화면에서 그들이 서로의 아바타를 보고 있음을 알 수 있다. 이 사진은 1980년대 후반의 한 산업 박람회장에서 찍었다.

가상 현실은 이 모든 것이자 그 이상이다.

친구들과 나는 1984년에 VR 스타트업인 VPL 리서치사VPL Research, Inc.를 창업했다. 이 책에서 나는 우리의 이야기를 들려줄 것이며, VR이 인류의 미래에 무엇을 의미하는지 탐구할 것이다.

최근의 VR 애호가들은 〈1984년에? 어림도 없지〉라고 외칠지도 모르지만, 사실이다.

여러분은 VR이 수십 년 동안 실패를 거듭했다는 말을 들었을지도 모른다. 하지만 그 말은 저가의 블록버스터 대중 오락용 버전을 출시하지 못했다는 뜻일 뿐이다. 지난 20년간 여러분이 탄 모든 탈것은—구르는 것이든, 뜨는 것이든, 나는 것이든 — VR 프로토타입이 구현되어 있다. 수술 연습용 VR은 하도 널리 보급되어서 남용 우려가 제기될 정도이다(절대 쓰면 안 된다고 말하는 사람은 아무도 없으리라. 보기 좋게 성공했으니까!).

책은 할 수 있는데 VR은 못 하는 게 뭘까?
적어도 아직까지는

가상 현실의 낭만적 이상은 여전히 매력적이다. 현실적 기술이 아니라 이상적 기술로서의 VR은 너드적인 것과 히피 신비주의적인 것의 결합이다. 첨단 기술이자, 꿈 같은 것이자, 한계 없는 경험의 묘약이다.

초창기의 VR이 어땠는지 〈온전히〉 전달하지 못하는 것이 안타깝다. 당시에는 경험의 새로운 장이 열린다는 분위기가 있었다. 우리는 최초의 몰입형 아바타에 들어가고, 아바타가 된 타인을 바라보고, 처음으로 자신의 몸을 비현실적 아바타로 경험하는 일에 매료되었다. 기술 분야에서 그 밖의 모든 것은 따분해 보였다.

VR을 가지고서 그 경험을 공유할 수는 없다. 적어도 아직까지는 안 된다. VR이 아무리 다재다능하더라도, 내적 상태를 전달하는 매체는 아직 아니기 때문이다. VR이 사람들에게 점차 친숙해지면서 이 점을 강조할 필요성이 줄고 있지만, 나는 이것을 분명히 해달라는 요청을 여러 차례 받은 적이 있다.

이따금 이런 식으로 말하는 사람들이 있다. VR이 어떠한 현실이든 자유롭게 텔레파시처럼 만들어 내고 뇌를 결합시키도록 금방이라도 진화할 것처럼 말이다. VR이 경이로운 것은 모든 것을 하려 들지 〈않기〉

때문임을 설명하기란 여간 힘든 일이 아니다.

언젠가는 새로운 문화가, 즉 VR 산업의 상투적 양식과 수법으로
이루어진 거대한 전통이 떠오를지도 모른다. 그러면 초기 VR이
어땠는지를 VR 기법으로 여러분에게 전달할 수 있을지도 모르겠다.
나는 성숙한 표현 문화가 VR에서 어떤 형태일지를 오랫동안
상상했으며, 영화, 재즈, 프로그래밍의 교집합이라고 말하곤 했다. ◆

VR의 첫 번째 정의: 20세기의 세 가지 위대한 예술인 영화, 재즈, 프로그래밍을 하나로 엮는 21세기 예술 형태.

VR의 표현력이 궁극적으로 얼마나 커질지는 아무도 모르지만,
VR이라는 아이디어에는 언제나 작은 흥분의 고갱이가 들어 있다. 모든
경험을 자신의 통제하에 남들과 대화적으로 공유하는 것, 총체적 표현
형태에 대한 접근법, 자각몽의 공유, 지긋지긋한 물질성에서 벗어나는
것 — 우리는 이것을 추구한다. VR은 이 세상의 주어진 상황에
얽매이지 않는 존재 양식이다.

내가 VR 이야기를 객관적으로 서술하겠다고 하면 그것은
거짓말이다. VR이 내게 소중한 것은 그 속에 사람들이 있기 때문이다.
VR이 내게 어떤 의미인지 이야기하려면 내 이야기를 하는 수밖에
없다.

◆ 이것 말고도 VR의 정의 수십 가지에 번호를 붙여 이 책에 실었다.

이 책을 읽는 법

대부분의 장은 내가 어린아이이던 1960년대 중엽부터 VPL을 떠난
1992년까지를 다룬다.

VR의 특징을 설명하거나 그에 대해 논평하는 장(이를테면 VR
헤드셋에 대한 장)도 여기저기 섞여 있다. 이런 〈설명〉 장들 중에는
기초를 간략하게 소개하는 것도 있고, 첨예한 의견을 집중적으로
제시하는 것도 있고, 순서 없이 나열된 에피소드도 여럿 있다. 과학이나
논평보다 이야기를 더 좋아한다면 이 부분은 건너뛰어도 좋다. 반대로
이야기를 좋아하지 않고 VR 기술에 대한 내 생각만 읽고 싶다면 그
장들로 직행하시라.

나의 이야기와 주장의 일부는 긴 각주에 담겨 있다. 각주를 읽을
시간이 있으면야 좋겠지만 나중으로 미뤄도 괜찮다. 세 개의 부록은
당시의 아이디어를 확장한 것이지만 과거보다는 미래에 중점을 두었다.
AI가 언제라도 인류를 멸망시킬지 모른다는 두려움에 시달리지 않는
확고한 세계관이 어떤 것인지 알고 싶다면 읽어 보시길.

시간적 비중에 맞게 (내가 최근에 연구하고 있는) 혼합 현실mixed
reality◆보다는 고전적 VR을 더 많이 언급할 것이다(혼합 현실에서는
현실 세계가 가상 세계에 완전히 가려지지 않는다. 최근의
홀로렌즈HoloLens에서 경험할 수 있듯, 가상의 사물이 현실 세계 안에
놓여 있는 것을 보는 것이다).

◆ 1980년대에 〈혼합 현실〉이라는 용어를 쓴 예는 "Virtual Reality: An Interview with Jaron
Lanier"(Kevin Kelly, Adam Heilbrun, and Barbara Stacks, Whole Earth Review. Fall
1989, no. 64, p. 108[12])에서 찾아볼 수 있다.

어릴 적 나를 만나다

널 다시 보게 될 줄은 몰랐어.

늘 두려워하던 일이 결국 일어났군. 당신은
나이를 먹었고, 어릴 적 자신을 이용하고 있어.
여느 작가처럼 말이지.

말도 안 돼. 너와 엮이지 않는 게 훨씬
수월하다구. 어느 때보다 지금의 나 자신에게
편안함을 느낀단 말이야. 너랑 이야기하면
남루한 옛 시절이 떠올라. 그러면 불안하고
우울해져. 넌 내게 아픈 기억을 떠올리게 해. 내가
널 불러낸 건 딴 사람들이 너에 대해 아는 게
유익할 것 같아서일 뿐이야.

가상 현실이 어떻게 되어 가고 있어? 심지어
〈VR〉이라고 부른다며?

그래, 이제는 다들 〈VR〉이라고 해.

그럼 명칭 전쟁에서 우리가 이긴 거야?

그 전쟁을 기억하거나 신경 쓰는 사람은 아무도
없어. 이름은 이름일 뿐이야.

그런데 VR이 조금이라도 도움이 돼?

그러니까, 지금 그걸 알아보려는 거야. 이 책은
VR이 보편화되는 것과 때를 맞춰 출간될 것 같아.

젠장, 망치지나 말았으면 좋겠어.

그거야 모를 일이지…… VR을 제대로 하는 게
얼마나 힘든지 알잖아.

VR이 아직까지도—그 뭐더라?—그 환각제

무리들한테 시달리지는 않았으면 좋겠는데.

아, 너 그자들이 그립군. 못 믿겠지만, 특이점

꼴통들이 자유 지상주의자들과 이종 교배를 했어.

그들의 광신도 자녀들이 오늘날 기술 문화를

이끌고 있지.

지독하군. 상상한 것보다 더 끔찍하잖아.

네가 완벽한 세상을 기대했다니 당황스러운데.

개똥 같은 현실을 받아들이는 법을 배웠다는

이유만으로 당신 자신이 고귀하거나

계몽되었다고 생각한다는 게 나는 당황스럽군.

어이, 이러지 마. 우리 싸우지 말자고. 싸워야 할

사람은 저 바깥에 얼마든지 있으니까.

당신이 개발 중이라는 싸구려 VR 얘기 좀 해봐.

사람들이 자기 자신의 VR 세상을 만든다고?

음, 안에 있을 때 그러는 건 아니지만, 그래, 많은

사람이 세상을 만들 수 있게 될 거야.

하지만 안에서 세상을 즉흥적으로 만들지

못한다면 무슨 소용이지? 더 많은 현상으로

감각을 마비시킬 뿐인데다 심지어 진짜 세상만큼

좋지도 않잖아. 그게 왜 좋다는 거야? 사람들 좆

되기 전에 뭐라도 해봐. 당신 대체 왜 그래?

이봐, 난 VR 경찰이 아니야. 내 소관이

아니라고.

왜 아니야? 당연히 당신이 책임져야지!

젊은 친구들이 VR을 개조하는 걸 보면 정말
근사해. 매력적인 VR 스타트업에다 대기업의
사내 팀도 있다구. 그중에는 너와 VPL을
떠올리게 하는 것도 있어. 요즘 유행은 훨씬
직설적이지만.

어떤 사람이 VR을 멋진 볼거리라고 생각한다는
이유만으로 나를 떠올리다니 모욕적이군. 그런
건 금세 진부해진다는 거 모르나? 현실을
즉흥적으로 만든다는 꿈은 어떻게 됐지? 자각몽
공유는? 고작 더 화려한 영화나 비디오 게임을
만드는 게 무슨 소용이야?

이봐, 너 자신이 남들보다 낫다고 생각하면서
그들을 위해 헌신할 수는 없어. VR은 어떻게
보면 허접할 테지만 또 어떻게 보면 대단할 거야.
더욱 발전하고, 바라건대 정말로 대단해질
거라고. 마음을 누그러뜨리고 과정을 즐겨.
사람들을 존중해 봐.

무슨 개소리야. 이 문제를 놓고 악이라도 써야
하는 거 아냐?

어, 그건, 그러니까…… 이 책으로…….

알았어. 그런데 싸구려 VR은 누가 내놓지?
VPL에서?

아니, VPL은 오래전에 접었어.

마이크로소프트에서 독립형 혼합 현실 헤드셋을
출시했어. 본체가 필요 없고 어디든 가지고 다닐
수 있지. 너도 보면 맘에 들 거야.

　　　　　　　　　　마이크로소프트라고? 아이구야…….
음, 나 요즘 마이크로소프트에서 연구해.

　　　　　　　　　　당신, 제도권에 들어갔어? 아니, 당신이 방금
　　　　　　　　　　그렇게 말했잖아.
작작 좀 하지. 클래식 VR 기기도 출시 준비
중이야. 우리가 팔던 거랑 다르지 않아.
오큘러스Oculus라는 이름의 이 회사는 한 소셜
미디어 기업에 20억 달러에 인수됐어.

　　　　　　　　　　뭐어어어라아아아고? 제품 출시도 안 한 VR
　　　　　　　　　　회사를 20억에? 우와, 미래는 완전 천국이군.
　　　　　　　　　　근데 소셜 미디어 기업이 뭐지?
사람들이 서로 의사소통하고 개인적 기록을
남길 때 쓰는 서비스야. 알고리즘으로 사람들을
모델링해서 표적 광고를 보여 줘. 이 회사들은
알고리즘을 조정해서 사람들을 우울하게 할
수도 있고 투표를 더 많이 하게 할 수도 있어.
많은 사람들의 삶에서 중심을 차지하고 있지.

　　　　　　　　　　하지만, 하지만 거기다 VR을 합치면 필립 K. 딕
　　　　　　　　　　소설이 되겠네. 이거야 원. 미래는 완전 지옥이군.
천국이자 지옥이지.

　　　　　　　　　　하지만 총명하고 반항적인 젊은이들은 거대

기업의 컴퓨터 속에서 살아가고 싶어 하지 않을
거야…….

이상하게 들리겠지만 디지털 사회를 주도하는
기업들에 대해 젊은 세대가 더 편하게 느끼면서
오히려 새로운 세대 격차가 생겼어.

어쩔 수 없이 감수해야 할 현실이라는 말로
들리는군. 그러니까, 그러다가는 노예가 되지
않겠느냐고. 커서도 부모랑 함께 살아? 세상이
미쳐 돌아가는군. 모든 게 거꾸로야.

하지만 이 세상에서는 그게 정상이야. 시간의
흐름에 따른 자연스러운 현상이라고.

당신, 한 대 쥐어박고 싶다.

그러시든지.

1   1960년대:
에덴에서의 공포

국경

우리 부모는 내가 태어나자마자 대도시를 떠났다. 한동안 떠돌다가, 당시만 해도 무명의 험한 장소에 자리 잡았다. 텍사스 서쪽 끝, 뉴멕시코주와 멕시코가 만나는 엘패소 외곽은 간신히 미국 땅에 속한 오지였다. 가난하고 무법천지였으며 완전 딴 세상이었다.

왜 그리 갔을까? 분명한 대답을 들은 적은 한 번도 없지만, 달아나고 있었던 건지도 모르겠다. 어머니는 베트남 출신으로 수용소에서 살아남았으며 아버지의 가족은 우크라이나 포그롬* 때 대부분 목숨을 잃었다. 최대한 눈에 안 띄게 살아야 한다는 말을 들은 기억이 난다. 하지만 좋은 대학교가 근처에 없다는 것은 용납할 수 없었으리라. 부모는 절충안을 택했다. 뉴멕시코 근처에 훌륭한 대학교가 있었기 때문이다.

내 기억에 어머니는 멕시코의 학교가 (미국보다는) 유럽의 학교와 더

♦ 종교적·인종적·민족적으로 소수인 사람들과 그들의 재산에 대해 군중들이 당국의 묵인이나 허가를 받고 가하는 공격으로, 주로 19세기 말과 20세기 초 러시아에서 일어난 유대인 공격을 지칭한다 — 옮긴이주.

닮았으며 당시 텍사스 촌구석보다 나은 교육 과정을 운영한다고
말했다. 멕시코 아이들은 수학 진도를 1~2년 앞서 나갔다.

「하지만 유럽은 우리를 전부 죽이려고 했잖아요. 유럽이 뭐가
좋아요?」 어머니는 어디에나 아름다운 것들이 있다고, 심지어 유럽도
그렇다고, 세상의 악으로 그 아름다움을 완전히 짓밟지 않는 법을
배워야 한다고 말했다. 게다가 멕시코는 결코 유럽이 아니었다.

그래서 나는 아침마다 국경을 넘어 멕시코 시우다드후아레스에 있는
몬테소리 학교에 다녔다. 지금은 이상하게 들리겠지만 — 그 국경이
세상에서 가장 유명한 감옥처럼 되었으니 — 당시 분위기에는 절제와
여유가 있었다. 작은 통학 버스가 삐걱거리며 늘 국경을 넘나들었다.

우리 학교는 내가 다닐 뻔한 텍사스의 학교와 딴판이었다. 교과서
표지에는 아즈텍족 신화의 환상적인 그림이 그려져 있었다. 선생들은
휴가지에 놀러 온 차림이었다. 색색의 천을 두르고 1960년대 모드풍
헤어스타일을 했으며 커다란 무지갯빛 딱정벌레를 산 채로 은사슬에
달아 어깨를 마음대로 돌아다니도록 했다. 매 시간마다 딱정벌레에게
밝은색 설탕물을 점안기로 먹였다.

이곳은 몬테소리 학교였기 때문에 우리는 딱정벌레처럼 마음대로
돌아다닐 수 있었다. 그러다 무언가를 발견했다. 황량한 학교 건물의
낮은 선반에 놓인 낡은 미술책을 뒤적이다가 히에로니무스 보스의
삼면화◆「쾌락의 동산The Garden of Earthly Delights」 도판을 보았다.

◆ 세 폭의 그림을 나란히 연결한 것 — 옮긴이주.

창문

학교에서 집중 안 한다고 혼난 기억이 난다. 나는 최면에라도 걸린 듯 창밖을 하염없이 바라보고 있었다. 하지만 멍하니 있는 게 아니라 강렬한 사색에 빠져 있었다.

아텐시온!¡Atención!(정신 차렷!)

나는 「쾌락의 동산」을 보았을 때 전기에 감전된 것 같았다. 그림 속에 들어가 친숙한 우단색의 부드럽고 거대한 새를 만지고, 투명하고 두툼한 공들이 있는 놀이터를 기어다니고, 서로를 꿰뚫고 결국 나를 꿰뚫을 거대한 악기를 부는 상상을 했다. 어떤 느낌일지 상상할 수 있었다. 격렬한 간지러움, 퍼져 나가는 온기.

보스의 인물 중 몇몇은 캔버스에서 밖을 쳐다본다. 내가 그중 하나라면 어떨까? 내가 창밖을 내다본 것은 그림 안에서 우리의 정상적(이라고 간주되는) 세계를 내다본 것이었다. 간단한 일은 아니었다. 선생을 화나게 하면서 몇 시간을 그래야 했으니까.

케 에스 로 케 에스타스 미란도?¿Qué es lo que estás mirando?(뭘 보고 있는 거냐?)

이따금 (마치 그림에서처럼) 벌거벗은 아이가 작은 모래통에 앉았다가 잡힐 때까지 뛰어다니는 장면이 보였다. 하지만 운동장의 노란 풀 너머로 철조망 뒤편으로 뿌옇고 어수선한 시내도 보였다.

화려하게 도색된 매머드 트럭이 밀짚모자를 쓴 백발의 남자를 태운 채 엄청난 속도로 질주하며 배기관에서 시커먼 연기를 내뿜고, 흐릿한 파스텔 톤의 동네가 머나먼 사막 언덕의 구불구불한 바위 줄무늬와 겹쳐 사라지고, 하늘의 은빛 들판이 사람으로 가득 차 있었다. 도로 맞은편에서 케트살코아틀의 웅장한 2층짜리 벽화가 주차장 벽을 따라

올라갔다.

에스토이 비엔도 마라비야스Estoy viendo maravillas(나는 기적을
본다).

울타리 바로 너머 가까운 곳은 더 뚜렷이 보였다. 거지의 꼬불꼬불한
가슴 털, 소아마비 생존자가 비틀거리며 신문 더미를 나르는 몸짓, 십대
소년의 초록색 셔츠 가장가리에 묻은 때, 뒤뚱거리는 그의 자전거
손잡이 위로 반짝거리는 초록색 선인장 피라미드. 한번은 기우뚱하게
달리는 멕시코 경찰차의 연기 자욱한 뒤칸에서 시무룩하게 앉은 죄수의
얼굴 상처를—눈부시게 번쩍거리는 경광등 불빛 사이로 아슬아슬한
찰나에—보았다.

3종 세트

우리 작은 학교의 나머지 아이들은 모두 눈 멀고 귀 먹었을까? 왜
그렇게 무덤덤했을까? 왜 전기에 감전되지 않았을까? 이해할 수 없었다.

나는 쓸모없는 공상에 집착하기 시작했다. 강 건너 텍사스의 학교에
가면 어떻게 될까? 텍사스는 더 질서 정연할 것 같았다. 내가 「쾌락의
동산」 사본을 텍사스에 가져가 작고 벌거벗은 사람들에게 그림 밖을
내다보게 한다면 그들에게 보이는 세상은 괴상한 곳일까, 아니면
그들이 이렇게 말할까? 「와, 지금까지 그렇게 지루한 곳에 있었다니!」

온 우주의 모든 장소가 경이로운데 사람들이 감각의 수고마저 귀찮아
했던 걸까? 다른 아이들이, 모든 것이 정상인 것마냥 교실에 가만히
앉아 있던 것은 그 때문일까?

물론 그때는 이런 말을 생각해 낼 수 없었다. 어렸으니까.

나는 그림을 보고 또 보다가 창밖을 보다가 다시 그림을 보았다. 피가 머리에 들어왔다가 빠져나가는 듯 내 몸 안의 색깔이 시시각각 변하는 느낌이었다. 그 그림이 왜 그토록 매혹적이었을까? 어떤 흥미로운 점이 나를 끌어당겼을까?

바흐를 들으면서 그림을 쳐다보면 더 좋았다. 교실에는 낡아 빠진 전축이 있었다. 바흐의 오르간 곡이 담긴 레코드판이 있었는데, 하나는 E. 파워 비그스가 오르간으로 연주했고 또 하나는 글렌 굴드가 피아노로 연주했다.

내가 가장 좋아하는 일은 「토카타와 푸가 라단조」를 크게 틀어 놓고 계피 가루 뿌린 멕시코 초콜릿을 퍼 먹으면서 「쾌락의 동산」을 바라보는 것이었다. 좀처럼 허락되지 않은 쾌락이었다.

기분

가장 어릴 적 기억은 압도적인 주관성에 사로잡힌 경험이다. 모든 것이 뚜렷하고 쓸쓸했으며 냄새로 가득했다. 모든 작은 장소와 모든 순간은 끝없는 양념 찬장의 새 양념이었고 끝없는 사전의 새 단어였다.

단번에 알아듣지 못하는 사람에게 마음 상태를 전달하는 일이 얼마나 힘든지 지금도 깜짝깜짝 놀란다. 한밤의 보름 달빛 아래 뉴멕시코의 높은 능선을 걸으며 갓 쌓인 눈이 형광색으로 빛나는 골짜기를 내려다본다고 상상해 보라. 이제 두 여행자가 대화를 나누는 장면을 상상해 보라. 한 명은 낭만주의자이고 또 한 명은 무미건조하고 분석적인 성격의 소유자이다. 낭만주의자가 〈마법 같지 않아?〉라고 말하면 상대방은 이렇게 말할 것이다. 「음, 시야가 이례적으로 훌륭하고 달이 찼군.」

어릴 적 나는 초낭만주의자여서 〈시야〉 같은 실용적 개념은 상상도 할 수 없었다. 〈마법〉의 경험에 완전히 압도되어 다른 것은 전혀 떠올릴 수 없었기 때문이다. 나의 어릴 적 경험에서는 형태보다 향기가, 설명보다 감각이 두드러졌다.

시간이 지나면서 나는 정상이 되는 법을, 더 지루해지는 법을 배웠다. 처음에는 느낌과 환경의 변화가 어찌나 압도적이었던지 비행기 여행을 감당하기조차 힘들었다. 뉴욕을 출발하여 샌프란시스코에 착륙하는 것을 수백 번 겪었는데도 그때마다 아찔했다. 공기는 상쾌했으며 휘발유 냄새가 배어 있었지만 바다 내음도 났다. 더 연하고 덜 자극적인. 그런 느낌의 변화에 익숙해지는 데만도 여러 시간이 걸렸다.

나는 주관적 느낌의 압도적 부담을 억누르는 연습을 오랫동안 했으며 30대 후반에 효과를 보기 시작했다. 요즘은 비행기를 타도 아무렇지 않다. 마침내 공항들이 전부 비슷하게 느껴지기 시작했다.

전복

나는 부모를 이름으로 불렀다. 어머니 릴리는 빈의 유력한 유대인 가문에서 태어났으며 어릴 때 피아노 신동이었다. 우리 외할아버지는 교수이자 랍비였으며 마르틴 부버Martin Buber와 돈독한 사이였다. 릴리 가족은 근사한 집에 살았으며 안락한 삶을 누렸다. 외조부모는 당시의 위험한 정치 상황이 안정될 때까지 기다리기로 했다. 인간성의 추락에는 한계가 있으리라 믿었기 때문이다.

릴리는 조숙하고 총명한 십대였으며, (평상시 같으면 전혀 중요하지 않았겠지만) 피부가 하얗고 금발이라는 사실이 결정적으로 작용했다. 릴리는 아리아인 행세를 하여 임시 수용소를 빠져나왔으며 서류를 위조하여 외할아버지가 살해되기 직전에 방면시켰다.

하지만 이런 수법은 집단 살해 수법이 최적화되기 전인 홀로코스트 초기에나 가능했다. 어머니 가족은 결국 대부분 나치의 손에 살해당했다.

살아남은 일부는 뉴욕에 자리 잡았다. 릴리는 처음에는 침모로 생계를 유지하다 금세 속옷 회사를 차렸다. 회화를 공부했으며, 아직 젊었기에 무용수 훈련도 받았다. 릴리는 이 꿈들을 이루기 위해 돈을 벌었다. 사진 속의 릴리는 영화 스타처럼 보인다.

릴리와 나는 어찌나 가까웠던지 그녀를 나와 다른 사람으로 여기기 힘들 정도였다. 릴리와 릴리 친구들을 위해 피아노로 베토벤 소나타를 연주한 기억이 난다. 그때 나는 우리가 한 몸으로 함께 연주한다는 느낌을 받았다. 우리의 연주는 나른하면서도 현란했다.

우리 부모는 나를 텍사스 공립 초등학교에 전학시켰다. 이곳에는 뒤적일 미술책도, 창밖의 흥미로운 풍경도 없었다. 부모는 내가 미국인이 되는 데 필요한 것들을 배우지 못할까 봐 걱정했다.

그건 사실이었다. 새 학교에 가려면 이웃 악동들의 구역을 통과해야 했다. 이 녀석들은 더러운 부츠를 신고 카우보이 말투로 말했다. 황당하게도 우리 부모는 나를 가라테 도장에 보냈다.

도복이 꽤 멋있었다는 것만 빼고 가라테의 모든 것이 지긋지긋했다. 어머니가 나의 무술 시연을 보려고 텍사스 도장에 왔을 때 나는 가만히 선 채 상대 소년의 주먹과 발과 손날을 고스란히 받았다. 겁나거나 부끄러웠던 기억은 없다. 남과 싸우는 게 바보짓이고 잘못이라는, 나쁜 일이라는 생각이 들었을 뿐이다. 게다가 진짜로 싸우는 것도 아니었다.
실제로 타격하지는 않았기 때문이다. 하지만 어머니는 겁에 질렸다.
생전 처음으로 내게 실망한 눈치였다. 하늘이 무너지는 심정이었던
기억이 난다.

이튿날 아침 학교에 가려고 우리 집 마당의 딱딱한 흙과 땅딸막한
노란색 풀을 가로질러 걸어가는데 덩치 크고 싸우기 좋아하는 악동들이
나를 둘러쌌다. 내게는 바리톤 호른이 있었다. 이 악기는 소형 튜바처럼
생겼지만, 아홉 살짜리에게는 진짜 튜바만큼 컸다. 그때 머릿속에
전략이 떠올랐다.

나는 호른을 방패처럼 뻗은 채 — 하지만 방패보다는 유성퇴에
가까웠다 — 헬리콥터처럼 빙글빙글 돌았다. 악동들은 운동량 개념을
잘 몰랐던지 두어 번 나를 공격하려고 달려들다 호른에 맞아
나동그라졌다. 녀석들은 다른 방법을 찾아야겠다는 생각을 하지
못했다. 그중 세 명이 금세 찰과상을 입고 달아났던 것 같다. 머리가
어질어질했지만, 음악이 나를 살렸다.

바로 그 순간 나의 만족감이 원자 크기로 쪼그라들었다. 릴리가 살짝
열린 현관문 뒤에 서서 마치 나치가 나를 잡으러 온 듯 흐느끼고 있었다.
외출복을 입지 않아서 밖에 나오지는 않았다. 그때 릴리가 빈 시절의
플래시백을 경험했음을 깨달은 것은 몇 해 뒤였다.

당시의 나는 릴리의 반응에 겁을 먹었다. 가라테 도장에서는 싸우지
않은 것에 실망하다가 여기서는 싸운 것에 기겁하다니. 나는 불현듯
단절을 경험했다. 그 감각이 하도 혼란스럽고 불쾌해서 어떻게 해야
할지 알 수 없었다. 나는 학교로 내달렸다. 그것이 내가 본 릴리의
마지막 모습이었다.

플래시백

군복을 완벽하게 차려입고 이목구비가 뚜렷한 남자가 침통한 표정으로 교실 문을 두드리더니 나를 찾았다. 알라모에 대한 지루한 강의에서 벗어나게 되어 기뻤지만 뭔가 단단히 잘못됐다는 느낌이 들었다.

교장도 와 있었다. 그는 한 번도 들어 보지 못한 정중한 목소리로 한 번도 가보지 못한 교장실에 따라오라고 말했다. 교장실에는 깃발과 존슨 대통령 사진 액자가 있었다. 악동들을 호른으로 때려서 말썽이 난 걸까?

그때 군복 차림의 남자가 우리 어머니가 죽고 아버지는 병원에 있다고 내게 말했다.

그날은 릴리가 난생 처음 운전면허 시험을 치르러 시내에 가기로 한 날이었다. 시험장은 한 시간가량 떨어진 엘패소 시내 근처에 있었다. 아버지 엘러리가 그곳까지 차를 운전했다. 릴리는 합격했다.

릴리가 고속 도로를 운전하여 집에 돌아오는데 차가 말을 듣지 않고 빙글 돌아 전복됐고 높은 고가 도로 아래로 떨어졌다. 교장이 (마치 도움이라도 되리라는 듯) 건넨 신문 스크랩에 그렇게 적혀 있었다.

나는 릴리가 그날 아침의 충격적 플래시백 때문에 도로에서 공황에 빠진 게 아닌가 하는 생각에서 오랫동안 헤어나오지 못했다. 죄책감이 나를 좀먹었다. 내게도 책임이 있는 것 같았다.

몇십 년이 지나 엔지니어 친구가 그 연식의 차량에 결함이 있을지도 모른다는 기사를 찾았다. 그렇다면 사고의 원인을 설명할 수 있었다. 법적 조치를 취하기에는 너무 늦었지만, 우리 부모가 왜 하필이면 폭스바겐에서 차를 샀는지 의아했다. 히틀러가 디자인한 〈비틀〉은 아니었다고 해도, 왜 하필.

그 차를 선택한 것은 유럽에서, 아니 모든 것에서 좋은 점을 찾으려는 어머니의 의도 때문이었을 것이다.

알고 보니 군인은 경찰이 찾아낸 먼 친척이었다. 그는 어머니의 유언장에 이름이 실려 있었으며, 엘패소의 대부분을 차지하는 군사 기지 포트 블리스에서 복무 중이었다. 나는 그에 대해 한 번도 들어 본 적이 없었다.

사람들은 병원에 있는 아버지에게 나를 데려다 주었다. 아버지는 의식을 차린 상태였으며 붕대 사이사이가 새까맸다. 우리 둘은 주체할 수 없이 흐느꼈다. 이러다 목이 막혀 죽는 게 아닌가 싶을 정도였다.

이 기억은 벽이다. 어머니의 죽음 이전은 거의 기억나지 않는다. 나의 서판은 하얗게 지워졌다.

소리

그 뒤로 오랫동안 나는 세상과 단절되었다. 영문도 모른 채 치명적인 감염병을 앓았다. 아버지와 같은 병원에서 1년 동안 꼼짝할 수 없었다.

엘러리는 최선을 다했다. 잠은 내 침대 옆의 간이침대에서 잤다. 계절이 순환하고 마침내 나는 세상으로 복귀했다. 새로운 환경에 처음으로 눈길을 준 기억이 난다.

병원은 덥고 비좁고 소란했다. 갈라진 연두색 타일이 벽의 절반을 덮었으며 때 탄 창문에는 철조망이 덧대 있었다. 창틀은 쪼개졌으며 진녹색 페인트가 여기저기 벗겨진 채였다. 약과 오줌 냄새가 났다. 거구의 우락부락한 간호사들은 쭈글쭈글한 목에 작은 십자가를 걸고 있었다. 그들은 누구에게도 개의치 않은 채 탱크처럼 돌아다녔다.

나는 책을 읽기 시작했다. 주름진 홑이불 위에 책들이 놓여 있었다.

그때 비가역적 긍정의 두 순간이 내게서 번득였다. 단지 단어의 연쇄를 읽었을 뿐인데.

하나는 유대교 문화에 대한 어린이 책에서 읽은 것으로, 〈삶을 선택하라〉라는 유대교적 충고였다. 거기에는 나름의 논리가 있었다. 어쨌든 조만간 죽음이 찾아올 것이므로, 삶을 선택하는 것은 적어도 합리적 도박이니까. 파스칼의 내기와 비슷한데, 차이점은 내기의 대상이 신이 아니라 지금의 삶이라는 것이었다(어릴 적에 파스칼이나 파스칼의 내기에 대해서 들어 봤다는 말은 아니다). 하지만 곰곰이 생각해 보니 〈삶을 선택하라〉에는 또 다른 의미가 있었다.

너무 뻔해서 놓칠 수도 있겠지만, 이 문구에는 삶이 선택이라는 뜻이 담겨 있다. 게다가 자신이 살기를 선택했음을 깨닫는다면 그 이상의 선택도 할 수 있음을 깨달을 수 있다는 사실을 암시한다. 내가 듣고 싶은 말이었다. 당시에는 내게 선택의 여지가 있다는 생각을 한 번도 하지 못했다. 이 문구를 읽기 전에 내가 할 수 있는 일이라고는 침대에 누워 다음에 닥칠 일을 기다리는 것뿐이었다.

그런데 그때 이 문구의 의미가 한층 깊게 다가왔다. 우리는 선택이 무엇을 의미하는지 전혀 모르면서도 선택을 한다. 우리는 물리적 세계에서 살아간다. 우리가 여기 있는 이유는 미지의 것을 가지고 터무니없는 도박을 벌였기 때문이다. 불확실성에서 평안과 행복을 찾을 수 있을지도 모를 일이다. 다른 어디에도 눈 돌릴 곳은 없다.

독자 여러분께서는 내가 어른의 생각을 어린 시절의 회상에 욱여넣는다고 생각할지도 모르겠지만, 나는 이 문구를 아주 뚜렷이 기억한다. 나는 이른바 철학이라는 것에 꽂혔다. 내게는 잘된 일이었다.

두 번째로 인상적인 글은 뉴올리언스 초창기의 위대한 관악기 연주자 시드니 베셰이Sidney Bechet의 전기였다. 책에 따르면 그는 클라리넷을 연주하면서 어릴 적 호흡기 문제를 이겨 냈다. 나는 여러 달 동안 폐렴을 지독하게 앓았고 다른 호흡기 질환도 달고 있었기에, 엘러리에게 클라리넷을 사달라고 했다. 클라리넷은 간호사들 속을 긁는 데 제격이었을 뿐 아니라 나의 허파도 청소하기 시작했다.

이렇게 말하면 친숙한 힐링의 서사처럼 들리지만, 여러분이 알아야 할 게 하나 있다. 아버지와 나는 다시는 어머니에 대해 이야기하지 않았다.

친밀한 상황에서 침묵은 망각이 아니다. 오히려 그 반대다. 우리는 여전히 야르자이트° 촛불을 켰으며 여러 해 동안 애도의 눈물을 흘렸다.

수십 년 뒤에야, 우리 둘 다 망자를 마음속에서 지우는 것 말고는 도리가 없었음을 깨달았다. 삶의 자리를 마련하려면 그 수밖에 없었다. 끔찍하게 죽은 사람이 너무 많았으니까.

엘러리에게는 벙어리 친척이 있었는데, 날 때부터 그런 것은 아니었다. 따르던 언니가 포그롬 때 침대 밑에 숨어 있던 자들에게 난자당할 때 그녀는 아무 소리도 내지 않은 덕에 살아남았다.

엘러리에게 릴리의 죽음은 많은 죽음 중 하나였다. 치료사, 낮 시간 텔레비전 사회자, 소셜 네트워크에서는 우리에게 대화를 하라고 조언한다. 하지만 대화를 할 수 있다는 것은 엄청난 사치이다.

◆ 유대교에서 부모나 가까운 친척의 기일 — 옮긴이주.

지긋지긋한 괴롭힘

잇따라 병을 앓으며 오랫동안 동면한 뒤에 나는 뚱뚱해졌다. 하지만 그때는 전혀 몰랐다. 나는 감각이 없었다. 마침내 학교에 돌아갔을 때 아이들의 잔인한 조롱을 당하고서야 실감했다.

정상적인 상황에서도 아이들에게 당하는 조롱은 상처로 남을 수 있지만, 내 경우는 그보다 더했다. 이제는 청소년이 된 카우보이 악동들은 쬐끄만 치카노* 아이를 이웃집 수영장에 빠뜨려 죽인 일을 떠벌렸다. 어른들은 이 사건을 사고로 결론 내렸다(다들 진실을 알고 있었지만).

악동들은 내가 다음 차례라고 말했다. 한다면 하는 놈들이었다. 치카노는 몇 명 되지 않았는데, 깁스에 흉터투성이로 등교하곤 했으며 사람들의 눈길을 피했다.

선생 한 명은 수업 중에 유대인이 예수를 죽였으며 지금도 그 대가를 치르고 있는 거라고 비아냥거렸다. 그러더니 이 고대의 우주적 범죄가 우리 어머니의 사고와 관계가 있을지도 모른다고 말했다. 자업자득이라는 얘기였다.

지금은 이 선생이 최대한 친절을 베풀려 한 것이었음을 안다. 그것은 유대인으로 태어난 것은 내가 어찌할 수 있는 일이 아니었다고 말하는 나름의 방식이었다. 비슷한 맥락에서 그녀는 백인 아이들을 이해해야 한다고 충고했다. 멕시코인의 지능이 떨어지는 것은 엄연한 사실이기 때문이라는 것이다.

그 뒤로 나는 개종하라는 요구에 시달렸다. 학교에 대해 기억나는

♦ 멕시코계 미국인 — 옮긴이주.

것은 끊임없는 공격, 인종주의, 폭력뿐이다. 아이나 어른이나 매한가지였다.

나는 동급생보다 몇 살 어려서 덩치가 작았기에 쉬운 표적이 되었다. 악명 높은 카우보이 악동이 아이들의 부추김에 나를 도발했다. 녀석은 검은색 아동용 웨스턴셔츠◆를 입은 멋쟁이였다. 가라테 도장에서 얻은 교훈이 문득 떠올랐다. 하도 오래돼서 가물가물하기는 했지만. 나는 온몸을 긴장시켰다가 주먹을 날려 녀석을 큰대자로 때려뉘었다.

여기서 할리우드 스토리가 이어졌으면 근사했을 것이다. 갑자기 영웅이 되어 무등을 타고 사랑을 쟁취했느냐고? 아니, 전보다 더 따돌림을 당했다. 툭하면 매복한 아이들에게 매를 맞았다.

남들과 엮인다는 — 친구를 사귄다는 — 것은 생각만 해도 오싹했다. 낯선 사람은 위험한 존재였다. 나의 두려움 중에서 얼마큼이 상황에서 비롯한 것이고 얼마큼이 부모에게서 물려받은 것인지는 알 수 없었다.

현실은 시시각각 변했다. 이 지역의 기묘한 인구 구성 덕에 나는 다양한 사람들을 접하게 되었으며 우연히 만난 괴짜들과 즐겁게 지내는 법을 서서히 배워 나갔다. 한번은 큰길가를 배회하다 라디오섹Radio Shack 매장에 들어갔는데, 포트 블리스에 근무하는 점잖은 군인 한 명을 만났다. 그는 후줄근한 베이지색 제복을 입고 있었다.

그는 동작이 어색했다. 늘 땅을 내려다보았으며, 마치 초자연적 장난으로 바닥이 앞뒤로 기울어지는 것처럼 걸었다. 그는 내가 전자 부품 진열대를 애타게 쳐다보는 것을 보고는 인사를 건넸다.

그는 내가 보기에도 젊어 보였다. 콧수염도 제대로 나지 않았다.

◆ 아메리카 서부의 카우보이가 즐겨 착용했던 셔츠로 데님 같은 튼튼한 옷감으로 만들어진 실용적인 의복 — 옮긴이주.

레이더를 다룬다면서도 자세한 이야기는 하지 않았다.

사람이 너그러워지는 것은 어떤 계기에서일까? 낯선 사람이 기회를 잡는 것은 어떤 상황에서일까? 이 친구는 내게 전자 공학 가르치는 일을 자청했다. 그는 이틀 뒤에 우리의 작은 집에 부품 몇 개 ― 저항, 축전기, 전선, 땜납, 트랜지스터, 퍼텐쇼미터,♦ 건전지, 소형 스피커 ― 를 가져왔다. 우리는 라디오를 만들었다.

첫 실험

라디오섹 바로 옆의 약국에는 잡지 진열대가 있었다. 인터넷이 보급되기 전에는 잡지 진열대가 귀하신 몸이었다. 손을 대지 않고도 표지를 훑어보면서 도그쇼 출전 강아지와 근사한 보트 등으로 눈요기를 할 수 있었다.

받침대는 굵고 구불구불하고 반짝거리는 철사로 만들었는데, 화려하면서도 싸구려 같았다. 그곳에 가려면 시간을 잘 골라야 했다. 오후의 사막 햇살이 커다란 창문으로 쏟아져 들어왔기 때문이다. 햇빛이 철사에 반사되어 눈이 아렸다.

잡지 진열대에 대해서는 늘 배울 것이 있었다. 잡지 표지는 강한 햇빛을 일주일가량 받으면 잉크가 바래 파란색이 되었는데, 이걸로 잡지가 얼마나 오래되었는지 알 수 있었다. 뒤쪽에는 더러운 잡지를 넣어 두는 창고가 있었을 테지만 한 번도 보지는 못했다.

잡지 중에는 아마추어 전자 공학을 다루는 것들도 있었다. 대부분의

♦ 3단자 가변 저항 또는 하나 이상의 조정 가능한 접점을 갖는 저항기 ― 옮긴이주.

기사는 라디오 제작에 대한 것이었지만, 나는 테레민*이라는 초기 전자 악기에 대한 글을 찾아서 제작법을 배웠다. 테레민을 연주하려면 안테나 근처 허공에서 아무것도 건드리지 않은 채 손을 움직이면 된다. 이렇게 연주하면 가상 세계와 접촉하는 느낌이 든다.

나는 리사주 패턴**이라는 투명하고 매끈하고 역동적인 도형에도 매료되었다. 이 패턴은 음악 신호와 오실로스코프를 조작하여 만든다. 나는 쓰레기통에서 찾은 낡은 텔레비전으로 조잡한 리사주 수상기(受像機)를 제작하여 테레민에 연결했다. 정상적 상황에서라면 테레민에서는 으스스하게 떨리는 소리가 나지만 내 장치에서는 으스스하게 떨리는 영상이 표시되었다.

핼러윈이 다가오면서 나는 머릿속으로 계획을 세웠다. 전자 장치로 환상적인 유령의 집을 만들어 친구가 될 만한 사람들을 끌어들이는 거야! 친절한 군인 같은 사람이 틀림없이 더 있을 것 같았다. 사막 거북처럼, 보이지 않는 곳에서 어슬렁거리고 있을 뿐. 찾아내기만 하면 된다.

우리 집 작은 현관에 홑이불을 널고 오래된 돋보기를 달아 텔레비전의 리사주 패턴을 홑이불에 쏘았다.

해가 지고 영상이 선명하게 나타나자 춤추는 형상들이 유쾌하게 나를 둘러쌌다. 근처에서 사람이 움직이면 마치 인형술사가 투명한 줄로 조종하듯 패턴이 달라질 터였다. 테레민 안테나가 부리는 마법이었다.

♦ Theremin. 1920년에 소련의 레온 테레민이 개발한 전자 악기로, 가청 영역 위 2개의 음파를 발전시키는 2개의 라디오 튜브를 지닌 상자로 구성된다 — 옮긴이주.
♦♦ Lissajous pattern. 곡선의 축이 서로 직각을 이루는 두 사인 곡선을 교차시켜 만든 패턴 — 옮긴이주.

신비롭기 이를 데 없는 존재인 여자아이들이 즐거워할지도 모른다고 생각했다. 누가 안 그러겠는가?

유령의 집은 내게는 흡족하기 그지없었지만 방문객은 아무도 끌어들이지 못했다. 나는 상상과 자유의 궁전 속에서 다른 아이들이 이곳으로부터 최대한 멀리 떨어진 채 길을 건너는 광경을 지켜보았다. 당시에는 전혀 생각지 못했지만 아이들이 겁먹었을 수도 있겠다는 생각이 든다. 이런 것은 한 번도 보지 못했을 테니 말이다.

핼러윈이 지나자 악동들은 더는 나를 괴롭히지 않았다. 나는 두려운 미지의 존재가 되었다. 그것은 발전이었다.

전소

어머니에게서 또 한 가지 놀라운 점은 가족의 생계를 책임졌다는 것이다(적어도 우리가 서쪽으로 이주했을 때). 〈가장〉 하면 으레 남자를 떠올리던 시절이었다.

이 때문에 엘러리는 릴리가 죽기 전후로 이웃들의 온갖 악담에 시달렸다. 「아버지는 성실하고 강인한 모습을 자식에게 보여 줘야 해. 당신이 자식을 망치고 있어. 계속 그러면 아이가 이상하게 자랄 거야.」 선량한 시민들은 주관이 어찌나 확고한지 내가 그 자리에서 전부 듣고 있어도 개의치 않았다.

어머니는 전화로 돈을 벌었다. 뉴욕에서 주식을 매매했는데, 당시에는 아무도 이런 일을 하지 않았다. 어머니는 재벌이 아니었다. 어림도 없었다. 우리는 중산층이었지만, 그중에서도 위쪽은 아니었다. 그래도 드라이브인 햄버거 매장에서 매주 식사를 할 수는 있었다.

릴리언 러니어Lillian Lanier.

　주식 거래인은 대체로 월가나 그 밖의 공개된 거래소에서 일하는 부자나, 부자가 되고 싶은 사람이지만, 우리 어머니는 적당히 버는 틈새를 찾아냈다. 더 잘할 수도 있었겠지만, 아마도 이목을 집중시키거나 남들 눈에 띄고 싶지 않았을 것이다.

　지금까지 말한 것 말고도 기억나는 것이 더 있다. 어느 날 어머니가 전화를 끊더니 방금 엄청난 거래를 성사시켜 (수백이 아니라) 수천 달러를 벌었다고 외치던 기억이 난다. 그 통화가 내 기억에 남아 있는 이유는 어머니를 죽게 한 자동차를 그 돈으로 샀기 때문이다. 우리는 이튿날 아침에 차를 사러 갔다. 색깔은 내가 골랐다.

　어머니가 세상을 뜨자 두 번째 위기가 찾아왔다. 엘러리와 나는 먹고살 길이 막막했다.

내가 입원해 있을 때 엘러리는 초등학교 교사 양성 과정에 등록했다. 소득 문제는 그걸로 해결되었지만, 다른 데서 문제가 터졌다.

우리는 주택 임대 기간이 만료되고 집을 비워야 한다는 사실을 오래전부터 알고 있었다. 이미 여러 번 겪은 일이었다. 마침내 우리 부모는 다시는 어쩔 수 없이 이사하는 일이 없도록 집을 사기로 했다.

그곳은 엘패소 외곽 개발 지역에 건설 중인 규격 주택tract house이었다. 저가형이었지만, 지금껏 살던 곳에 비하면 고급이었다. 차고도 있었다! 건설 중일 때 가본 적은 딱 한 번밖에 없지만, 나는 청사진에 매료되어 꼼꼼히 들여다보았다. 제도와 건축에 대해 내가 배울 수 있는 것은 모조리 배웠다. 얼른 입주하고 싶어서 좀이 쑤셨다.

내가 병원에 있을 때 이 집이 완공되었는데, 이튿날 화재로 전소되었다. 엘러리가 소식을 전했지만 실감이 나지 않았다. 꿈일 거라고 생각했다. 퇴원할 때까지도 혼란스러웠다.

경찰은 엘러리에게 누군가 불을 질렀다고 알려 주었으나, 목격자도, 용의자도 없었다. 엘러리는 우리가 표적이었을지도 모른다고 중얼거렸지만, 묻지마 범죄였을지도 모를 일이었다. 궂은 일은 끊이지 않았다.

은행인가 보험인가에서도 문제가 생겼다. 어머니가 주택에 투자한 돈은 화재 후에 한 푼도 돌려받지 못했다. 엘러리는 잔해를 청소하는 데 비용을 지불해야 한다는 사실에 특히 속상해 했다.

그리하여 유령의 집 실험이 끝나고 얼마 지나지 않아 우리는 어디론가 가야 했지만, 아무 데도 갈 곳이 없었다.

2   구조선

착륙

엘러리는 상상도 못할 기발한 일을 했다. 어머니가 죽고 새 집이 불타고 우리가 파산하고 내가 공포와 고립 사이를 오락가락한 이 모든 일이 지난 뒤에 엘러리는 뉴멕시코의 버려진 땅 0.4헥타르를 매입했다.

땅값이 싸서 수중에 남은 얼마 안 되는 현금으로 살 수 있었다. 게다가 그 지역에서 교사 일자리도 얻었다.

그곳은 사막 귀퉁이의 미개발 지역이었다. 우리는 집을 짓는 것은 고사하고 우물을 팔 돈도 없었다. 처음에는 텐트에서 살아야 했다. 가구는 — 어머니의 베이비 그랜드 피아노조차 — 비닐에 싸서 팰릿에 올린 채 무심한 사막 먼지 속 공터에 방치해야 했다.

엘러리는 뉴멕시코 라스크루시스 중심가의 작고 험한 바리오♦에서 6학년짜리 아이들을 가르치는 일이 일종의 예술이라도 되는 듯 정을 붙였다. 그는 거친 아이들에게 판지로 우주선을 만들어 하루 종일 그 속에서 지내도록 했다. 아이들은 모형 로켓을 날리고, 모래를 이용하여

♦ 스페인어 사용자 거주 지역 — 옮긴이주.

계산 원리를 이해했다. 엘러리는 아이들에게 〈펠론pelón〉으로 통했다.
반짝반짝 닦은 보석처럼 빛나는 대머리였기 때문이다.

　내가 라스크루시스에 갈 때마다 사람들은 내게 다가와 뚜렷한
뉴멕시코 치카노 사투리로 이렇게 말한다. 「당신 아버지 엘러리가 제
〈삶〉을 바꿨어요. 제 형은 감옥에 있지만 저는 나사에서 엔지니어로
일하고 있답니다.」

　텐트 생활은 계획보다 오래갔다. 우리는 2년 넘도록 텐트에서 살았다.
엘러리의 교사 월급이 들어오기 시작했을 때 우리에게 가장 필요한
것은 전기와 전화, 우물, 변소를 갖춘 오두막이었다.

　사막 고지대는 밤이면 뼈가 아리도록 추워진다. 겨울날 아침 용수철
인형처럼 덜덜 떤 기억이 난다. 우리 주변의 땅을 사들인 사람들은
트레일러와 이동형 주택을 끌고 왔다. 엘러리와 나는 그들에 대해
얘기했다. 우리도 그렇게 할 수 있었지만, 그러려면 〈원대한 계획〉에 쓸
돈을 전용(轉用)해야 했다. 그럴 만한 가치는 없었다.

　우리는 채소를 길렀다. 닭도 키웠다.

　텐트 생활은 그다지 나쁘지 않았다. 자신의 생존에 기여한다는 확신,
우리에게는 그것이 필요했다. 게다가 저 바퀴 달린 집들은 아주
〈못·생〉겼다.

우주 어디에?

뉴멕시코에서 우리가 살던 지역에는 사회적 별종들이 있었다. 그들은
화이트샌즈 미사일 발사장에 고용된 일류 기술자와 과학자였다.
어디에서나 그들을 볼 수 있었다. 기술 종사자들의 문화를 발견한 것은

내게 위안이 되었다. 그 문화는 나 같은 팔푼이를 환영했다.

가까운 이웃 중에는 클라이드 톰보Clyde Tombaugh라는 사랑스러운
노인이 있었다. 젊은 시절에 명왕성을 발견한 인물로, 우리가 알고
지내던 시기에는 화이트샌즈에서 광학 센서 탐지 연구를 이끌고 있었다.

나는 클라이드에게서 렌즈와 거울 연마하는 법을 배웠다. 지금도
가상 현실 헤드셋 렌즈를 닦을 때면 그가 생각난다. 그는 뒷마당에 멋진
망원경을 설치했는데, 내게도 가지고 놀게 해줬다. 그가 보여 준 구상
성단은 평생 잊지 못할 것이다. 3차원의 생생한 형태, 나와 같은 물리적
대상, 나의 사촌 같은 존재가 세상 어느 것 못지않게 현실적으로 내
눈앞에 있었다. 나는 우주에 속한다는 것이 어떤 느낌인지 깨달았다.♦

나는 뉴멕시코 공립 학교에 다녔는데, 별 문제가 없어서인지
기억나는 것은 별로 없다. 적어도 공포를 느끼지는 않았다.

우리가 이사 온 직후에 — 동네 아이들을 사귀기 전에 — 놀라운 일이
일어났다. 어느 날 저녁에 이 지역 전화가 몽땅 혼선이 되었다. 수화기를
들면 모든 사람의 목소리가 한꺼번에 들렸다.

수백 명의 목소리가 — 어떤 것은 가까이 들리고 어떤 것은 멀리
들렸다 — 난생 처음 경험한 사회적 가상 공간에서 떠다녔다. 즉석에서
아이들의 사회가 형성되었는데, 이전에 겪은 어떤 사회보다 훌륭했다.

떠다니는 아이들은 서로를 궁금해했으며 다정했다. 현실에서 낯선

♦ 명왕성을 행성이 아니라 카이퍼 벨트의 주요 천체로 강등하라는 최근 캠페인에 전혀
공감하지 않는다. 명왕성의 기묘한 궤도는 사회에 적응하지 못하는 모든 아이들에게 영감을
준다. 우리는 어엿한 행성이 아닌가? 순응해야만 받아들여 줄 건가? 명왕성을 행성으로
내버려 두라. 지금부터 영원까지! 행성을 강등시키는 그대여, 우리 세상의 민속학적 분류를
더 엄밀히 규정하고자 하면서 유럽이 대륙이 아니라는 주장은 왜 안 하는가? 그게 더 유익할
텐데.

사람들과 소통할 때보다 홀가분했다. 어린 소년의 목소리가 말했다. 「베개를 세상 모든 여자라고 생각하며 껴안았어.」 근처에서는 실제 여자아이들이 떠다니고 있었다.

늦은 밤, 다들 자고 있어야 할 시간이었다. 맹꽁이자물쇠가 유일한 잠금장치인 작은 합판 오두막에 사는 사람은 나뿐이었을 것이다.

이튿날 아침 학교에서 어젯밤 이야기를 하는 아이는 아무도 없었다. 나는 주위를 둘러보며, 어젯밤 누구와 이야기를 나눴을지 궁금해 했다. 이런 의문이 들었다. 우리를 연결하는 매체가 달라지면 사람들이 순식간에 개량되는 것이 가능할까?

그 뒤로 나는 그 공식을 다시 찾으려고 시도하고 또 시도했다. 어쩌면 그것은 새롭기 때문에 가능했던 일회성 기회였는지도 모르겠다. 가상 공간에서 어떤 일이 벌어지든, 사람들이 더 나빠지도록 디자인하기가 더 쉽다는 것은 오래전부터 분명했으니까.

우리 땅 근처에서는 귀신을 봤다는 사람이 많았다. 나는 학교 마치고 관개용 수로를 따라 집에 왔는데, 그 덕에 땅에서 일하다 쉬는 사람들을 곧잘 만났다. 그들은 날씨나 면화 가격 이야기를 했지만, 기적도 단골 얘깃거리였다.

「알리시아 알지? 병원에서 거의 죽을 뻔했는데, 〈쿠란데라〉*가 성모 마리아께서 오실 거라고 했는데, 정말 석양처럼 빛을 내며 찾아오셨대. 알리시아는 정말로 좋아졌어. 이제는 만날 날 들들 볶아. 일을 열심히 안 한단다나.」

이런 이야기가 끝도 없이 이어졌다. 나는 작별 인사를 건넬 짬을

♦ curandera. 여성 주술사 — 옮긴이주.

노렸지만 끼어들 틈이 없었다. 나는 보이지 않는 공을 턱으로 튕기듯
머리를 살짝 위로 든 채 그냥 걸어갔다.

국경 지대에서는 복음주의자, 푸에블로족, 가톨릭, 히피 등 온갖
종교인이 출몰했다. 언제든 말썽이 벌어질 수 있었다. 한번은 멕시코
코퍼캐니언 지역에서 온 샤먼 때문에 격분한 적이 있었다. 그는 한쪽
눈이 마노 의안(義眼)이었으며 몸에 리본을 달고 있었는데, 우리
어머니를 만났다며 돈을 달라고 했다. 엘러리에게서는 몇 푼
뜯어냈을지도 모른다. 말도 안 되는 사건들을 겪느라 우리 둘 다 마음이
약해져 있었으니까.

적어도 운동장에서 나를 죽이겠다는 아이들은 진심이었으리라.
다정한 사람들도 엉큼한 구석이 있다는 것은 내가 힘겹게 얻은
교훈이었다.

속세의 귀신도 있었는데, 그것은 현지의 비행접시 문화였다.
아이들은 수업 발표 시간에 외계 우주선 조각을 가져왔는데, 선생을
비롯하여 아무도 가짜라고 의심하지 않았다. 우리는 세계 최대의
미사일 시험 발사장 옆에 살고 있었으므로 독특하게 생긴 잔해가 늘
하늘에서 떨어졌다. 나는 아름답게 제작된 위성 잔해를 산에서
발견했는데, 지금도 가지고 있다.

그것들이 진짜 외계에서 왔다고는 한 번도 믿지 않았지만, 〈우리〉
비행접시 운운하며 뿌듯해하는 분위기에는 젖어 들지 않을 수 없었다.
우리의 맞수인 뉴멕시코 로스웰이 (우리보다 열등한) 1950년대
비행접시 불시착으로 관심을 얻을 때마다 아직까지도 나도 모르게
분노가 치민다. 우리 비행접시 잔해가 훨씬 나았다고!

어디로

엘러리는 뉴멕시코에서 살 준비를 오래전부터 했던 게 틀림없다.

내가 태어나기 전에 그는 (나와 마찬가지로) 다양한 분야를 동시에 섭렵했다. 쿠퍼유니언*에서 건축을 공부했으며, 역시 건축가인 할아버지와 함께 고층 빌딩을 건설했다. 메이시스 백화점 쇼윈도 진열품을 디자인하는 일도 맡았으며, 릴리와 함께 몇몇 이름난 쇼에서 자신들의 입체파 작품을 전시하기도 했다.

엘러리에게는 신비주의적 성향이 있었다. 그는 파리에서 구르디에프**와, 캘리포니아에서 헉슬리***와 살았으며 힌두교와 불교의 여러 스승 밑에서 공부했다.

신비주의에 대한 관심과 더불어 ─ 그는 미신과는 다르다고 강변했다 ─ 엘러리는 호쿰****과 맞서는 것을 좋아했다. 그는 1950년대에 라디오 출연자였으며 ─ 유명하지는 않았다 ─ 라디오 방송 진행의 선구자 롱 존 네벨이 진행하는 최초의 전화 참여 라디오 방송에서 준(準)정규 패널로 활동했다(네벨은 초자연 현상에 대한 관심으로 유명했다).

방송에서 두 사람은 유에프오와 초자연 현상에 열광하는 사람들을 방송에서 유머 소재로 삼아 낄낄댔지만, 결국에는 사기꾼을 폭로했다. 엘러리는 난센스 개그에 거리낌이 없었다. 그의 개그는 「우주 전쟁」

♦ 뉴욕에 있는 학부 과정의 무상 대학 ─ 옮긴이주.

♦♦ George Ivanovitch Gurdjieff. 그리스계 아르메니아인으로 영향력 있는 유사 종교 운동을 창건한 신비주의자이자 철학자 ─ 옮긴이주.

♦♦♦ Aldous Huxley. 『멋진 신세계』의 작가로, 후기에 철학적 신비주의와 초심리학 등에 관심을 보이면서 종교적이고 영적인 주제에 몰입했고, 크리슈나무르티와 같은 영성가들과 깊이 교류하기도 했다 ─ 옮긴이주.

♦♦♦♦ hokum. 〈헛소리〉를 완곡하게 일컫는 표현 ─ 옮긴이주.

라디오 쇼와 닮은 구석이 있었다.[♦] 그는 뉴욕 하수도에 악어가 산다는 도시 괴담을 자신이 지어냈다고 주장했다. 그러고도 남을 위인이었다.

한번은 라디오 생방송에서 요란한 소음을 내는 이른바 반중력 장치가 조금 떠오른 것 같다고 외쳤다. 전화 연결이 된 청취자들이 진짜라고 믿자 농담이었다고 해명했지만, 이미 엎지른 물이었다.[♦♦]

엘러리는 휴고 건스백Hugo Gernsback의 1950년대 싸구려 SF 잡지에도 칼럼을 썼다. 잠깐 동안 『어메이징』, 『판타스틱』, 『어스타운딩』 같은 잡지들의 과학 팩트 편집자를 지내면서. 매 호마다 이야기에 알맞은 과학 지식을 설명했다(이를테면 아이작 아시모프의 소설이 실리면 화성에 대한 최신 연구를 소개하는 식으로).

엘러리의 칼럼 중 하나는 「나만의 우주 만들기making your own universe」였는데, 커다란 유리병 안에서 탁한 액체를 저어 만드는 법에 대한 것이었다. 액체를 저으면 병 내부에 은하계를 닮은 작은 형체가 생겨난다.

엘러리는 뉴욕 과학 소설 작가 협회의 회원이었다. 그들은 장난을 좋아했다. 한번은 누가 가장 터무니없는 방법으로 돈을 버는지 내기를 하기도 했다.[♦♦♦]

♦ 「우주 전쟁」은 오슨 웰스의 악명 높은 1938년 라디오 드라마로, 외계인 침공을 어찌나 그럴듯하게 묘사했던지 어수룩한 대중이 공황에 빠졌다.

♦♦ 1970년대 후반의 어느 날 엘러리에게 네벨 쇼 생방송 중에 전화를 걸라고 했다. 그와 레스터 델 레이, 네벨은 서로 욕설을 주고받기 시작했으며, 나는 그 쇼가 왜 그토록 인기가 있었는지 알 수 있었다.

♦♦♦ L. 론 허버드는 협회의 초창기 회원이었는데, 내기를 하면서 자신의 아이디어를 홍보하는 연습을 했으며 나중에 이 솜씨를 훌륭히 활용했다.

아시모프는 단순한 접근법을 채택하여 이런 광고를 실었다. 「긴급. 이 사서함에 1달러를 송금하시오.」 아무 설명도 없었지만, 달러가 쏟아져 들어왔다.

엘러리와 레스터 델 레이는 아기가 처음 쓴 기저귀를 청동으로 제작해 주겠다고 광고했다. 제작비는 선불이었다. 아기의 똥오줌이 묻은 기저귀들은 미국 나치당의 주소로 발송되었다.

허가

〈원대한 계획〉은 미친 짓인 동시에 유일하게 상상 가능한 방법이었다. 엘러리는 내게 집을 설계하라고 했다. 나는 설계도를 구(區)에 제출하여 승인을 얻어야 했다. 우리는 형편이 닿는 대로 건축 자재를 조금씩 사들였다. 시간이 아무리 오래 걸리더라도 우리 손으로 집을 지어 입주할 작정이었다.

엘러리는 젊을 때 건축을 공부했으며, 할아버지를 도와 뉴욕 고층 빌딩의 확장 공사 등에 참여했다. 그는 내가 완전히 정상으로 돌아오려면 무언가 몰두할 거리가 필요하다는 것을 알고 있었다.

우선 당신이 어릴 적에 좋아하던 낡은 책을 내게 주었다. 『식물은 발명가Plants as Inventors』라는 책이었다. 이 책은 식물의 여러 형태를 정밀하게 묘사했다. 나는 매혹되었다. 어떤 것은 보스의 동산에 두어도 손색이 없을 것 같았다.

특히 매력적인 것은 구체 작도spherical design였다. 구체를 완벽히 일정하게 나누는 방법은 다섯 가지뿐이다. 이 사실은 고대부터 알려져 있었는데, 다섯 가지 해에서 점과 점을 평면으로 연결한 형태를

플라톤의 다면체Platonic Solid(정다면체)라 한다. 식물은 이 형태의
제약을 벗어날 수 없다.

나는 식물의 형태를 닮은 구체로 집을 지어야겠다고 확신했다.
엘러리는 내가 구체에 관심이 있다면 또 다른 책도 재미있어 할 것
같다고 말했다.

그 책은 디자인이 조잡하고 엄청나게 두꺼운 잡지였는데, 제목은
〈돔북Domebook〉이었다. 이 잡지의 모태는 스튜어트 브랜드의 『전체
지구 목록Whole Earth Catalog』이었다.♦ 버크민스터 풀러가 이상적
구조물로 홍보한 지오데식 돔geodesic dome은 당시의 기술 유토피아
정신을 구현했다.

처음에는 지오데식이 마뜩지 않았다. 나는 이렇게 투덜거렸다. 「우리
집이 딴 집과 비슷한 거 싫어요. 지오데식 돔은 남들도 만들고
있다고요.」 엘러리는 설계대로 건축하려면 당국의 승인을 얻어야 한다고
주장했다. 게다가 우리 구의 히피 거주지에는 지오데식 돔이 이미 몇 개
들어서 있었다. 이 반(反)문화 클리셰를 접목하면 내 디자인을 덜
급진적으로 — 덜 무시무시하게 — 보이게 할 수 있을 터였다.

나는 빨대로 모형을 만들기 시작했다. 그런 다음 각도와 부하를
계산했다. 계산을 반드시 정확하게 할 필요는 없었다는 것을 밝혀 두고
싶다.

♦ 『전체 지구 목록』은 스튜어트 브랜드의 두꺼운 책으로, 몇 시간을 뒤적거려도 싫증 나지
않는다. 사람들이 흥미로운 일을 하는 모습이 담겨 있으며, 그들에게서 살 수 있는 흥미로운
물건들이 소개되어 있다. 이 책은 유쾌하게 애매모호한 유토피아적 원칙을 제시했는데, 그
속에서 사람들은 땅으로 돌아가면서도 미래주의적이었다. 이 책은 초기 형태 구글의 가장
다채로운 모습을 지면에서 보여 준 원형으로 이따금 기억된다. 적어도 스티브 잡스의 말에
따르면 그렇다.

내 설계 전략은 〈전통적〉 지오데식 돔에다 (아주 괴상하고 불규칙한) 연결 재료를 접목하는 것이었다. 너비가 15미터가량 되는 큰 돔이 기묘하게 생긴 통로 — 기울어진 채 서로 만나는 아홉 면 피라미드 두 개로 이루어졌다 — 에 연결되는데, 이 통로는 부엌을 겸했다. 거기에다 정이십면체 두 개를 또 다른 복잡한 형태를 통해 큰 돔에 연결한다. 정이십면체는 침실이고 연결부는 화장실이었다.

캔틸레버 방식에 칼날처럼 생긴 일곱 면 피라미드가 툭 튀어나왔는데, 매 순간 특정한 천체를 가리키도록 정교하게 다듬었다. 근데 어떤 천체였는지는 기억나지 않는다! 시간이 너무 많이 흘렀으니. 〈바늘〉로 불리는 돌출 구조물 옆에 출입문을 달았다.

전체 형태는 엔터프라이즈호⁺를 조금 닮았다. 엔터프라이즈호는 본체에 엔진 두 개가 연결되어 있으며 거대한 원반이 앞쪽으로 튀어나와 있는데, 원반과 원통을 구로 바꾸면 사뭇 비슷했다. 어차피 바꿔야 할 거라고 늘 생각하긴 했다. 우주선은 지구 위 대기권이 아니라면 우주 공간을 이동하니 말이다. 나는 우주선이 완전히 착륙하지 않은 듯한 착시 효과를 내기 위해 돔 아닌 부분은 전부 캔틸레버 방식으로 처리했다.

나의 설계는 여체와도 좀 닮았다. 큰 돔은 임신부의 배이고 정이십면체 두 개는 유방인 셈이다.

어쨌든 이것은 내가 좋아하고 엘러리가 승낙한 형태였다. 건축 승인은 몇 차례 반려되었다. 엘러리가 개입해야 하긴 했지만, 결국 허가를 얻었다.

♦ 드라마 「스타 트렉」에 나오는 우주선 — 옮긴이주.

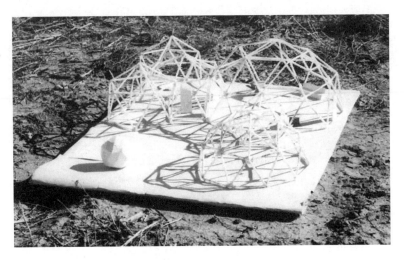
내가 만든 빨대 모형. 이곳은 실제로 집을 지을 장소였다.

건축

엘러리가 『돔북』을 주지 않았으면 좋았으련만. 그 책은 해법을 제시하는 척했지만 실은 진행 중인 실험을 소개하는 것에 불과했다. 『돔북』에서는 선박용 재료인 페로 시멘트를 추천했다. 조선 전문가에게 이 재료에 대해 배워야 했건만 나는 책에 나온 것을 곧이곧대로 믿었다.

「호그링만 있으면 된다!」『돔북』에서는 이렇게 장담했다. 호그링은 돼지 코에 끼우는 작은 고리로, 코를 관통하지 않는다. 『돔북』의 혁신적 아이디어는 호그링으로 철제 라스˙를 고정한 뒤에 콘크리트를 압착하여 판으로 만든다는 것이었다. 형편없는 아이디어였다. 라스의 밀도가 일정하지 않은 탓에 콘크리트가 쉽게 갈라졌다.

10년쯤 지난 뒤에 스튜어트 브랜드를 처음 만났을 때 나의 제일성은

˙ 모르타르를 바르기 위하여 밑바탕에 그물처럼 만든 철망 ─ 옮긴이주.

이것이었다. 「저는 지오데식 돔에서 자랐습니다.」그의 첫마디는
이것이었다. 「새던가요?」

「당연히 샜죠!」

엘러리와 나는 중간 크기의 돔에서 출발했다. 이것밖에 만들 여력이
없었기 때문이다. 텐트에서 돔으로 옮기는 것은 심오한 인류사를 훑는
것처럼 낯선 느낌이었다.

돔 내부의 단열은 반짝거리는 은박 패드를 받침대 사이에 고정하여
해결했다. 석고 보드로 덮을 생각이었으나, 비용과 수고 때문에
포기했다. 그래서 내부는 우주 정거장처럼 올록볼록하고 빛나는
은색이었다. 완벽했다.

또 한 해가 지나자 집의 나머지 부분을 지을 재료를 장만할 수 있었다.
큰 돔의 시멘트 기초를 붓다가 봄철 사막의 작은 개구리들이 매몰되지
않도록 꺼내느라 진땀 뺀 기억이 난다. 구조물을 올리기 위해 이상하게
생긴 접이식 삼각형 골조에 올라가야 했는데, 거미줄을 짜는 거미가 된
심정이었다. 이웃들은 우리를 〈아라냐스 엔 엘 시엘로arañas en el cielo〉,
즉 〈하늘의 거미〉라고 불렀다.

우리는 반구형으로 튀어나온 창문을 달았다. 창문은 기묘한 색조의
환등이었다.

거처

집은 살기에는 너무 컸다. 큰 돔은 하도 커서 올록볼록한 은색 천장의
곡면을 올려다볼 때 눈의 초점을 무한대에 맞춰도 될 정도였다. 마치
칼즈배드 동굴 국립 공원의 〈큰 방Big Room〉에 있는 것처럼 천장이

저자. 열여섯 살가량 되었을 때.

천구(天球)처럼 보였다.•

우리는 이곳을 〈돔〉이나 〈러니어 지상 기지〉라고 불렀다. 집에 간다고
하지 않고 〈돔에 간다〉라고 했다.

돔은 잔뜩 어지른 만물상 같았다. 페리 제독이 일본을 처음 볼 때
썼다는 낡은 망원경이 있었다. 엘러리가 페리 가문에 대한 기사를 쓰고
받았는데 아마도 진품일 것이다. 아직도 가지고 있다. 열두 살인가에
망원경을 장착하려다 살짝 망가뜨리긴 했지만.

히에로니무스 보스의 캔버스에서 나왔다는 조각도 있었고 빈에서 온
근사한 골동품도 있었다. 전쟁이 끝나고 10년 뒤에 〈선한 사마리아인〉
한 명이 나치에 몰수된 할아버지의 물건 몇 개를 우연히 발견하여

♦ 이곳은 뉴멕시코에서 자란 모든 아이에게 꿈속 동굴인데, 어찌나 큰지 하늘인 줄 알았는데
알고 보면 돌이다. 이탈리아에 사는 친구 말로는 교황청보다 낫다고 한다.

완공 직전의 지상 기지 앞에 선 엘러리.

큰 돔 내부.

뉴욕에 있는 우리 부모에게 보내 주었다. 화려하게 장식된 자명종과
근사하게 생긴 상자가 있었고 커다란 색색의 기하학적 모형,
바이오피드백 장치, 어마어마하게 많은 그림, 엘러리가 직접 만든

실험적 색채 오르간color organ, 산더미 같은 책도 있었다.

제대로 된 욕실이나 부엌은 없었다. 대신 내가 선택한 괴상한 형태를 통해 요리조리 이어진 배관에 욕조, 개수대, 샤워기를 연결했다. 개수대는 높아서 발판을 놓아야 했다. 사생활, 취침 및 기상 시각, 공부 따위는 전혀 감안할 수 없었다.

나는 이곳이 좋았다. 우리 집에서 잠을 자면서 우리 집에 대한 꿈을 꿨다.

엘러리가 내게 집 설계를 맡긴 것이 얼마나 큰 도박이었는지 깨달은 것은 몇 년이 지나서였다. 그가 간섭하지 않은 것은 위험을 감수하고 실수를 저지르는 법을 나 스스로 배우길 바랐기 때문일 것이다.

그런 의도였다면, 성공하고도 남았다. 내가 집을 떠난 뒤에도 엘러리는 그곳에서 계속 살기로 했다. 집은 30년간 멀쩡했다. 어느 날 엘러리가 밖에 나오자마자 큰 돔에서 땅에 가장 가까운 첫 번째 고리가 굉음을 내며 쓰러졌다. 반구 전체가 통째로 폭삭 주저앉았지만 내부는 하나도 상하지 않았다. 내가 살펴보러 갔을 때는 이미 엘러리가 새 돔으로 교체한 뒤였다.

하지만 〈바늘〉을 비롯하여 나의 괴상한 형태 몇 개는 사라졌다.

엘러리는 가르칠 수 있을 때까지 가르쳤다. 그는 자신의 소명을 발견했다. 뉴멕시코 공립 학교에서 은퇴한 뒤에는 화이트샌즈 미사일 발사장에 있는 초등학교에서 가르쳤다. 그는 80대 후반이 되어 혼자 생활할 수 없을 때가 되어서야 돔을 떠났다.

나는 떠나긴 했으되 완전히 떠난 것은 아니었다. 이런 괴상한 환경에서 자랐기에, 정상적인 장소에서 사는 것은 쉬운 일이 아니었다. 수직의 벽과 정상적 일과에 적응하느라 힘들었다. 말썽 없이 평범하게 사느라 30대의 대부분을 보냈다. 그러다 아내를 만났는데, 장모가 결벽증이어서 아내는 반대로 말썽을 즐긴다. 우리는 집을 확장하여 〈바늘〉을 연상시키는 구조물을 설치했다. 어떻게 보면 돔으로 돌아온 셈이다.

3   배치 프로세스

원자에서 비트로, 다시 원자로

뉴멕시코 주립 대학교에서 열리는 여름 화학 캠프에 참가한 것은 열네 살이 채 되기도 전이었다. 전국에서 수백 명의 아이들이 몰려들었다. 우리의 기억을 신뢰하기 힘들다는 것을 감안하면, 아마 수십 명에 불과했는지도 모르겠다.

우리는 버스를 타고 여기저기를 돌아다녔다. 산악 도로를 올라가는 동안, 조잡한 크롬 테두리를 두른 채 늘어선 비스듬한 창문 밖으로 모래와 선인장이 멀리서 어른거렸다. 나는 광자가 되었다고 상상했다. 사막의 열이 나의 경로를 교란하고 있다고.

익숙한 풍경이었지만, 강렬한 햇살이 버스 내부에 그려 내는 형태는 매혹적이었다. 아이들의 얼굴이 햇빛을 받아 투명하게 빛났다. 얇은 마노 박편이 살아 움직이는 것 같았다.

흙길을 덜컹거리며 올라갈 때 배기가스가 셀비어를 덮었다. 우리는 거북 모양 산의 꼭대기에 설치된 망원경, 진짜 화이트 샌드, (여기서 이름을 딴) 미사일 기지를 방문했다. 이 동네 아이는 나뿐이었으므로, 남들보다 조금 아는 체할 수 있었다. 이번에는.

콜로라도 출신으로 주근깨가 난 예쁜 쌍둥이 소녀를 만난 기억이 난다. 둘은 나를 마치 정상적 인간처럼 대해 주었다(심지어 내가 몇 살 어렸는데도). 「우리 부모님은 두분 다 화학자야!」 지독하게 낯설었지만 한편으로는 즐거웠다.

화학은 내게 순수한 아름다움과 호기심의 대상이었다. 우리 우주의 기본 입자들이 우연하게도 흥미로운 원자를 형성할 수 있는 무리를 이루었다. 그 방법은 환상적인 형태인 전자껍질을 만들어 내는 것이었다. 이 원자들은 우연하게도 스스로를 흥미로운 분자로 형성할 수 있었으며 이 분자가 우리로 진화했다.

아버지와 나는 자연의 핵심에서 찾아볼 수 있는 것과 똑같은 결정 대칭으로부터 복잡하고 (간신히) 기능적인 구조를 막 만들었기에, 나는 이런 디자인이 얼마나 쉽게 수포로 돌아갈 수 있는지 뼈저리게 알고 있었다. 실재의 체계 전체는 도무지 가능할 법하지 않은 조합이었다. 입자 자체는 진화할 기회가 없었으면서 어떻게 인류라는 거대한 연극에 완벽하게 들어맞는 무대를 만들 수 있었을까? 여기서 작은 변화 하나만 일어나면 온 우주가 붕괴할 수도 있다. 잘못된 비트 하나 때문에 프로그램에서 충돌이 일어나고 호그링 하나 때문에 지오데식 돔이 무너지듯 말이다.

이런 물음에는 늘 답이 있다. 여러 해 뒤에 리 스몰린이라는 물리학자를 만났는데, 그는 우주가 정말로 진화할 수 있다고 주장했다. 블랙홀 안에 새 우주를 낳아 흥미로운 성질을 가진 입자 집합을 만들어 낸다는 것이었다.

나는 끊임없이 경외감에 사로잡혔다. 온갖 화학 물질 만드는 법을 배웠는데, 그것들은 과일 냄새와 폭약 같은 일상의 사물이었다. 「러니어

씨, 오늘 실험의 결론은 맞은편 공터에서 내려 주시겠어요?」

여름이 끝났을 때, 고등학교로 돌아간다는 것은 생각할 수도 없었다. 막무가내로 대학에 남았다.

나는 고등학교 졸업장이 없었으므로 대학 입학 절차도 밟지 않았다. 꼼수를 써서 수강 신청을 했다. 어떤 방법을 썼는지는 기억이 잘 나지 않는다. 나는 고등학교를 다니고 있어야 할 시기에 대학 수업을 들었다. 일반 대학생만큼 많은 수업을 들었으며, 다시는 고등학교에 가지 않았다.

어떤 요행이나 사기 덕분이었는지는 오래전에 잊었지만, 나는 금세 어엿한 대학생이 되었다.

접근

놀라움의 연속이었다.

음악 학과에서는 작곡 수업을 들었다. 나는 대위법과 관현악 편곡법을 배웠다. 한동안은 사티나 베버른 비슷한 피아노 소품을 쓰는 일에 재미를 붙였다. 작곡 선생은 내게 곡을 늘여 보라고 자꾸 주문했는데, 계속 늘이다 보니 어느 날 이렇게 말했다. 「러니어 씨, 놀라워요. 곡이 구불거리네요.」

잠긴 방이 하나 있었는데, 그곳에서는 잘 안 쓰는 관현악단 악기들이 가끔 찾아오는 신데렐라의 순간을 기다리고 있었다. 나는 출입 허가를 얻어 콘트라바순과 첼레스타, 그리고 우리가 유럽 고급문화에서 물려받은 그 밖의 경이로운 음악 기계들을 연습했다.

어머니가 세상을 떠난 뒤에 (아마도) 나를 살린 것은 클라리넷이지만,

어머니는 빈에서 만든 꽃무늬 민속 치터,♦ 바이올린, 피아노도 내게
남겼다. 내가 가장 열심히 진지하게 연주한 악기는 피아노였지만,
어머니가 죽은 뒤에는 고전 음악의 길로 돌아갈 수 없었다. 그 대신
괴상하고 격렬한 즉흥 연주에 빠져들었다.

　나는 치터를 실험적 악기로 취급했는데, 조율기 손잡이 뒤쪽으로
두드리면 웅장한 음향 효과를 낼 수 있었다. 슈퍼맨 영화의 사운드
트랙으로 제격일 것 같았다. 바이올린 레슨은 어머니가 죽기 전에 시험
삼아 한두 번 받은 게 전부였다. 그 뒤로 수십 년간 바이올린은
(가지고는 있었지만) 쳐다볼 수도 없었다. 지금은 차라리 잘된 일이라고
생각한다. 50대 중반의 나이에 초보자로 바이올린을 배우는 것은 무척
즐거운 일이기 때문이다.

　전자 음악 실험실도 있었는데, 그곳에는 여러 보물과 더불어 무그
모듈형 신시사이저가 있었다(나는 대학들이 값비싼 장비를 사들여야
한다는 강박 관념에 빠져 있음을 눈치챘다. 나중에는 가상 현실
시스템을 사들이도록 하는 데에도 성공했다).

　밥 무그는 자신의 단순한 신시사이저 모듈 집합으로 영구적 기술
언어를 만들어 냈다. 무그 신시사이저는 엄청나게 재미있었다. 나는
이걸로 신기한 음악을 많이 만들어서 테이프에 녹음했다. 신시사이저가
아주 민감한 평형 상태에 놓이도록 피드백 경로를 설정하면 옆에서
손뼉만 쳐도 격렬한 반응이 일어나게 할 수 있었다.

　수학과에서는 수염을 기른 괴상한 사람들이 아벨 군Abelian group에
대한 공리를 증명하려고 며칠씩 씨름을 벌였다. 수학이 형성되는

♦ zither. 평평한 목제 공명 상자 위에 30~45개의 현이 달린 악기 — 옮긴이주.

과정에 동참하는 것은 — 이해하려면 한참 멀었지만 — 성전의 안쪽
지성소에 들어갈 자격을 얻는 것 같았다. 그곳은 내가 있고 싶은
곳이었다. $e^{i\pi}$이 왜 −1인지 처음으로 이해하고는 기쁨에 잠을 이루지
못했다. 엘러리가 예전에 가르쳐 줬지만, 내 힘으로 직접 이해하기
전에는 믿을 수 없었다.

고양 비트

뉴멕시코 주립 대학교는 초창기의 훌륭한 전산학과가 있었다. 미사일
발사장이 근처에 있었기 때문이다.

전산학은 처음에는 수학이나 화학보다 열등한 학문처럼 보였다.
컴퓨터 프로그램 같은 인간의 발명품을 연구하는 것은 인간 위에 우뚝
선 진리를 연구하는 것보다 격이 떨어지는 일이라고 생각했다.

그럼에도, 나를 갉아먹는 불안을 해소하는 데 컴퓨터가 도움이
될지도 모른다는 생각이 들었다. 열네 살 소년인 나는 지구 궤도에 대해
걱정이 많았다. 조마조마했다. 지구는 우주에서 빙글빙글 돌고 있을
뿐이어서 무거운 물체가 가까이 오면 튕겨져 태양으로 빨려 들어갈
것만 같았다. 수십억 년 동안 그런 일은 한 번도 일어나지 않았지만,
우리 궤도를 보호할 장치를 만들어야 하지 않을까 궁금했다. 이 장치는
컴퓨터로 제어하는 자동 조절 시스템이어야 했으므로 나는 컴퓨터를
배워야겠다고 마음먹었다.

당시에 학생이 컴퓨터를 이용하는 가장 흔한 방법은 천공 카드♦를

♦ 정보의 검색·분류·집계 따위를 위하여 일정한 자리에 몇 개의 구멍을 내어 그 짝
맞춤으로써 숫자·글자·기호를 나타내는 카드 — 옮긴이주.

서비스 창구에 가져가 컴퓨터 기사에게 건네는 것이었다. 기사가 내 카드를 더 높은 기사에게 전달하면 그는 학부생은 감히 쳐다볼 수도 없는 고귀한 기계에 카드를 넣는다. 나중에 결과를 받으러 오라는 통보를 받는데, 결과는 더 많은 카드이다.

사막에서는 살을 에는 바람이 분다. 걸을 때는 앞으로 몸을 숙여야 하는데, 그래도 윈드브레이커◆가 털털거리는 모터처럼 앞뒤로 펄럭인다. 천공 카드가 회오리바람에 휘말려 솟구치는 것은 드문 광경이 아니었다. 다람쥐 쳇바퀴 돌 듯 빙글빙글 돌 때도 있었다. 어쩔 줄 모르는 학생들은 소리를 지르며 카드를 쫓아다녔지만, 날아가 버린 카드를 회수한 적은 한 번도 없었던 것 같다. 나도 같은 일을 당한 적이 한번 있었다. 카드를 잃어버렸다고 실토하지 않고 직접 프로그램을 실행하여 해결했지만.

어느 날 창구 앞에서 차례를 기다리는데, 로데오 포스터와 축구 포스터 아래로 한쪽 벽에 길게 뻗은 선반 위에 너덜너덜한 『중력의 무지개Gravity's Rainbow』가 내 천공 카드 위에 놓인 것을 보았다.

그 소설을 쓴 토머스 핀천은 공식 석상에 모습을 드러낸 적이 한 번도 없다. 그가 어떻게 생겼는지 아는 사람은 아무도 없다.

내 뒤에 있던 사내가 중얼거렸다. 「지독한 자식.」

누구? 나?

뒤를 돌아보니 군인이 서 있었다. 제복에 너드 안경을 쓰고 눈빛이 강렬했으며 금발을 말쑥하게 깎았다. 틀림없이 똑똑할 것 같았다.

나는 쭈뼛쭈뼛 입을 열었다. 「무, 무슨?」

◆ 보온성이 있고 가벼운 나일론으로 만든 허리까지 오는 재킷 ─ 옮긴이주.

「핀천 말이야! 자기를 안 보여 주잖아. 정보 비대칭이라구! 그는
우리를 보는데 우리는 그를 못 보니까. 권력 놀음을 하는 거지.」핀천
같이 대단한 작가에게 어떻게 저런 말을 할 수 있지?

내가 말했다. 「소설가에게는 권력이 없지 않나? 내 말은 그냥 귀찮은
게 싫어서일 수도 있잖아. 그가 미사일을 가진 것도 아니고.」

「너, 무슨 말인지 진짜 모르는구나. 놀라워.」

나는 최후의 일격을 시도했다. 「작가가 이목을 피하고 싶어 한다고
해서 해로울 건 없잖아. 그냥 장막 같은 거야. 오래된 조각상에 붙어
있는 무화과 잎처럼 말이지. 그 뒤에 있는 걸 꼭 봐야 하는 건 아니라구.」

「무화과 잎은 정보의 최종 병기란다. 넌 아무 것도 모르는구나,
꼬맹아.」

마침내 천공 카드 창구에서 내 차례가 되었다.

「음, 만나서 반가웠어? 이름이 어떻게 되지?」

「안 가르쳐 줄 거야. 꼬맹아.」

그가 어떻게 지내고 있을지 궁금하다.

염소

학비는 저렴했지만 — 지금이야 수학적으로 불가능해 보이겠지만
당시에는 이것이 단순 명료한 삶의 진실이었다 — 내기는 내야 했다.
엘러리는 월급이 많지 않기에 대학은 내 힘으로 해결해야 했다.
해결책은 염소였다.

나는 돔 근처에 사는 염소 한 마리와 친해졌다. 귀여운
토겐부르크종으로, 새끼를 데리고 있었으며 성질이 너그러웠다.

염소를 손에 넣는 것은 식은 죽 먹기였다. 염소 떼에는 이름을 붙여 주는 게 일반적인데, 나는 〈지상 기지 염소 떼〉라고 불렀다.

다음 단계는 치즈 제조법을 익히고 판로를 개척하는 것이었다. 경쟁은 치열하지 않았으나 수요는 있었다. 동부 사람들이 사막으로 이주한 것은 건강을 위해서였으며 이들 중 몇몇은 염소 유제품을 선호했다. 소화가 잘 되기 때문이었다.

히피를 대상으로 하는 현지의 식품 〈협동조합〉이 나의 주 고객이었으며 개인 고객들도 생겼다. 나는 학비에 충분한 돈을 벌었다. 씀씀이는 줄였다.

학비를 마련하려고 염소 낙농업을 시작한다는 게 이상하게 들릴지도 모르겠지만, 이곳에는 리오그란데강을 따라 농업 단지가 조성되어 있었다. 또한 뉴멕시코 주립 대학교에는 규모가 큰 농과 대학이 있었다(이곳의 풋볼 팀은 〈농업agriculture〉에 빗대어 〈애기스Aggies〉로 불렸다). 그러니 내가 벌인 일은 지극히 정상이었다.

하지만 아침저녁으로 염소 젖을 짜는 일은 꽤 힘들었다. 작은 발굽을 깎고 건초 더미를 나르는 일도 만만치 않았다. 그래도 나는 염소가 좋았다.

믿지 않는 거야 여러분 자유이지만, 진짜이다. 우리 염소들은 자기 이름을 알았으며 길이 들었다. 많은 이름은 플레이아데스 성단의 별 이름을 따서 지었다. 알키오네Alcyone, 메로페Merope······. 나는 염소 소리를 흉내 내고 염소에게 말 거는 법을 배웠다. 염소는 누비안종이었는데, 울음소리는 일반적인 〈메에에〉가 아니라 아르메니아 피리 두둑duduk의 구슬픈 노래처럼 애처롭고 다급하기까지 한 소리였다. 내가 영어와 가짜 염소 소리로 부르면 녀석들은 돔으로 달려 들어와 착유대에 섰다. 나는 어떤 염소 낙농장보다 깨끗한 환경에서 젖을 짜고 어느 곳보다 빨리 냉장했다.

목신(牧神) 판처럼 플루트도 불어 주었다. 나는 지상 기지 염소 떼가 자랑스러웠지만, 새끼를 도살해야 한다는 것이 괴로웠다. 애석하게도 수컷은 경제적 가치가 별로 없었기 때문이다. 그래서 민간 염소 사육의 드넓은 세상에서 전해지는 모든 야낙들의 이야기를 조사했다. 나는 염소들에게 신맛이 나는 괴상한 약물을 먹이고는 돔에서 팔짝팔짝 뛰게 했다. 논문으로 발표하기에는 표본 크기가 너무 작았지만, 그래도 효과가 있었다! 새끼 수컷은 거의 태어나지 않았다. 중요한 건 아니지만, 내 염소 중 하나인 오닉스가 어느 해 뉴멕시코주 박람회에서 최우수 젖통상을 받았다는 사실도 밝혀 둔다.

학생들은 체육이나 가정 수업 중 하나를 선택해야 했다. 나이가 나보다 훨씬 많고 종종 마초 기질이 다분한 녀석들이 농대에 즐비했으므로 체육 수업을 들을 수는 없었다. 그래서 바느질 수업의 유일한 남학생이 되었다. 나는 여학생들보다 나이가 훨씬 어렸기에 귀여움을 받았다. 나이가 같았으면 놀림감이 되었을 것이다. 나는 한동안 옷을 손수 만들어 돈을 아꼈다. 로빈 후드가 입었을 법한 바보 같은 망토를 만든 기억이 난다.

나는 대다수 대학생보다 어린 나이에 출발했지만, 한두 해가 지나자 학교 생활에 적응하기 시작했다. 마침내 젊은 성인의 삶이 내 앞에 펼쳐졌다. 완전히 정상적인 형태는 아니었지만.

엘러리는 내게 운전을 가르쳐 주었으나 나의 통과 의례는 겁에 질린 비명으로 점철되었다. 「언제 무슨 문제가 생길지 모르니 정신 바짝 차려야 한다. 맞은편 차량 운전자가 취객이나 살인자일 수도 있고, 네 차가 갑자기 폭발할 수도 있으니까.」

대학은 내가 원하던 대로 꽤 조용하고 안전한 장소였다.

요즘 들어 연구원을 지망하는 총명한 젊은이들을 면접하다 보면, 그중 일부는 치열한 경쟁에 옥죄인 탓에 창의성을 발휘할 만한 여유를 부리지 못한다. 부자로 태어나지 않은 이상, 그들의 삶은 미리 정해져 있다. 막대한 학자금 대출을 갚아야 하기 때문이다. 어떻게 살아야 하는가는 종신 교수가 되거나 스타트업을 매각한 뒤에야 배우게 될 것이다.

내가 뉴멕시코를 떠난 지 한참 뒤에 엘러리는 80대의 나이로 학교에 돌아가 같은 대학에서 박사 학위를 받았다. 학위 논문 주제는 여성 운동선수의 생리학에 대한 것이었다.

현실의 픽셀

교수가 〈픽셀pixel〉(그림picture의 성분element을 뜻한다)이라는 단어를 처음 가르쳐 주던 때가 아직도 기억난다. 그 난해한 용어가 어찌나 어색하고 신선하게 들리던지(심지어 교수에게도 그랬다). 픽셀이 쓰인 지는 10년이 지났으나 — 대부분 위성 데이터 분야에서 쓰인다 — 상호 작용형 픽셀interactive pixel을 지원하는 컴퓨터는 거의 없었다.♦

픽셀을 표시하는 컴퓨터 테라크Terak의 시제품이 대학에 배달되자 나는 환각적인 만다라가 어둠 속에서 나타나도록 밤새 프로그래밍을

♦ 이 책에서는 〈interactive〉를 문맥에 따라 〈대화형〉, 〈반응형〉, 〈상호 작용형〉 등으로 번역했다 — 옮긴이주.

했다. 애니메이션 효과를 내려면 그림을 빠르게 그리는 함수를 얻어야 했는데, 당시에는 그런 알고리즘을 알아내기가 쉽지 않았다. 나는 여학생들을 수학과 건물 지하실에 몰래 데려갔는데, 그녀들은 새벽이 되도록 넋을 빼앗겼다. 대화를 나누지 않고도 깊은 인상을 심는 방법이었다.

매체를 조작하는 것은 내게 식은 죽 먹기였다. 무그 신시사이저의 발진기와 필터는 나를 특정한 방식으로 움직이게 했다. 몸으로 느낄 수 있었다. 연구실에는 스피커도 있었는데, 좋은 티크목 케이스에 들어 있었으며 앞면은 털로 덮여 있었다. 이런 재료 때문에 소리가 달라지지는 않았지만—적어도 많이 달라지지는 않았다—스피커는 단순한 소리 이상의 것이었다. 스피커는 온전한 사물이었다. 나는 스피커를 만지고 느낄 수 있었으며, 그 덕에 소리를 실재의 나머지와 동떨어진 추상물로 생각하지 않을 수 있었다.

세상의 나머지 모든 것은—심지어 첨단 기술의 산물조차도— 실제로 존재했으나, 화면이 있는 이 대화형 컴퓨터는 달랐다.

유리 안의 픽셀은 단단하고 동떨어진 무언가였다. 처음으로 테라크에 전원을 넣었을 때 나는 아무것도 하지 않은 채 오래도록 픽셀들을 바라보며 그것들을 느끼려 애썼다. 픽셀이 단단하거나 유리로 보호되었다는 말이 아니다. 너무도 추상적이었다는 말이다. 픽셀 하나에는 특별할 것이 전혀 없었다. 본원적 성질이 하나도 없는 가짜 원자를 가지고 어떻게 창의성을 발휘할 수 있을지 감이 오지 않았다. 하지만 도전해 보기로 마음먹었다.

교수가 내게 국립 과학 재단 장학금으로 대화형 수학 교육 소프트웨어를 개발해 달라고 요청했다. 황홀했다. 사업이 지속되는 동안은 염소 사육보다 높은 수익을 거둘 수 있었으며, 대규모 학회에서 연구 성과를 과시할 수도 있었다. 나는 학생들이 강좌를 통과하면 작은 불꽃놀이 영상이 테라크의 화면에 표시되도록 프로그램을 짰다.

도서관

뉴멕시코 주립 대학교 도서관에는 너절한 금속제 책꽂이가 콘크리트 블록 벽 앞에 서 있었다. 넓고 새까만 바닥 타일에는 홈과 긁힌 자국이 나 있었으며, 아무리 작은 소리만 나도 메아리가 울려서 누가 오면 금방 알 수 있었다. 그래서 몸을 숨기기에 안성맞춤이었다. 나는 도서관에서 오랜 시간을 보냈다. 가장 근사한데도 가장 외면받던 구역들이 아직도 기억난다.

한쪽 구석에는 뉴욕의 괴상한 미술 잡지들이 꽂혀 있었다. 벌거벗은 행위 예술가들의 흐릿한 사진이 실려 있었는데, 선명하지 않아서 더 야했다. 조판 상태가 형편없는 시들은 도통 알아볼 수 없기에 매혹적이었다. 1970년대 개념 미술 잡지는 노골적으로 조잡한 것이 오히려 멋있었다. 나는 뉴욕이나 샌프란시스코의 도서관들이 같은 잡지를 반 년 먼저 받아 본다는 사실을 알고서 격분했다.

하지만 나의 감정은 대체로 경외감이었다. 도서관에는 고대 음악의 악보와 괴상한 기하학에 대한 학술지가 있었다. 과학·수학 서가가 가장 알찼는데, 그곳에 가면 나는 넋을 잃었다. 당시에 나는 기하학자 콕서터의 광신자였다.♦

♦ 해럴드 스콧 맥도널드 〈도널드〉 콕서터Harold Scott MacDonald "Donald" Coxeter는 20세기의 가장 위대한 기하학자였다. 그는 대칭형이라는 어마어마한 분야를 탐구했는데, 지오데식

초창기의 컴퓨팅 관련 대중서는 둘로 나뉜다. 하나는 현실과 인류의
미래에 체계적으로 접근하는 책들로, 따분하기 이를 데 없었다. 다른
하나는 컴퓨팅의 개인적 경험에 대한 책들로, 황홀했으며 계시로
가득했다.

일례로 스튜어트 브랜드가 쓴 『사이버네틱스의 두 첨단*II Cybernetic
Frontiers*』이 있다. 이 책의 전반부는 사이버네틱스가 어떻게 사회를
변화시키고 우리가 어떻게 세상을 알 수 있는지를 놓고 그레고리
베이트슨과 나눈 인터뷰였다.[*] 후반부는 최초의 네트워크형 비디오
게임인 〈우주 전쟁!Spacewar!〉과 이 게임이 일으킨 열광을 소개했다.

또 다른 예는 뉴욕의 개념 미술 잡지와 마찬가지로 인쇄술에 대한
흐릿한 반격의 외양을 띠고 있었다. 이 책은 테드 넬슨이 쓴 『컴퓨터
해방/꿈 기계*Computer Lib/Dream Machines*』이다. 다단 편집에 글자가
하도 작아서 읽을 수가 없었지만 아득한 안개 너머로 황홀한 약속의
땅이 언뜻 보였다. 이 책은 표지가 양쪽에 있었다. 한쪽 표지는 컴퓨터가
유토피아 정치에 어떻게 영감을 주는지에 대한 — 자세한 내용은
조리가 없거나 알아볼 수가 없었지만 — 것이었다. 표지를 들어 위로
훌러덩 넘기자 디지털 환각제의 운명을 암시하는 이야기와 이미지의
몽타주가 나타났다. 효과는 매력적이었으나 알쏭달쏭했다.[**] 문화와

돔은 빙산의 일각에 불과하다. 수학에서의 업적 말고도 그는 지오데식 돔 건축가 버크민스터
풀러에게 직접 영감을 주었을 뿐 아니라 미술가 M. C. 에서에게도 영향을 미쳤다.
[*] 베이트슨은 인류학자이자 저명한 사이버네틱스 철학자였다. 여기서 그의 연구를 요약할
수는 없지만, 그는 위너가 드러내 보인 무시무시한 전망에서 벗어나는 길을 개척했다고
말하련다. 그는 기술에 대해 겸손한 태도를 취했는데, 이에 따르면 사람들은 자신이 자연
위에 있는 것이 아니라 거대한 계 안에 포함되어 있다고 여긴다.
[**] 수십 년 뒤에 테드는 자신이 가장 후회하는 일이 있다면 그것은 그 책의 글자 크기일
거라고 말했다.

사회의 대중 혁명을 요령부득의 형태로 홍보하는 이유가 뭘까?♦

이 책들은 초창기 컴퓨팅 문화의 분열을 드러냈으며, 이 분열은 결코 해소되지 않았다. 그것은 컴퓨팅에 대한 거시적 관점과 개인적 관점의 분열이다.

내가 좋아하는 것은 개인적 경험 쪽이다. 재밌으니까. 컴퓨팅에 대한 거시적 접근법은 유토피아적 환상을 부추기는 경향이 있어서 위험하다.

도서관 뒤쪽 구석을 뒤지다 보니 오래전 후아레스의 작은 학교에서 책과 기록물 선반을 탐색하던 기억이 떠올랐다. 「쾌락의 동산」에 버금가는 새로운 별미를 찾아낼 수 있을지 궁금했다.

상

그것은 가장 지루한 학술지에 숨겨져 있었다. 마침내 아이번 서덜랜드의 경이로운 저작을 발견한 것이다.

요즘 들어 나는 VR의 아버지로 불릴 때가 있는데, 그럴 때마다 VR의 어머니를 믿느냐에 따라 다르다고 받아친다. 사실 VR은 수많은 과학자와 기업인의 노력으로 탄생했다.

아이번은 1963년 박사 논문 「스케치패드Sketchpad」에서 컴퓨터 그래픽이라는 분야를 통째로 창시했다. 스케치패드는 컴퓨터에서 생성된 화면 위 이미지와 사람이 어떻게 상호 작용할 수 있는지를

♦ 비난하는 독자에게 한마디 하겠다. 사람들이 내가 불평하는 것 중 하나는 내 책이 너무 읽기 힘들다는 것이다. 거창한 단어가 너무 많다는 것이다. 분명히 나는 디지털 엘리트주의에 맞서고 있는데도 말이다. 이 비판에 대해 정답을 내놓지는 못하겠다. 사람은 생긴 대로 쓰는 법이니까.

처음으로 시연했다.

스케치패드는 여러분이 이 글을 읽고 있(을지도 모르)는 장치와는 달랐다. 이를테면 픽셀이 없었다. 픽셀이 널리 쓰인 것은 훨씬 뒤의 일이다.

픽셀 대신 전자 빔을 이용했다. 일반적으로 전자 빔은 구식 브라운관 텔레비전에서처럼 앞뒤로 쏘아 영상을 만들어 내지만, 스케치패드에서는 연필로 그림을 그리듯 화면에 전자 빔이 표시되는 위치를 바꿀 수 있었는데, 이런 식으로 화면에 선을 직접 그어 (내가 만든 유령의 집에서처럼) 선화(線畫)와 윤곽선 이미지를 만들 수 있었다.

이 소박한 주춧돌을 놓음으로써 아이번은 우리 시대 인간 경험의 주된 영역인 〈화면에서의 상호 작용〉을 발명했을 뿐 아니라 확장했다. 그 효과는 어마어마했다. 스케치패드는 시대를 통틀어 최고의 컴퓨터 시연으로 손꼽힌다.♦

얼마 뒤인 1965년에 아이번은 머리 착용 디스플레이head-mounted display를 제안했으며 — 그는 〈궁극적 디스플레이the ultimate display〉라고 불렀다 — 1969년에는 실제로 구현했다. 이 기기는 오늘날 〈다모클레스의 칼Sword of Damocles〉로 알려져 있지만, 그것은 사실 천장에 매달린 채 고글을 지탱하는 부위를 일컫는다. 이 기기를 쓰면, 컴퓨터 프로그램으로 만들어 낸 세상을 볼 수 있다. 〈가상 세계〉는 본디

♦ 또 다른 경쟁자는 더그 엥겔바트가 1968년에 처음으로 시연한 유명한 업무용 소프트웨어이다. 더그는 문서 편집, 윈도, 화면상의 포인팅과 선택, 공동 편집, 파일 버전 관리, 영상 회의를 비롯하여 우리 삶의 필수 요소가 된 수많은 디자인을 발표했다. 아이번의 데모가 〈역사상 최고의 데모〉라고 불린다면 더그의 데모는 〈모든 데모의 어머니〉라고 불린다. 아이번의 데모가 먼저 나오긴 했지만.

미술 이론가 수잰 랭어가 만든 용어인데, 아이번은 헤드셋에서 보이는 장소를 일컫는 데 이 용어를 차용했다.

VR 전문가들이 혀를 끌끌 차는 소리가 벌써부터 들리는 듯하다. VR의 역사 중에서 우선권 논란에 결부되지 않은 것은 하나도 없다. 아직도 VR은 내면의 정복자를 불러일으키는 거대한 미답의 영역처럼 느껴진다. 여기에 관계된 모든 사람들은 용어를 새로 만들어 내거나 자신의 기억에 우선권을 주장하고 싶어 한다. 그러니 자칫하면 상대방에게 모욕을 줄 수 있으며, 우리의 태곳적 역사까지도 훼손될 수 있다.

VR의 두 번째 정의: 탐험의 시대나 서부 개척 시대 같은 웅장함을 불러일으킬 수 있는, 시뮬레이션된 새 개척지.♦

이 책에는 나의 개인적 관점이 담겨 있다. 총체적 역사를 서술하거나 개념들을 일별하지는 않는다. 그래도 공정성을 기하려고 노력할 것이다.

VR에서 쓰는 것과 비슷한 최초의 디스플레이 헤드셋을 언급하자면, 필코Philco에서는 몇 년 전에 원격 현장감telepresence(로봇을 원격으로 조종하는 고급 기능) 장치를 실제로 제작했으며, 놀라운 인물 모턴

♦ 빈정거리는 정의를 싣는 것을 양해해 주기 바란다. 빈정거림은 젊은 사람이 부릴 때 더 나아 보이는 성질 중 하나이다. 나이가 들면 빈정거림은 〈꼰대질〉로 보이기 시작한다. 전보다 더 빈정거리는 것이 아닐지라도 말이다. 나는 지금 빈정거림 지수를 자가 측정하는 중이다. 당분간은 이 수준이 이 책에 딱 맞기를 바랄 뿐이다.

헤일릭[*]은 스테레오 영상을 볼 수 있는 장치를 만들었다. 사회가 텔레비전이라는 신생 대중문화에 너무 깊이 흡수되고 있음을 역설적으로 표현하려고 텔레비전을 헬멧 속에 집어넣은 1950년대의 급진적 미술가들은 말할 것도 없다.

이 모든 장치들은 아이번의 연구보다 앞섰지만, 머리 움직임을 보정하면서 — 바깥이 고정되어 있다는 착각을 일으키는 것 — 무한하게 변화하는 반응형 대체 세계를 합성해 낸 것은 하나도 없었다. 따라서 내가 보기에 VR 장치로 인정할 수 있는 최초의 헤드셋을 만든 인물은 아이번이다.

아이번의 업적은 자명하기에 오히려 눈에 띄지 않았다. 그는 마셜 매클루언처럼 화려하지는 않았지만, 1960년대에 활동한 어느 누구보다 미디어의 미래에 큰 영향을 미쳤을 것이다. 아이번은 자신의 연구를 짐짓 무미건조하게 서술했기 때문에, 그의 논문은 행간을 읽어야 한다.

전산학의 초창기를 떠올리는 일이 즐거운 까닭은 컴퓨팅의 모든 것이 발명 행위임을 실감할 수 있기 때문이다.

컴퓨터에는 필연적인 것이 하나도 없다. 하지만 우리가 집어넣은

♦ Morton Heilig. 모트는 1962년경부터 센소라마 아케이드 머신Sensorama arcade machine이라는 시제품을 몇 개 제작했다. 이용자는 동전을 넣고 부스에 들어가 입체경을 썼다. 이 장치는 영상뿐 아니라 음향도 스테레오였으며 관객을 흔들고 바람을 일으키기도 했다. 그런 체험 중에는 오토바이를 타는 것도 있었다. 하지만 내가 가장 좋아한 것은 〈데이트〉였는데, 십대 소녀와 놀이동산을 돌아다니는 체험이었다. 모트의 제품에는 1960년대 초의 순진무구한 분위기를 풍기는 무언가가 있다. 센소라마 부스의 내부는 프로젝터, 테이프 녹음기, 송풍기, 모터로 뒤죽박죽이었다. 기계가 작동하도록 하려면 애지중지 보살펴야 했다. 모트는 은퇴한 뒤에 스쿠터를 직접 설계하고 제작하여 벼룩시장에 내다 팔았다. 그는 상업을 좋아한다고 내게 말했다. 「나 자신의 일부를 사람들에게 주면, 그들은 엄청나게 많은 것을 내게 가져다주지.」 우리 딸이 자라서 그의 스쿠터를 받을 수 있는 나이가 되었을 때 — 그는 타계한 지 오래였다 — 나는 그를 생각하며 울었다.

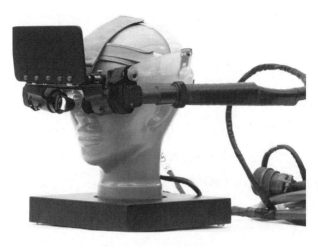

1960년대 후반부터 아이번이 만든 초창기 VR 헤드셋 중 하나.

아이번은 2012년에 교토상을 받았다.

조각이 얼마나 많은지, 우리가 살아가는 건물의 벽돌 하나하나가 옛날 옛적에 남들이 쌓아 올린 독특한 집착에 불과함을 기억해 내기란 여간 힘든 일이 아니다.

아이번 얘기로 행인을 질리게 하다

오래전 내가 어릴 적에 상상한 — 하지만 이제는 구현할 수 있게 된 — 사고 실험이 있다. 그것은 신파적인 멕시코가 아니라 질서 정연한 텍사스를 내다보는 「쾌락의 동산」이었다. 아이번의 논문은 읽기가 만만치 않았는데, 문장 하나를 읽을 때마다 폭풍에 휘말린 것 같아서 휴식을 취한 뒤에야 앞으로 나아갈 수 있었기 때문이다. 이 경험이 더 강렬했던 것은 아이번의 시연을 동영상으로 볼 방법이 없어서 오로지 상상만 해야 했기 때문이다.

VR의 세 번째 정의: 꿈을 전달할 수 있는 매체에 대한 희망.

나는 격렬한 몽상가였다. 이따금 나는 자신을 산 위에 드리운 구름으로 여기거나, 산 자체가 되어 수백 년에 걸쳐 마을들이 내 살갗 위에 퍼지고 석조 성당이 내 살을 누르고 농부들이 나를 간질이는 촉감을 느꼈다. 말로 표현할 수 없는 환상적인 존재가 되는 꿈을 꿨다. 공유된 세상, 다른 사람들이 있는 바깥 세상은 둔하고 맥 빠지고 경직된 곳 같았다. 남들의 머릿속에 들어 있는 것을 보고 싶은 마음이 간절했다. 내가 꿈속에서 탐험한 것을 그들에게 보여 주고 싶었다. 나는 결코 한물가지 않는 가상 세계를 상상했다. 사람들이 늘 서로에게 놀라움을 선사할 테니 말이다. 이 장비가 없으면 족쇄를 차고 있는 듯한 심정이리라. 왜, 대체 〈왜〉 아직 실현되지 않은 거지?

당시의 실제 가상 세계는 스케치패드와 마찬가지로 윤곽선과 선화로 이루어졌다. 격자무늬로 바닥을 나타내고 단순한 기하학적 형태를 보여 주는 소박한 형태였다.

하지만 최근에 속을 채운 삼차원 물체의 정지 화상을 마침내 컴퓨터로 렌더링할 수 있게 되었다. 움직이는 이미지나 반응형 이미지는 아니지만, 이것만 해도 어디인가. 각 면에 음영을 표현한 정육면체 이미지가 전산학 학술지에 실린 적도 있는데! 당시의 컴퓨터는 윤곽선 안에 크레용으로 색칠하는 법을 배우는 아이 같았다.

고작 정육면체 하나였지만, 이것은 컴퓨터가 만든 것이었다. 그리고 컴퓨터는 더더욱 강력해질 터였다. 언젠가는 나무와 하늘, 생물과 바다도 그릴 수 있을 것이다. 그러니 언젠가는 「쾌락의 동산」뿐 아니라 어떤 동산이든 표현할 수 있으리라!

결국에는 어떤 장소이든 만들 수 있을 것이며 천장에 매달린 이 장치를 통해 그 속에 들어갈 수 있을 것이다. 게다가 스튜어트 브랜드가 묘사한 네트워크형 비디오 게임에서처럼 — 하지만 우주선에 국한되지 않은 채 — 그 속에서 남들과 함께 있을 수도 있다. 이런 생각이 어찌나 강렬하던지 피가 머리로 솟구치는 바람에 한동안 바닥에 주저앉아 있어야 했다.

나는 여러 사람이 그런 장소를 공유하고 새로운 형태의 〈합의된 현실consensus reality〉을 획득하리라는 가능성에 푹 빠졌다. 그리고 가상 세계의 〈소셜 버전〉은 〈가상 현실〉이라고 불려야 한다는 생각이 들었다. 그러려면 사람들이 VR 안에서 몸을 가져야 하고 — 그래야 서로를 볼 수 있을 테니까 — 그 밖에도 여러 조건이 있었지만, 이 모든 기능을 구현하려면 컴퓨터의 성능이 좋아질 때까지 기다려야 했다.

열다섯 살의 나는 흥분으로 전율했다. 누군가에게, 누구에게라도 말해야 했다. 입이 근질거려서 도저히 견딜 수 없어 도서관 밖으로 달려

나가 따가운 뉴멕시코 햇살 아래 걸어가는 행인에게 말을 걸었다.

「보여 드릴 게 있어요! 컴퓨터를 이용하여 꿈속에서 서로를 볼 수 있게 될 거예요. 무엇이든 상상할 수 있어요! 이젠 그 상상이 머릿속에만 머물지 않는다고요!」 그런 다음 임의로 선택된 가련한 영혼 앞에서 손으로 정육면체 모양을 그렸다. 그는 정중히 나를 피해 가던 길을 갔다. 세상에서 가장 놀라운 일이 일어나고 있는데 왜 사람들은 보지 못할까?

(이때는 인터넷이 등장하기 전이었으므로 낯선 사람에게 말을 걸려면 직접 만나는 수밖에 없었음을 감안하시길.)

4　내가 VR을 좋아하는 이유
(VR의 기초에 대하여)

이 책의 장들이 두 종류로 나뉜다는 사실을 떠올려 보시라. 하나는
이야기이고 다른 하나는 가상 현실에 대한 탐구이다. 이 장은 후자의 첫
번째 글이다. 여기서는 VR에 대한 일반적 개념을 소개하겠다. 나머지
〈대하여〉 장에서는 시각 디스플레이 같은 여러 VR 시스템을 들여다볼
것이다.

거울이 보여 주는 것

VR이 널리 보급되고는 있지만, VR의 즐거움 중 상당수는 그것에 대해
생각하는 데 있다.

　VR에 대해 생각하는 한 가지 방법은 초현실적 사고 실험을 하는
것이다. 우주에 사람 모양 구멍이 나 있다고 상상해 보라. 구멍을 둘러싼
오목한 표면에 대해 뭐라고 말할 수 있을까?

VR의 네 번째 정의: 사람과 물리 환경의
인터페이스를 시뮬레이션된 환경에 대한

인터페이스로 대체하는 것.

이상적인 가상 현실 환경은 감각 운동 거울, 즉 인체의 반전형에 비유할 수 있다.

VR의 시각적 측면을 구현하려면 (이를테면) 고개를 돌릴 때 가상 세계에서 무엇이 눈에 보일지 계산해야 한다. 눈동자가 움직이면, VR 컴퓨터는 눈에 보이는 그래픽 이미지가 가상 세계에서 진짜처럼 보이도록 끊임없이, 또한 최대한 즉각적으로 계산해야 한다. 고개를 오른쪽으로 돌리면 가상 세계는 그에 비례하여 왼쪽으로 회전하여 바깥 세상이 고정되어 있고 독립적이라는 환각을 일으켜야 한다.

초창기에는 VR을 한 번도 들어 본 적 없는 사람들에게 가장 기본적인 이 원리를 설명할 때 목에 힘이 들어갔다. 사람들은 이 원리를 처음 경험하면 넋을 잃었다!

환각의 세계를 만들려면, 인체에서 눈이나 귀 같은 감각 기관이 있는 모든 곳에 VR 시스템으로 자극을 주어야 한다. 이를테면 눈에는 시각 디스플레이가, 귀에는 스피커가 필요하다. 하지만 VR의 모든 요소는 이전의 미디어 장치와 달리 인체의 움직임을 정확히 반영하여 작동해야 한다.

VR의 다섯 번째 정의: 사람의 감각 기관과 운동 기관에 대한 거울상, 또는 사람의 반전형.

더 구체적으로 표현해 보자.

VR의 여섯 번째 정의: 끊임없이 확장되면서 인체의 감각 운동 기관과 협력하고 조응하는 장치의 집합. 고글, 장갑, 움직이는 바닥이 있으면 물리적으로 같은 지점에 머물러 있으면서도 가상 세계에서 걷는 것처럼 느낄 수 있다. 이런 목록에는 끝이 없다.

궁극적 VR 시스템에는 이용자가 무엇이든 경험하도록 할 수 있는 디스플레이, 작동기, 센서, 그 밖의 장치가 장착될 것이다. 〈어떤〉 환경에서든 〈어떤〉 동물이나 외계인이 되어 〈어떤〉 일이든, 사실상 완벽한 현실감을 느끼며 할 수 있어야 한다.

VR의 정의에서는 〈어떤〉 같은 단어가 많이 등장하지만, VR을 접한 대다수 연구자는 〈어떤〉을 볼 때마다 의심하는 법을 배운다. 순진무구해 보이는 이 작은 세상에 무슨 문제가 있기에?

내 입장은 아무리 먼 미래를 가정하더라도 1년 안에 최상의 VR 시스템이 인간의 모든 감각과 인간에게서 측정 가능한 모든 것을 완벽하게 포괄하지는 못하리라는 것이다. VR이 무엇이든, (어쩌면 결코 도달하지 못할) 최종 목적지를 늘 좇을 뿐이다. 모든 사람이 내 생각에 동의하는 것은 아니지만.

VR 광신자 중 몇몇은 VR이 언젠가 인간의 신경계보다 나아질 것이므로 더 개선하는 것은 의미가 없어질 것이라고 생각한다. 즉, 우리가 수용할 수 있는 최선의 수준에 이르리라는 것이다.

나는 그렇게 보지 않는다. 한 가지 이유는 인간의 신경계가 수억 년에 걸친 진화의 결과이며 특별한 경우에는 이미 현실의 양자 한계

수준까지 조정될 수 있기 때문이다. 이를테면 망막은 광자 한 개에 반응할 수 있다. 기술이 전반적인 면에서 우리 몸을 능가할 수 있다고 생각한다면, 몸과 물리적 현실에 대해 우리가 아는 것을 잊어버리게 된다. 우주는 무한히 고운 입자로 이루어지지 않았으며 몸은 필요한 경우에는 이미 어느 것 못지않게 정밀하게 조정되어 있다.

매체 기술의 한 층위에서 렌더링한 환각이 ─ 아무리 정교하더라도 ─ 매개되지 않은 현실에 비하면 다소 조잡하다는 사실이 드러나는 상황은 언제나 생긴다. 가짜는 좀 더 성기고 느리다. 덜 고귀한 흔적.♦

하지만 시뮬레이션이 우리의 몸을 능가할 수 없는 가장 그럴듯한 이유는 따로 있다.

우리는 고품질의 VR을 접하면 감식안을 더욱 발휘한다. VR은 근사한 최신 기기가 더는 고품질로 보이지 않을 때까지 우리의 지각을 훈련시킨다. VR이 발전하면 할수록 앞선 VR은 퇴물이 된다.

VR을 통해 우리는 물리적 현실을 현실로 만드는 것을 감지하는 법을 배운다. 우리는 시시각각 ─ 대개는 무의식적으로 ─ 몸과 생각을 가지고 새로운 탐색 실험을 수행하는 법을 배운다. 최고 품질의 VR을

♦ 이 관점에 대한 논증은 1980년대에 흔히 ─ 실은 열렬히 ─ 제기되었다. 예나 지금이나 그에 대한 반론은 우리가 이론적인 궁극적 나노 기술을 통해 모든 면에서 물리적 현실을 장악할 것이기에 가상 현실과 실제 현실 사이에 전혀 차이가 없어지리라는 것이다. 이를테면 인체 구조가 증강되는 가설적 미래를 생각해 보라. 우리가 감각 기관이 강화되어 세상을 더 잘 보게 된다면, 그와 똑같은 기관에 시뮬레이션으로 직접 데이터를 공급할 수 있지 않을까? 이런 논증이 꼬리에 꼬리를 물지만, 나는 여전히 뇌가 가짜를 감지하는 일에 점점 나아질 거라고 생각한다. 우리가 현실의 〈상호 작용성〉을 뛰어넘을 수 없음을 명심하라. 언젠가 지금보다 훨씬 많은 색깔을 볼 수 있는 초고해상도 인공 망막으로 시력을 강화하더라도, 지각의 핵심은 상호 작용, 즉 탐색일 것이다. 그때가 되더라도 VR은 새로운 눈으로 물리적 세계를 보는 것만큼 현실 같지는 않을 것이다. 이 눈이 실제로 두리번거리도록 한다면 말이다.

접하면, 물질성을 파악하고 향유하는 능력이 정교해진다. 이 테마는 앞으로도 자주 언급할 것이다.

우리의 뇌는 한곳에 고정되어 있지 않다. 매우 유연하며 잘 적응한다. 우리는 고정된 표적이 아니라 창조적 과정이다. 타임머신이 발명된다면 사람을 현재에서 낚아채어 고도로 정교한 미래의 VR 장치를 씌울 수 있게 될 것이다. 그러면 그 사람은 가상 현실을 진짜로 착각할 것이다. 마찬가지로 사람들을 과거에서 낚아채어 현재의 VR 시스템을 씌우면, 그들 또한 가상 현실을 진짜로 착각할 것이다.

에이브러햄 링컨의 말에 빗대자면 일부 사람들을 그 시대의 VR로 속이거나 모든 사람을 미래의 VR로 속일 수는 있지만 모든 사람을 그 시대의 VR로 속일 수는 없다.

그 이유는 인간의 인지가 변화하며 일반적으로 VR의 발전 속도를 능가하기 때문이다.

VR의 일곱 번째 정의: 더 조잡하고 시뮬레이션된 현실은 상대적으로 물리적 현실의 깊이에 대한 인식을 증진한다. 미래에 VR이 발전함에 따라 인간의 지각은 더욱 섬세해질 것이며 우리는 물리적 현실을 더욱 깊이 파악하는 법을 배울 것이다.

미래에 VR 기술이 발전하는 덕에 우리 인간은 더욱 뛰어난 자연 탐정이 되어 현실과 환각을 구별하는 새 기법을 익힐 것이다.

오늘날의 천연 망막과 내일의 인공 망막은 둘 다 결함과 환각에서 벗어나지 못할 것이다. 모든 변환기transducer는 그럴 수밖에 없기 때문이다. 뇌는 끊임없이 조정과 시행착오를 거치면서 환각을 꿰뚫어 보는 법을 배울 것이다. 학습의 재료가 되는 사소한 힘들의 끊임없는 흐름, 즉 말랑말랑한 소재를 누르는 손가락, 압력이 반사될 때 신경 세포를 활성화하여 뇌에 신호를 보내는 피부 속 감각 세포야말로 지각의 정수이다.

체언이 아니라 용언

가상 현실 연구자들은 사람들이 현실과 상호 작용하는 양상을 서술할 때 체언보다 용언을 선호한다. 사람과 나머지 우주의 경계는 영화보다는 전략 게임과 더 비슷하다.

몸과 뇌는 끊임없이 현실을 탐색하고 시험한다. 현실은 그에 반응하여 돌아오는 결과이다. 뇌의 관점에서 현실은 다음 순간이 어떨 것인가에 대한 예상이지만, 그 예상은 끊임없이 조정되어야 한다.

인지적 운동량 — 즉, 시시각각의 예상 — 에 대한 감각은 VR에서 진짜가 된다.♦

그렇다면 어떻게 해야 대체 현실alternate reality을 시뮬레이션할 수 있을까? 사실 VR은 현실을 시뮬레이션하는 것이 아니라 신경의 예상을 자극한다.

VR의 여덟 번째 정의: 뇌가 공백을 메우고

♦ 이것이 태극권의 〈기〉와 같다는 주장이 있지만, 잘 몰라서 논평하지는 못하겠다.

**시뮬레이터의 오류에 눈감도록 유도하여
시뮬레이션된 현실이 처음보다 더 나아
보이도록 하는 기술.**

VR의 현실적 정의는 이상(理想)을 달성하는 것이라기보다는 이상에
접근하는 과정에 대한 것이다. 하긴 도달보다는 접근이 과학에
현실성을 부여하지 않던가(과학을 이렇게 이해하는 것이 명쾌하지
않아 보인다면 각주를 읽기 바란다).◆

◆ 과학은 도달이 아닌 접근임을 보여 주는 예를 하나 들어 보겠다. 20세기에 양자장 이론과
일반 상대성 이론이라는 두 가지 물리 이론이 제기되었는데, 둘 다 어찌나 근사한지 이론의
부정확함을 폭로하는 실험을 아직 아무도 고안해 내지 못했다. 하지만 둘은 우주 전체나
블랙홀과 연관된 것 같은 몇 가지 극단적 상황에서는 서로 상충한다.
따라서 우리는 물리학이 〈완성〉되지 않았음을 안다. 그렇다고 해서 발전이 진짜가
아니었다는 말은 아니다. 상대성 덕분에 우리는 GPS 센서의 정확도를 얻었고, 양자장 이론
덕분에 우리는 그 결과를 바닷속 광섬유 케이블로 전송할 수 있다. 두 이론이 없었다면 어느
것도 구현하지 못했을 것이다. 하지만 발견할 것이 더 있음은 분명하다.
과학은 최종 결론에 도달하는 확실성의 문제가 아니며, 이 때문에 정서적으로 불만족스러울
수 있다. 마음이 생각하므로, 마음은 현실이 생각과 같기를, 입장을 밝히기를,
플라톤적이기를 바란다. 하지만 과학은 짙은 어둠 속에서 촛불을 든 채 조금씩 나아가는 것일
뿐이다.
마음은 생각에 대해 완고해질 수 있으며, 현실이 특정한 방향으로 전개되어 끝을 보기를
기대한다. 애석하게도 영원한 현실은 우리에게 총체적이고 즉각적으로 드러나지 않았다.
과학이 절대적으로 완성되지 않았으므로, 사람들은 과학에 속았다는 느낌을 받을 수 있다.
이것은 우리가 완벽한 왕을 바라는데 불완전한 정치인을 얻는 것이 고작일 때와 비슷하다.
쓸쓸한 기분이다.
나도 그런 기분을 느낀다. 이따금 과학이 완벽했으면 하고 바랄 때가 있다. 하지만 우리는
이 현실에 익숙해져야 한다. 조금이나마 발전할 수 있다는 것이야말로 기적이고 경이이고
대단한 축복이다. 우리는 예전보다 더 많은 것을 이해할 수 있다. 그럼에도 우리가 여전히
전지전능하지 않다는 사실은 쓸쓸하다.
이해의 불완전함으로 인해 우리는 정치인을 비난하듯 과학을 비난하게 될 수 있다. 기후
변화를 부정하거나 예방 접종에 반대하는 사람들은 과학이 완성되지 않았다면 〈아무것〉도

과학의 점진적 발전에는 장엄함이 있다. 여기에 친숙해지려면 시간이 걸리겠지만, 일단 친숙해지고 나면 과학의 점진적 발전이 아름다울 뿐 아니라 신뢰의 토대임을 깨달을 것이다.

나는 이 점에서 완전무결한 형태의 VR이란 영원히 닿을 수 없는 목표라고 생각한다. 우리는 현실을 결코 완전히 알 수 없으며, 가상 현실도 마찬가지다.

> **VR의 아홉 번째 정의: 사람들을 세상과 연결하는 감각 운동 고리와, 공학을 통해 이 고리를 조정하는 방법에 대한 연구. 연구에는 끝이 없다. 연구 대상인 사람들이 변하기 때문이다.**

피해야 할 악덕

이해를 가로막는 걸림돌은 뇌와 동떨어진 원리에 따라 작동하는 일반적 기기를 신경계에 대한 대중적 은유의 소재로 삼는다는 것이다. 이를테면 눈을 카메라에, 귀를 마이크에, 뇌를 컴퓨터에 빗대어

해결되지 않은 것이라고 주장한다. 이따금 AI 진영 사람들 중에는 우리가 뇌의 작동 원리에 대해 몇 가지를 알아냈으니 뇌의 작동 원리에 대해 중요한 것을 〈전부〉 이해하고 있음에 틀림없다고 믿기도 한다.

이런 과장의 배후에 있는 감정을 나도 느끼지만, 과학을 신뢰할 수 있는 것은 모든 것을 약속하지 않기 때문이다. 모든 것을 약속하는 사람은 사기꾼뿐이다. 과학은 〈일부〉 문제를 해결했다. 〈전부〉를 바라는 사람이 〈일부〉를 받아들이기란 쉬운 일이 아니다.

괜찮지만 완벽하지는 않은 정치인을 몰아세우면, 왕을 사칭하는 더 나쁜 정치인을 얻게 될 뿐이다. 불완전하지만 타당한 과학을 몰아세우는 것은 사기꾼을 불러들이는 격이다.

생각하는 경우가 비일비재하다. 우리는 자신을 미스터 포테이토헤드*
USB 장치라고 상상한다.

더 나은 은유는 이것이다. 머리는 세상에 어떤 것들이 있는지
파악하는 다양한 실험적 임무를 띠고 파견된 첩보용 잠수함이다.
삼각대에 장착한 카메라는 손으로 들었을 때보다 정확한 상(像)을
얻는다. 눈은 그 반대이다.

머리를 바이스에 고정하여 움직이지 못하게 하고 눈이 눈구멍 안에서
회전하지 못하게 근육을 마비시키면, 눈을 삼각대에 고정한 상황을
시뮬레이션할 수 있다. 잠깐 동안은 예전처럼 볼 수 있을 것이다(영화를
보는 듯한 느낌이 들기는 하겠지만). 그러다 끔찍한 일이 벌어진다.
주위 세상이 우중충한 잿빛으로 흐려지더니 이내 사라진다.

시각을 지탱하는 것은 신경계의 끊임없는 실험이며, 이를 구현하는
것은 대부분 머리와 눈의 움직임이다. 머리를 최대한 조금씩
움직이면서 주위를 둘러보라. 어떤 일이 일어나는가? 진지하게
말하는데, 책을 잠깐 덮고 주위를 둘러보면서 뭐가 보이는지 알아보기
바란다.**

머리를 최대한 조금씩 움직이면, (여러분으로부터의 거리가 제각각
다른) 물체들의 윤곽이 머리의 움직임에 맞춰 저마다 다르게 배열되는
것을 볼 수 있다. 이것을 전문 용어로 〈운동 시차motion parallax〉라 하며,
3D 시지각의 중요한 요소이다.

또한 많은 물체에서 빛과 질감이 미묘하게 달라지는 것이 보일
것이다. 딴 사람의 피부를 쳐다보면, 여러분이 머리의 움직임에 따라

♦ 감자 모양 얼굴에 눈, 귀, 코 등을 붙였다 떼었다 할 수 있는 장난감 ─ 옮긴이주.
♦♦ 여러분이 맹인이라면, 청각도 원리는 동일하다.

피부 속을 탐색하고 있음을 알 수 있다(피부와 눈은 이 현상이 가능하도록 함께 진화했다). 딴 사람을 쳐다보면서 면밀히 주의를 기울이면 머리의 작은 움직임에서 전달되는 메시지들이 엄청나게 다양하게 오가는 것을 알 수 있다. 이것은 모든 사람이 주고받는 은밀한 시각 운동 언어이다.

이런 현상이 감지되지 않으면 잠깐 동안 VR을 썼다가 벗은 뒤에 다시 해보라.

시각의 작동 원리는 불변성이 아니라 변화를 좇고 관찰하는 것이기 때문에, 신경 세포는 다음에 무엇이 보일지를 예상한다. 신경계는 왕성한 호기심을 가지고서 세상에 대한 생각을 끊임없이 검증한다는 점에서 과학자 집단과 약간 비슷하다. 가상 현실 시스템의 성공은 대안적 가설을 일시적으로 〈집단〉에게 설득할 때 일어난다(VR의 성공이 영구화되면 여러분은 파국적인 정치적 실패의 새로운 국면에 돌입하게 된다. 하지만 우리가 〈일시적〉인 성공적 VR 경험에 친숙해질수록, 이 암울한 운명을 맞을 가능성이 줄어든다).

가상 세계를, 예상의 토대로 삼기에 적합한 세계로 취급할 수 있을 만큼 충분한 단서가 신경계에 공급되면 VR은 어떤 면에서 진짜처럼 — 처음보다 더 진짜처럼 — 느껴지기 시작할 수 있다. 이것은 결정적 증거이다.

신경계는 전체론적이기 때문에, 한 번에 하나의 외부 세계를 선택하여 믿는다. 가상 현실 시스템의 임무는 신경계를 문턱값 너머로 뒤흔들어 뇌가 한동안 물리적 세계 대신 가상 세계를 믿도록 하는 것이다.

VR의 열 번째 정의: 인지적 관점에서 현실은 다음 순간에 대한 뇌의 예상이다. 가상 현실에서 뇌는 잠깐 동안 실제 사물이 아니라 가상의 사물을 예상하도록 설득된다.

자신을 바라보는 기술

VR을 설명하기 힘든 까닭은 한정하기 힘들기 때문이다. VR은 어느 분야와도 직접 연결될 수 있다. 나는 수학과, 의학과, 물리학과, 언론학과, 미술학과, 인지 과학과, 행정학과, 경영학과, 영화학과, (당연히) 전산학과 등에서 방문 연구를 한 적이 있는데, 전부 다 내가 VR이라는 한 분야를 연구한 덕분이었다.

VR의 열한 번째 정의: VR은 가장 중심에 놓인 분야이다.

내 경우에 VR의 가장 요긴한 쓰임새는 입가심이다.

누구나 삶과 세상에서의 가장 기본적인 경험에 익숙해지며, 우리는 이것을 당연하게 여긴다. 하지만 신경계가 가상 세계에 일단 적응한 뒤에 현실로 돌아오면 소우주에서 다시 태어나는 경험을 할 기회를 얻는다. 싸구려 목재나 여느 흙 같은 가장 평범한 표면이 잠시나마 무한히 다채롭게 장식된다. 다른 사람의 눈을 들여다보는 것은 너무나 강렬한 경험이 된다.

가상 현실은 예나 지금이나 일종의 계시이다. 게다가 새로이

드러나는 것은 외부 세계만이 아니다. 모든 것이 달라져도, 모든 존재하는 것을 경험하는 나는 중심에 그대로 있음을 깨닫는 순간이 찾아온다.

내 손이 거대해진 뒤에는 동물이나 다양한 생물, 심지어 움직이는 구름으로 변하는 실험이 자연스러워졌다. 몸을 충분히 변형시키면 아주 놀라운 효과가 느껴지기 시작한다. 자신과 세상의 모든 것이 달라질 수 있고, 그럼에도 자신은 여전히 그 자리에 있다는 느낌 말이다.

이 경험은 단순하기에 오히려 전달하기 힘들다. 우리는 하루하루 살아가면서 살아 있음의 기적에 익숙해진다. 예사로운 일로 느껴지는 것이다. 우리를 포함한 온 세상이 메커니즘에 불과하다는 느낌이 들기 시작한다.

메커니즘은 모듈로 이루어진다. 자동차의 부품을 헬리콥터의 부품과 하나씩 바꾸면 헬리콥터가 되거나 날지 못하는 쓰레기 덩어리가 되지 자동차가 되지는 않는다.

마찬가지로 가상 현실에서는 경험의 모든 요소를 하나하나 없앨 수 있다. 이를테면 방을 없애고 시애틀로 대체한다. 그런 다음 몸을 없애고 거인의 몸으로 대체한다. 모든 조각이 사라져도, 남은 것을 경험하는 나는 여전히 그대로이다. 따라서 나는 자동차나 헬리콥터와는 다르다.

몸이 달라지고 세상 모든 것이 달라져도 경험의 중심은 그대로 남는다. 가상 현실은 현상을 벗겨 냄으로써 그럼에도 의식이 남아 있고 진짜임을 드러낸다. 가상 현실은 스스로를 스스로에게 드러내는 기술이다.

VR 관광객이 가장 중요한 볼거리를 놓치지 않으리라는 보장은 전혀 없다. 거대한 손 같은 버그를 VR에서 겪기 전까지 나는 VR의 가장 기본적인 이 측면을 파악하지 못했다. 다른 사람들이 VR 경험의 가장 단순하고도 심오한 성질을 이해하도록 하려면 어떤 문턱값 요소들이 필요한지 알고 싶다.

VR의 열두 번째 정의: VR은 경험 자체를 관찰하는 기술이다.

기술이 모든 것을 변화시킴에 따라, 이곳에서 우리는 기술을 최대한 밀어붙임으로써 기술을 초월하는 무언가를 내면에서 재발견할 수 있음을 발견할 기회를 얻는다.

VR은 정보에 접근하는 가장 인간적인 방법이다. VR은 삶에 대한, 컴퓨팅에 대한 내적 관념을 시사하는데, 이것은 대다수 사람들에게 친숙한 것과 거의 정반대이며[*] 이 전도(顚倒)에는 엄청난 의미가 있다.

VR 연구자들은 내적 삶의 현실성을 인정해야 한다. 내적 삶이 없다면 가상 현실은 헛소리일 것이기 때문이다. 페이스북 페이지는 주인이 죽어도 남을 수 있지만, 그의 VR 경험은 함께 사라진다. VR 경험이 자신을 위한 것이 아니라면 누구를 위한 것이겠는가?

VR을 통하면 자신의 의식을 순수한 형태로 느낄 수 있다. 나머지 모든 것이 달라질 수 있는 시스템에서의 고정점, 그곳에 내가 있다.

VR 안에서는 친구들과 하늘을 나는 경험을 할 수 있다. 모두가 반짝이는 천사로 변신하여, 움직이는 금빛 나선으로 둘러싸인 외계

---

[*] 이것은 어떤 사람들에게는 너무 명백해서 내가 구구절절 설명하면 지루한 반면에 어떤 사람들에게는 수수께끼처럼 보일 것이다. 수수께끼처럼 보인다면 이 책 뒤쪽에서 인공 지능을 다루는 부분을 슬쩍 읽어 봐도 좋다. 399쪽 「종교의 탄생」부터 읽으면 된다.

행성 위로 치솟는다. 자신이 금빛 나선 위를 떠다니는 동안 정확히 누가 곁에 있는지 생각해 보라.

대부분의 기술은 현실이 장치들의 바다에 불과하다는 느낌을 부추긴다. 뇌와 휴대폰과 클라우드 컴퓨팅 서비스가 모두 하나의 초뇌(超腦)로 합쳐진다. 우리는 시리Siri나 코타나Cortana가 마치 사람인 듯 대화를 나눈다.

그에 반해 VR은 주관적 경험이 존재함을 부각하는 기술이다. VR은 내가 실재함을 입증한다.

시스템의 버그
(VR의 어두운 면에 대하여)

편집광 안드로이드

어머니가 세상을 떠난 뒤, 단어 연쇄는 병원에서 벗어나는 길을 내게
보여 주었다. 그것은 〈삶을 선택하라〉였다. 그런데 십대가 되었을 때 또
다른 단어 연쇄들이 나를 다시 병원에 처넣을 뻔했다

엘러리는 내가 대학 생활을 시작하고 전산학에 흥미를 느끼자,
자신이 가지고 있던 노버트 위너의 『인간의 인간적 활용*The Human Use
of Human Beings*』을 내게 주었다. 이 책은 위너가 기본 용어를 정의해야
했던 초창기에 쓴 무시무시한 저작이다. 위너는 컴퓨팅의 미래에 대한
한 가지 접근법을 제시했으며 이를 〈사이버네틱스〉라 불렀다.

위너는 언젠가 컴퓨터가 인간사에 속속들이 통합되면 우리는 사람과
컴퓨터를 (둘을 포함하는) 시스템의 부분으로서만 이해할 수 있을
것임을 깨달았다. 지금이야 당연하게 보일지도 모르겠지만, 당시에는
기막힌 선견지명이었다.◆

위너는 컴퓨팅의 여명기에 인기 있는 인물은 아니었다. 다양한

◆ 위너의 연구는 연산에 대한 〈시스템〉 저술의 시작이었지만 너무 일러서 『사이버네틱스의
두 첨단』이나 『컴퓨터 해방/꿈 기계』 같은 사이키델릭한 저술로 이어지지 못했다.

비판자들이 그의 사후까지 살아남았는데, 그들은 내 앞에서 모진 말로 그를 비난했다. 인간적 면모야 어떠했든 — 나는 거기에 대해 어떤 의견도 없다 — 그는 새로운 사상 분야에 처음 도달하는 사람에게서 흔히 볼 수 있는 명석한 정신의 소유자였다.

(1950년대 후반 다트머스 회의에서)〈인공 지능〉이라는 용어가 탄생한 한 가지 이유는 위너의 동료 중 상당수가 그를 견딜 수 없었기 때문이다. 그들은 대안적 명칭을 만들어 내지 않으면 안 되겠다고 느꼈다. 위너가 제안한 〈사이버네틱스〉가 자리를 잡기 시작했기 때문이다. 그런데 그들이 내놓은 대안은 뜻이 달랐다.

〈인공 지능〉이라는 용어는 미래 컴퓨터의 특징을 사람과 무관하게 묘사하려는 시도였으며, 컴퓨터가 사람들이 모두 죽은 뒤에도 — 심지어 컴퓨터를 관찰할 주체가 하나도 남지 않아도 — 존재하는 독자적 대상이 될 것임을 시사했다.

이에 반해 〈사이버네틱스〉의 함의는 컴퓨터와 인간을 서로의 맥락에서 이해해야 하리라는 것뿐이었다. 형이상학은 사이버네틱스의 관심사가 아니었다.

위너가 옳았다. AI가 끼어들면서 웅덩이가 진흙탕이 되었다. 이 책 말미에서 AI에 대한 생각들로 돌아가겠지만, 일단 위너의 사상이 VR과 관련하여 어떤 의미가 있을지 살펴보자.

공포 방정식

다음은 위너의 책이 무시무시한 이유를 한마디로 보여 주는 방정식이다.

튜링$^{무어의 법칙}$ ×(파블로프, 왓슨, 스키너) = 좀비 대재앙

제2차 세계 대전은 인간의 주체성이 기술에 위협받을 수도 있다는
두려움을 남겼다. 나치는 선전 영화 같은 신기술을 이용하여 자국민이
공업적 집단 살해의 발명에 공모하도록 했다. 회색의 작은 픽셀 하나는
우리 어머니, 뜻밖의 생존자였다.

전쟁이 끝나자 어떻게 이런 일이 일어날 수 있었는지 다들 의아해
했다. 이런 일이 다시 일어날 수 있을까? 초기에 징후를 알아차릴 수
있을까? 징후를 감지했으면 어떻게 해야 할까?

전후 시기에는 세뇌의 공포가 횡행했다. 이반 파블로프, 존 B. 왓슨, B.
F. 스키너 같은 심리학자들은 통제된 피드백으로 행동을 바꿀 수 있음을
밝혀냈다. 윌리엄 버로스, 토머스 핀천, 필립 K. 딕 같은 사이버펑크
장르—실은 대부분의 현대 과학 소설—에서 흔히 볼 수 있듯 현대적
편집증이 자아내는 어두컴컴한 금속성 분위기는 몇몇 과학자가
실험실에서의 권력 놀음에 대해 떠벌인 것을 가지고 일반인들이 겁을
먹으면서 시작되었다.

원조 행동주의자들 중 몇몇은 오만함과 독선으로 가득했다(그들은
남들이 실험실이나 사회에서 어떻게 조작될 수 있는가를 결정할 권리가
있다는 듯 굴었으며, 사람들을 연구하는 접근법 중에서 행동주의
말고는 전부 하찮다고 생각했다).

파블로프는 개에게 먹이를 줄 때 종을 울린 뒤에 종소리만으로 개가
침을 흘리게 할 수 있음을 입증한 작자이다. 왓슨은 〈아기 앨버트Little
Albert〉라는 잔인한 실험을 한 작자이다. 그는 동물을 보여 주면서
아기를 겁에 질리게 하여 사람이 영원히 어떤 동물에 겁을 먹도록 할 수

있음을 입증했다. 스키너는 실험실에서 동물에게 조건화를 형성하는
실험 상자를 정식화했다.

행동주의는 대중문화의 장치로 전락했다. 요즘은 대통령조차 즉각적
만족을 위해 — 관심을 받으려고 — 트위터를 한다. 여러분은 개
호루라기 소리를 들으면 침을 흘린다.* 그 원형은 스키너 상자이다. 스키너
상자에 들어 있는 사람은 자신에게 통제 능력이 있다고 착각하지만 실은
상자에 의해 — 엄밀히는 상자 뒤에 있는 사람에 의해 — 통제되고 있다.

이것을 구별하는 것이 중요한데, 쉬운 일은 아니다. 행동주의
〈문화〉는 내게 역겨웠다(행동주의 자체는 유용한 과학일 수도 있지만).
당시에는 염소 훈련이 행동주의의 유용한 측면에 대한 사례라고
생각했는데, 지금 같으면 인지 행동 치료를 시도했을지도 모르겠다.

나는 대학 다닐 때 유용한 과학과 <u>으스스한</u> 권력 놀음을 어떻게
구분할 것인가의 문제에 집착했다. 생각들이 머릿속을 헤집는 통에
밤새 잠을 이루지 못했다. 〈생존하려면 과학이 필요하다. 게다가 과학은
아름답다. 하지만 과학자는 괴물이 될 수도 있다. 괴물에 의해 시작되고
포장된 과학은 끔찍한 피해를 입힐 수도 있다. 우리는 과학을 할 자격이
있을 만큼 선하지 않을 때가 있는데 어떻게 과학을 할 수 있지?〉

행동주의에서 우리를 가장 심란하게 만드는 것은 겉에 드러난
반(反)인간적 분위기였다. 그들은 가학적 실험으로 명성을 얻으려
들었다. 어떤 기술이든 새로운 형태의 잔인함을 각색하는 데 쓰일 수
있다. 하지만 왜 그래야 하나?

행동주의만이 편집증 공장이었던 것은 아니다. 유전학은 유용하고

◆ 〈개 호루라기dog whistle〉는 사람에게는 들리지 않지만 개에게는 잘 들리는 고주파 신호를
내는데, 이에 빗대어 특정 집단에 호소하는 정치적 메시지를 뜻하기도 한다 — 옮긴이주.

효과가 있지만, 이따금 유전학자들은 지독히 반인간적이고 사악한 우생학적 유토피아주의에 빠져들었다. 과학자들은 우리 친척들이 살해되고 우리 어머니를 비롯한 수백만 명이 투옥되고 고문당하는 데 한몫했다.

내가 전산학 공부를 시작했을 때까지도 팽배하던 이 편집증에 대해 감을 잡고 싶다면 영화 「만주의 후보The Manchurian Candidate」를 추천한다(리메이크 말고 1962년 원작). 영화에서는 미국인 병사 한 명이 세뇌를 당하는데, 선전이나 스톡홀름 증후군처럼 인간적 상호 작용의 범주에 속하는 계략에 의해서가 아니다. 이 병사는 무자비한 알고리즘에 기반한 무미건조한 자극과 피드백에 무릎을 꿇는다. 스키너식의 마음 해킹은 『시계태엽 오렌지A Clockwork Orange』를 비롯하여 헤아릴 수 없이 많은 소설과 영화에 거듭 등장했다.

어떤 너드가 여러분을 (여러분 자신도 모르게) 비디오 게임의 등장인물처럼 조종한다는 가능성보다 더 오싹한 것이 어디 있겠는가?

종전 이후로 21세기 들머리까지 쏟아져 나온 영화와 소설에서는 인간을 조종하려면 최면이나 자백 유도제라는 것이 중요한 역할을 할 것이라고 주장했다. 영화만 그런 것이 아니었다! 미국 중앙 정보국에서는 LSD가 세뇌를 촉진하는지 알아내려고 사람들에게 통지나 동의 없이 LSD를 투여했다.

위너는 컴퓨터가 스키너 상자를 더 근사하고 효과적이고 은밀하고 끝없이 오싹하게 구현할 만큼 강력해질지도 모른다고 예측했다. 위너를 꼼꼼히 읽으면, 충분히 뛰어난 센서와 컴퓨터, 센서 피드백을 갖추면 깨어 있는 사람을 대상으로 그가 깨닫지 못하는 채 스키너 상자를 구현할 수 있음을 분명히 알 수 있다. 위너는 거대한 컴퓨터 설비와 통신망을 건설하는 것이 여간 힘들지 않으므로 이 위험은 이론적인 것에 불과하다며 독자를 안심시킨다.

양극성 비트

컴퓨터 그래픽에 대해 첫 몽상을 펼친 지 몇 달도 지나지 않아 숨 막힐 듯한 생각이 나를 짓눌렀다. 얼마나 끔찍했던지 그 즉시 생각을 지워 버려야 했다. 머리가 타는 것 같았다. 하지만 그 뒤로 몇 년 동안 이 암울한 관념은 시시때때로 나를 찾아왔으며 나는 차츰 이 관념에 동화되었다(하지만 자세한 이야기는 나중에).

나를 짓누른 생각은 가상 세계 기술이 궁극적 스키너 상자에 본디 안성맞춤인 장치라는 것이다. 뭐니 뭐니 해도 가상 세계는 역사를 통틀어 가장 소름 끼치는 기술이 될 수 있다.

이 시기의 가상 세계는 조잡한 단색 선 렌더링으로만 이루어졌으며 소수의 연구실에 드물게 구비된 거대한 산업용 기기로만 볼 수 있었음을 명심하라.

하지만 나의 백일몽은 — 아마 밤에도 같은 꿈을 꾸었을 것이다 — 이 신기술에 대한 상상으로 가득했다. 이 기술은 아름답고 생생하고 섬세할 것 같았다. 히에로니무스 보스에 바흐를 곁들이고 여기에 다시 초콜릿을 곁들였을 것 같았다. 내 손이 측정되어 제약 없는 부속지로 바뀔 것 같았다. 손이든 날개이든 무엇이든 될 수 있을 것 같았다. 망델브로 집합 사이로 날아 데이트하러 가고, 춤으로 프로그래밍을 하고, 친구들과 상상의 식물을 길러 음악을 작곡할 수 있을 것 같았다.

그런데 위 문단에서의 단어 하나가 공포를 자아냈다. 〈측정〉이 바로 그것이다.

위너는 어떻게 하면 컴퓨터가 세상에 어울릴 수 있을지 고민했다. 그때까지의 컴퓨터는 대부분 암호를 해독하거나 미사일 탄도를 계산하는 등 추상적이고 형식적인 과제에 쓰였다. 프로그래밍을 위해서는 창구 뒤에 앉은 기사에게 천공 카드 다발을 건네야 했다. 그러면 기사가 따로 데이터(이를테면 암호화된 메시지 등)를 컴퓨터에 입력하고 프로그램을 실행한 뒤에 결과를 읽는다. 사실 튜링과 폰 노이만이 제시한 연산의 형식적 정의는 처음에는 입력 단계, 처리 단계, 출력 단계가 따로따로 이루어지는 이런 모형으로 표현되었다.

하지만 컴퓨터가 온종일 돌아가면서 세상에 붙박여 세상과 상호 작용하면 어떻게 될까? 바로 이것의 원형을 아이번 서덜랜드가 보여 준 것이다!

〈사이버〉라는 단어는 그리스어에서 왔으며 항해와 관계가 있다. 항해할 때는 바람과 파도가 변함에 따라 끊임없이 돛을 조정해야 한다. 마찬가지로 컴퓨터에는 세상을 측정하는 센서와 세상에 영향을 미치는 작동기가 있다. 세상에 붙박인 컴퓨터는 (한 장소에 고정되어 있긴 하지만) 로봇 항해사와 비슷한 점이 있다. 어쩌면 로봇 항해사가 할 수 있는 일은 카메라로 세상을 바라보고 키보드로 텍스트를 입력받은 다음 영상을 화면에 띄우거나 기계 장치를 조종하는 것이 전부인지도 모른다. 〈사이버네틱스〉라는 말은 여기에서 왔다.

이런 식의 연산 개념은 영화 「2001 스페이스 오디세이2001: A Space Odyssey」에서 찾아볼 수 있다. 핼◆은 걸어다니는 안드로이드 안에 들어

◆ HAL. 영화에 등장하는 컴퓨터 — 옮긴이주.

있지 않고 가만히 제자리에 앉아 있다. 그럼에도 헬은 항해한다. 헬은 우주선을 항해하고 우주선 안에 있는 것을 조종한다.

이제 스키너 상자를 들여다보자. 그 안에는 어떤 요소가 있을까? 우선, 상자 안에 있는 생물을 측정하는 요소가 있다. 쥐가 단추를 눌렀는가? 피드백이 있다. 먹이가 나타나는가? 무엇이 측정에 의한 행위를 일으키는가? 원래 실험에서는 살아 있는 과학자가 피드백을 통제했지만 지금은 알고리즘이 대신한다.

스키너 상자와 사이버네틱 컴퓨터의 요소들은 기본적으로 같다. 지금이야 이런 얘기가 당연한 것으로 들리겠지만, 내가 어릴 적에는 둘을 연관시키는 것이 참신하고 충격적이었다.

가상 현실이 제대로 작동하려면 인간 행위를 최대한 정확하게 감지해야 한다. 또한 사실상 모든 경험을 피드백의 형태로 만들어 내야 한다. 이것은 역사를 통틀어 가장 사악한 발명으로 드러날지도 모른다.

VR의 열세 번째 정의: 완벽하고 (완벽하게) 사악한 스키너 상자를 만들기 위한 완벽한 연장.

잠깐, 그거 생각하지 마. 한발 물러서. 다른 걸 생각해. 샤쿠하치*를 배우고 이국적인 장소를 여행하고 그 생각은 잊어.

◆ 尺八. 퉁소와 비슷한 일본 악기 — 옮긴이주.

6　　　　　　길

돔 완공

내가 열일곱 살이 되었을 때 마침내 돔이 완공되었다. 그 즈음 나는 수학 학사 학위를 거의 끝마쳤으며 이미 대학원 조교를 맡고 있었다.

하지만 덫에 걸릴까 봐, 사악한 기계 만드는 법을 배우게 될까 봐 두려웠다. 세상을 더 보고 견문을 넓혀야 했다.

때마침 나보다 몇 살 위이면서 뉴욕 출신의 시인을 자처하는 사람을 만났다. 이런 식으로 자기를 드러내는 사람은 처음 봤다. 그는 장발에 염소수염을 길렀으며 대도시 외곽의 예술 학교에 다녔다.

나는 당장 그곳에 가야 했다. 왜냐고? 한 가지 이유는 도서관에서 읽은 전위 예술 잡지의 매력이었고 또 한 가지 이유는 콜론 낸커로♦와

♦ 콜론 낸커로는 멕시코시티의 작곡가였다. 우리의 관계는 『미래는 누구의 것인가』에 실려 있다. 그는 미국에서 태어났으나 제2차 세계 대전 때 스페인에서 에이브러햄 링컨 여단과 함께 싸운 뒤 〈섣부른 반(反)파시스트〉라는 이유로 재입국을 불허당했다. 콜론은 시간이라는 영역에서 완전한 자유와 정확성을 얻기 위해 피아노 롤에 손으로 구멍을 뚫었으며, 이를 통해 예술에서 무한의 의미를 탐구한 개척자가 되었다. 그의 음악을 들어 보고 싶다면 1750 아치 음반사의 오래된 LP 녹음을 찾아보라. 이후의 디지털 녹음은 약간 건조하며 내 귀에는 뭔가 어긋난 것처럼 들린다.

신시사이저, 실험 음악에 매료된 탓이었다. 아니, 그것 때문이 아니었다. 우리 부모는 뉴욕에서 예술가로 활동했다. 한때 예술에 심취했다. 나는 거기 가서 어머니의 자취를 다시 밟아야 했다.

가장 큰 문제는 돈이었다. 뉴멕시코 주립 대학교에 비하면 학비가 엄청나게 비쌌기 때문이다. 아버지는 돈을 담보로 잡히고 융자를 받았다.

염소수염 친구에게 밴이 있어서 우리 둘은 대륙을 가로질렀다. 동쪽으로 갈수록 지형이 축축한 초록으로 바뀌는 것이 놀라웠다. 맨해튼이 눈에 들어오자 나는 발작할 것처럼 흥분했다. 우리는 차를 세우지 않고 작은 북부 캠퍼스로 직행했다.

나는 속물근성을 상대할 준비가 전혀 되어 있지 않았다. 학생들은 거의 전부 부잣집 도련님이었다. 나는 아버지의 애독서인 소스타인 베블런의 책을 읽었는데, 베블런은 이런 학생들의 삶을 예리하게 묘사했다. 그들은 모든 표현이 불평이었다. 학생이 지은 한 포크 송은 〈너무 늦게 태어났어〉라고 탄식했다. 우리는 스스로를 가련하게 여기며 60년대를 그리워했다.

이곳에서는 과시적 낭비의 장관이 펼쳐졌다. 번쩍거리는 고급 스포츠카들이 금요일 밤에 일부러 낸 사고로 폐물이 되었다. 토요일의 이야깃거리를 만들기 위해서였다.

하지만 고통과 빈곤을 가장하는 일도 흔했다. 기숙사는 난장판이었으며 그 시대의 뉴욕, 즉 빈민가의 복제품이었다. 가난한 삶, 펑크적 삶이 유행이었다. 다들 급진파였다. 진짜 삶에 대해, 진짜 가난에 대해, 진짜 고통에 대해 다들 일가견이 있었다.

가장 부유한 학생들은 헤로인에 취했다. 캠퍼스에서는 마약이용인되었다. 학생들은 서로를 열렬히 숭배했다. 누군가는 위대한 시인인가 하면 또 누군가는 위대한 영화감독이었다.

그 학교에서 생활비를 벌어야 했던 사람은 나 말고 아무도 없었을 것이다. 하지만 나는 그들 중 하나로 인정받고 싶은 마음이 간절했다. 진짜 예술가로 대접받고 싶었다. 물론 그럴 기회는 한 번도 없었다. 내 살갗에는 〈촌뜨기hillbilly〉를 뜻하는 붉은 〈H〉 글자가 박혀 있었다.

전에는 내가 기묘하게도 약간은 특권층이라는 자각이 있었으며 실제로도 그랬다. 어쨌거나 이웃집 수영장에 빠져 죽은 것은 내가 아니었으니까. 피부색은 나의 지위를 조금이나마, 하지만 의미심장하게 상승시켰다.

하지만 나는 지위가 프랙털임을 깨달았다. 패턴은 크고 작은 모든 척도에서 반복된다. 업계의 거물들이 한자리에 모이면 상대적으로 실패자 취급을 받는 사람이 늘 있게 마련이다. 가난하고 거친 녀석들이 모였을 때에도 그중에서 승자가 늘 생기게 마련이다. 나는 여기서도 밑바닥을 경험했다.

다 그런 것은 아니었다. 합리적이고 상식을 갖춘 학생도 몇 명 만났다. 하지만 전반적으로는 밑바닥이었다.

전위 영화

이 학교에서 좋았던 점 하나는 발상에 대해 이야기하는 법을 배울 기회를 처음 얻었다는 것이다. 학생들은 잡담 시간을 좋아했으며 거물급 지성인 행세를 하려 들었다. 가장 흔한 주제는 영화였다.

캠퍼스는 전위 영화 제작자들의 오아시스였다. 몇 분짜리 영화를 몇

편 제작했을 뿐인 괴짜 뜨내기들이 나를 비롯한 학생들에게 열렬히 추앙받았다. 스탠 브래카주나 마이클 스노는 캠퍼스를 방문할 때마다 호주머니를 채울 수 있었다. 낡고 허름한 간이 창고에서 상영회가 열렸다. 식사는 주크박스가 있는 싸구려 술집에서 했는데, 하도 시끄러워서 사색은 꿈도 꿀 수 없었다.

(똑같은 음악을 틀고 또 틀던 생각을 하면 아직도 몸서리가 난다. 사람들은 대부분 어릴 적에 유행하던 음악을 평생 듣는다. 음악이 형편없었는지, 나만 그랬는지는 모르겠지만 70년대 중후반 히트 곡의 상당수는 예나 지금이나 끔찍하다.)

우리는 관람만 한 것이 아니라 대화도 했다. 영화 얘기뿐 아니라 〈영화 문화〉 얘기도 했다. 전위 영화 상영회에서 늘 격론을 일으키는 주제 중 하나는 언젠가 어떤 사람이 태어나서 죽을 때까지를 한 번도 쉬지 않고 필름에 담는다는 발상이었다. 일거수일투족을 촬영한다는 것이었다.

나는 이 발상을 영화 지상주의적이고 보르헤스적으로 변주하여 영화가 시간 자체를 압도할 것이라고 주장했다. 「아무것도 잊히지 않을 거야. 그러면 현재와 과거의 차이가 불분명해지겠지. 시간은 직선적이기보다는 분산적이 되고 끈이라기보다는 지도처럼 퍼질 거라구.」

이 짧은 호언장담은 나를 잠시나마 저 사교계에 속하게 해준 쐐기들 중 하나였다. 모든 것을 죄다 촬영한다는 발상이 어찌나 솔깃하던지 이것이 미래인 것 같았다. 영화가 모든 것에 승리를 거둘 것만 같았다. 영화 지상주의야말로 미래였다! 나는 기본적으로 내 말이 들리는 거리에 있는 모든 사람에게 입에 발린 소리를 했다. 그래야 무리에 낄 수 있었으니까.

괴상한 영화 문화에서는 모호함이 매력의 일부였다. 우리는
일반인들은 마야 데렌이 누구인지 모른다는 사실을 즐겼다.

(여러분 중에도 처음 들어 보는 사람이 있을지 모르겠지만, 이 소수의
영화감독 집단은 뮤직비디오의 패턴과 스타일을 상당수 창조했다.
그들은 결국 스티븐 스필버그나 조지 루커스에 비길 만한 영향력을
발휘했다. 나는 그럴 줄 꿈에도 몰랐지만.)

어느 날 지독한 습기 속을 걷다가 지독한 생각에 사로잡혔다. 금지된
생각이었다. 〈내가 인간의 인간적 활용을 제안해 볼까?〉 머리칼이 쭈뼛
섰다.

메카스 형제인지 잭 스미스인지의 새 영화를 관람하고 나서
거들먹거리는 토론회가 열렸는데 내가 이렇게 물은 기억이 난다.
「개인의 삶을 철저히 영화화하는 작업을 누가 주관하지? 누가 카메라의
위치를 정하고 색상을 조정하고 컷을 하지?」

나는 계속해서 말했다. 「영화를 찍으려면 수많은 결정을 해야 해.
진짜 일을 해야 한다구. 각자가 자신의 삶에 대한 총체적 영화의 감독을
맡아야 한다면 삶을 위한 시간은 하나도 남지 않을 거야. 영화가 모든
것을 질식시켜 고정된 정지 화상 하나만 남겠지. 그러지 않고 딴 사람이
감독을 하면 파시즘이 될 거야. 그 사람이 기억을 통제하고, 그리하여
모든 것을 통제할 테니까. 따라서 모든 것을 영화화해서는 안 돼.
자유로울 수 있을 만큼 망각해야 한다구.」

신기하게도 아무도 동조하지 않았다. 내 주장은 편집증적이고
신마르크스주의적이었다. 이것은 젊고 거만한 친구들이 좋아하는
조합이었으므로, 나는 공감을 얻으리라 생각했다. 게다가 나의 발상은

중요하고 아마도 참인 것처럼 느껴졌다. 하지만 돌아온 것은 숨죽인 비웃음뿐이었다. 예전에 입에 발린 소리를 하면서 느끼던 황홀한 위안이 애타게 그리웠다.

관철하지 못한 주장은 내게 공포보다는 위안이 되었다. 나는 어머니를 더 자세히 기억하지 못한 것에 깊은 죄책감을 느꼈지만, 때로는 전략적 망각이 자유에 이르는 유일한 길임을 분명히 깨달았다.

공식적으로 등록한 수업에서는 별로 배운 게 없었다. 수학과 과학은 (돌이켜 생각하면) 그저 그랬다. 컴퓨터는 한 대도 없었고 컴퓨터에 관심을 가진 사람도, (틀림없이) 컴퓨터를 이해하는 사람도 전혀 없었다. 나는 전산학에 대한 열정을 보류해야 했다. 설상가상으로 음악 교수진은 난해하고 비열했다. 거기에 끔찍한 이유가 있음을 나는 곧 알아차렸다.

하지만 그 전에 근사한 일이 일어났다.

처음으로 도시에

주말이면 기차를 타고 맨해튼에 가서 부모의 친구 루스 몰리의 집에 머물렀다. 루스는 영화 의상 디자이너였는데, 「애니 홀Annie Hall」과 「투씨Tootsie」에서의 작업이 잘 알려져 있다. 그녀는 다코타 바로 뒤쪽의 자주색 펜트하우스에 살았으며, 나보다 나이가 약간 많은 딸이 둘 있었다.

우리 부모가 남긴 뉴욕 생활의 흔적이 여전히 나를 반겨 주었다! 나는 자주색 펜트하우스를 어슬렁거리며 북부의 가짜가 아니라 진짜 전위 음악계를 접했다. 환상적이었다. 나는 존 케이지를 비롯한 당대의 음악계 명사들과 어울렸다. 신시사이저의 여신이며 아름다운 로리 스피겔, 그녀 못지않게 아름다우며 훨씬 위협적인 유망주 로리 앤더슨도 있었다.

뉴욕은 자신의 모습을 증폭하여 보여 주는 거대한 볼록 거울이었다. 길거리를 걷다 보면 수천 명과 눈을 마주치고 무의식적으로 신호를 주고받는다. 운명의 가장 촘촘한 수레바퀴에 떨어진 것이다. 말썽을 찾는다면 이만한 곳이 없었다. 사랑이나, 상호 존중이나, 가련한 몰락을 찾기에도 안성맞춤이었다.

하지만 이제는 그렇지 않다. 다들 휴대폰만 들여다본다.

부유하고 우아하고 나이 지긋한 과부가 있었는데, 유럽 왕족이라고 했다(다들 그러지 않던가?). 그녀는 뉴욕 실험 음악계의 숨은 후원자였다. 겉보기에는 독자적으로 진행되는 듯한 운동도 막후에는 늘 누군가가 뒷배를 봐주고 있었다.

그녀의 집은 거대한 못을 세워 놓은 모양이라고 했다. 지금껏 제작된 단일 스테인리스 스틸 구조물 중에 가장 크다고들 했다. 죽은 남편의 유해는 못의 꼭대기에 매달린 모빌에 들어 있다는 소문이 있었다.

그녀는 케이지를 비롯한 명사들을 불러 모아 광란의 밤을 즐겼다. 우리는 춤을 추고, 부유하고 유명한 사람의 집 앞에서 고주망태가 되어서는, 골목을 어슬렁거리며 돌아와 일류 레스토랑의 쓰레기통에 버려진 최상의 치즈 조각을 훔쳤다. 새벽 네 시경이 되었을 때는 기진맥진해서 깨어 있기조차 힘들었다.

당시의 뉴욕은 범죄의 소굴이었다. 루스가 의상을 맡은 영화 「택시 드라이버Taxi Driver」가 이 시기를 정확하게 재현했다. 강도를 당하지 않은 사람이 거의 없을 정도였다. 하지만 전위 예술계에는 만사가 태도의 문제라는 자만심이 팽배했다. 올바른 정신과 마음으로 뉴욕에 접근한다면 어떤 해코지도 당하지 않으리라는 것이었다(훨씬 훗날인 1990년대에 존 케이지가 마침내 강도를 당했다. 그는 큰 충격을 받았으며, 우리도 다들 그랬다).

찰리 모로라는 작곡가가 괴상한 게릴라 밴드를 조직하여 증권 거래소에 난입해서는 객장을 신나게 뒤흔들다 호루라기를 부는 경비원들에게 쫓겨났다(우리는 경비원들도 밴드의 일원으로 취급했다). 나는 어떤 연주회에서 소시지로 바순을 만들었는데, 소리가 괜찮았다.

나의 피아노 주법은 격렬했다. 건반에 피를 흘린 적도 있었다. 한 가지 이유는 낸커로의 현란한 후기 피아노 롤*을 직접 연주하려 들었기 때문이다(불가능한 시도였다). 하지만 나의 감정 상태는 ─ 어떤 감정이든 ─ 언제나 위기 수준에 가까웠다. 나는 매번 필사적으로 연주했다.

내가 기억하는 것을 들을 수 있었으면 좋겠다. 나 자신의 피아노 세계에서 살아가던 기억이 난다. 그 세계를 이룬 격렬한 코드의 충돌과 리듬은 들릴락 말락 하는 섬세한 패턴으로 이어졌다. 나는 기묘한 페달 주법을 많이 구사했는데, 댐퍼 페달을 눌렀다 뗐다 하여 트레몰로 효과를 내거나, 음이 멈춘 듯한 뒤에도 한참 동안 바이브레이션이 들릴 만큼만 들고 있기도 했다. 나의 음에는 여운이 있었다. 나는 낸커로처럼 빠른 펼침화음을 좋아했으며, 이를 위해 손을 뒤집는 기법을 썼다. 내가 기억하는 것이 다른 사람들이 들은 것과 같은지는 모르겠지만.

♦ 자동 피아노를 연주하기 위해 구멍을 뚫어 놓은 원통 ─ 옮긴이주.

나는 오래되고 허름한 강변 술집인, 최근에 작곡가 소굴로 변모한 이어인Ear Inn에서 피아노를 연주했다. 나 못지않게 격정적인 피아노 연주자 샤를마뉴 팔레스타인이 의자를 놓고 나와 경쟁했는데, 이따금 내 자리를 빼앗기도 했다.

당시는 기록을 별로 남기지 않았기에, 내가 피아노를 어떻게 연주했는지 보여 주는 녹음은 하나도 없다. 하지만 악명 높은 전위 음악 잡지인 『이어Ear』의 표지에 내 악보가 실렸는데, 이 잡지는 뉴멕시코의 도서관에서 나를 매료한 경이로운 예술 잡지의 분위기를 풍겼다. 잡지를 발행할 때마다 누군가 다코타에 가서 존과 요코에게 인쇄비를 구걸해야 했다. 내 표지는 클라리넷 악보와 당시의 지하철 노선도를 합친 것이었다. 클라리넷 합주단이 지하철을 타고 다니면서 연주했다.

하강 나선

예술 학교는 사정이 점점 나빠졌다. 나는 피아노 가르치는 아르바이트를 하고 있었다. 어느 날 학생 하나가 눈물을 쏟으면서 교수가 자기 몸을 더듬는다고 말했다. 다른 학생은 다른 선생에게 강간을 당했다며 흐느꼈다. 세 번째 학생도 비슷한 이야기를 털어놓았다.

남학생 하나는 자살을 했다. 그는 엄청나게 부유한 가문 출신으로, 폭탄 맞은 기숙사에서 살고 있었다. 조현병이 있었지만 치료를 받지 않았다. 자신을 돌봐줄 수 없는 이곳에서 어슬렁거리다니, 이상한 노릇이었다.

음악학과 화장실에 앉아 있다가 교수 두 명이 자살 사건을 비웃는 것을 엿들었다. 나는 이 장소 전체가 (적어도 몇몇에게는) 사기임을 깨달았다. 부자들은, 빈둥거리면서 예술가로 불리고 싶어 하는 자녀를 이곳에 입학시키려고 비싼 학비를 기꺼이 부담했다. 왜 안 그러겠는가?

다음에 일어난 말썽은 내 잘못이었다. 나는 늘 엉뚱한 곳에서 부모 같은 사람을 찾았다. 이것은 어머니의 죽음에서 비롯한 나쁜 버릇이었다. 이 버릇은 몇십 년 뒤에 나 자신이 부모가 되고서도 극복하지 못했다.

내게는 멘토가 필요했다. 부모를 대신할 인물을 찾아야 했다. 교직원들에게 접근했지만, 다들 전혀 관심이 없었다. 상당수는 프린스턴 같은 곳에 〈진짜〉 자리가 있었으며 이 캠퍼스를 현금 인출기로 취급하여 현찰을 인출하자마자 내뺐다.

뉴욕의 루스를 찾아가는 것이 현명했을지도 모르지만, 이미 내게 은혜를 많이 베푼 분에게 폐를 끼치기는 싫었다. 우리 부모의 친구에게 내가 겁에 질렸다고 어떻게 말할 수 있겠는가? 대신 나는 캠퍼스의 또 다른 조현병 환자와 어울리기 시작했다(조현병 환자는 차고 넘쳤다). 그는 나이 들고 실패한 수학자로, 이 건물 저 건물에 처박혀 모든 사람을 괴롭혔다.

나는 이 친구의 소용돌이에 빠져들어 그의 신조를 내 것 대신 지지하게 되었다. 그는 학교에서 수학자로 인정받고 교수로 채용되고 싶어 했다. 그 밖에도 바라는 것이 많았다. 그의 연구는 요령부득이었으나 나는 그렇게 생각하지 않았다. 나는 내 상황을 개선하기 위해 할 수 있는 일들과 멀어졌다. 우울증에 빠졌으며 보기 좋게 퇴학당했다. 지금까지 들어간 돈, 학자금 융자는 어떡하나! 아버지를 배신했다는 느낌이 들었다. 이것만 놓고 보면 어머니에게도 배신이었다. 나는 매사에 실패했다. 삶이 막바지에 몰렸다.

도시는 나의 행복한 장소였다. 그곳에서라면 대출을 갚을 만큼 돈을 벌 수 있을지도 몰랐다.

하지만 언제까지나 루스에게 얹혀살 순 없었다. 한동안 레스토랑에서 꽤 두둑한 클라리넷 연주 일자리를 얻었으며, 또 다른 괴짜 작곡가 겸 수학자와 그리니치빌리지의 좁고 냄새 나는 아파트에서 함께 살았다.

1970년대에는 젊은 사람들에게 ─ 최근에 중국을 가보지 않은 사람에게는 ─ 전달하기 힘든 무언가가 있다. 당시의 공기는 독극물의 도가니였다. 맨해튼에 들어서면 오염 때문에 모든 것의 질감과 냄새가 달라졌다.

아름다울 때도 있었다. 궂은 날에는 빌딩이 잿빛으로 물들고 빌딩 사이 공간이 오늘날보다 더 깊고 영화적으로 보였다. 저녁노을은 생채기처럼 보이기도 했다. 마치 외계의 행성 같았다. 숨을 들이쉴 때마다 나의 일부가 먹혀 사라지는 느낌이었다.

대기 오염은 어릴 적의 호흡기 질환에도 불구하고 견딜 수 있었다. 내가 견딜 수 없던 것은 담배였다. 나는 흡연자 옆에 있으면 숨이 막히고 머리가 몽롱해진다(알레르기 의사들 말로는 담배가 아니라 종이에 든 화학 물질 때문이라고 한다).

레스토랑에서는 담배 연기가 하도 자욱해서 맞은편이 보이지 않을 지경이었다. 아무리 애를 써도 연주 활동을 계속할 수는 없었다.

이 실패로 나는 기로에 섰다. 나는 연주를 너무도 사랑하지만 신진대사가 이 일에 알맞지 않음을 깨달았다. 담배 연기 자욱한 장소에서 그럭저럭 연주를 할 수도 있었겠지만 ─ 담배 연기가 없는 장소는 없었다 ─ 그랬다면 훗날 기술과 과학 분야에서 경력을 쌓지는 못했을 것이다.

맨해튼은 가난하거나 우울한 사람이 있을 장소가 아니었다. 이
도시는 부정적인 것을 죄다 물고 늘어지다 다시 뱉어 냈다. 상상도 할 수
없는 일이었지만, 나는 다시 뉴멕시코로 향했다.

다시 불 속으로

뉴멕시코 사막은 태곳적 풍경을 간직하고 있다. 줄무늬 진 언덕은
세월에 닳고 생명이 점점이 눈에 띄고 장밋빛으로 물들었다.
절대적이고 금욕적인 아름다움의 표준이거나, (울적한 사람에게는)
그저 바위와 모래의 황무지였다. 내가 뉴멕시코에 돌아왔을 때는
모래와 폐허에 불과했다.

나는 낙심하고 허탈했다. 차마 돔으로 돌아갈 수 없었다. 대출금을
허비한 주제에 엘러리의 얼굴을 볼 면목이 없었다. 내 바보짓 때문에 몇
년치 월급이 빚 갚는 데 들어가게 생겼다. 게다가 돔 생활은 나 같은
사람에게도 너무 극단적으로 비치기 시작했다. 하지만 학교로 돌아갈
수는 없었다. 퇴학당했으니까.

뭐 해서 먹고산담? 나의 첫 일자리는 쇼핑몰의 산타였다. 비참했다.
비번인 땀투성이 소방관들과 돌아가며 두꺼운 산타 복장을 입어야
했는데, 한 번도 빨지 않은 데다 꼬맹이들이 오줌까지 쌌다. 냄새 때문에
숨을 쉴 수 없었다. 사장은 요정 중 한 명이었는데, 작업 여건에 대해
그녀에게 불평하지 말라는 주의를 받았다. 그녀의 남자 형제가
변호사였기 때문이다. 그녀는 내게 다가와 눈이 초롱초롱하지 않다고
귀엣말로 고함을 질렀다.

성탄절 이튿날에는 도로 공사 인부를 모집한다는 공고를 보고 찾아갔는데 일자리가 간절한 근육질 남자 수십 명이 내 앞에 있었다. 비참한 육체노동 일자리조차 찾을 수 없었다. 마침내 도넛 가게 야간 교대조를 고정으로 맡게 되었을 때는 엄청난 행운을 거머쥔 것 같았다.

장기 임대할 집을 구하기는 했지만, 아직 전 세입자가 집을 비우지 않은 채였다. 토투가스에 있는 낡은 흙벽돌집이었는데, 이 마을은 푸에블로인의 자치구가 될 수도 있었으나 미국 정부와 조약을 체결하지 않았다.

살 데가 없고 모아 놓은 돈도 별로 없어서 나는 차를 얻어 타고 멕시코에 가서 콘론을 다시 찾아가기로 마음먹었다. 힘들 때마다 그랬던 것처럼. 처박혀 있는 것보다는 길을 나서는 게 싸게 먹혔다.

나보다 연상인 20대 여인이 나랑 함께 가고 싶다고 말했다. 하지만 그녀는 화이트샌즈 엔지니어의 부인이었다. 남편은 부아가 났다.

멕시코에서 내가 겪은 히치하이크가 다 그랬듯 지금 보면 환상적이지만 그때는 별 생각 없었다. 출발은 밋밋했다. 나는 엔지니어의 아내와 10번 주간 고속 도로에 가서 우리를 국경 너머로 건네 줄 차를 기다렸다. 살갗이 햇볕에 그을려 가재처럼 벌개졌다. 아팠다.

며칠 뒤에는 치와와시에서 치와와 들개 떼에게 쫓기다 기차를 타고 코퍼캐니언의 아찔한 계곡을 통과했다. 타라우마라족이 투박한 피들♦로 순박한 음악을 연주했다.

멕시코시티에 있는 근사한 동네에서 콘론을 만난 뒤에 순회 축제단의

♦ 중세 유럽에서 사용되던 현악기 —옮긴이주.

차를 타고 산악 지대를 통과했다. 초록 네온색의 하마 모양 차량에 앉은
채 ─ 놀이 기구처럼 회전하게 되어 있었다 ─ 하늘을 보며 달린 기억이
난다. 차량은 트럭 짐칸에 허술하게 묶인 채 휙휙 방향을 틀었다. 트럭이
깎아지른 산악 도로를 힘겹게 올라가는 동안 무시무시한 열대의 협곡이
바로 아래로 내려다보였다.

칠판싱고 근처의 작은 타운은 마르크스주의 본거지를 자처하며 연방
정부로부터 독립을 선언한 곳이었다. 청년들로 이루어진 위원회가
마르크스주의자식으로 몇 시간 동안 머리를 맞대고 회의한 끝에
우리에게 잠자리를 내어 주기로 결정했다.

그리하여 나는 연상의 여인과 한 침대를 쓰게 되었다. 뭔가 사건이
벌어지려는 걸까? 나는 무슨 일이 일어날지 몰라 겁에 질렸다.

다음에 일어난 사건을 서술하기 전에 내가 베트남 전쟁 시절 징집
대열의 맨 뒤에서 입대 등록을 해야 할 정도로 나이가 많았음을
독자들에게 상기시키고자 한다. 그 즈음에는 아무도 징집되지
않았지만, 그래도 두려웠다. 무의미하고 피할 수 있는 전쟁에 징집되어,
내게 아무 짓도 하지 않은 사람들에게 피해를 입혀야 한다면 얼마나
끔찍했겠는가?

그래서 나는 양심적 병역 거부와, 비폭력 행동의 역사를 샅샅이
공부했다. 교육을 받고, 사사건건 미국 군산 복합체를 의심하는
세계관을 섭렵했다. 지금이야 세상이 그렇게 단순하지 않다는 걸 안다.
자신이 악마라고 생각하는 것 주위에 동그라미를 그리고 선악이
명쾌하게 구분되었다고 선언할 수는 없다. 그러다 결국 자신이 악마가
되고 만다.

어쨌든 이튿날 칠판싱고 근처의 들판에서 히피스러운 마르크스주의

분리주의자들은 제복을 입은 연방 군대를 맞닥뜨렸다. 군인들은 일사불란하게 대형을 갖추고 소총을 겨눴다.

그때 갑작스러운 충동에 사로잡힌 나는 소총 앞으로 뛰쳐나가 촌스러운 국경 지대 스페인어로 이렇게 외쳤다. 「노 디스파렌. 소이 아메리카노!¡No disparen. soy Americano!」(쏘지 마세요. 저는 미국인이라고요!)

당시에 미국인을 쏘고 싶은 사람은 아무도 없었겠지만, 내가 미국인이라는 사실에 양편 모두 틀림없이 분노를 품었을 것이다. 미국인은 특별한 존재가 아니다.

군대는 총을 쏘지 않았지만, 정말 쏠 생각이었던 것 같았다. 나중에 내가 무슨 일을 저질렀는지 실감하자 힘이 쭉 빠지면서 몸이 덜덜 떨렸다. 내가 용기 있게 행동한 것인지, 신화를 너무 많이 읽은 탓인지 헷갈렸다.

내가 분위기를 누그러뜨린 뒤에 우리는 떠났다. 우리는 멕시코군 장성을 자처하는 남자의 지프를 얻어 탔다. 진주 손잡이 리볼버를 가졌고 가슴에는 메달이 주렁주렁 걸렸으며 콧수염을 근사하게 기른 걸 보면 장군일 법도 했다. 그의 운전 습관은 무모하기 짝이 없었다. 경주용 자동차처럼 내달리다 타이어가 터지는 바람에 우리는 낭떠러지를 날아 바다에 빠질 뻔했다. 소총 앞에 섰을 때보다 더 두려웠다. 그 남자는 내 곁에 있던 여인의 눈길을 끌고 싶었던 것 같다. 우리는 타이어 교체를 기꺼이 도왔지만, 더는 함께 가지 않겠다고 말했다.

우리는 바닷가 작은 마을의 순회 서커스장에 갔는데, 서커스가 끝날 무렵 비명이 울려퍼졌다. 원숭이가 어린아이를 공격하여 죽였다고 했다. 이것이 아이들을 천막 밖으로 내보내 지친 서커스 단원들이 짐을

꾸려 다음 마을로 이동할 수 있도록 하려는 수법일지도 모른다는
생각이 든 것은 한참 뒤였다. 그때의 기억을 정확히 되살려 더는
두려움에 사로잡히지 않기까지 20년 가까이 걸렸다.

그때는 GPS도, 뭐든 알려 주는 여행 안내서도, 휴대폰도, 『은하수를
여행하는 히치하이커를 위한 안내서』도, 월드 와이드 웹도 없었다. 오직
나와 길뿐이었다. 여행은 미스터리였다. 이젠 그런 경험을 할 수 없다.
대부분의 여행은 — 〈극한〉 여행이나 〈모험〉 여행이라는 것들조차 —
번듯한 목록에서 하나를 고르는 일이 되었다. 그것도 모자라
알고리즘이 나 대신 고르기도 한다.

하지만 질서 정연한 사이비 모험의 세계가 실제로 더 안전하다면 덜
회의적일 것 같다. 오늘날 멕시코에서 내 발자국을 밟으려다가는 마약
갱단에게 사살될지도 모르니 말이다. 그것도 자발적 선택이나 고귀한
목적에서가 아닌 개죽음으로.

미스터리한 옛 세상은 예측하기 힘들었지만, 여기에도 완충 장치가
있었다. 상대방이 내게 미스터리이면 나도 상대방에게 미스터리이기
때문이다. 낯선 사람이 무슨 짓을 할지 아무도 모르면 내버려 두는 게
상책이다. 하지만 신비가 해명된 세상에서는 모두가 위험을 계산하여
행동을 취한다.

토투가스의 흙벽돌집 입주 날짜가 다가왔기에, 이제 돌아갈 때가
되었다. 돌아가는 길에 캘리포니아만의 한 타운에서 비좁고 북적대고
푹푹 찌는 멕시코 옷 가게에 들렀다. 어쩌나 보니 동행과 나는 작은
탈의실에서 함께 옷을 갈아입게 되었다. 그녀는 나와 함께 거울 앞에 선
채 나체가 되었다. 하지만 나는 수줍고 확신이 없었기에 꼼짝도 하지
않았다. 내 몸은 작은 핵융합로였다.

아스테카 전초: 바퀴

우리는 가벼운 공황 상태로 집에 돌아왔다. 나는 월세 20달러짜리 흙벽돌집으로 이사했다. 처음으로 나만의 집이 생겨 한껏 들떴지만, 막상 들어가 보니 뭔가 달랐다. 어라, 근사하고 오래된 나무 바닥이 깔려 있지 않았던가? 주름지고 현명하고 피곤한 얼굴의 늙은 집주인이 말했다. 「여기 살던 노인에게 땔감이 필요했소. 겨울이 추웠거든.」 흙바닥이면 어때? 나는 흙벽돌집에 입주했다.

추운 아침 나의 잠을 깨운 것은 때로는 집집마다 돌아다니며 타말*을 파는 늙은 여인들의 소리였고, 때로는 부족 춤을 연습하는 소리였다. 토투가스의 춤 리듬은 신기하게 비대칭적이었다. 그곳에서 태어나지 않은 사람은 연주법을 배울 수 없다고들 말했다. 납득할 수 없었다. 나는 전 세계의 희귀한 음악을 배웠다. 전통 춤 복장은 괴상했는데, 거울 달린 거대한 검은색 가면은 식민지 이전 아즈텍족의 흔적이다.

요즘은 토투가스를 찾아가기 힘들다. 뉴멕시코에 흔한 캘리포니아풍 하층 개발 구역에 불과하기 때문이다. 이곳에도 트레일러 주차장과 편의점이 들어섰다. 근처의 산은 정말로 거북을 닮았다.**

계획을 세워야 했다. 기적적으로 뉴멕시코 주립 대학교에서는 나를 다시 받아 줄 의향이 있다고 했다. 나는 군론 수업에서 조교로 몇 시간을 일할 수 있었으며 연구 과제를 위해 프로그래밍을 했다. 하지만 먹고살기에는 충분하지 않았다.

나는 다시 한번 일자리를 찾아 나섰다. 가난한 농장 인부를 대상으로 일하는 산파를 찾아갔다. 그녀는 조수가 필요했지만 진짜 간호사 ─

♦ 멕시코 요리 중 옥수수 반죽을 쪄서 만든 작은 케이크 ─ 옮긴이주.
♦♦ 〈토르투가tortuga〉는 스페인어로 〈거북〉이라는 뜻이다 ─ 옮긴이주.

또는 산파 일을 제대로 아는 사람 — 를 고용할 형편은 못 되었다. 나는 염소 새끼를 받은 경험이 있었기에 조수로 채용되었다.

내 임무는 의료와 거리가 멀었지만 — 운전과 자질구레한 일을 맡았다 — 한번은 의사 노릇을 해야 했다. 젊은 여인이 출산 직후에 정신 병원에 수용되어 시민권을 박탈당할 위기에 처했다. 그녀의 아버지는 체포되었다. 건기에 자신의 낡은 닷지 다트를 몰고 리우그란데를 통과하여 무언가를 — 정확히 무엇이었는지는 밝혀지지 않았다 — 밀수하려다 잡힌 것이었다. 지역에 따라서는 눈감아 주기도 하지만, 애석하게도 경찰이 그를 추격하는 중이었다. 그의 차량은 총격을 받고 진흙탕에 멈춰 섰다. 아버지는 총에 맞지는 않았지만, 감옥에 갇히고 말았다.

그렇다면 아기는 어떡하나? 산파는 아기가 시설에 맡겨지면 다시는 가족과 재회할 수 없을까 봐 걱정했다. 「아기 맡아 줄 수 있겠어? 잠깐이면 돼. 물론 비밀로 해야 해.」

난데없이 아기가 생겼다. 나는 젖먹이와 젖병을 들고 아벨 군론 세미나에 참석했다. 그 즈음에 약간 사회화되기는 했지만 내게는 여전히 청년 히피와 자연인의 모습이 남아 있었다. 대학원 수학 세미나에 아기를 데리고 나타나는 광경은 괴상하기 이를 데 없었다. 다행히도 자녀를 둔 수학 교수가 몇 명 있어서 기저귀 갈기와 분유 타기의 난제를 해결하는 데 도움을 주었다.

여인의 아버지는 며칠 뒤에 석방되었는데, 나를 찾아와 아기를 돌려달라고 요구했다. 놀랍게도 그는 나와 비슷하게 생긴 히피 자연인이었다. 이런 사람이 많이 있었는지도 모르겠다.

알고 보니 그는 세심하고 꼼꼼한 아버지였으며, 아이 가족은 나중에

재결합하여 잘 살았다. 하지만 그 순간 내게 엄청난 영향을 미친 사건이 일어났다. 여인의 아버지가 말했다. 「우리 꼬마 천사를 돌봐 주셔서 정말 고맙습니다. 뭘 해드리면 될까요? 자동차 필요하세요?」

당연히 필요하지. 이곳에서 차를 소유한다는 것은 문명 세계의 동등한 일원이 된다는 뜻이었다. 어디서나 일하고 누구든 만날 수 있다는 뜻이었다. 얼마나 근사한 선물인가! 운도 좋지!

「강에서 끌어내기만 하면 됩니다. 지금은 미국 쪽에 있는지 멕시코 쪽에 있는지 모르겠지만, 아무도 시비를 걸지는 않을 겁니다. 아직도 그대로 있는지 확인해 보세요.」

나는 사료 가게 직원과 함께 강으로 갔다. 차는 그대로 있었으며 내 차지가 되었다. 경사형 6기통 엔진이 달린 닷지 다트는 물속에 처박혀 있었으면서도 멀쩡했다. 물론 바닥이 녹슬어 떨어져 나가는 바람에 발밑으로 도로가 보였다. 비가 거의 내리지 않았으니 웅덩이는 걱정할 필요가 없었다. 단, 배기관에 발을 올렸다가 화상을 입지 않도록 조심해야 했다. 그리고 시동을 걸 때는 드라이버가 필요했으며 옆에 총알구멍이 뚫려 있었다.

소유권 이전을 위해 찾아온 여인의 아버지는 총알구멍에 범퍼 스티커를 붙였다. 그럴듯해 보였다.

뒷좌석이 없었지만, 나는 이것을 기회로 여겼다. 건초 더미를 뒤쪽에 채워 넣어 차량을 염소 리무진으로 탈바꿈시켰다. 나는 고운 염소들을 멋지게 태우고 일하러 다녔다.

처음 몇 년간은 이따금 브레이크가 말썽을 부린 탓에, 울퉁불퉁한 사막 도로를 따라 나란히 솟은 흙 둔덕에 차량 옆면을 비벼서 멈춰야 했다. 한번은 후아레스에서 빨간불에 정차하려고 예쁜 공원 둘레의

낮은 돌벽에 차를 마찰시켜야 했다. 차량 외관이 망가지는 것은 전혀 개의치 않았다.◆

이 차는 결국 나를 실리콘 밸리로 인도하여 새로운 삶을 열어 줄 터였다(물론 그때는 제대로 된 브레이크를 달았지만). 캘리포니아 고속 도로 순찰대가 내 차를 세우고 〈지금 장난하는 겁니까?〉라고 말한 뒤에 마침내 차를 버려야 했을 때 나는 울었다. 드라이버로 시동을 거는 광경을 본 경찰이 나를 땅바닥에 쓰러뜨린 것도 이때였다.

어쨌든 차가 생기자 새로운 전망이 열렸다. 나는 비폭력 좌파의 서사를 내면화했으며 의미를 추구했다. 내 삶이 정체되고 아무 의미도 없을까 봐 전전긍긍했다. 그리하여 나는 또 다른 국면에 접어들었다. 이 경험은 앞으로 다가올 디지털 세상에 대한 감수성을 기르는 계기가 되었다. 나는 운동가가 되었다.

조사

1970년대에 가장 무시무시했던 것은 핵전쟁의 가능성이었다.

냉전 시대의 핵무기는 신성한 불가침의 영역이었다. 핵 보유국들은 서로를 옴짝달싹 못하게 옥죄었다. 일반 시민은 (같은 핵이라는 이유로) 더 손쉬운 표적인 민간 원자력 발전소에 분노를 쏟았다.

뉴멕시코에서 〈평화를 위한 원자력Atoms for Peace〉◆◆에 발끈할 이유는

◆ 이런 식으로 차를 세우는 것이 무시무시하게 들릴지도 모르겠지만, 자동차 초창기에는 드문 일이 아니었으며 내가 살던 빈곤층 거주지에서는 그 초창기가 아직 끝나지 않았었다. 흔한 일은 아니었지만 지독히 이례적인 일도 아니었다.
◆◆ 〈평화를 위한 원자력〉은 드와이트 D. 아이젠하워 미국 대통령의 유명한 유엔 연설을 연상시키며, 제2차 세계 대전 때 일본에 핵폭탄을 투하하면서 일어난 공포를 가라앉히기

한두 가지가 아니었다. 매우 부유한 캘리포니아에 전력을 공급하기 위해 상대적으로 부유한 애리조나에 건설될 원자력 발전소의 건설 보조금을 상대적으로 가난한 뉴멕시코 주민들이 납부해야 할 처지였다. 한편 핵폐기물은 뉴멕시코(칼즈배드 동굴 국립 공원 근처의 빈곤층 거주지)에 매립될 예정이었다.

내가 일반적인 의미에서나 절대적인 의미에서 반핵론자였는지는 모르겠지만, 구체적이고 국제적인 반핵 입장은 얼마든지 지지할 수 있었다. 하지만 미세한 입장 차를 좁힐 수는 없었다. 이 짐승 같은 정치 때문이다. 무엇이든 이루려면 편집증과 분노를 유발해야 하며 득보다 실이 많지 않기만을 바라야 한다.

나는 법률을 조금 공부했으며 핵 문제에 관심이 있는 운동가들과 어울렸다. 얼마 뒤에 나는 보조금과 관련하여 뉴멕시코의 거대 전력 기업에 소송을 제기했다. 뉴멕시코의 주도 샌타페이에서 공판이 열렸다.

외모는 골칫거리였다. 수중에 돈이 거의 없었고 주 의회 건물 옆의 작은 개울을 가로지르는 다리 밑에서 몇 달째 침낭 생활을 하던 터였다. 나는 공중화장실에서 갈아입을 수 있도록 양복을 가지고 다녔다. 이발을 했는데, 머리카락이 솜뭉치처럼 부풀었다.

법원 명령으로 재무 문서를 열람했더니 황당한 조작이 발견되었다. 마치 희극 작가가 현실을 주무르는 것 같았다.

전력 기업들은 겁나게 비싼 맞춤형 파티용 풍선 같은 괴상한 항목에 돈을 썼다. 지출의 일정 비율을 수입으로 챙길 수 있었기 때문이다.♦ 가장

위해 핵 기술의 용도를 무기 이외로 넓히려던 정책도 떠올리게 한다.
♦ 이것을 경제학자들은 에버치-존슨 효과Averch-Johnson effect라고 부른다.

놀라운 것은 경영진이 자신들의 우스꽝스러운 작태를 알아차리지 못했다는 것이다. 이 경험으로 나는 권력이 사람을 눈멀게 할 수 있음을 깨달았다.

법정을 왔다 갔다 하면서 내게도 사소한 변화가 일어났다(오래가지는 않았지만). 고액의 거물 변호사들을 안절부절못하게 하는 일은 무척 즐거웠으며, 일반 시민이 체제 안에서 권력을 가질 수 있음을 입증하는 일은 경이로웠다. 우리 나라가 더욱 자랑스러워졌다. 잠깐이나마 진짜 법조인이 될까 생각도 했다.

어느 날 밤 다리 밑에서 우아한 차림의 단정한 히피 여자아이를 만났다. 그녀는 파스텔 톤의 시폰 로브를 둘렀으며 피부가 백옥 같았다. 우리가 눈이 맞아 뭔가를 하려던 차에 틀림없이 부유해 보이고 까무잡잡하고 잘생긴 남자 친구가 나타나 나를 노려보았다. 두 사람은 그의 고급 오토바이를 타고 사라졌다. 우리 사이에서 다니는 저 이상한 존재들은 누굴까? 지금이야 구글이나 빙에서 검색하면 되지만, 당시에는 미스터리에 미스터리가 꼬리를 물었다.

나는 애리조나 원자력 발전소 부지에서 주도면밀하게 조직된 비폭력 시위에 참가했다가 체포되었다. 대학생 무리와 감옥에서 지내는 일은 재미있었다. 그곳에서 만난 한 친구는 전 세계에서 비폭력 저항을 벌이다 체포되는 취미가 있었는데, 모스크바의 붉은 광장에서도 체포된 전력이 있었다(당시에는 농담거리가 아니었다). 그가 존경스러웠지만, 모든 것에 반대하는 것은 어느 것에도 반대하지 않는 것 같다는 생각이 들었다. 그것은 영적인 행위에 가까웠다. 유용한 행위일 수도 있겠지만.

다트를 몰고 뉴멕시코로 돌아오는 길에 히치하이커를 한 명 태웠다. 오토바이 타는 젊은 여자의 분위기를 풍겼는데, 당시에 많은 사람들이 그랬듯 심령 현상이 진짜로 있다고 믿었다. 찢긴 흰색 티셔츠, 가죽 바지, 크리스털 펜던트 목걸이, 작은 코, 빨강 머리, 새된 목소리. 그녀는 사람들이 무의식적으로 늘 상대방을 심령적으로 탐색한다고 — 하지만 대부분은 탐색에 서툴다고 — 믿었다. 그래서 단서가 필요하다는 것이었다.

「자신이 어디에 있는지 아무에게도 말하지 않아야 해요. 그러면 잠시 뒤에 느낄 수 있어요. 아마추어적인 심령의 덩굴손을 죄다 떨쳐 버리는 건 경이로운 일이에요. 더는 사람들이 귀찮게 하지 않아요. 고요함은 성스러운 것이에요.」 이 여인이 지금 어디에 있을지, 인터넷 시대에 어떻게 대처하고 있을지 궁금하다.

나는 뉴멕시코에 돌아와 매체 활용법을 공부했다. 물에 젖은 채 〈나는 건조하다〉라는 팻말을 들고 있기도 했다. 이 행동은 건조 지역이라던 칼즈배드 근처 핵폐기물 매립지에서 소금물 지대가 발견된 것을 알리기 위한 것이었다.

합의와 감성

〈공정성 원칙Fairness Doctrine〉이라는, 지금은 폐기된 법 조항에서는 텔레비전과 라디오 신호를 전송하는 전파를 공공의 소유로 규정했다. 하지만 현실에서는 소수의 방송사만이 전파를 이용할 수 있었다. 그것은 아날로그 전자기파의 작동 원리 때문이다.

텔레비전은 막강한 힘이 있었으며 정치의 필수 매체가 되어 가고 있었다. 텔레비전 방송국 몇 곳의 소유주가 짜고 편파적이거나 거짓된 뉴스를 내보내면, 다른 진영에서 대안적 뉴스를 내보내고 싶어도 그에 맞먹는 메커니즘을 찾을 수 없었다.

텔레비전 방송사는 사상 독점을 닮기 시작했는지도 모른다. 소련 같은 나라에서는 실제로 벌어진 일이다. 미국에서도 같은 일이 일어나지 말라는 법이 없지 않은가? 이를테면 어떤 지역의 모든 텔레비전 방송국이 민주당원 소유라면 공화당은 짐을 싸야 한다.

따라서 공정성 원칙에 따르면 공공 전파를 이용하는 사람은 자신이 선호하는 관점뿐 아니라 모든 관점을 보여 줄 의무가 있었다. 텔레비전은 공공 자원이었다.

지금은 이런 생각이 급진적이면서도 고루하게 들린다. 실제로 공정성 원칙이 폐기된 것은 오래전 로널드 레이건 시절이었다. 하지만 당시에만 해도 공정성 원칙은 정파를 막론하고 대다수 사람들에게 합리적인 견해로 인정받았다. 그럼에도 이 법률을 실천하려는 사람은 드물었다. 나는 친구들과 함께 도전해 보기로 했다.

우리는 엘패소 지역의 텔레비전 방송국들이 전파 이용권의 재허가를 받아야 하는 시점을 노려 〈개입intervene〉(공식적 법률 용어이다)했다. 이것은 대체로 요식 절차였지만, 우리는 공청회에서 방송국들을 몰아세워, 애리조나 원자력 발전소를 건설하는 전력 회사에서 내보낸 막대한 친(親)원자력 광고에 반격하는 광고 캠페인을 후원하도록 했다.

뉴멕시코의 흙투성이 히피들이 텔레비전 광고에 예산을 집행하라는 법원 명령을 난데없이 받아냈다. 어떻게 그럴 수 있었을까? 비폭력 운동은 종종 사회학 실험의 무대가 되었는데, 그중 하나가 〈합의에 의한 의사 결정consensus decision making〉이었다. 위키와 비슷하지만, 〈모두〉가 만족해야 한다는 점이 다르다. 사람들의 입을 막는 위키백과 엘리트 집단 같은 것은 없다. 이 때문에 회의 시간이 아주 오래 걸린다.

이쯤 되면 자유 지상주의자들이 무슨 재미를 본다는 건지 의아할
것이다.

우리는 이런 식으로 텔레비전 캠페인을 만들기로 했다. 자원봉사자
수백 명이 모여 대본, 배역, 장소 섭외 등 모든 일을 협의했다. 몇 달이
걸렸다.

대단한 광고라는 생각은 들지 않았다. 어쨌든 위원회의 결정이니까.
하지만 마침내 광고가 전파를 탔을 때 시청자의 상당 부분은 광고
제작에 참여한 사람과 직간접적으로 관계가 있는 사람들이었다. 따라서
우리의 사소한 광고 캠페인은 과분한 관심을 받았다.

우리가 불러일으킨 힘은 대중이 대중 매체 표현에서 이해관계를 느낄
때 생기는 힘이었다. 이것은 오늘날 트위터를 움직이는 것과 같은
힘이다.

희열이 잦아들자 의심이 들기 시작했다. 우리는 당면 과제에는
별다른 영향을 미치지 못했다. 원자력 발전소는 건설되었으며
핵폐기장도 마찬가지였다. 미국의 원자력 발전 산업이 둔화하는 데
조금이나마 이바지했을지는 모르지만, 나와 많은 동료들이 바라던
결과는 아니었다.

사람들에게 원자력을 악으로 취급하도록 설득하는 것은 무의미하다.
원자력은 기술일 뿐이다. 필요한 것은 대규모 연구이다.♦ 풀뿌리 정치는
이 문제를 해결하기에는 너무 무딘 연장이다.

운동가로서의 모험은 (당시에 내 삶에서 그토록 간절히 바라던)

♦ 공학자들이 안전하고 효율적이고, 무기로 전용될 가능성이 없고, 치명적이고 지속
불가능한 폐기물 문제를 일으키지 않는 설계를 입증할 수 있다면 핵 발전은 더할 나위 없이
좋을 것이다. 그렇게 될 것인지는 알 수 없지만, 될 수 없음이 입증되지도 않았다.

의미를 내게 선사했다. 하지만 그 중심은 텅 비어 있었다.

　과학과 정치를 접목하는 근사한 방법은 아직까지는 없다. 내가 시간을 낭비하고 있다는 생각이 들기 시작했다. 정치적 투쟁의 연장을 가지고 공학적 판단에 영향을 미치겠다는 것은 좋은 생각이 아니었다. 둘은 성격이 달랐다(기후 변화 대응 운동이 꼬인 것도 과학과 정치의 잘못된 만남 때문이다).

　운동판 내부의 문제도 있었다. 사람들은 운동의 대의에서 자기만의 가치를 찾기 시작하는데, 그 가치는 너무 편협하기 일쑤이다. 운동가들은 서로에게 확신을 심으려고 조금씩 과장하기 시작한다. 자신이 실제보다 더 큰 영향을 미치는 척하고 실제보다 더 동의하는 척한다. 〈대의〉를 함께하던 가장 친한 친구들 중 일부는 이따금 우울증을 겪었고 몇몇은 자살했다.

　어느 날 아침, 떠나야 할 때가 왔음을 똑똑히 깨달았다. 하지만 어디로 가야 하나? 나를 기다린 것은 사랑이었다.

7   해안

홧김에 입대

신시아. 그녀는 첼로를 연주했다. 우리 어머니 고향인 빈에 가기를
꿈꿨다. 그녀가 어릴 적에 부모는 밤마다 바버Samuel Barber II의 「현을
위한 아다지오」를 자장가로 연주했다. 그녀는 이제껏 만난 젊은 여자
중에서 내가 이해할 수 있는 — 적어도 조금은 — 유일한 사람이었다.

그녀는 오래전에 이혼한 자신의 어머니를 만나러 뉴멕시코에 왔다.

이 시기를 서술하자면 내가 얼마나 어리석은 청년이었는지 쓰지 않을
도리가 없다. 나는 단순히 신시아에게 매혹된 것이 아니었다. 온 우주가
그녀의 존재로 인해 약간 자리를 바꾼 것 같았다. 우리 위쪽으로 파이프
오르간처럼 근사하게 드리운 오르간산맥은 이젠 무심한 바위가 아니라
우리의 유희만을 위해 디자인된 무대 세트였다. 낭만적이었느냐고?
진정한 사랑이었다.

그녀는 캘리포니아가 마법의 심장인 양 이야기했다. 나무며, 바다며.
나는 동부 해안에 있을 때 도시의 꿈을 좇느라 바빠서 한 번도 바다를
보지 못했다. 해변에 서 있으면 어떤 느낌일지는 막연하게밖에 알지
못했다. 내가 그녀에게 그려 준 바다 풍경은 진줏빛이었다.

그러다 그녀가 떠났다. 첼로를 공부하러 돌아갔다. 그곳은 로스엔젤레스였다. 나도 가야 했다.

내 차로 캘리포니아까지 갈 수 있을까? 연료비는 감당할 수 있으려나? 부처처럼 생긴 캘리포니아 출신 음악인이 별거 중인 여자 친구를 만나려고 이곳을 지나다가 비용을 분담하여 로스엔젤레스까지 함께 가자고 제안했다.

바닥 없는 나의 차는 이전에도 장거리 운행을 한 적이 있었다. 샌타페이에는 물론 가봤고 과학 소설 대회에 참석하려고 투손에도 간 적이 있었다. 부처와 물리학자 게이 커플과 동행하여 길을 떠났는데, 애리조나주 경계선에서 검문을 받았다. 밀랍 인형 같은 외모에 카우보이 모자를 쓰고 거울 선글라스를 쓴 순찰 경관이 머리를 들이밀고서 물었다. 「과일이나 견과 있습니까?」 우리가 하도 심하게 웃음을 터뜨리는 바람에 차에서 내려 심문을 받아야 했다. 결국 아무것도 나오지 않자 그냥 보내 주었지만.

이 기억이 끼어든 것은 도무지 이해가 되지 않기 때문이다. 네 사람이 차에 탄 것은 기억나는데, 문제는 차에 뒷좌석이 없었다는 것이다. 내가 뒷좌석을 개조했던가? 건초 더미에 앉았으려나? 이야기가 말이 되게 끼워맞춰지지 않는다. 여기서 기억이 얼마나 인공적인 산물인지 알 수 있다.

고속 도로 통행권을 끊어서 피닉스를 통과하는데 차들이 거북이걸음이었다. 하지만 팜스프링스 인근의 어마어마한 고산 지대에 들어서자 사막이 자취를 감추고 초록과 갈색이 펼쳐졌다.

신시아의 집은 패서디나에 있었는데, 목수가 고전풍으로 지은 으리으리한 저택이었다. 가련한 다트는 주차하는 순간 사실상 폐차가 되었다. 놀랍게도 신시아의 가족이 나를 반겼기에 더는 차를 몰 필요가 없었다.

그녀는 시공간을 우주적으로 이동한 것이 틀림없었다. 로스앤젤레스에서 자랐으면서도 모호한 중부 유럽 억양을 썼으며, 친구들은 대부분 해변의 여인들처럼 까무잡잡하게 탔는데도 혼자만 르누아르 그림 같은 얼굴이었다. 그녀의 첼로 연주는 초창기에 녹음된 고전 음악 같았다.

패서디나는 초현실적이었다. 한갓 장소가 아니라 신비로운 사랑의 땅이었기 때문이다. 모든 것이 내 손 닿지 않는 곳에 있었다. 우뚝 솟은 야자나무, 뚫을 수 없는 신비의 공기, 상상 이상으로 뻗은 반듯한 교외. 바로 앞에 우람한 산이 있다고 들었지만, 스모그가 한 번도 걷히지 않아 보지는 못했다. 최근에 아프리카에서 온 이민자들은 전자 제품 가게에서 산 물건들을 머리에 얹은 채 자동차의 땅에서 걸어다녔는데, 그들도 나만큼이나 어색해 보였다.

나를 사로잡은 여인 신시아는 알고 보니 칼테크(캘리포니아 공과대학교) 물리학과장의 딸이었다. 우리는 거기서 시간을 보냈다. 그녀는 리처드 파인먼과 머리 겔만을 비롯하여 그곳에 모인 경이로운 지성들에게 애정을 듬뿍 받고 있었다.

나는 칼테크 학생은 아니었지만, 학과장의 아리따운 딸의 괴상한 남자 친구였다. 이것은 일종의 지위였다. 파인먼은 나를 너그럽게 대했는데, 손가락으로 기하학적 형태를 만들어 카이랄성chirality을 이해하는 법 등을 알려 주었다. 취미로 드럼을 쳤는데, 우리는 함께 연주를 했다.

신기하게도 칼테크는 컴퓨터 그래픽에 별로 관심이 없었다. 가상 세계의 의미에 대한 나의 집착을 공유할 수 있는 사람은 아무도 없었다.

하지만 그녀가 있으니 아무 상관 없었다. 샌타바버라 가는 길에
그녀가 내게 생전 처음으로 바다를 보여 주었다. 진짜 바다는 생각보다
밝고 힘찼으며 생명의 냄새가 났다. 첫 만남의 장소에는 바위가 하나
있고 그 꼭대기에 있는 작은 조수 웅덩이* 안에 꼬마 말미잘이 있었다. 몇
해 동안 찾아갔지만, 폭풍우로 해변의 모양이 달라지면서 더는 찾을 수
없게 되었다.

알약 위의 도시

신시아는 현지식으로 로스앤젤레스 여행을 시켜 주겠다고 했다. 우리는
토요일 밤에 그녀의 날개 달린 분홍색 1960년대 컨버터블을 타고
웨스트우드에 갔다. 사탕 색깔의 비닐 옷을 입고서 난쟁이 쌍둥이를
캐딜락 후드에 밀어붙이며 퀘일루드**를 파는 사람들이 길거리에
가득했다.

우리의 교제는 몇 달간 지속되었다. 내 젊은 시절의 매혹적이고
자유로운 순간이었으나, 단단하지는 않았다. 나는 직업이 없었으며
칼테크에서의 공식 직위도 없었다. 내가 뭘 하고 있지? 언제까지 이럴
수 있을까?

어느 날 재난이 닥쳤다. 나는 차였다. 상대는 여드름투성이 물리학과
학생이었다. 그녀가 대수롭지 않다는 듯 이별 통보를 했다. 어쨌든
우리는 그저 애들이었으니까.

♦ 주로 해안의 조간대에서 썰물 때에 해수가 오목한 장소에 남아 괴어 있는 곳 — 옮긴이주.
♦♦ quaalude. 최음제의 일종 — 옮긴이주.

세상이 무너졌다. 어떻게 해야 할지 아무 생각도 할 수 없었다.

총알구멍 난 다트는 아직도 수리 중이었다. 나는 실연한 빈털터리 신세로 다른 남자의 여자 친구 집에 얹혀살면서 집착의 허깨비에 시달렸다.

다음 단계로 나아가야 했다. 그래서 칼테크 너머의 세상을 탐색하기 시작했다.

로스앤젤레스는 암호였다. 뉴욕에 발을 디딘 순간부터 내게는 어떤 건물에 사느냐에 따라 사람의 종류를 판단하는 직관이 있었다(대부분 들어맞았다). 하지만 다육 식물과 진입로를 갖춘 외딴 저택에 사는 사람들은 다들 누구일까? 전혀 상상할 수 없었다. 로스앤젤레스는 직관이 통하지 않았다. 어쩌면 나의, 모든 사람의 환상으로 꽁꽁 싸여 있어서였는지도 모르겠다.

로스앤젤레스를 감싼 것은 환상만이 아니었다. 오염된 것은 뉴욕과 같았지만, 악취가 달랐다. 뉴욕에서는 경유, 오줌, 시멘트, 건설 현장의 금속 가루, 지나가는 사람들의 진한 향수 냄새가 났지만 로스앤젤레스에서는 자동차 배기가스 냄새가 났다. 뉴욕의 유독한 증기는 다른 사람들에게서 풍겼지만 로스앤젤레스에서는 내게서 풍겼다. 목구멍 뒤쪽이 쓰라렸다. 거대한 프라이팬에 수백만 명을 넣고 저질 기름으로 튀기는 것 같았다.

어느 날 버스를 타고 와츠 타워스Watts Towers에 간다는, 매우 비(非)로스앤젤레스적인 생각이 떠올랐다. 근처까지 가는 데만도 하루가 꼬박 걸렸다. 타워스에서 몇 블록 떨어져 길을 따라 걷고 있는데, 회색 윈드브레이커 차림에 콧수염을 기른 백인 네 명이 뒤에서 나를 덮쳤다. 그들은 나를 인도에 찍어 누르더니 내 귀에 대고 알아들을 수 없는 소리로 고함을 질렀다.

　그러다 한 명이 말했다. 「어라, 백인이잖아!」 그들은 나를 풀어
주었다. 또 다른 남자가 말했다. 「고마운 줄 알아.」

　「고마워하라고요?」

　그들이 배지를 살짝 보여 주며 말했다. 「우리는 사복 경찰이야.
여기가 어딘지 알아?」

　「와츠 아닌가요?」

　「〈흑인〉 구역이야. 목숨이 위험해. 〈당장〉 돌아가.」

　「하지만 다들 친절하던걸요!」

　「우리가 네 목숨을 구한 거야.」

　「와, 알았어요. 근데 버스 정류장까지 태워 주실 수 있어요?」

　「안 돼. 로스앤젤레스 경찰한테는 무임승차를 기대하면 안 되지.」
그들은 시커먼 세단에 일제히 올라타서는 눈 깜박할 사이에 사라졌다.

　로스앤젤레스는 전반적으로 우울했다. 수백만 명이 환상의 삶을
추구하면서 실제 삶을 망가뜨리고 있었다.

　신시아의 남자 형제가 고맙게도 내게 탈출구를 제시했다. 자기
오토바이로 함께 노던캘리포니아에 가자는 것이었다. 그곳에서라면
머리를 비울 수 있을 것 같았다.*

무지개의 중력

나는 샌타크루즈에서 내렸다. 이곳은 활기 넘치는 해변 타운으로,

◆ 혹시나 해서 알려 드리자면, 신시아와 나는 수십 년이 지난 지금도 여전히 친구이다.
우리의 관계는 진짜였다. 그녀는 빈에서 첼로 연주자로 활동하고 있다.

바닷가에 놀이동산이 있고 레드우드 숲 언덕에는 대학교가 있었다.

오늘날 샌타크루즈는 예전만큼 무지갯빛이거나 낭만적으로
느껴지지는 않는다. 마법 같은 과거에 대한 기억이 착각에 지나지
않음을 깨닫기란 쉬운 일이 아니다. 중년에 이런 식으로 젊음을 기억할
수 있다는 건 대단한 재능이다.

상심했으나 여전히 사랑했기에, 아직도 내 세상의 중심에는 마법과
의미가 가까이 있다는 소중한 느낌이 있었다. 모두가 매혹적이었다.

내가 기억하는 마법은 단순한 사랑의 안개가 아니었을지도 모르겠다.
당시는 침묵의 봄이 한낱 무시무시한 예언에 지나지 않던 때였다. 어딜
가나 곤충, 도마뱀, 새가 있었다. 밤이면 개구리가 울었고 소파와
침대에서는 커다란 토종 딱정벌레가 심약한 사람들을 놀래켰다.

캘리포니아는 지금보다 더 생기가 넘쳤다. 아무리 허름한 회벽
오두막이라도 틈새에서 작은 포도나무 덩굴과 이끼가 고개를 내밀었다.
하늘의 별도 더 밝았다. 밤에 바닷가에 누우면 은하수를 볼 수 있었다.

문제는 돈이었다. 나는 남루한 해변 오두막을 십대 대여섯 명과 함께
썼다. 대부분 대학생이었다. 집세는 쌌지만, 공짜는 아니었다.

한동안은 길거리 공연으로 집세를 벌었다. 어릴 때 가지고 있던 번디
플라스틱 클라리넷이 있어서 몇 달간 관광객들을 즐겁게 해줄 수
있었다.

길거리 공연은 가장 순수한 행위 예술이다. 아무도 공연을 해달라고
하지 않았으므로 오로지 순간순간에 기대어 감동을 줘야 했다. 나는
농담거리와 장난거리가 있었으며 매일 호의적인 반응을 이끌어 내는
법을 배웠다(귀중한 기술이라는 것이 존재한다면 바로 이것이었다).
길바닥에서 살아남는 법을 익히면 남들 앞에서 말하는 것은 식은 죽

먹기이다.

나중에 안 사실이지만, 집세를 벌어야 한다는 불안감은 필멸성에
대한 근원적 공포와 어머니가 죽은 뒤부터 나를 따라다닌 차가운
외로움으로부터 자신을 보호하려는 가면이었다. 자본주의는 피할 수
있는 가짜 죽음(궁핍)을 우리에게 선사함으로써 약함과 운명에 대한
주도권을 확인시키는 의례를 행한다. 이것은 나름의 위안이다.

구글의 원형

이런 식으로 아무리 합리화해 봐야 길거리 공연이 수월하거나
든든해지지는 않으므로, 결국은 정식 일자리를 찾는 수밖에 없었다.
뉴멕시코에서보다는 확실히 일자리가 많았다. 신문 광고를 보고 찾아간
곳은 또 다른 허름한 회벽 건축물이었다. 비록 버려진 호텔이었지만,
해안의 아름다운 무지갯빛 햇살이 건물을 적시고 솜털 같은
담쟁이덩굴과 들꽃이 벽을 뒤덮었다.

한 청년이 나를 맞았다. 진짜 기사operator였다. 그는 전형적인 젊은
상어였다. 지금이야 지극히 평범하지만, 그때만 해도 한 번도 본 적 없는
유형이었다.

다들 아직도 히피이던 시절에 그는 (나중에 생긴 용어로) 여피*처럼
보였다. 양복, 말쑥한 헤어스타일, 고급 승용차. 청년은 그런
차림이어서는 안 되는 법이었단 말이다!

♦ yuppie. 〈young urban professionals〉의 머리글자 〈yup〉와 〈히피hippie〉의 뒷부분을
합성하여 만든 말이다. 도시를 생활 기반으로 삼는 전문직, 고소득 젊은층을 가리킨다 ―
옮긴이주.

곰팡내 나는 작업실 안에서 꾀죄죄한 십대 히피들이 기다란 탁자 앞에 앉은 채 모르는 사람에게 전화를 걸어 요상한 잡동사니 물건을 팔고 있었다. 잡지 구독, 주택 해충 검사 같은 것들이었다. 길거리 공연과 비슷한 점이 있었지만 훨씬 수월했다. 첫날 무려 119달러를 벌었다.

부패는 사업의 심장부를 좀먹고 있었다. 우리의 여피 사장은 불법으로 입수한 전화번호 목록을 매일 우리에게 나눠 주었다. 우리가 물건을 팔아야 하는 주요 고객의 명단이었다. 우리의 담당 고객 중 일부는 집을 내놓을 사람들이었다. 그들에게는 딱정벌레와 바퀴벌레를 들먹이며 겁을 준다. 또 어떤 고객들은 퇴직한 지 얼마 안 된 사람들이었다. 그들에게는 보험이나 괴상한 건강 관련 제품을 소개했다.

아침마다 여피 사장은 작은 전화번호부를 들고 나타나 우리 중 누가 가장 많은 번호를 받을지 결정했다. 매력적인 여자 직원들이 최상의 명단을 받았다. 사장은 〈이 설탕을 케이크로 만들어 주겠다고 말해〉라고 여자들의 귀에 속삭이며 스프링 노트에서 찢어 낸 쭈글쭈글하고 얼룩덜룩한 페이지를 흔들었다.

그는 귀중한 명단을 입수한 솜씨를 뽐냈는데, 당시에는 전부 육필이었다. 이따금 대마초나 LSD가 미끼로 제공되었으며, 그는 종종 콜센터의 예쁜 히피 여자애들에게 자기랑 판매 계약을 마무리하러 가자고 요구했다. 고객 중에는 전화 회사 직원, 경찰관, 병원 직원도 있었다. 사장은 주로 복도나 주차장에서 고객을 만났다.

이 우스꽝스러운 일자리는 오래전에 잊었지만 돌이켜 보면 그곳은 수십 년 뒤에 실리콘 밸리가 어떤 모습일지를 보여 주는 소우주였다.

개인 데이터를 손에 넣을 수 있는 사람이 상업을, 또한 정치와 사회를 장악한다. 데이터는 새로운 화폐이자 새로운 권력이 될 터였다. 그 여피는 어떻게 되었을까?

처음에는 돈을 많이 벌어서 안심이었지만, 조금 지나자 죄책감으로 괴로웠다. 이 일은 사람을 조종하는 것이었으며 음습했다. 반복적이고 지루하기도 했다.

어느 날 여피에게 우리가 세상에 기여한다고 생각하는지, 기생한다고 생각하는지 물었다. 그는 자신의 메르세데스에 똥이라도 묻은 듯 나를 쳐다보았다. 다 끝난 것이 분명했다.

「우리는 물건이 필요한 사람들을 찾아서 연결하는 일을 하지. 당연히 기여하고 있고 말고!」

「하지만 저희는 고객들이 선택의 결과를 보기도 전에 대가를 받잖아요. 이건 시장의 기본 질서를 교란하는 것 아닌가요?」

「꺼져, 이 자식아.」 그날로 관뒀다.

청중

숨통이 트일 만큼 돈을 벌긴 했지만, 이젠 다른 방안을 찾아야 했다. 컴퓨터 지식으로 일자리를 얻겠다는 생각은 해본 적이 없었다. 의아하게 들릴지도 모르겠지만, 당시는 대학 중퇴한 무일푼 해커가 떼돈을 번다는 신화가 생기기 전이었다. 기술 분야 일자리는 여전히 구식 기업이나 정부 기관이 장악하고 있었으며 —내 생각에는 그랬다— 나는 학위가 없었다. 심지어 고등학교 졸업장도 없었다.

산을 넘어 실리콘 밸리를 찾아가도록 나를 부추긴 것은 직업

소개소가 아니라 괴상하고 히피스러운 예언적 강연이었다.

당시 캘리포니아 연안은 자칭 예언자들로 가득했다. 지금보다 더 많았다. 근사한 저택 — 어쩌면 레드우드 숲의 개울가에 있는 오래된 탐광자(探鑛者) 판잣집을 개조한 곳일 수도 있었다 — 에서 열리는 회합에 초대받는 일이 잦았는데, 그곳에서는 비행접시, 염불, LSD, 변태 성행위를 비롯한 별난 행위로 영혼과 세상을 구원할 수 있다고 말했다. 이 회합 중 상당수는, 오래전인데도 이미 기술을 숭배했다.

하지만 기술 문화의 기준점은 지금과 달랐다. 이상주의적 기술론자들은 버크민스터 풀러와 그의 〈월드 게임world game〉, 또는 칠레에 사이버 마르크스주의 유토피아를 건설하려던 아옌데 정권의 실패한 꿈에 매료되었다.

나는 이 진영을 대상으로 강연을 하기 시작했다.

내가 청중에게 강연하는 것을 즐거워하는 사람일 거라고는 생각해 본 적 없었지만, 몇 해 동안 숨어 있던 어린 사막 식물이 큰비가 내린 뒤 처음으로 모습을 드러내듯 내 안의 대중적 페르소나가 튀어나오기 시작했다.

데뷔는 순조롭지 못했다. 해변의 헛간을 개조한 강연장에서 벌어지는 〈해프닝〉의 괴짜 강연자 중 한 명으로 간신히 이름을 알렸다. 스탠퍼드 대학교의 똑똑한 대학원생들이 엉터리 히피들을 발라 버리려고 몰려들었다. 그들은 날선 질문으로 나를 후벼 팠으며 나는 속수무책으로 당했다.

길거리 공연에서 관객을 즐겁게 하는 법을 배우긴 했지만, 지적 가학증은 한 번도 겪어 본 적이 없었다. 쓰라린 상처였다. 하지만 강연자로서 첫발을 내디디면서 바닥을 경험한 것이 오히려 다행임을 금세 깨달았다. 첫날밤에서 살아남았으니 무엇이 두렵겠는가?

1980년경부터 1992년까지 나는 온갖 상황에서 수천 번에 걸쳐 VR 강연을 했다. 갱 단원으로 가득한 오클랜드 고등학교 교실에서는 부업차 나온 교도관이 말썽을 방지하기 위해 야구 방망이를 들고 내 옆에 서 있었다. 최고급 강연은 스위스에서 열린 총리와 은행가의 회합이었다. 우리는 헬리콥터를 타고 날아갔으며, 굳은 표정에 기관총을 든 군인들이 우리를 호위했다. 사실 두 장소는 별로 다르지 않았다.

나의 서툴고 수줍은 페르소나를 천사 같은 대중 강연자의 페르소나로 바꾸는 것은 매번 신념의 문제였다. 나의 두 번째 페르소나는 확신에 차 있었으며 눈에 보이는 모든 청중을 아이디어의 최면적 리듬에 빠뜨렸다. 나는 앨런 와츠를 본보기로 삼았다. 어떻게 그럴 수 있었는지는 지금도 모르겠다.

나의 주 임무는 언젠가 존재하게 될 광적이고 극단적인 매체인 VR을 생각하면 왜 행복해지는지 설명하는 것이었다. VR의 심오한 임무가 새로운 유형의 언어를 — 아니, 우리가 아는 언어를 초월하는 새로운 차원의 소통 방식을 — 찾는 것이라고 말했다. 사변적이고 터무니없는 계획처럼 들릴지도 모르겠지만, 내게는 절박한 임무였다. 나는 이것이 인류가 생존하는 길이라고 믿었다.

VR은 설명하기가 여간 힘들지 않았다. 동영상은 고사하고 쓸 만한 사진도 없었다. 직접 시연하는 것은 어림도 없었다.

나는 VR이 어떻게 작동하는지 — 머리 움직임에 대응하는 렌더링 따위 — 를 소개하면서 말문을 열었다. 초창기에는 이 주제가 어찌나 생소했던지 사람들이 이 개념을 처음 접하고 충격을 받는 장면을 눈앞에서 볼 수 있었다.

처음 강연 때 쓴 개괄적 개념과 이미지 중에는 지금껏 활용하는 것도 있다. 첫 번째 〈설명〉 장에서 떠오른 첩보용 잠수함은 실리콘 밸리를 처음 방문하기도 전에 생각해 냈다.

VR을 소개한 뒤에는 나의 어린 시절, 두족류의 인지, 그리고 예술이 앞으로 무한히 강렬해지지 않으면 인류가 스스로를 파괴하리라는 주장 등으로 직행했다.

녹취

초창기 강연의 녹취록 중에서 남아 있는 것이 있다. 아래는 그중 일부이다(문장을 약간 다듬었다).

자신의 가장 오랜 기억을 떠올리면서 이런 물음을 던져 보세요. 「그 전에는 무엇을 경험하고 있었을까?」

정답은 없습니다. 우리가 닿을 수 없는 곳에 있죠. 피아제가 그랬듯 어린아이를 관찰하고 (심지어) 뇌파를 측정할 수도 있지만, 자신의 경험이 어땠을지 알아내는 유일한 방법은 정보를 토대로 상상하는 것뿐입니다.

여러분이 기억하는 시절 이전에 일어난 일을 저는 이렇게 추측합니다.

우리 모두는 어디서 상상이 끝나고 현실이 시작하는지 확신하지 못하는 시기를 거쳤습니다. 이 혼란은 우리를 무능한 존재로 만들었습니다. 귀신이 진짜 있는지 알지 못하면 혼자 힘으로 세상을 누비고 다니기가 아주 힘들죠.

이 시기에 우리는 (안락은 말할 것도 없고) 생존의 가장 기본적인 요소조차도 부모에게 완전히 의존했습니다. 하지만 연약함을 내적으로 경험하는 것은 결코 부정적이지 않았습니다. 실은 찬란하고 강력하고 심지어 신성한 느낌이었죠.

그 상태에서는 무엇이든 상상하면 현실이 될 것만 같았습니다. 보석으로 둘러싸인 타란툴라가 열린 창문에서 나타나는 상상을 하면 그 거미는 창문만큼이나 현실적이었습니다.♦

무엇이 현실인지 알지 못한다면 모든 것이 현실입니다. 모든 것이 마법이고요.

미다스 왕이 되는 것보다 훨씬 다행입니다. 그는 만지는 것마다 금으로 바뀌었지만, 여러분은 상상만 하면 현실이 되니까요. 여러분은 신입니다.

그때 끔찍한 비극이 여러분을 사로잡습니다. 현실인 것과 상상일 뿐인 것을 마침내 구별하기 시작한 것입니다. 창문은 늘 그대로 있지만, 반짝거리는 타란툴라는 그렇지 않습니다. 남들은 창문을 알아보지만 거미는 보지 못합니다. 창문과 타란툴라는 같은 세계에 있지 않습니다.

이 깨달음은 물리적 세계에 대한 믿음으로 자랍니다. 물리적 세계는 여러분의 몸이 존재하는 곳이자 여러분이 몸을 다스리는 법을 배우는 곳입니다. 시간이 지나면서 여러분은 걷고 달리고 말하는 법을 배웁니다.

하지만 깨달음은 지독한 모욕을 가하기도 합니다. 그것은 가능한 모든 세계에서 가장 급격한 추락입니다. 한 순간, 의지로 만물을 존재하게

♦ 왜 타란툴라였느냐고? 베이에어리어에서 등산을 했는데, 하필이면 그곳이 타란툴라가 짝짓기를 하는 곳이었다.

하는 우주의 주인이던 여러분이 다음 순간에 모든 면에서 작고 축축하고 분홍색인 어린아이로 전락하는 것입니다.

이것은 쓴 약입니다. 이것이 〈미운 두 살〉의 원인 아닐까 싶습니다. 여러분은 권력을 기꺼이, 또는 품위 있게 내려놓지 않습니다. 매 단계마다 물리적 세계를 시험하며 꼼수와 틈새를 찾으려 합니다. 얼마 전에 잃은 프로테우스적 힘을 조금이나마 되찾고 싶어서죠.

이 투쟁은 몇 달, 심지어 몇 년이나 몇십 년을 가기도 합니다. 쓴 약이 또 등장합니다. 이를테면 필멸의 자각이 있습니다. 은총으로부터 장대하게 추락한 결과로 여러분은 마침내 어른이 됩니다.

여기에 이르지 못하는 사람들도 있지만요.[*]

대부분의 사람들은 이 변화를 자신의 전 존재로 받아들이지는 않았을 겁니다.

어른이 된다고 해서 창조력을 송두리째 잃는 것은 아닙니다. 어마어마한 불편을 감수해야 할 뿐입니다.

어릴 적에는 키가 60미터, 다리 길이가 120미터인 자수정 문어 친구를 불러낼 수도 있습니다. 녀석은 평상시에는 바닷속에서 자다가 여러분이 부르면 마을을 누비고 다닙니다.[**]

문어가 고개를 숙여 정수리를 보여 줍니다. 거기에는 구멍이 있습니다. 머리 안으로 들어가면 털이 복슬복슬한 멋진 동굴이 나옵니다. 동굴에는 작은 침대가 있어서 여러분이 잠잘 때 꼬옥 안아

[*] 〈도〉를 힘주어 말하면서 청중을 나무라듯 둘러보았다.
[**] 이 생물을 고른 데에도 뒷이야기가 있다. 이 강연을 하던 즈음에 친구 몇 명과 네스호의 괴물 같은 로봇을 만들어서 샌프란시스코 만의 뿌연 물에 띄우려 한 적이 있다. 평상시에는 눈에 안 띄다가 아주 가끔씩 피셔맨스 워프 같은 관광지 근처에서 공중으로 솟아오르도록 할 작정이었다.

줍니다. 자기 전에 이런 상상을 하면 문어가 진짜처럼 느껴집니다.

꿈을 실현하려면 시간이 얼마나 걸릴까요? 어린아이는 침실이 있는 거대 문어를 (이를테면) 몇 초만에 상상해 낼 수 있습니다.

어른도 이런 존재를 상상할 수 있지만, 상상만으로는 현실이 되지 않습니다. 무언가가 현실이려면 남들도 경험할 수 있어야 합니다. 그것도 단지 영화로서가 아니라 탐색할 수 있는 세계로서 말입니다. 그것은 누구나 변화시킬 수 있는 세계여야 합니다. 결과를 공유해야만, 변화의 경험을 공유해야만 세계는 진짜가 되기 때문입니다.

예전에 가능하던 현실 기반 구현 방법은 기술을 이용하여 실제로 생명체를 만드는 것이었습니다. 거대 로봇이든, 유전자를 조작한 거대 문어든 말입니다.

가상 현실이 등장하기 전에는 환상적인 시나리오를 자신뿐 아니라 남들에게도 현실이 되도록 하려면 — 이따금 가능할 때도 있었지만 — 시간과 수고를 쏟아야 했습니다. 거대하고 무지막지한 수고를 들여야 했죠! 인생은 그렇게 길지 않습니다.

가상 현실이 영혼을 끌어당기는 것은 어릴 적 외침에 응답하기 때문입니다.

이게 다가 아니다. 여러분이 나머지도 읽어 주면 좋겠다. 초기 강연의 나머지 녹취록은 부록 1에 실려 있다.

강연은 나의 삶에 늘 함께했다. 심지어 훗날 수면 부족 때문에 정신이 나가 기술 스타트업을 경영하게 되었을 때에도 강연을 그만두지 않았다. 이 책의 나머지 부분을 읽을 때, 내가 몇 주에 한 번씩 VR과 그 미래에 대해 강연할 기회를 찾고 있음을 염두에 두기 바란다.

예언자적 사교 집단의 인류학은 나를 매혹시켰다. 내가 산길을 지나 실리콘 밸리에 가겠다고 마음먹은 것은 사실 이들 때문이다.

　기술 분야에 종사하는 괴짜 히피들은 부자인 반면에 나머지 히피들은 마약상을 빼고는 다 가난뱅이라는 사실을 알아차린 것이다. 마침내 실마리를 얻었다.

8 쾌락의 골짜기

이제 1980년대 실리콘 밸리에서의 이야기를 할 차례이다. 이곳에서 일어난 일을 하나의 긴 문장으로 요약하면 다음과 같다. 나는 신흥 비디오 게임 산업에서 경력을 시작하여, 돈을 벌었고, 그 돈으로 가상 현실이라는 분야에 투자 실험을 했으며, 동지들을 만나 VR 장비와 소프트웨어를 판매하는 첫 회사를 설립했고, 모의 수술 같은 주요 응용 분야의 시제품을 제작했으며, 나를 휩쓴 문화 폭풍 ─ VR을 찬양하는 환각제 파티와 대중의 관심 ─ 의 발생에 일조했고, 내 회사의 경영권을 둘러싼 초현실적(이다시피 한) 투쟁과 그 밖의 기이한 싸움 이후에 뉴욕으로 떠났다.

삶의 결이 달라졌다. 예전의 나는 무게 없이 굴러다니는 돌이었다. 질량 없는 입자는 곧 빛이다. 번쩍하고 지나가면 세상에 자국이 남는다.

이국적 방랑기는 말하는 사람도 신나고 듣는 사람도 신나지만, 그건 남 일일 때 얘기이다. 어떤 장소에든 내려앉으면 진짜 사람들을 상대해야 한다.

자리를 잡은 뒤에는 자기 자신도 상대해야 할 테고.

엘패소 델 사이버

나는 차를 얻어 타고 로스앤젤레스에 가서 낡아 빠진 다트를 가져와 수리했다. 돌아오는 길에는 급경사를 피하려고 해안 도로만 탔다. 다음 걱정거리는 산을 넘어 실리콘 밸리에 갈 수 있느냐였다. 다트는 일반적으로 언덕을 넘을 수 없었다. 오르막 고속 주행은 어림도 없었다.

어느 날 더는 미룰 수 없어 무작정 시도했다. 여분의 기름을 붓고 17번 고속 도로 오르막에서 출발했다.

언덕 반대편에는 기술 버전의 샌타크루즈 같은 마법의 장소가 있을 거라 기대했다. 조명이 번쩍거리고 테이프 드라이브가 윙윙거리는 「쾌락의 동산」을 상상했다.

하지만 내가 목격한 것은 로스앤젤레스에서 가장 암울한 풍경을 닮았다. 처음부터 흉물인 낮고 음침한 산업용 빌딩들이 도로에 혹처럼 늘어섰다. 이 생기 없는 곳에서 실리콘 밸리가 세상을 재발명한 것이었다. 권력과 영향력의 중심지 중에서 이토록 무미건조한 곳이 있던가?

그때는 근사한 연구실에서 말고는 컴퓨터로 인쇄할 방법이 없었다. 하지만 내게는 우리 아버지의 낡은 로열 휴대용 타자기가 있었다. 다트 트렁크의 똥 속에 처박혀 있었다. 이걸로 나는 앙상한 기술 분야 이력서를 작성했다.

돌이켜 보니 꽤 많은 일을 했다. 국립 과학 재단 장학금으로 다양한 컴퓨터에서 프로그램을 하고 수학 연구도 많이 했다.

냄새 나는 똥차를 구석에 안 보이게 주차하고는 난생 처음이자 마지막으로 〈헤드헌팅〉 사무실에 들어섰다. 그곳은 세상에서 가장 밋밋한 장소였다.

그 순간 내 모습이 어땠는지 아직도 기억난다. 나는 멍한 최면 상태에
빠져 고통스러운 무미건조함을 받아들인 것이 아니라 정신을 바짝
차리고 있었다. 자제력을 발휘하려고 애썼다. 그것은 나를 휘감은
〈기분〉의 장막에서 벗어나려는 시도였다.

30대의 여인이 안내대에 앉아 있었다. 좀 요란한 화장에, 얼굴 피부가
팽팽하고 긴장되었으며, 조금은 화나고 조금은 슬픈 표정이었다.
그녀는 당시의 어색한 여성용 정장 차림이었는데, 남자 넥타이처럼
빳빳하면서도 불룩한 타이를 매고 있었다.

「실상을 알면 믿기지 않을 거예요. 당신이 기대할 만한 사람들이
아니에요.」 그녀는 서류를 정리하면서 정중하게 한숨을 내쉬었다.

뭐라고? 무슨 말을 하는 거지? 노벨상 얘긴가? 시복식을 말하는 건가?
물론 그것은 누가 부자가 되는가에 대한 것이었다. 많은 사람들이 부의
획득에 관심을 기울이고 있었으며, 새로운 부가 무작위로 창출되는
것에 당혹해했다. 「이 사람 좀 봐요. 평범하기 짝이 없는 엔지니어가 저
바보 같은 회사와 계약하다니. 아무 생각도 없었던 거죠. 아무 생각도.」
아이쿠야. 질투였군. 독과 같은.

싸구려 나무 판자를 댄 방으로 나를 데리고 가서 진짜 헤드헌터에게
선보였다. 그는 나보다 고작 몇 살 많아 보였다. 양복과 넥타이 차림에,
깔끔하게 면도했으며, 눈동자는 차가운 초록색이었다. 그가 나를 여피
사기꾼의 우수 고객 명단에 있는 이름처럼 게걸스럽게 훑어보았다.

「오늘 시작할 수 있어요?」 뭐라고?

이때는 컴퓨터가 연결되거나 화면에 텍스트를 많이 표시하기
전이었다. 앞에서 말했듯 프린터도 없었다(몇 해 뒤에 일부 사람들이
프린터를 소유할 수 있게 되었을 때 나는 프린터가 욕조 대신 미끼로

쓰이기 시작했다는 농담을 일삼았다).

그리하여 저 훤한 친구는 구겨진 수기(手記) 공책을 뒤적였는데, 내가 엿보지 못하도록 방향을 교묘히 틀었다. 그가 내게 전달한 — 길모퉁이 마약상처럼 단호하고 의미심장한 속삭임으로 — 임금은 비현실적이고 불가사의한 액수였다. 나는 혼란에 빠져 갈피를 잡을 수 없었다. 무지개가 뜨지 않는 곳, 이 반(反)나니아◆에서 정말 살고 일할 수 있단 말인가?

최적의 우리, 그리고 그들

헤드헌터를 만난 뒤에 실리콘 밸리에서 처음 들은 단어는 놀랍지 않게도 〈안녕하세요〉였다. 하지만 그다음은 놀라움의 연속이었다. 「맨 먼저 알아 둬야 할 것은 해커와 양복쟁이라는 두 부족이 있다는 사실이야. 양복쟁이를 믿지 마.」

샌타크루즈에서 온 친구의 친구가 이 충고를 해주었다. 그는 히피였으며 외모에 무관심했다. 너덜너덜한 판초에 커다란 검은색 안경을 꼈으며 수염은 짙은 연기처럼 덥수룩했다. 우리는 스탠퍼드 근처 자연식 식당의 야외 테이블에서 스무디를 마셨다. 햇살이 따가웠고, 발 아래에 나뭇조각이 떨어져 있었으며, 홀치기염색 옷을 입은 여자들이 구석 테이블에서 우리를 잠깐 엿보다가 자리를 떴다.

「오해하진 마. 양복쟁이는 필요해. 하지만 경계를 늦추면 안 돼.」

사람들은 다시 부족으로 나뉘고 있었다. 오로지 상호 불신을 위해.

◆ C. S. 루이스가 그의 소설 『나니아 연대기』 시리즈에서 창조한 가상의 나라 — 옮긴이주.

「양복쟁이는 똑똑한 사람은 아무도 견딜 수 없는 지루한 일을 하면서 월급을 받는 것 말고는 하는 일이 전혀 없어.」

샌타크루즈의 여피가 떠올랐다. 그 같은 사람이 또 있을 수 있다고? 무더기로? 아이고.

「양복쟁이는 여자와 같아. 미래를 위해서는 녀석들을 상대해야 하지만, 골머리 깨나 썩여야 하지.」

깊숙한 곳에서 고통이 치밀어 올랐다. 메스꺼웠다. 무슨 일이지? 나 자신의 반응을 관찰하는 능력은 아직도 새롭고 불확실했다. 나는 반응을 읽으려고 정신을 집중했다.

문득 답을 얻었다. 세상 여인들은 사금파리였다. 이 사금파리를 들여다보면 우리 어머니의 흔적을 찾을 수 있을 것 같았다. 이 생각이 머릿속에 뚜렷이 떠오르지는 않았지만, 살아 있는 여인이 나를 돌아가신 어머니와 연결하는 영매(靈媒)라는 생각이 막연하게 들었다. 어머니의 느낌을 받을 수 있는 장소에 있고 싶었다. 캘리포니아는 뉴멕시코나 뉴욕만큼 마초적인 세상은 아닌 것 같았다. 샌타크루즈는 정말로 마초와는 거리가 멀었다. 적어도 이따금은.

먹고살기에 더할 나위 없는 장소인 실리콘 밸리가 알고 보면 나를 여성적 세계로부터, 우리 어머니의 흔적을 찾을 일말의 희망으로부터 끌어내는 장소이면 어떡하지?

나는 허둥거리며 가까스로 이렇게 말했다. 「양복쟁이가 다들 그렇게 못됐어? 애플에서 스티브 잡스 밑에서 일하는 친구가 있는데, 그 친구는 생각이 괜찮은 것 같던데.」

「아, 나도 아타리에서 스티브와 일했어. 그때 스티브는 엔지니어가 되려고 애썼지. 그 친구는 자신이 어떻게 이 칩을 최적화할 건지

떠벌였는데, 성과를 내는 건 한 번도 못 봤어. 적어도 주제 파악은
했지만.」

정말 신기한 사회였다. 지위가 돈보다 기술적 성취에
달렸다니(애초에 〈해커〉가 돈 문제를 다루는 지루함을 견디지 못할
만큼 똑똑한 사람을 일컬었다면 오늘날 실리콘 밸리에는 해커가 훨씬
적을 것이다).

또 다른 용어로 〈크래커cracker〉가 있었는데, 이것은 컴퓨터에
침입하는 사람을 일컬었다. 하지만 아직 컴퓨터가 네트워크로 연결되지
않았기에, 크래킹은 별로 일어나지 않았다.[*] 해커와 크래커의 차이는
선악의 차이가 아니라 창조에 능한가 파괴에 능한가의 차이였다.
파괴는 대체로 대의명분이 있는 일로 간주되었다. 왜냐하면 우리가
넘겨받은 세상은 정말이지…… 대체 무엇이 문제였을까? 문제는 세상이
최적화되지 않았다는 것이었다.

서툴지만 열정적인 카우보이식 은유가 퍼져 있었다. 우리 해커는
방랑하는 청부 총잡이였다. 우리의 생계 수단은 코드였다. 윤리적
해커와 크래커는 〈흰 모자〉로 불렸으며 못된 해커와 크래커는 〈검은
모자〉로 불렸다.

나는 진짜 카우보이 틈에서 자랐다. 어디나 그렇듯 그중에는 착한
사람도 있었고 악당도 있었다. 카우보이라고 해서 다른 유형의
사람들보다 더 자유로운 것은 결코 아니었다. 그리하여 해커
신비주의는 처음부터 내 앞에서 부서졌다.

---

[*] 컴퓨터들이 연결되고 오래 뒤인 수십 년 뒤에 〈크래커〉는 〈타고난 특권에 고마워할 줄
모르는 백인 남성〉을 비하하는 말로 다시 등장했다. 1980년대의 크래커는 거의 모두
크래커였다.

카우보이와 마찬가지로 해커도 특별한 솜씨와 전문성으로만
굴복시킬 수 있는 야생의 대지에서 자유를 경험하는 것으로 되어
있었다. 우리는 내키는 대로 방랑하며 모든 이를 위해 현실을 만들어
냈다. 일반인은 우리가 그들의 새 세상을 선포하기를 하릴없이 기다릴
터였다.

그 뒤로 수십 년간 나를 놀라게 한 것은 전 세계의 저 모든 이방인이자
일반인이 우리의 신화를 기꺼이 받아들였다는 것이다. 당신들은 우리로
하여금 당신네 세상을 재발명하도록 했다! 그 이유가 아직도 궁금하다.

유한 게임과 무한 게임

고작 하루 이틀 취업 면접을 다닌 뒤에 첫 실리콘 밸리 일자리를
선택했다. 당시의 헛발질은 기억해 둘 가치가 있다. 첫인상은 자신에
대해, 또한 자신이 맞닥뜨리는 것에 대해 많은 것을 드러내기 때문이다.

나는 VR 분야를 물색하고 있었으나, VR 회사가 아직 없었으니 VR
관련 직업도 전혀 없었다(당시에는 스타트업에 무턱대고 투자하지
않았다). 심지어 〈VR〉이라는 용어를 아는 사람도 없었다. 고등학교
졸업장이 없었기에, 나사(미국 항공 우주국)나 미국 공군처럼 모의 비행
장비를 연구하는 기관에 지원할 엄두도 낼 수 없었다.

가장 솔깃하고 그럴듯한 일자리는 태동기의 비디오 게임
쪽이었다(혐오스럽기는 했지만). 적어도 미술과 음악 비슷한 것은
있었으니까.

정말 혐오스러웠느냐고? 정말이다. 나는 정해진 규칙을 좋아하지
않는다. B. F. 스키너의 실험실에서 주인이 원격으로 만든 시시한 코스를

달리고 또 달리도록 — 점점 완벽하게 — 훈련받는 쥐 신세는 사절이다.
내가 만든 미로를 수십만 명이 동시에 헤맨다고 상상하면 더더욱
심란하다.

기술 업계의 수많은 사람들이 매달리고 있는 게임들은 내가 보기에는
지루하고 (어떤 면에서) 굴욕적이다. 실험실 쥐 신세가 되어야 하기
때문이다. 나는 이 게임들이 도덕적·사회학적 타락을 묘사하는 수학적
방식이라고 생각한다.[◆] 삶은 그런 밀실 공포증적 게임에 능숙해지는 게
아니라 그런 게임을 거부하는 것이어야 한다. 가장 중요한 수학은
정해진 규칙이 있고 승자와 패자가 뚜렷이 갈리는 게임을 회피하는
문제를 다룬다.

그럼에도 게임은 돈을 벌 수 있는 유일한 반응형 예술 형태였다. 어찌
그곳에 몸담지 않을 수 있었겠는가?

첫 취업 면접을 위해 금문교 너머의 아름다운 마린 카운티에 갔다.
조지 루커스는 비디오 게임에 진출하려는 야심을 품고서 영화뿐 아니라
비디오 편집과 오디오 편집에서 디지털 효과를 내는 회사를 설립하는
중이었다. 여러분은 내가 이 회사에 관심을 가지게 된 것이「스타워즈」
때문이라고 생각할지도 모르지만, 결코 그렇지 않다. 나의 영웅 아이번
서덜랜드의 제자인 에드 캐트멀이 이 디지털 사업을 시작했기
때문이었다.

◆ 게임 이론 사고 실험 중에서 가장 유명한 것으로 죄수의 딜레마가 있다. 게임 쇼와 영화
줄거리로 각색되기도 했다. 여기서 설명하지는 않겠다. 직접 찾아보시라. 수학적 관점에서는
흥미롭지만, 현실은 사고 실험만큼 딱 맞아떨어지지 않기 때문에 실제로 적용하기는 힘들다.
죄수의 딜레마를 응용한 게임 쇼나 현실에서 사람들이 서로를 학대하고 속이는 것을 보면
가슴이 아프다. 이런 식의 악용은 끔찍한 교사나 교과서 못지않게 수학에 대한 아이들의
흥미를 꺾었으리라 생각한다.

크고 특색 없는 업무용 빌딩에 들어서자 거대한 오르간산맥 풍경화가 나를 반겼다. 어릴 적 뉴멕시코에서 뻔질나게 쳐다보던 봉우리들이 거기 있었다. 어떻게 이럴 수가 있지? 알고 보니 그곳의 또 다른 주요 디지털 구루인 앨비 레이 스미스가 같은 동네 출신이었다.

앨비와의 만남은 우주가 충돌하듯 근사하면서도 약간 어리둥절했다. 그는 돔에서 엎어지면 코 닿을 거리에서 자랐다. 하지만 내가 그를 알고 있던 것은 〈콘웨이의 생명 게임Conway's Game of Life〉이라는 것을 확장한 놀라운 업적 때문이다.

생명 게임은 수학자 존 호턴 콘웨이가 만든 프로그램으로, 격자 위에 점들이 있고 이 점들이 이웃한 점의 유무와 관련한 단순한 규칙에 따라 나타났다 사라졌다 한다. 규칙과 점의 초기 패턴을 바꾸면 놀랍고 예측 불가능한 일이 일어나게 할 수 있다. 생명 게임은 마치 살아 있는 우주의 축소판 같다.

앨비는 심지어 온전히 작동하는 컴퓨터가 생명 게임 내에 존재하도록 할 수 있음을 입증했다. 세계 안에 세계가 있는 셈인데, 이 통찰은 훗날 스티븐 울프럼에 의해 대중화된다. 우리가 생명 게임 같은 것 안에서 살고 있을지도 모른다는 추측은 당연한 귀결이었다.

확장되는 〈게임〉이 여기 있었다. 이 게임은 플레이어를 하찮은 추상적 감옥에 가두지 않았다.

앨비의 작업은 내게 위안이 되었다. 생명 게임 같은 결정론적 게임에서 예측 불가능한 결과가 생길 수 있음을 이해하자 그 전까지 느끼던 암울한 불안이 가셨다. 결정론과 자유 의지 사이의 긴장이 해소되었다. 미래를 아는 유일한 방법이 우주를 실제로 실행하는 것뿐이라면, 사물에 결정론적 층위가 있는가는 나의 철학에서 더는 문제가 되지 않았다. 그럴 수도 있고 아닐 수도 있기 때문이다. 우주 안에 있는 우리는 결코 알 수 없다. 답이 없는 논쟁.

물론 가장 〈유용한〉 물리학에는 임의성이 포함될 수도 있고 아닐 수도 있지만, 더 이상 철학의 관심사는 아니었다. 수학은 자유를 죽이지 않는다! 자유 의지가 실재한다는 믿음은 이 믿음을 거부하는 것만큼이나 말이 된다.

해커들은 이런 개념을 놓고 하루 종일 논쟁을 벌였다. 「자유 의지 개념을 거부할 수 있는 것이야말로 자유 의지의 사례야.」「네가 방금 말한 것이 자유 의지가 없는 우주에서는 진술될 수 없었다고 말하는 거야? 틀렸어! 그렇게 말할 수 있는 프로그램을 지금 당장이라도 작성할 수 있다구.」

앨비는 수학만큼이나 인간적으로도 편안한 사람이었다. 컴퓨터와 삶에 대한 그의 낙천적 태도는 지금까지도 내 맘에 든다. 추상에 감정이 있다니! 우주가 저절로 생기고 예측 불가능하다는 이론을 연구하는 물리학자는 (이를테면 리 스몰린처럼) 다정하고 익살맞은 경향이 있다.

하지만 이쯤에서 나의 이야기로 돌아가자.

루프 스카이워커

나와 면접한 사람은 안타깝게도 앨비가 아니라 젊고 번드르르한 양복쟁이였다. 그는 촌스러운 이류 디지털 영화(로 여전히 간주되던 것)보다는 화려한 영화를 만들고 싶어 하는 것이 분명했다.

「우리는 궁극적으로 〈스타워즈〉에 생명을 불어넣고 싶습니다. 〈당신〉이 루크 스카이워커를 조종하는 겁니다. 조이스틱을 가지고서 그가 광검(光劍)을 휘두르도록 할 수 있을 겁니다. 디지털 광검이 8비트 컴퓨터에서 빛나도록 할 수 있겠습니까?」

「그건 제 일이 아닌 것 같은데요.」

「에? 어떻게 그렇게 말할 수 있죠? 이건 세상에서 가장 원대한 작업이라고요.」

「기분 상하게 할 의도는 없었어요. 사람에 따라서는 틀림없이 놀라운 작업일 거예요. 다만 저는 〈스타워즈〉를 별로 좋아하지 않아서요.」

「뭐 이런 개 같은! 그럼 여기 왜 왔습니까?」

「어떤 일을 하게 될 줄 몰랐어요.」

「어떻게 〈스타워즈〉를 안 좋아할 수 있죠? 〈스타워즈〉는 누구나 좋아한다고요!」

「이런, 싫어하는 건 아니에요. 원하신다면 해명할 수도 있어요.」

「좋아요. 꼭 들어야겠군요.」

「그럼 시작할게요. 몇 해 전, 제가 어릴 적에 로버트 블라이가 뉴멕시코에서 시를 낭송했는데 제가 반주 음악을 연주했어요.」

「그게 누구죠?」

「시인이에요. 그는 고대 수피인 루미Rumi의 글을 번역하여 낭송했어요.」 무슨 말인지 알아듣는 것 같지 않았다. 「수피즘은 말하자면 이슬람교의 히피 신비주의 종파로, 〈어쨌거나〉 기원으로 돌아가려고 해요. 조지프 캠벨도 저희와 함께 섭외됐어요. 그도 연설을 하기로 했죠.」

「와, 캠벨을 모르는 사람은 없죠. 조지는 〈스타워즈〉를 제작할 때 『천의 얼굴을 가진 영웅』을 본보기로 삼았습니다.」 마치 자신이 루커스의 가장 친한 친구라도 되는 듯한 말투이다. 「어라, 그런데

캠벨을 아십니까?」

「안다고 말하긴 그렇고, 더운 여름날 이 휴양지에서 같은 순서로 공연을 했을 뿐이에요.」

「믿기지 않는군요.」

「뭐, 그러시겠죠. 어쨌든 캠벨은 정말 대단한 인물이긴 하지만 저는 인간의 모든 이야기가 똑같은 공통의 이야기를 변주한 것이라는 그의 이론이 별로 맘에 들지 않아요. 그건 놈 촘스키가 언어의 핵심이 있다고 말하는 것과 비슷한 거죠.」

「그 촘스키는 모르겠지만, 맞는 말입니다. 그 보편적 이야기의 순수한 형태를 만들어 내면 금맥을 찾는 겁니다. 우리는 전에도 지금도 그러고 있습니다. 당신은 뭐가 문제죠? 돈이 싫습니까?」

「한계가 많아서요. 돈 얘기가 아니라, 저런 이야기 개념 말이에요. 우리가 다른 문화권의 이야기들을 이해하지 못한다면 어떨까요? 그들이 우리와 같은 이야기를 하고 있다고 어떻게 알 수 있죠? 이야기가 하나뿐이라면 그 이야기들이 장차 더 나아지리라는 희망을 어떻게 품을 수 있을까요? 이야기가 하나만 있다고 믿는 것은 자신을 작은 루프에 가두는 격인지도 몰라요. 원시적이고 형편없는 컴퓨터 프로그램에 들어 있는 것처럼요. 여기서 일하는 앨비가 이런 확장형 프로그램이 가능하다는 것을 입증했죠.」

「대체 무슨 헛소리를 하는 겁니까? 〈스타워즈〉의 배경은 먼 과거가 아니라 미래입니다. 게다가 근사하잖아요! 로봇에다, 빛보다 빠른 우주선까지! 대단한 미래가 될 거라고요!」

「하지만 사람들은 그대로인 걸요. 어리석고 한심한 권력 다툼에 몰두하죠. 그들은 잔인하고 이기적이에요. 착한 사람들조차 배타적이고 마초적이에요. 더 충성스러운 가문이 누구에게 필요한가요?
아메리카의 이상은 그런 걸 없애는 것이었잖아요.」

「아이구, 머리야. 당신네 히피 이상주의자들은 온통 그런
생각뿐이죠.」

「그런 말씀 마세요. 저는 히피 이상주의자가 아니라고요! 음, 하지만
과학 소설은 기계가 더 나아지는 게 아니라 인간이 더 나아지는 얘기를
할 수 있어요. 그러니까, 〈2001 스페이스 오디세이〉에 이런 초월 개념이
나와요. 우리의 작고 사소한 갈등을 넘어서도록 성장할 수 있다는
얘기예요. 어쩌면 그건 좋은 예가 아닐 수도 있겠네요. 매우 추상적이고
초도덕적이니까요. 〈스타 트렉〉은 어때요? 진 로든베리는 기계가
발전하면서 사람들이 착해질 거라고 생각했어요. 그게 훨씬 흥미롭죠.
저는 이런 일이 이미 인류사에서 일어났다고 생각해요.」

「〈스타〉 빌어먹을 〈트렉〉 말입니까?」

「이만 가봐야 할 것 같아요. 앨비에게 대신 안부 전해주시겠어요?」

「어림없는 소리.」

행동주의자가 되지 않으려면 끔찍하게 괴상해져야 한다.

그리하여 루커스 세계는 나와 인연이 없었다. 하지만 그런 기회를
거절할 수 있다는 것이 어찌나 뿌듯하던지. 오라는 곳이 수백 군데여서
나는 아무 데나 골라잡을 수 있었다.

당시는 8비트 시대였다. 나는 다양한 회사에서 몇 가지 게임을
코딩했으며 터무니없이 많은 급여를 받았다. 남은 학자금 대출은 바람
속 민들레 홀씨처럼 사라졌다.

사운드 효과와 음악을 디자인하는 일은 특히 맘에 들었다. 당시에는
프로그래머가 미술과 음악에서부터 설명서에 이르기까지 모든 일을

스티브 브라이슨.

해야 했다.

실리콘 밸리 이주민 중에서 이렇게 생각하는 사람은 나만이 아니었다. 나는 미술가이자 과학자를 자처하는 게임 해커들을 만나기 시작했는데, 그중 몇몇은 최초의 VR 회사인 VPL 리서치사의 설립에 참여했다.

내가 만난 사람 중에는 스티브 브라이슨이 있었다. 그는 히피 물리학자 음악인으로 어딘지 로빈 후드처럼 차려입었는데, 우리는 서니베일의 낮고 평범한 사무용 건물에서 함께 8비트 게임을 코딩했다. 건물의 외관은 여느 조립식 시멘트 건물처럼 골이 파여 있었으며 엉성한 울타리가 주차장을 둘러쌌다. 정문 옆에는 으리으리한 차들이 주차되어 있었고 내 다트는 뒤에 처박혀 있었다.

무균의 환경에 거주한 것은 경이롭고 이색적인 사람들이었다. 그 당시를 떠올릴 때 가장 놀라운 것은 훌륭한 코더 중 상당수가 뛰어난 음악인이기도 했다는 것이다. 동료 대여섯 명과 피아노 매장을 누비고 다니던 생각이 난다. 다들 고전 음악을 전문가 수준으로 연주했을 뿐 아니라 각자 재즈에 식견이 있었으며 나름의 섬세한 스타일을 가지고 있었다. 스티브 브라이슨, 데이비드 레빗, 빌 알레시, 고르디 코티크 등이 그 시절을 함께한 동료들이다.

1981년에 마침내 나의 첫 판매용 비디오 게임을 공동으로 설계했다. 나는 버니 디코번이라는 장난감·게임 전문가와 손잡고 〈외계 동산Alien Garden〉이라는 게임을 만들었다. 게임은 꽤 잘나갔다. 그다음 처음으로 나만의 게임을 설계했다.

〈문더스트Moondust〉라는 이름이었는데, 1983년에 드디어 출시되어 가정용 컴퓨터 게임 10위 안에 들었다(당시는 최적화되기 전이어서 세상이 느렸다. 프로그램을 출시하는 데 몇 년이 걸리기도 했다.)

문더스트는 상자째 팔려 나갔다! 예전에 레코드판을 주로 파는 대형 매장에 가면 비디오 게임 카트리지 코너가 있었다. 문더스트가 전용 매대에 전시되고 홍보 포스터가 벽에 높다랗게 붙어 있는 것을 보고 얼마나 뿌듯했는지 모른다.

이 게임에 관심 있는 사람이 있을까 봐 알려 두자면 최고의 버전은 코모도어 64에서 돌아갔다. 음악은 알고리즘에 의해 출력되었으며 에코와 리버브 덕에 아름답게 들렸다. 당시에는 요긴한 수법이었다. 음악은 동작에 맞춰 흘러나왔는데, 게임에서는 처음 도입된 방식이었다. 그래픽은 각지지 않고 부드럽게 빛났다. 실리콘이 느리던 당시에는 이것도 꽤 신기한 수법이었다.

하지만 게임 방식은 괴상했다. 우주선 무리 전체를 한꺼번에 조종하는데, 돌아다니는 색깔 리본을 문질러 허깨비처럼 반짝거리는 표적 안에 넣는 데 성공하면 표적이 오르가슴을 느끼듯 울렁거린다. 게임 방식은 분석적으로 접근하기에는 너무 복잡했다. 게이머는 직관을 발휘해야 했으며 게임에는 묘한 성적 뉘앙스가 스며 있었다.

문더스트를 사려고 사람들이 장사진을 친 것을 보니 놀라웠다. 하지만 그래픽과 사운드 때문에 끌렸다가 금세 포기했을 것이다. 너무 기묘하고 개방적이었으니까.

정착

실리콘 밸리에 온 지 얼마 지나지 않아 팰로앨토에서 단열이 안 되는 오두막을 임대했다. 흙길에 있는 낡은 철도 노동자 숙소였는데, 개울가 과수원의 남은 공간에서 삐딱하게 기운 채 덤의 시간을 살고 있었다.

누가 실리콘 밸리를 진정으로 이해하는가는 부동산을 대하는 태도에서 알 수 있다. 그걸 깨닫지 못한 한심한 부동산업자의 말이 기억난다.

「빅토리아풍 방갈로를 안 사면 바보예요. 몇 년이면 값어치가 열 배로 뛸 거라고요.」

해커 지인 한 명이 근처에 있었는데, 그녀에게 단도직입적으로 이렇게 쏘아붙였다. 「코드가 세상을 직접 실행할 거예요. 돈은 미래의 코드를 비슷하게 흉내 낸 것에 불과해요. 우리는 컴퓨터가 값싸지고 연결되기를 기다리고요. 여기서 우리는 돈보다 훨씬 중요한 권력을 창조하고 있어요. 돈은 한물갔어요. 아니라도 언제든 그렇게 될 거라고요.」 그렇다. 이게 해커가 말하는 방식이었다. 다들 웅변에 일가견이 있었다.

부동산업자는 운명의 소행성을 멍하니 바라보는 공룡마냥 우리를 쳐다보았다.

30년이 지난 지금, 내 옛 집은 — 심지어 오래된 개울조차 — 흔적조차 사라졌다. 위성 영상에는 비슷하게 생긴 콘도들만이 흐릿하게 보일 뿐이다. 도로의 자갈과 안팎으로 곰팡이 핀 나무에서 풍기던 시골 냄새가 기억난다. 캘리포니아는 풀 냄새가 났으며 벌레와 개구리 소리가 났다.

펠로앨토는 실리콘 밸리의 영적 중심지였다. 서니베일 같은 도로 아래쪽의 음침하고 무미건조한 제국보다는 덜 암담했지만 그마저도 내게는 너무 암담했다.

끝없이 이어지는 완벽한 날씨 속에서 나는 저녁마다 키 큰 나무를 올려다보았다. 하늘은 늘 텅 비어 있었다. 먼 사막 풍경도, 무한한 바다도, 심지어 지평선까지 뻗은 뉴욕 도심의 초라하지만 매력적인 녹지도 없었다. 우리가 알 수 있는 것은 정원식 낙원뿐이었다. 눈 덮인 지대에서 온 이민자들이 초기 아메리카의 부(富)에 대해 상상하던 것처럼. 마치 악마가 하늘의 시뮬레이션으로 우리를 속인 것 같았다. 이런 제한된 장소는 나의 내면과 전혀 어울리지 않았다.

내 안은 몇 년간 죽도록 외로웠다. 어머니가 죽은 뒤로 따지면 몇십 년 동안.

나를 받아 줄 클럽

해커들은 늘 자신의 최신 프로젝트를 과시했다. 당시에는 컴퓨터가 연결되지 않았기에 차를 몰고 가서 데모를 보거나 직접 가져와야 했다. 닷지 다트의 뒤 칸에는 염소 대신 컴퓨터가 쌓여 있었다. 그래서 나는 내 작업의 데모를 가지고 돌아다닐 수 있었다. 이따금 하드 디스크

슬롯에서 오래된 지푸라기를 집어내야 했던 기억이 난다.

나는 만나는 사람마다 문더스트를 보여 주었다. 제록스 팰로앨토 연구소Xerox PARC의 앨런 케이 연구진, 나중에 맥을 개발한 애플 사람들, 스탠퍼드 연구소Stanford Research Institute의 더그 엥겔바트 연구진, 모의 비행 장비를 연구하는 나사 사람들에게 보여 주었다.

한번은 스탠퍼드 근처의 골목에 있는 어두컴컴한 딤섬 식당에서 거대한 옛날식 CRT 모니터를 올려 놓은 적도 있다. 물론 사람들에게 문더스트를 보여 주기 위해서였다(식당 이름은 떠오르지 않지만, 궁금한 사람이 있을까 봐 말해 두자면 새우 만두소에 아몬드 기름을 넣는 곳이었으며 장안의 화제였다).

그날 함께 식사한 사람들은 나중에 픽사와 선 같은 회사를 차리게 된다. 문더스트는 이 사람들 사이에서 히트를 쳤으며 그들은 성가시게 질문을 던지기 시작했다.

「그거 어떻게 하는 거지? 픽셀이 화면 전체에서 한꺼번에 바뀌는 거.」

「그건 압축된 룩업 테이블을 이용하여 이 이동 마스크를 통해서⋯⋯.」

「잠깐! 그건 말해 주지 마!」

「해커 윤리는 코드를 공유하는 것이라고 생각했는데.」

「그렇긴 하지. 거대하고 사악한 구식 권력을 끌어내리는 데 이바지한다면 말이야. 하지만 이건 너의 개인 작업이야.」

「어떻게 해야 할지 모르겠군.」

「어쨌든 이제 넌 우리 중 하나야.」〈우리 중 하나〉를 말할 때의 억양은 영화「프릭스」에서처럼 단호하고 위압적이었다.♦

♦「프릭스」는 실제 기형아들이 출연하는 영화이다 ─ 옮긴이주.

코드 문화

우리의 세상은 아직 우리를 위한 것이 아니었다. 우리는 여전히
지독하게 괴상했다.

밸리에는 엘리트 집단이 있었지만, 대부분은 별로 부자가 아니었으며
상당 지역은 남루하고 우중충했다. 밸리를 비롯한 미국 전역에
1970년대부터의 끈적끈적한 더께가 남아 있었다. 반짝이 조명이 사라진
채 녹슨 간판은 멘로파크 북쪽에서 하는 라이브 섹스 쇼를 선전했으며
행인들이 길모퉁이를 메운 채 옴짝달싹 못했다.

그래도 이곳이 우리의 집결지였다. 우리는 가까이 붙어 있어야 했다.
인터넷은 없었어도 네트워크 효과는 누려야 했기 때문이다.

중심가 엘 카미노 레알에 있는 허름한 싸구려 술집에서 당구를
치면서 〈팰로앨토의 해커는 다른 공을 멀리 보낸 뒤에 제자리에서
회전하는 큐볼 같군〉이라고 생각한 기억이 난다. 우리가 새로운
보금자리에서 가만히 회전하는 동안 우리의 운동량은 바깥으로
전달되어 온 세상을 새로 포맷했다.

밤새도록 코딩하고, 이튿날도 온종일 코딩하고, 나의 뇌가 거대한
추상적 구조를 흡수하여 완벽하게 다듬을 때까지 코딩했다. 오늘날
코더들과는 다른 경험이었다. 당시에는 쓸 만한 성능을 내려면 칩을
직접 만져야 했기 때문이다. 그 말은 다른 프로그래머가 만든 언어나 툴,
라이브러리를 쓸 수 없다는 뜻이었다.

중요한 것은 모두 자신의 머릿속에서 만들어 낸 참신한
결과물이었다. 우리는 추상의 탐험가였으며 우리 앞에는
황무지뿐이었다. 컴퓨터 화면에 원이 표시되도록 하려면 현실적인
빠르기로 원을 그리도록 코딩할 방법을 찾아야 했다. 오리지널

매킨토시의 그래픽 요소를 코딩한 빌 앳킨슨과 함께 스탠퍼드의 전설적 알고리즘 구루 돈 크누트를 찾아가 원을 그리는 새로운 방법을 구경한 기억이 난다. 마치 코드의 교황을 방문하는 것 같았다.

무엇이든 충분히 멀리 밀면 변형된다. 이 원칙은 컴퓨터에도 적용된다. 코딩 경험의 핵심에서는 — 여러분의 실력이 최고 수준이라면 — 세상의 신비한 의미를 다시 맞닥뜨리는데, 그것은 코드와 닮지 않았다.

코드가 정확하면 경이로운 감각이 몸으로 느껴진다(적어도 예전에는 그랬다). 믿을 수 없는, 거의 메시아적인 감각이다. 우리는 조금 당혹스러워하며 이 경험을 나눴다. 신비주의는 합리성의 요새 밑에 파묻어 숨긴 채.

그런 느낌을 받을 때마다 해당 코드는 버그가 하나도 없는 것으로 판명되었다. 신기하고 거의 신성하기까지 한 순간이었으며, 매우 드물게만 느낄 수 있었다.

이러한 프로그래밍의 절정을 경험하는 일은 점차 힘들어졌는데, 더는 한 사람이 프로그램을 작성하지 않기 때문이다. 조금이라도 중요한 새 프로그램은 대체로 팀이 만들며, 이 프로그램은 실행될 때 무수한 기존 소프트웨어 구조 위로 이끼처럼 퍼져 나간다. 심지어 특정한 하나의 컴퓨터에서 실행되는 것이 아니라 전 세계의 서로 연결된 이름 모를 컴퓨터들 사이를 은밀히 누비고 다니기도 한다. 지금은 하나의 소프트웨어를 속속들이 알 도리가 없다. 새로 발견한 자연 현상처럼 오로지 테스트만 할 수 있을 뿐이다. 우리를 직관의 옛 세계와 이어 주는 또 하나의 고리가 끊어졌다.

어쨌든 며칠간 집중하고 나면 곤하게 잠이 든다(옷을 입은 채로 잘 때도 많다). 그런 다음 밖으로 나가 사람들을 만나는데, 그들도 다들 같은 신세였다. 우리는 서로에게 코드처럼 보였다. 우리는 세상이 마치 자기가 발명하는 불완전한 퍼즐인 양 이야기했다.

밸리의 초창기 친구들 이름이 모두 기억났으면 좋겠다. 하지만 적어도 그들과 나눈 대화는 생각난다. 「나는 모든 초밥집에 대한 데이터를 가지고 있어. 최적의 초밥집을 고를 수 있도록.」 「나도.」 「데이터에 타임스탬프 붙였어? 베이스 방법을 이용하면 상관관계를 도출할 수 있지.」

이렇게 세상을 맞닥뜨리는 방법은 여전히 종이 위에서 이루어졌다! 우리는 수첩과 연필을 가지고 다녔다. 해커들은 수첩을 작은 가짜 금속 케이스에 넣기도 했는데, 훗날 휴대용 디지털 장치를 가지고 다니는 것과 비슷했다. 근사한 허리띠 거치대, 손목 거치대, 조끼 거치대가 아주 많았다. 계산이 끝나면 초밥을 먹고 나서 돌아가 코딩을 계속했다.

하루 종일 코딩을 하고 나면 코드로 꿈을 꾸고 세상이 코드로 보인다. 스콧 로젠버그가 쓴 책은 어떤 면에서 코드로 꿈을 꾼 나의 경험담인데, 제목은 당연히 『드리밍 인 코드 *Dreaming in Code*』였다. 잠에서 깨면 자면서 코딩했음을 깨닫는다. 꿈에서 일어나는 사건들을 코딩한 것이다. 심장 박동을 위한 루프.

9   이방인과의 조우

필수적 버그

다른 해커들과 공통점을 발견하는 일은 신났지만, 나는 진정으로
무리에 속하지는 못했다. 그들은 대부분 현실의 기본적 사실에 대해,
또한 인간으로 살아간다는 것에 대해 나와 다른 신념을 가지고 있었다.
하루하루 지날수록 나는 점점 더 이방인이 되었다.

새로운 철학이 떠오르고 있었는데, 내게는 별로였다. 내게 세상은
코드가 〈아니〉었다. 적어도 프로그래밍하는 법을 알 수 있는 코드라는
의미에서는 아니었다. 사람들은 좀 더 많은 코드가 〈아니〉었으며 삶의
목적은 현실을 최적화하는 것이 〈아니〉었다.

수면 부족과 야심으로 인해 내 삶은 극단으로 치달았다. 나는 극단적
감정에 쉽사리 빠져들었다. 새로운 정상적 사고방식은 내게 귀찮기만
한 것이 아니었다. 비명을 지르고 싶은 심정이었다.

나는 누구와도 입씨름을 할 준비가 되어 있었다. 「진짜 세상은 신비의
바다야. 우리는 과학과 예술을 조명 삼아 우리의 작은 섬에 모여 있지.
우리는 바다에 끝이 있는지 몰라. 우리가 보는 것이 얼마큼인지 몰라.
우리의 위치가 어디인지도 알지 못하지.」

「마린 출신처럼 말하는군.」

「모욕적인 발언 같은데?」

「맞아.」

「틀렸어. 나는 마린 출신 같지 않아. 이 사람들은 증거도 없이 믿어. 점성술처럼 말이야.」

「음, 아무도 말해 주지 않았는지도 모르겠지만, 여기서는 점성술을 조롱했다가는 결코 섹스를 할 수 없어.」

「내가 아는 여자들 중에 점성술을 믿지 않는 사람들도 있다구!」

「하지만 그 여자들과 섹스해?」

「한 사람과는.」

「그럴 리가!」

「이봐, 내 말은 그것과 정반대야. 믿음은 제 발로 서야 해.」

「그렇게 따지면 점성술은 내가 보기에 제 발로 서 있는걸. (콧방귀.)◆ 의식이 점성술과 다를 게 뭐가 있지? 믿고 싶으니까 믿는 것에

◆ 이 시기의 해커 문화는 어느 정도 히피 문화의 부분 집합이었으며 히피들은 종종 자신들이 권리를 누릴 자격이 있다고 생각했다.
이를테면 섹스가 소프트웨어나 공기처럼 〈공짜〉여야 한다고 생각한 해커들이 있었다. 우리 모두가 들르던 샌프란시스코 기술 공동체의 구호를 생각해 보라. 〈모든 인간은 충분한 공기, 물, 섹스, 음식, 교육을 가질 권리가 있다.〉 이 구호는 당시에는 온건한 의미였다(금욕적인 것에 가까웠다). 〈충분〉하되 과하지는 않아서 모두에게 돌아갈 수 있어야 한다는 취지였기 때문이다. 공동체적이고 지속 가능한 섹스의 자격. 이것은 곧 섹스의 의무를 뜻했다.
내가 왜 이걸로 논쟁까지 했을까? 「여자나 남자가 딴 사람의 관점에서 〈충분한〉 섹스를 하고 싶어 하지 않는다면 어떻게 되지?」
「넌 있지도 않은 문제를 걱정하고 있어. 다 균형이 맞게 되어 있다구.」
「하지만 안 그러면 어떡하지?」
결국 자유 지상주의자, 사회주의자, AI 이상주의자 등 캘리포니아의 모든 유토피아주의자들과 이 논쟁을 벌이고 말았다. 그들은 모두 〈완벽한〉 체제에 들어맞지 않는 사람이 있을 수도 있다는 가능성을 간과한다(섹스든 그 무엇이든).

불과하잖아.」

「나는 의식을 경험해. 넌 어때?」

「내가 아니라고 말하면?」

「그렇다면 어딘가에서 슈퍼너드 철학 교수를 할 자격이 있어. 프로그래밍 말고 그쪽으로 나가.」

「적어도 넌 나를 다시는 〈섣부른 신비 파괴자〉라고 부르지 않았지. 너의 의식 경험이라는 것이 환각이 아니라는 걸 어떻게 알지?」

「의식이야말로 환각이면서도 실재인 유일한 것이라구. 환각의 토대가 의식이니까!」

「하지만 그렇다면 의식은 과학의 일부가 아냐. 있으나 마나 한 고립된 외톨이인 거지. 뭐하러 거기 시간을 낭비해?」

「신비가 있다는 걸 인정하면 겸손해지고 솔직해지니까. 그러지 않았다면 우리는 과학적 방법을 가질 수 없었어. 오로지 코드를 만들고 그 코드 위에 더 많은 코드를 쌓을 뿐이었겠지. 과학은 신비를 진실하게 대면하는 거야. 예술도 마찬가지이고. 어디에나 매 초마다 신비가 있어. 현실은 측정할 수 없고 묘사할 수 없고 완벽하게 재현할 수 없는 바로 그것이지. 의식은 이 사실을 깨닫는 훌륭한 방법이고. 의식이 존재한다는 것을 인정하면 과학은 더 탄탄해져.」

내가 짜증 나는 존재였다는 걸 이제는 알겠다. 초밥을 후딱 해치우고 유일하게 중요한 것인 코드로 돌아가야 할 시점에 교수처럼 지껄여 댔으니 말이다.

엄마 대여

해커들은 대체로 딱딱한 젊은 남자였지만 감미로운 면도 있었으며 종종
여자를 사귀려고 애썼다. 감미로움은 광신과 만나 복잡한 양상을 띠었다.
우리는 삶을 이해하는 새로운 방식 — 이것은 기술 문화에서 생겨난
듯하다 — 에 푹 빠져 있었으며 이 때문에 쉽사리 여자를 사귀지 못했다.

「그녀는 온갖 집안일을 함께하고 싶어하지만, 집안일은 바보짓이야.
옷을 다리든 말든 누가 상관한다고. 몇 년만 지나면 로봇이 옷을 다릴
거야. 아니면 DNA를 프로그래밍해서, 빳빳한 새 옷을 매일 뽑아내는
세균을 만들지도 모르고. 몇 년만 기다리면 문제가 사라질 텐데 왜
고생을 사서 하지?」

이곳에 처음 왔을 때 뻔질나게 듣던 비유 중에 누군가〈엄마
대여Rent-a-Mom〉라는 회사를 차렸다는 얘기가 있었다. 이 회사를
어떻게 찾지? 전화번호부에도 없었고, 아직 인터넷도 없던 시절이었다.♦

털북숭이 해커 청년 몇 명이 우리의 사랑하는 좁다란 후난
레스토랑에서 테이블에 둘러앉아 이 얘기를 하던 기억이 난다. 이곳은
수학자들의 소굴이었다. 전설의 방랑 수학자 에르되시 팔이 창문의
네온사인에서 스며드는 괴상하고 칙칙한 빛 아래 집중하고 있는 광경을
볼 수 있었다. 어떤 해커들은 뻐기려고 중국어로 주문을 하기도 했는데,
종업원은 늘 심드렁했다. 그래도 상관없었다.

「거기 이용하는 남자를 알아. 섹스 뭐시기는 절대 아냐. 중년의
여자들이 번갈아 찾아와서 빨래와 장보기를 하고 옷을 골라 주고

♦ 2016년에〈엄마 대여〉를 검색했더니 돌보미, 가정 육아, 입주 돌봄 서비스 등이 주르루
떴다. 내가 알기로 이 중에서 1980년대의 저 전설적 유령과 연관된 것은 하나도 없다. 텍스트
기반 검색의 이 시대에는 모든 것의 모든 이름이 누군가에게 무언가로 이용된다.

푸념을 들어 주고 밤 늦게 음식을 가져다주고 그런 온갖 일을 해주는 거지. 해킹을 하도 오래 해서 운전을 할 수 없으면 자기 차에 태워 주기도 해. 생산성이 열 배는 높아졌다고 하더군.」

작은 체구에 머리통보다 커 보이는 안경을 쓴 해커가 말했다. 「그건 그렇다 치고 이 친구를 어떻게 찾지? 어떻게, 대체 어떻게 찾느냔 말이야.」

〈엄마 대여〉는 진짜 같았다. 다들 그 얘기를 했으니 말이다. 하지만 증거는 없었다. 그럴듯한 연결 고리는 하나도 나타나지 않았다. 수수께끼는 강박으로 발전했다.

나는 분통을 터뜨렸다. 이 사람들은 진짜 엄마를 잃어 본 적이 없었다. 엄마 대여라는 발상 자체가 내 삶에서 가장 중심이 되는 의미를 모욕했다. 나의 소중한 어둠을. 그래서 〈엄마 대여〉가 화제로 떠오를 때마다 심술을 부렸다.

「빌어먹을 빨래는 직접 해. 아니면 하지 말든가. 네 옷이 세탁되든 안 되든 아무도 신경 안 써. 그래 봐야 네 코드는 조금도 좋아지지 않아.」 내가 생각하기에도 심했다.

상대방은 이렇게 반격했다. 「이해를 못 하는군. 〈엄마 대여〉는 네가 코딩을 할 수 있게 현실의 온갖 허드렛일을 해주는 거야. 집안일에서 해방된다고 상상해 봐.」

「하지만 〈엄마 대여〉에 집착하는 건 인생을 낭비하는 거야. 그게 어떻게 뭔가를 최적화하지?」

「바로 그거야! 언젠가 컴퓨터가 연결되면 우리는 무선으로 연결된 소형 컴퓨터를 가지고 다니면서 마이크에 대고 이렇게 말하기만 하면 돼. 〈엄마 대여할게요!〉 그러면 끝!」

그 기술은 아직 존재하지 않았지만 전망과 논쟁은 이미 형성되어 있었다.

또 누군가는 이렇게 말했다. 「근데 말야, 진짜 엄마를 뭐하러 고용하지? 인공 지능, 그러니까 로봇한테 엄마 노릇을 시키는 건 말이 안 돼?」

「그건 그렇지만, 넌 이해를 못 하고 있어. 인간 대여 엄마는 지금 여기 있지만, AI와 로봇은 써먹으려면 시간이 걸릴 거라구.」

「아니, AI는 최대 3년 안에 등장할 거야.」 이 대화의 시점이 1980년대 초임을 명심하시라.

「그래, 좋아. 하지만 햇수는 문제가 아냐. 우리는 돈을 벌고 싶은 진짜 엄마를 이용할 테지만, 필요한 기간 동안만 쓰면 돼. 기간이 얼마인지는 상관없어. 3년만 써도 된다면 잘된 일이지.」

「하지만 AI가 금방 개발될 건데 뭐하러?」

「걱정 마. 만일을 대비한 계획일 뿐이니까.」

「그래도 신경이 쓰여. 내 말은, AI가 사실상 우리 곁에 있다는 거야.」

「그럼 진짜 엄마한테 돈을 많이 안 줘도 돼.」

「그거야 좋지!」

대다수 사람들이 현재 경험하는 형태의 인터넷은 이 순간, 이 대화의 순간에 탄생했다.

「컴퓨터들이 연결되었을 때 〈엄마 대여〉 서비스를 운영하는 사람이 세상을 지배할 거라구!」

「그럼 우리가 운영하면 되겠네.」

「하지만 그렇게 못하면?」

「할 수 있어.」

고독의 젊은 구루

끔찍한 생각: 나는 길 위에서가 아니라 장소에서 살고 있었다. 안정적인 연애를 할 수도 있었다. 진짜 연애를. 어른의 삶을 시작할 수도 있었다. 우웩.

정착은 내가 길 위에서 외면한 자기 발견의 힘든 과정으로 나를 몰아넣었다. 그 과정은 여러 해가 걸렸다.

실리콘 밸리의 모든 이성애자 남자들은 여자가 하나도 없다고 투덜거렸다.* 그런데 한 시간만 북쪽으로 올라가 샌프란시스코에 가면 이 불균형이 행복하게 역전되었다.

그곳에서는 모든 이성애자 여자들이 괜찮은 남자는 모조리 게이라고 투덜거린다고 했다. 따라서 마치 고대 그리스 희극에서처럼 우리 실리콘 밸리 남자들은 여자를 찾으려고 뻔질나게 샌프란시스코로 갔다.

총명한 젊은 여자들 중 상당수는 이런저런 정신 요법을 공부했다. 당시에는 그것이 사람을 연구하는 최선의 방법이었다. 우리는 기계를 연구하고 여자들은 사람을 연구했으며 우리는 모두 클리셰에서 벗어날 수 없었다(오늘날에도 이 클리셰는 업데이트된 형태로 계속되고 있는데, 기술을 좋아하는 총명한 여자들이 신경 과학을 공부한다는

♦ 우리는 모두 여성 해커가 더 있었으면 하고 바랐다. 프로그래밍 행위는 주로 여성의 발명이었으나, 제2차 세계 대전이 끝난 뒤로 이 직업은 점점 더 남성 위주로 바뀌었다. 최초의 비디오 게임 회사 아타리를 위해 〈지네Centipede〉라는 아케이드 게임 히트작을 개발한 여성이 있으며, 그 밖에도 여러 명이 실리콘 밸리 곳곳에 흩어져 있었다.

당시에는 전반적 문화가 여성에게 배타적이었기에 실리콘 밸리가 진정한 색깔을 드러낼 기회가 없었다. 우리는 수학이나 전산학 출신의 여성이 더 진입하길 간절히 바랐으나 허사였다.

이 일을 생각하면 나는 공정함과 오만함이 섞인 감정이 든다. 우리는 해커가 된다는 것이 무엇보다 영광스럽고 중요한 일이라고 생각했기 때문이다.

클리셰 말이다). 여성 정신 요법사와 여성 정신 요법사 지망생은
얼마든지 있었다. 친구들과 나는 말을 섞어 보려 했지만, 1980년대 정신
요법의 언어는 우리에게 요령부득일 때가 많았다.

우리는 그 문제를 논의했다. 명심하라. 당시에는 연결된 장치나 소셜
미디어가 전혀 없었다. 심지어 거대 과학 연구소를 제외하면 — 우리는
이곳들을 타도해야 하는 구세계의 일원으로 여겨 거부했다 —
이메일도 없었다. 우리가 할 수 있는 일이라고는 만나서 대화하는
것뿐이었다.

해커에게서 들을 수 있는 흔한 불평은 이런 식이다. 「그녀는 내가
감정을 표현하길 바라는데, 내 감정은 내 감정이 아니래. 좌절은 감정이
아니고 분노와 슬픔은 감정이라는 거야. 뭘 원하는 건지 도무지
모르겠어.」

나도 때때로 이런 불만을 털어놓은 것으로 알려져 있었지만, 대개는
더 구체적인 연애 장애를 겪었다.

나는 연상과 연애하는 경향이 있었다. 20대 초반에 30대 후반과
사귀었다. 초창기에 샌프란시스코의 히피 채식주의 카페에서 여자
친구를 만난 기억이 난다.

내가 허공을 바라보는데 그녀가 다가왔다.

「정신 차려, 재런!」

「어.」

「너 날 몰라봤어! 이번에도 말야!」

「미안해.」

「이건 전부 네 엄마 때문이라는 거 알지?」

「오, 제발. 그 얘기만은.」

「넌 엄마를 완전히 잊었어. 사진도 안 봐. 아빠에게 엄마 이야기도 안 하잖아. 그 생각을 하면 울고 싶어져.」

「중요한 건 기억한다구. 제발 날 판단하지 말아 줘. 우리는 모두 나름대로 버티는 방법을 찾고 있어. 내가 어떤 일을 헤쳐 왔는지 당신은 몰라. 정신 요법 책에는 안 나온 얘기들일 거야. 딴 얘기 하면 될까? 이것만 아니면 아무거나.」

「네 감정을 직시해야 해. 네가 자신을 얼마나 괴롭히는지 알아? 넌 망각을 방어 기제로 삼았어. 심지어 넌 사람들을 알아보지도 못해. 내 말은, 삶 속에 있지 않고서 어떻게 삶을 살아갈 수 있겠느냐는 거야. 날 보지도 않는 사람과 어떻게 사귈 수 있겠어?」

「그건 과장이야. 난 당신을 보고 있어. 당신은 예쁘고 똑똑해. 내가 정신이 산만한 것일 뿐이야. 내 내면의 공간에서 이 세상으로 나올 수 있도록 시간을 줘. 몇 초만 있으면 된다구! 나쁠 거 있어? 아무것도 아니잖아. 당신은 나를 재단하는 유일한 사람이야. 느긋하게 생각해. 내게도 다른 면이 있을지 모르잖아. 당신이 모든 것을 보지 못할 수도 있고.」

「넌 너무 고리타분해! 실리콘 밸리 남자들은 전부 그래.」

「바로 그거야. 모르겠어? 이제 당신은 나를 투명 인간으로 만드는 유일한 사람이야. 당신 머릿속에 있는 고정 관념으로만 나를 보잖아.」

「이런 실랑이를 벌이기엔 인생이 너무 짧아.」

그녀는 떠났다. 하지만 이 패턴은 계속되었다.

결별 후에는 언제나 온 우주가 무너지는 심정이었다.

사귈 만한 여자는 모두 정신 요법사였기에 나는 정신 요법의 언어를 습득했다.

나는 자신의 독특한 사례를 자세하게 설명할 수 있었다. 귀를 기울이는 모든 사람에게 내가 엄마를 찾고 있으며 나의 돈키호테식 집착 때문에 모든 관계가 절망적으로 왜곡되었음을 해명할 수 있었다. 내가 말하지 않은 것은 ─ 그때는 아직 몰랐기 때문에 ─ 어머니의 존재만으로 감사할 이유가 충분하다는, 그 빛나는 핵심을 찾기에는 내가 슬픔을 충분히 겪지 않았다는 것이었다.

깨달음

그래, 사실이다. 나는 여자 친구를 알아보지 못했다.

이참에 (이 즈음에서야 알아차리기 시작한) 나의 인지적 기벽에 대해 살짝 고백하는 게 좋겠다. 내가 기억하는 결함들을 털어놓으면 여러분은 내가 기억하는 강점들에 대해서도 확신할 수 있을 테니까. 부디 그랬으면.

지금쯤 독자 여러분은 이 책이 마술적 사실주의 작품이라고 생각할지도 모르겠다. 심지어 사건의 일부가 멕시코에서 벌어지기도 하니까. 여기서 벌어지는 일과 같을 수도 있겠지만, 의도한 것은 아니다.

애석하게도 내가 쓰고 있는 글은 사실주의에 최대한 근접해 있다. 나의 인지 능력은 정확한 역사를 꼼꼼하게 재구성하는 일에는 기이하게도 젬병이다. 한 가지 이유는 내가 중증의 안면 인식 장애를 겪고 있다는 것이다. 나는 대체로 사람을 한눈에 알아보지 못한다.♦

♦ 아무도 확실히 알지는 못하지만, 마흔 명 중 한 명 꼴로 이 장애를 겪으며 상당수는 나처럼 오랜 시간이 지난 뒤에야 장애를 알아차린다. 평생 모르고 사는 사람도 있다.

안면 인식 장애는 다른 식으로 상쇄할 수 있다. 어디서 만났는지, 누구랑 만났는지,

친구 중에는 이름난 배우들이 있는데, 은막에서 봐도 누군지 모른다. 그래서 나는 (연기가 좋으냐 형편없느냐에 따라) 배우의 지인으로서 형편없을 수도 있고 좋을 수도 있다. 안면 인식 장애가 있는 사람만이 유명인의 최면에 빠지지 않고 있는 그대로 영화를 볼 수 있다.

이 이야기에서 인물을 〈과부〉나 〈아빠〉처럼 모호하게 지칭하는 것은 이런 까닭이다. 나의 기억이 진짜로 불완전하다는 것을 보여 주고 싶었다. 사건이 일어났지만 배우의 크레딧은 표시되지 않는다(생존 인물의 실명을 의도적으로 숨긴 경우도 물론 있다).

인지 능력의 한계를 솔직히 인정하는 것은 (적어도) 지혜의 시작이지만, 단지 시작에 불과하다. 나는 내게 안면 인식 장애가 있다는 사실을 30대가 되어서야 알았다. 사태를 파악하자 몇 가지 문제에 이름을 붙일 수 있었지만, 그런다고 문제가 사라지지는 않았다.

나는 안면 인식 장애를 받아들일 뿐 아니라 여기에 가치를 부여하기에 이르렀다. 나는 인지적 다양성의 신봉자이다. 남다른 정신의 소유자는 남들이 보지 못하는 중요한 것을 발견한다. 나는 사람들을 한눈에 알아보지 못했기 때문에, 그들을 조금이나마 알아볼 수 있으려면 그들이 무슨 일을 했고 세상에 어떻게 적응하는지에 더 예민해져야 했다.

나는 지능이 높은 사람으로 알려져 있지만, 지능이 하나의 수치로 규정할 수 있는 현상인지는 잘 모르겠다. 내가 잘 알게 된 모든 인간 정신은 알고 보니 처음에 상상했던 것보다 더 경이로웠다. 우리는 각자 다른 방식으로 세상에 적응한 것일 뿐이다(몇 해 뒤에 얼굴을 식별하는 디지털 장치를 공동으로 발명했지만, 결국 안 쓰기로 했다. 〈정상〉이

몸짓이나 대화의 특징, 옷차림과 액세서리(문신의 유행이 도움이 되었다) 등으로 개인을 식별할 수 있다.

되려고 하는 건 결코 이길 수 없는 게임이다).

고백할 것이 또 있다. 나는 의미 기억의 별난 성질 때문에도 애를 먹고 있다. 30대 중반이 될 때까지 달(月)의 이름을 암기하지 못했다. 하지만 노력을 통해 점차 정상적으로 바뀌어 지금은 암기할 수 있다.

달을 기억하는 게 힘들다면, 파티에서 만난 사람을 기억하는 것은 얼마나 힘들지 상상해 보라. 학회나 음악회, 그 밖의 모임에서 경이롭고 의미 있는 시간을 보냈다고 토로하는 사람을 불시에 만날까 봐 아직까지도 걱정스럽다.

우드스톡풍의 가상 현실 이벤트를 기억하지 못하면 어떡하지? 1980년대에 내가 환각적인 VR 데모를 보여 주자 다들 전율에 빠져 지금까지도 빛의 흔적을 간직하고 있는데. 아니면 의과 대학에서 모의 수술에 대해 강연한 것을 기억하지 못하면 어떡하나? 학회에서 젊은 전산학과 대학원생들에게 강연한 것은 또 어떻고.

안면 인식 장애와 마찬가지로, 내 맞은편에 있는 멋진 사람의 다감하고 과하지 않은 기대를 충족하지 못하는 것은 끔찍하기 짝이 없다. 나는 무심코 사람들을 모욕한 적이 있으며, 모욕의 대상이 그들이 아니라 나였다는 항변은 괴상하고 불쾌하게 들렸을 것이다. 내가 거짓말을 잘하면 좋겠다고 생각할 때가 많다.

한 가지 문제는 비슷한 이벤트가 너무 많이 열렸다는 것이다. 우리 세계는 (자칭) 엘리트들의 학회, 산업 박람회, 파티, 기념식으로 넘쳐 난다.

나쁜 기억력을 상쇄하는 나의 장점은 기억하지 못하는 때와 기억하는 때를 구분할 줄 안다는 것이다. 기억이 (부분적이나마) 진짜처럼 느껴졌을 때, 나중에 확인해 보면 그 기억은 언제나 진짜로 판명된다. 이 느낌은 코드에 버그가 하나도 없다는 직감과 닮았다. 몸속 깊은 곳에서 진실 자체의 감각이 느껴진다고나 할까.

내가 이벤트, 얼굴, 사건을 기억하는 데 서툴다면, 내 삶은 어떻게 아는 것일까?

나는 경험을 사상 ─ 즉, 내가 살아 낸 이야기가 어떻게 해서 더 심오한 질문에 빛을 비췄는가 ─ 의 관점에서 기억한다. 나의 경험은 알레고리가 된다.

내게 중요한 대화는 수십년 전 것도 자세하게 기억한다. 괴짜 상속인, 멕시코 장군 ─ 다들 다채로우면서도, 나의 개인 우주를 이루는 알레고리에 등장하는 등장인물이다. 리처드 파인먼이 내게 손가락으로 사면체 만드는 법을 가르쳐 준 것, 스티브 잡스가 하드웨어 엔지니어에게 면박을 줌으로써 (우리가 권력이라고 부르는) 신비한 속성을 축적하는 ─ 나는 그 광경을 보고 잔뜩 움츠러들었다 ─ 장면, 마빈 민스키가 유전체학을 예로 들면서 언제 기술이 값싸고 성숙해질지 예측하는 법을 보여 준 것이 기억난다.

(지금쯤 분명해졌기를 바라지만) 기분과 미감 같은 내밀한 주관적 성질도 기억난다.

이것들은 내가 세상을 경험하는 두 축이다. 하나는 내 앞에 있는 것의 압도적이고 형언할 수 없는 풍미이고 다른 하나는 사상, 즉 생각의 트러스ᵉ이다.

나는 삶을 만화경적으로 기억한다. 입체파라고 불러도 좋으리라. 그러니 금이 갔으되 튼튼한 캔버스로 돌아가자.

♦ 직선으로 된 여러 개의 뼈대 재료를 삼각형이나 오각형으로 얽어 짜서 지붕이나 교량 따위의 도리로 쓰는 구조물 ─ 옮긴이주.

나 자신에도 불구하고

자신에게 너무 엄격한 것인지도 모르겠지만, 기억컨대 나는 이따금 ─
또한 어리석게도 ─ 데이트를 미래의 〈구루 설법〉에 담을 자료를
시험할 기회로 착각했다. 나는 장황하고 편협했으며 상대방의 눈을
뚫어져라 쳐다보고 손을 (마치 추상적인 것의 조종을 받는 듯)
휘둘렀다.

「누구나 칼즈배드 동굴처럼 드넓은 내부가 있어. 언어로는 표현할 수
없는 향기, 신기한 빛, 상상의 사물이 틀림없이 있다구. 어떤 면에서
사람들은 대부분 내면에 천재가 있을 거야.」

「그래, 재런. 놀라워. 하지만 진정해. 나도 잠깐 말해도 될까?」

그 〈잠깐〉을 할애하는 법을 배우는 데 몇 년이 걸렸다. 부끄럽지만,
젊음에는 시간이 걸리는 법이다. 더 부끄러운 것은 내 장광설의 주제가
사람들의 소통 가능성이었다는 것이다.

「거의 끝났어. 좀만 기다리면 말하게 해줄게. 이번엔 진짜야. 실재와
접촉하는 가장 근본적인 수단은 수학이야. 가장 보편적인 시금석이지.」

사람들이 결국 기술을 통해 서로에게서 덜 소외되리라는 느낌이 내
안에서 치밀어 올랐다(거대 서버 기업을 위해 사람들을 조직하고
최적화하는 감시 알고리즘으로 가득한 오늘날의 상업적 소셜 미디어를
상상한 것은 결코 아니다).

그녀 차례가 되었다. 「화학으로 바꾸기 전에는 수학을 웬만큼 한 것
같지만, 심오한 의미가 있었는지는 모르겠어. 딴 얘기 하면 안 돼?
잠깐이라도?」

「수학이 괴상하고 범접할 수 없는 학문이라고 생각하는 사람이
많지만, 그런 생각은 심오한 진실을 담고 있지 않은 것 같아. 우주는

우리가 지구상에서 보는 것보다 더 많은 차이를 만들어 낼 수 있을지도 몰라. 외계인은 얼마나 기이하게 생겼을까? 어딘가에는 시공간의 작은 매듭 자체로 이루어진, 그래서 액체나 고체 같은 평범한 물질을 결코 모르는 존재가 있을지도 몰라. 그들은 평범한 별이 존재한다는 사실을 모를 수도 있어. 하지만 아무리 기이한 외계인이라도 수학은 알 거야.」

「재런! 네 바로 앞에 외계인이 있어. 이 외계인은 너와 연결되기를 원해. 하지만 이번만은 수학이 아니라 다른 식으로 연결되고 싶어 한다고.」

「그래, 와우. 여기 귀여운 외계인이 있었군. 하지만, 하지만 이 생각 하나만 끝내면 안 될까? 안 그러면 머릿속에서 떠나질 않아.」

「할 수 없지. 계속해.」 그녀는 체념한 채 허리를 세우지만, 여전히 귀를 쫑긋 기울인다.

「외계인이 아는 수학은 우리가 아는 수학과 같을까? 이건 놀랍고 까다로운 문제야. 외계인은 우리의 수학과 겹치지 않는 다른 수학을 알지도 몰라. 하지만 그들이 우리 수학을 알게 되면 우리의 이론에 동의할 수밖에 없을걸. 양쪽이 노력하면 공통점을 찾을 수 있을 거야. 수학이 마법 같은 건 그런 까닭이라고.」

「그래, 맞는 얘기 같아. 하지만 왜 수학이 입맞춤일 수는 없어?」

「아주 좋은 질문이야.」 긍정적 반응을 보이지만 입맞춤하지는 않는다. 「잠깐, 조금만 시간을 줘. ⋯⋯언젠가 너의 몸 전체를, 온 세상을 무언가로 탈바꿈시킬 기술이 개발될 거야. 나는 그걸 〈가상 현실〉이라고 불러. 그러면 너는 위상적 형태가 되어 뒤얽히고, 그리고 ⋯⋯.」

입맞춤.

고독과 맞서는 수학?

여자 친구에게 설명하려고 애쓰면서도 나의 내면은 독특한 유토피아적 집착으로 불타고 있었다.

새로운 가상 세계를 즉흥적으로 만들어 내어 다른 방법으로는 불가능한 마음속 내용을 표현하는 수단이 세상에 필요할 것 같았다. 올바른 가상 세계를 불러낼 수 있으면 영혼과 수학과 사랑의 문을 열 수 있을 것만 같았다.

당시에 이 발상이 결과적으로 미친 생각이었는지는 제발 논외로 해주시라. 1980년대 초에 이런 가상 세계를 실제로 구현하겠다는 생각은 분명히 미쳤다. 하지만 나는 노력했다.

첫째, 〈비주얼 프로그래밍〉에 관심이 있는 소수의 무리와 교류했다. 비주얼 프로그래밍은 문자열 대신 이미지로 컴퓨터를 제어하는 방법이다.

여전히 컴퓨터는 작동 과정을 체감할 수 있을 만큼 느렸다. 컴퓨터의 속도는 인간의 직관으로 간신히나마 파악할 수 있었다. 프로그래밍은 놀랍도록 구체적이었다. 상상 속에서 컴퓨터의 내부를 시각화할 수 있었기에 컴퓨터 그래픽에서 시각화할 수 있으리라 상상하는 것도 식은 죽 먹기였다.

프로그래밍은 에덴동산이었다. 오늘날의 프로그래밍은 북적거리는 관료제이다. 코드는 자신이 하고 싶은 것을 클라우드에 이미 존재하는 구조들의 무한한 계층과 접목하는 일에 불과하다(우리는 전산학 삼면화의 가운데 면에 있는 걸까?).

프로그래밍을 더 시각적이고 직관적으로 바꿀 수 있다는 가능성에 집착한 것은 나만이 아니었다. 『괴델, 에셔, 바흐』에서 스콧 킴에 대해

읽은 적이 있었고, 근사한 비디오 게임에서 워런 로비넷이라는 이름을
접했다.' 우리는 만나서 어떻게 하면 사람들이 디지털 세상을 발명하여
서로 연결될 수 있을지 밤늦도록 구상했다.

나의 괴상한 소규모 프로젝트 중 하나는 시각과 아무 연관성이 없고
오로지 노래로만 작동하는 순수 청각적 범용 프로그래밍 언어였다.

1982년경에 뜻밖의 사건이 일어났다. 비디오 게임 수익이 지급된
것이다! 이 여유 자금을 부동산이나 주식에 투자하는 것은 변태적이고
기이한 선택이었을 것이다. 상상할 수 있는 유일한 쓰임새는 필생의
소원인 꿈 기계를 만드는 것이었다.

이 초창기에는 (아무리 예산이 두둑해도) 차고에서 VR을 만드는
것은 상상할 수도 없었다. 심지어 예산이 무한하더라도, 쓸 만한 가상
세계를 실시간으로 렌더링할 수 있는 컴퓨터를 살 방법이 없었다.

하지만 실험적 프로그래밍 언어의 연구에 스스로 자금을 지원하는
것은 상상할 수 있는 일이었다. 그래서 그렇게 했다.

부록 2에서는 내가 어떤 시도를 했는지 설명한다. 짬을 내어 읽어 보기
바란다. 일단 나머지 이야기를 이해하는 데 필요한 것만 말해 두자면,
내가 개발하던 프로그래밍은 이른바 〈표면 지향phenotropic〉이라는
종류였다.

♦ 스콧 킴은 대칭형 캘리그래피와 수학적 무용단, 비주얼 프로그래밍 연구로 유명하다.
생명과 우주에 대한 디지털적 관점을 처음으로 일반 대중에게 소개한 더글러스 호프스태터의
1979년작 베스트셀러 『괴델, 에셔, 바흐』에 등장했다. 워런 로비넷은 최초의 〈건축〉 비디오
게임 중 하나인 〈로키의 부츠〉를 제작했다. 이 게임에서 플레이어들은 초기 8비트 컴퓨터의
화면에서 어엿한 비주얼 프로그램을 작성했다. 워런은 나중에 노스캐롤라이나 대학교 채플힐
캠퍼스의 VR 연구실에 합류했다.

10   몰입의 느낌

최초의 VR 회사를 창업할 집단이 꾸려지다.

사회적 줄기세포로서의 여성

은총은 우주에서 실재하는 것인지도 모른다. 나는 완전히 정신 나간
디자인을 구현하고자 동료 여행자를 모집했다. 이때를 생각하면 지금도
경이롭다. 당시 사람들은 엉뚱한 계획에 기꺼이 관심을 보였다.

지금 생각하면 우리 프로젝트에 참여한 이 괴짜들에게 얼마나
고마운지 모르겠다. 서니베일의 비디오 게임 회사에 있던 스티브
브라이슨 기억하나? 물론 나는 〈재런의 오두막〉에서 어떤 이유나
목표도 정하지 못한 채 괴상한 실험적 프로그래밍 언어를 개발하는
일에 매달릴 터였다.

새로운 종류의 프로그래밍을 탐구하는 사람은 그 일이 얼마나 힘든지
과소평가하게 마련이다. 스티브와 나는 곧 나가떨어졌다. 사람이 더
필요했다. 생계는 다른 데서 해결할 수 있는 똑똑한 사람들, 우주적
의미가 있(을지도 모르)는 고된 초창기의 모험에 참여할 의향이 있는

사람들을 찾아야 했다. 어디서 찾나?

다시 후난 레스토랑. 「마당발 여자들Grand Networking Females에게 연락해야겠어.」

「누구?」

「북쪽 GNF한테 연락해야지.」

「아니, 남쪽으로 해야 해.」

나는 간신히 입을 뗐다. 「우리가 오즈에 있다는 건가?」

「어떻게 알았어?」

1980년대 실리콘 밸리의 이런 면을 어떻게 표현하는 게 좋을지 모르겠지만, 여자들은 인터넷이 등장하기 전에 유기적 소셜 네트워킹의 지휘자 노릇을 했다. 상업적 헤드헌터들은 진짜 실리콘 밸리에 낄 수 없었다. 그들은 나 같은 풋내기를 등쳐 먹는 시시한 사기꾼에 불과했다.

밸리를 실제로 주무르는 것은 비공식적이고 초사교적이고 막강한 권력을 가지고서 모두를 연결하고 회사를 만들고 심지어 기술 운동을 통째로 주도하는 소수의 여자들이었다. 실리콘 밸리의 역사에서는 스티브 잡스 같은 업계의 선장들이 늘 언급되지만—물론 그래야 한다— 이 장소를 디자인하다시피 한 여자들의 이름은 결코 찾아볼 수 없다.

리틀 후난의 북쪽 GNF로 알려진 린다 스톤은 훗날 애플과 마이크로소프트에서 유명한 임원을 지냈을 뿐 아니라 실리콘 밸리의 초창기 발전에 혁혁하고 실질적인 영향을 미쳤다. 업적을 나열하는 것만으로는 그녀의 역할을 제대로 조명할 수 없다. 린다는 아직 콤팩트디스크로 배포가 이루어지던 시절에 — 시디롬 기억하는가? — 애플을 〈콘텐츠〉 제작으로 이끌었으며 마이크로소프트의 초창기 VR 개발을 시작했다. 하지만 (알려지지는 않았지만) 이런저런 회사나 이런저런 프로젝트에 몸담게 된 해커의 상당수가 그녀 덕에 자리를 잡았다.

로스앤젤레스에 기반을 둔 남쪽 GNF 코코 콘은 모르는 사람이 없었으며 1980년대 VR 업계를 조직하는 데 절반 이상의 역할을 했다. 직업적으로는 VR을 이용한 아동 교육을 연구했으며 시그래프SIGGRAPH♦를 위해 VR 이벤트를 조직했다. 동부 MIT 지구에 적을 둔 마거릿 민스키도 명단에 올라 있다. 21세기 마케팅을 변혁한 스탠퍼드 연구소 〈가치, 태도, 생활 양식Values and Lifestyle Program〉(VALS) 부서의 핵심 인물 마리 스펭글러도 빼놓을 수 없다.♦♦

(〈엄마 대여〉를 언제든 대체할) AI 로봇이 결국 GNF를 대체하고 말 거라고 말하는 사람은 아무도 없었던 것 같지만, 그것이 바로 실리콘밸리가 하려던 일이다. 그것은 소셜 네트워킹으로 불리나, 이름에 걸맞지는 않다.

실리콘 밸리에서 처음으로 오래 사귄 여자 친구는 덜 알려진 GNF이기도 했다. 공적 인물이 아니니 이름을 밝히지는 않겠지만, 그녀 덕에 동료 여행자를 많이 만날 수 있었다. 그녀는 스탠퍼드에서 남성성을 주제로 (논란을 일으킨) 박사 논문을 쓰고 있었으며 해커 문화의 씨앗 한가운데에서 살았다. 당시에 선의 원년 직원과 애플의 첫 직원이 그녀와 동거했다.

나는 그녀를 통해 앤 라스코와 영 하빌을 만났다. 두 사람은 워싱턴주의 에버그린이라는 히피 대학에서 미술을 가르쳤으며

♦ Special Interest Group on Computer Graphics conference of the Association for Computing Machinery. 미국 컴퓨터 학회 컴퓨터 그래픽 분과회 — 옮긴이주.
♦♦ 다큐멘터리 「자아의 세기Century of the Self」에서 마리의 인터뷰를 볼 수 있다.

스탠퍼드에서 박사 학위를 따려고 왔다. 앤은 산업 디자인을 공부하고 있었고 영은 미술 프로그램에서 화가 겸 홀로그램 제작자로 일했다. 두 사람은 결혼했으며 — 우리 집단에서는 충격적인 사실이었다 — 유쾌하고 활달한 아이 두 명이 있었다.

불가능한 물체

당시에 우리 같은 대부분의 미혼 해커에게 아이들은 이론적이고 추상적인 관념에 지나지 않았다. 자식이 생기면 태어나자마자 VR 고글을 씌우기로 사람들과 계획을 세우던 기억이 난다. 아이가 자라면 큰 헤드셋으로 바꿔 주겠지만, VR만 알고 살도록 잘 때 바꿔 줄 생각이었다. 아이들은 4차원 세계에서 자라 최고의 수학자가 될 터였다.

수십 년 뒤에 딸의 탯줄을 자르면서, 잊었던 맹세가 문득 떠올랐다. 물론 유아용 VR 시스템을 분만실에 가져오지는 않았다. 할 수 없지. 나중에 릴리벨이 여덟아홉 살이 되었을 때 이 얘기를 했더니 아이는 버럭 화를 냈다. 「최초의 4차원 아이가 될 수도 있었는데 안 해줬단 말이에요?」 아이는 4D VR 장난감을 달라고 졸랐으며 초입방체를 능숙하게 다뤘다. 그러니 이 이야기의 교훈은 아무리 늦어도 기회가 있다는 것이다.

유혹을 느끼거든 아이들이 여섯 살 이전에는 VR을 못 하게 하라는 것이 VR 연구 진영의 중론임을 알아 두시길. 여덟 살이나 아홉 살까지 기다릴 것을 권하는 연구자들도 있다. 인간 신경계가 진화한 환경 안에서 기본적 운동 능력과 지각을 발달시킬 기회를 주라는 얘기이다. 알겠나? 우리 딸은 VR을 세상 어떤 아이보다 많이 경험하며 좋아한다. 이것이 이루 말할 수 없이 기쁘다. 하지만 VR을 가지고 노는 것 못지않게 트램펄린에서 뛰는 것도 좋아한다. 내 생각에도 그게 옳다. VR은 삶의 별미로 즐겨야지 삶의 대체물이 되어서는 안 된다.

내가 보니 아이들은 동영상이나 게임에서보다 VR 이용에서 더 건전하게 균형을 유지한다. 최종 승리를 선언하려면 연구가 더 필요하겠지만, 이것은 초창기에 우리 모두가 생각하던 그대로이다. 텔레비전과 비디오 게임은 사람을 좀비 같은 최면 상태에 빠뜨리며 특히 아이들을 사로잡지만, VR은 능동적이며 오래 하면 피곤하다.

삼면화

앤과 영은 둘 다 뛰어난 일러스트레이터였다. 영과 나는 자연적 현실(영의 작품), 혼합 현실(이것도 영의 작품), 전면* 가상 현실(나의 괴상한 작품)을 묘사한 삼면화를 함께 만들었다.

우리의 그림에서는 각 프레임에서 똑같은 커플이 서로의 얼굴을 어루만지며 소통한다. 이것은 최초의 가상 현실 회사에서 투자자들에게 홍보할 때 이용하게 될 개념 이미지였다.

자연 현실이 맨 위에 오도록 그림을 세로로 배열했다. 그러지 않으면 혼란을 일으켜 스스로를 곤란에 빠뜨릴 우려가 있다.

가운데 혼합 현실은 왜 넣었을까? 당시에 혼합 현실**은 덜 급진적인

♦ full-on. 현실 세계가 전혀 포함되지 않고 오로지 가상의 세계만으로 이루어진 가상 현실
—옮긴이주.
♦♦ 〈혼합 현실〉이라는 용어의 원래 뜻과 의미 변화에 대해 더 알려면 369쪽에서 시작하는
「깃발을 꽂다」를 참고하라.

어중간한 수단이었다. 급진적이고 혁신적인 것은 마지막 프레임에 있는 전면 가상 현실이지만, 혼합 현실은 구현하기가 더 힘들기 때문에 수십 년 뒤에야 결실을 맺었다. 이 때문에 지금은 혼합 현실을 더 급진적이고 미래주의적인 변형으로 여긴다.

이 오래된 삼면화는 우리 집에 걸려 있는데, 아직도 볼 때마다 기분이 좋아진다. 이 그림은 인간의 연결에 대한 숭배를 표현한다. 고글도, 장갑도, 어떤 장비도 보이지 않는다. 이것은 직접적 현실과, 모든 것을 언제나 최대한 이색적으로 하려는 충동 사이의 기발한 중간 지점에 있다.

우리가 창업하게 될 회사는 앤이 경영해야 했을지도 모른다. 그녀는 우리 중에서 정서적으로 가장 성숙한, 우리의 웬디였다. 최초의 아바타들과 가상 현실의 초기 느낌을 디자인한 것도 그녀였다. 영은 홀로그램 제작자를 겸했으며 데이터글러브용의 새로운 광학 센서를 비롯한 흥미로운 혁신적 장치를 발명했다.

앤과 영은 다른 에버그린 출신들을 내게 소개했는데, 그중에서 척 블랜처드가 기억에 남는다. 척은 역사상 최고의 프로그래머로 손꼽히며 다발 경화증 때문에 휠체어 신세이다. 그는 우리 중에서 가장 다감하고 유쾌한 사람이었을 것이다.

내게 크나큰 의미가 있는 이 사람들, 내게 그토록 너그러웠던 그들을 한낱 책에 묘사하려 드는 것이 끔찍하다고 고백해도 될까? 어떻게 말해야 족할까?

척은 예나 지금이나 귀신 뺨치는 프로그래머이다. 프레드 브룩스가 고전 『맨먼스 미신*The Mythical Man-Month*』에서 오래전에 지적했듯 프로그래머의 힘은 천차만별이다. 위대한 프로그래머 한 명이 한 빌딩의 아주 훌륭한 프로그래머 전부보다 앞서는 경우도 비일비재하다. 최고의 프로그래머들은 전설이 되었다. 빌 조이, 리처드 스톨먼, 앤디 허츠펠드……♦ 내가 그들과 어깨를 나란히 한 적이 있으려나? 초창기에

♦ 빌은 실리콘 밸리의 거물 기업 중 하나인 선 마이크로시스템스의 창업자 중 하나였다. 그는 기술의 미래를 경고하는 유명한 에세이 「미래에 왜 우리는 필요 없는 존재가 될 것인가」를

영이 〈슈트suit〉라는 신기한 장비를 착용하고서 데이터글러브를 시연했다. 사진: 앤 라스코.

앤과 VR 헤드셋 시제품.

문더스트를 프로그래밍할 때 잠깐 그랬을지도 모르겠다. 하지만 척은 의심할 여지 없이 시대를 통틀어 가장 위대한 프로그래머 중 한

썼다. http://www.greenreview.co.kr/archive/55BillJoy.htm. 리처드는 오픈 소스 운동을 구상했으며, 내 책 『디지털 휴머니즘』에서 우리가 어떤 논쟁을 벌였는지 읽을 수 있다. 앤디는 오리지널 매킨토시 운영 체제를 작성했다.

척과, 벽에 걸린 수십 켤레의 데이터글러브 시제품. 사진: 앤 라스코.

명이었다.

척은 상냥한 나무꾼 같은 분위기를 풍겼으며 예사로우면서도
어마어마한 총기가 흘렀다. 그는 휠체어 신세였지만 손으로
프로그래밍할 수 있었다. 하와이 출신의 신경 과학자인 여자 친구는
어찌나 예뻤던지 그녀가 나타나면 몇몇 해커는 슬슬 자리를 피했다.
그녀의 얼굴을 보기만 해도 주눅이 들었기 때문이다. 그녀의 잘못은
아니다.

현실 엔진 엔진

당시는 열광적이면서도 초조한 시대였다. 나는 시각 VR의 성숙한
형태에 대해 생생한 꿈과 백일몽을 꿨다. 범용 VR 헤드셋을 제품화하면
어떤 모양일까? 판매할 수 있는 것은 하나도 없었다. 신축성 밴드로

고정하게 될까? 어떻게 제작해야 하나? 오디오는 어떻게 처리하지? 3D 효과를 시뮬레이션하려면 컴퓨터가 얼마나 빨라야 할까?

우리는 여명기를 살아가고 있었다. VR의 시각적 요소를 구현할 만큼 빠른 컴퓨터는 아직 존재하지 않았다. 적어도 즐길 수 있을 만한 VR은 시기상조였다. 실용적 쓰임새에 적용하는 것은 어림도 없었다.

여러분은 이때가 기대감으로 가득한 마법의 순간이었다고 생각할지도 모르겠지만, 사실 무어의 법칙이 조금씩 조금씩 올라가기를 기다리는 것은 우리에게 고문이었다. 도무지 끓지 않는 찻주전자를 보고 있는 것 같았다.

무어의 법칙에 따르면 〈연산은 인간의 직관으로 파악하기 힘든 가속도로 빨라지고 값싸지고 풍부해진〉다(또한 〈이해〉하지 못하는 사람이 있으면 우리의 수준으로 계몽될 때까지 닦달해야 했다). 따라서 남들보다 먼저 상상할 수 있는 소수는 세상을 장악할 수 있다. 무어의 법칙은 예나 지금이나 실리콘 밸리의 숙명론을 떠받치는 신학이다.

〈이해〉한 사람들에게 무어의 법칙은 궁극적인 토대적 기회였다. 우리가 코딩하는 것이 무엇이든 그것은 세상의 문화와 정치, 인간 정체성의 기본 구조를 뜯어고칠 터였다. 이것은 환상이 아니라 합리적 추론이었으며, 현실에 바탕을 두고 있었다.

신성한 무어의 법칙은 늘상 외는 주문이었다. 우리의 주문은 외부인에게는 영문 모를 소리였지만, 우리는 그 힘을 알고 있었다.

무어의 주문은 여전히 늘상 낭송되지만, 이제는 예전만큼 정확하지 않다. 컴퓨터가 영원히 빨라지고 값싸질 수는 없기 때문이다.

무어의 법칙 최후의 한숨을 예고하는 속도 둔화가 벌써부터 눈에 띈다. 이것은 서부에 개척할 땅이 사라진 — 그리하여 공허한 도금 시대로 이어진 — 아메리카의 고통스러운 순간과 맞먹는 〈상상력의 한계〉를 나타내는지도 모르겠다. 도금 시대는 오늘날의 상황과 다르지 않다.

여담으로 내가 밸리에 처음 발을 디뎠을 때 무어의 법칙에 대해 늘 입에 달고 다니던 주장을 소개하겠다.

나는 이렇게 말했다. 「개선되는 것은 사실 인간의 이해뿐이야. 딴 데서는 〈가속화되는 학습 곡선〉이라고 부르지.」

밸리에서 친구를 사귀고 싶을 때 할 만한 말은 아니었다.

「너, 모르는구나. 사람은 기계가 번식하고 개선되도록 하는 생식 기관에 불과해.」 다들 매클루언을 멋대로 인용했다.

나는 이렇게 받아쳤다. 「무엇이 가속화되고 무엇이 안 되는지 보라구. 칩이 좋아지는 속도는 점점 빨라지지만, 사용자 인터페이스 디자인은 그렇지 않아. 차이점은 이거야. 칩의 한계와 기능은 아주 정확하게 정의되어 있어. 확실하게 정할 수 있으니까 더 깊이 이해할 수 있지. 반면에 사용자 인터페이스는 사람들을 고려해야 하는데, 사람들은 울타리가 없는 드넓은 세상에서 살기 때문에 완벽하게 규정할 수 없어. 그래서 같은 식으로 학습 곡선을 달성할 도리가 없는 거야.」

「네 말이 맞다면 사람들을 더 철저히 제약하는 방법을 찾는 게 낫겠군. 안 그러면 세상의 효율성이 결코 더 높아지지 못할 테니까.」

「생각 좀 하고 살아라!」 최적화의 신과 논쟁하기란 쉬운 일이 아니었다.

우리가 사람들을 최적화해야 한다고 생각하지는 않았지만, 컴퓨터 하드웨어를 최적화하는 것에는 적극 찬성이었다. 나는 필요하고 충분한 VR 컴퓨터 — 나는 〈현실 엔진Reality Engine〉이라고 불렀다 — 가 어떤

형태일지 서술했다. 3D 계산은 하드웨어가 맡는다. 그것은 모의
비행에서의 지형처럼 표준화된 물체에 국한되지 않는다. 현실 엔진은
모든 형태를, 그것도 와이어프레임*이 아니라 면으로 나타낼 수 있어야
한다. 최종적으로는 가상 물체에 음영까지도 표시할 수 있을 것이다!
정육면체는 가상의 광원 반대쪽에 있는 면이 어두워 보일 것이다!
시각이 깜박 속아 넘어갈 만큼 환상적인 개념이었다.

현실 엔진의 개발을 우리의 임무로 삼으면 어떻겠느냐고 제안했다.
말도 안 돼! 스탠퍼드 친구들은 당장 떠나 실리콘 그래픽스Silicon
Graphics라는 회사를 차렸는데, 그곳에서 우리에게 필요한 바로 그것을
만들었다. 하지만 그들은 조금도 진전이 없었다. 우리는 기다리고 또
기다리면서 점점 초조해졌다.

많은 터치

어엿한 3D 그래픽을 구현하기는 시기상조였지만 햅틱은 곧장 시도할
수 있었다.**

넓게 말하자면 〈햅틱haptic〉은 피부나 근육이나 힘줄 중 하나의 감각
세포에서 전달되는 감각을 뜻하며, 일반적으로는 감각 기관과 뇌
사이의 전용 신경 다발이 아니라 척수를 통해 전달되는 감각을
일컫는다. 이런 감각을 동작과 구별하는 것은 불가능하므로, 햅틱은

♦ wireframe. 컴퓨터 그래픽에서 3차원 물체의 형상을 나타내기 위해 물체의 형상을 수많은
선의 모임으로 표시하여 입체감을 나타내는 것 ─ 옮긴이주.
♦♦ 〈햅틱〉은 〈접촉할 수 있다〉를 뜻하는 그리스어 〈합티코스ἁπτικός〉에서 왔다. 영어에서
처음 쓰인 것은 아이작 배로의 1683년작 『수학 강의Lectiones Mathematicae』에서이지만, 널리
쓰이게 된 것은 최근 들어서이다.

단순한 감각의 문제가 아니다. 햅틱에는 터치와 느낌, 몸이 자신의
형태와 동작을 감지하는 것, 물체의 저항 등이 모두 포함된다. 〈햅틱〉은
정확하게 정의하기가 여간 힘들지 않은데, 그 이유는 몸이 자신과
세계를 어떻게 감지하는지가 여전히 미스터리이기 때문이다.

표면이 뜨거운지, 거친지, 나긋나긋한지, 흔들리는지 느끼는 것,
발부리가 걸리거나 자신이 무거운 물체를 드는 것을 감지하는 것도
햅틱의 영역이다. 입맞춤, 무릎 위에 앉은 고양이, 매끈한 이불,
울퉁불퉁한 사막 도로도 햅틱이다. 우리를 탄생시킨 섹스의 쾌감과
우리를 무너뜨리는 질병의 통증도 햅틱이다. 햅틱은 폭력의 최종
단계이다.

햅틱은 다른 감각과 가장 많이 겹치는 감각이다. 대개는 속귀의 안뜰
신경계가 인체의 운동 감지 수단이라고 생각하지만, 중력과 운동량은
온몸으로도 느껴진다. 몸은 무엇보다 가속도계로 이루어진 나무이다.
조건이 맞아떨어진다면 우리는 소리를 발로, 실은 몸의 모든 부위로
감지한다(서브우퍼가 발명된 뒤로 〈클럽〉이라는 단어가 이런 의미로
쓰이고 있다).

배탈도 햅틱에 포함될까? 이건 논란의 여지가 있다.

내가 햅틱 양식을 좋아하는 한 가지 이유는 우리가 햅틱을 잘
다루거나 온전히 파악하는 법을 아직 배우지 못했기 때문이다. 햅틱은
내밀한 경계이다.

우리가 햅틱에 대해 이야기할 때 서툰 것은 색깔, 형태, 소리에 대해
이야기할 때 서툰 것과 같다. 스마트폰 유리의 느낌은 어떤 것이
바람직할까? 매끄러운 것? 물론 그렇지만, 개수대도 매끄러운 것은
마찬가지이다. 스마트폰 유리는 시원하게 매끄럽고, 미끄럽게

매끄럽고, 감각의 끝에서 약간의 탄력이 있고, 얼음처럼 미끄러지지 않게 약간의 점성이 있다. 어떤 단어를 써야 할까?[*]

우리는 시각적 은유를 써서 분석적 지식을 전달함으로써 상황을 뚜렷하게 보도록 하는 경향이 있다. 이에 반해 햅틱 은유가 전달하는 것은 직관, 직감이다. 햅틱은 나를 관찰자가 아니라 세상의 일부가 되게 한다.

햅틱과 비교하면 나머지 감각들은 콧대가 높다. 눈과 귀가 쌍방향인 것은 위치를 미묘하고 무의식적으로 이동함으로써 탐색한다는 뜻이지만 — 〈첩보용 잠수함〉 전략 — 햅틱은 세상과의 직접 접촉을 필요로 한다. 물체를 느끼려면 접촉해야 한다. 물체를 지각하면 그 물체는 적어도 약간의 변화를 겪는다.

터치할 때마다 터치된 것의 꺼풀이 적어도 한 겹 벗겨진다. 메카의 검은 돌은 해마다 작아지고 있으며, 여러분의 스마트폰 유리에서 가장 많이 터치되는 부위에는 희미하게 홈이 파인다. 여러분은 자신의 세상을 조금씩 풍화시키는 비바람이다. 감각에는 대가가 따른다.

돌이켜 생각해 보니 우리가 유용한 장비를 제작할 때 무어의 법칙 때문에 감각 양식을 한꺼번에 구현하지 못하고 순서대로 — 맨 처음에 햅틱, 그다음으로 청각, 시각, 후각, 미각, 그리고 논란의 여지가 있는 그 밖의 감각들 — 구현해야 했다는 사실이 우습다. 어머니의 죽음이라는 외상에서 벗어나면서 서서히 세상을 점점 더 잘 지각할 수 있게 된 것과 맞아떨어졌기 때문이었다.

---

[*] 스마트폰용 유리를 개발하는 사람들은 정량적 공학 용어를 이용하여 이 문제에 대해 이야기할 수 있지만, 그들의 용어는 아직 일반적으로 통용되지 않는다.

햅틱이란

우리의 햅틱 개발을 꽃피운 초기 구성원들은 GNF를 통해 영입된
인물이 아니었다.

톰 지머먼은 내 강연을 듣고 내게 찾아와 이렇게 말했다. 「이봐요,
가상 현실에 들어가는 법에 대해 강연하셨잖아요? 근데 말이죠. 제가
센서 장갑을 만들었다고요!」 실리콘 밸리의 놀라운 점 하나는 이런
사람을 우연히 만나게 된다는 것이다.

우리의 만남은 환상적이었다. 우리 작업의 크나큰 난관 중 하나는
컴퓨터와의 공간적 상호 작용이 마우스나 라이트 펜,◆ 조이스틱 같은
장치를 통해서만 가능하다는 것이었다. 게다가 마우스는 여전히
생소했으며 구하기 힘들었다. 하지만 손 전체의 움직임을 포착할 수
있다면 가상의 물체를 집고 재료를 빚고 심지어 가상 악기를 연주할
수도 있을 터였다. 자연이 부여한 인체의 표현력과 디지털 세계의
간극을 연결하는 다리가 마침내 (말 그대로) 손 안에 들어왔다.

나는 스티브, 앤, 영, 척, 그리고 VPL 구성원이 될 나머지 모두에게
톰을 소개했으며, 우리는 작업에 착수했다. 우리는 나의 허름한
오두막에서 8비트 컴퓨터로 근사한 데모를 제작했다. 그중 하나는
장갑을 쓴다고 해서 이름이 〈그래스프GRASP〉였다.

화면 앞에서 손을 움직이면 컴퓨터 그래픽으로 표현된 작은 손이 내
동작을 본떠 움직인다. 화면 위의 형상을 잡아 만지작거리면 마치
자신이 직접 느끼는 것처럼 경험을 재프로그래밍할 수 있었다.

〈그래스프〉는 실행 속도가 빨랐다. 화면의 이미지가 간결한 기계어

◆ 가느다란 막대 모양의 수동식 광학 입력 장치 — 옮긴이주.

당시의 톰.

코드를 직접 제어했기 때문이다(자세한 설명은 표면 지향성에 대한
부록 참고). 이걸로 게임과, 수학 모형과 흥미로운 미술품을 만들 수
있었다. 그렇게 복잡하지는 않았지만, 당시 상황을 감안하면 엄청나게
인상적이었다.

　우리는 〈그래스프〉로 사업을 벌이거나 학문적 명성을 얻을 계획이
전혀 없었다. 논문을 쓰거나 학회에서 발표할 생각도 전혀 없었다.
딤섬을 먹으며 순수한 기쁨을 나누는 것으로 족했다.

　(논란의 여지가 있지만) 오늘날 스마트폰과 개인용 컴퓨터의 작동
방식을 예견한 앨런 케이와, 아이번 서덜랜드의 제자가 〈그래스프〉를
보고서 마이크로프로세서에서 작성한 최고의 프로그램이라고
말했다(노파심에서 말해 두자면 펠로앨토 연구소에서 그가 한 작업은

〈비트 슬라이스bit slice〉라는 다른 종류의 칩이었다). 하지만 지금은 그 디자인을 찍은 동영상조차 남아 있지 않은 듯하다. 우리 프로그램은 사라졌다. 이제는 다시 제작할 수 없는 옛날 컴퓨터를 기반으로 하는 초기 소프트웨어 문화가 으레 그랬듯.

11 새 만물을 입다
(햅틱에 대하여, 아바타에 대해서도 간략하게)

시각

현재 가장 인기 있는 VR 헤드셋, 특히 스마트폰 기반 VR 헤드셋들은 상호 작용 기능이 거의 탑재되어 있지 않다. 이용자는 그냥 보기만 할 뿐이다. 기껏해야 단추를 누르는 것이 고작이다. 어떻게 이런 걸 견딜 수 있지? 시각만으로 충분하다는 거야?

시각은 오랫동안 문화를 지배했다. 시각 기록은 고대 이후로 시간과 장소를 초월하여 역사를 서술했다. 언어나 음악의 소리는 최근까지도 시각 기호를 통해서만 기록할 수 있었다. 실제 소리가 기록된 것은 한 세기를 조금 넘을 뿐이며 햅틱은 초기의 극도로 제한적인 실험에서 기록된 것이 전부이다. 최근까지도 오로지 시각이 세대와 세대를 연결했다.

시각은 20세기의 유난히 자의식적인 성찰에 영감을 주었다. 영화, 타이포그래피, 사진, 여러 형태의 회화, 그래픽 디자인 등의 시각 예술 분야를 연구하는 학과들이 생겼다. 우리는 보이는 것에 대해 이야기하기를 좋아한다.

수십 미터 상공에서 쥐를 포착하는 독수리처럼 시각은 우리에게

내가 왜 데이터글러브를 입에 물고 있는지 모르겠지만, 이곳은 오래전에 팰로앨토의 시골 오두막들이 모여 있던 자리이다. 여기서 우리는 VPL을 창업하기 전에 VR 시제품을 제작했다.

우월감과 안도감을 준다. 피라미드 꼭대기에 귀를 박아 넣을 생각을 한 사람은 아무도 없을 것이다. 모든 것을 보는 눈이야말로 달러화의 위력을 드러내는 상징 아니던가. 그러한 남성적 지각 행위는 〈냄새 맡다sniff〉가 아니라 〈보다gaze〉라고 불린다. 대나무 숲에서 들은 소리는 자신의 눈으로 직접 확인해야 한다.

정보 시대 들어서 시각의 우위가 얼마나 한물갔는가를 온전히 깨달으려면 몇 세대가 걸릴지도 모른다. 이제부터는 최고 성능의 컴퓨터 클라우드를 가진 자가 모든 사람을 샅샅이 감시할 수 있을 것이다. 사람의 눈은 점차 쓸모가 없어진다.

♦ 원래는 〈포도 덩굴 사이로 듣다hear … through the grapevine〉로, 〈소문을 듣다〉를 뜻하는 관용 표현 — 옮긴이주.

악수 데모: 디지털 인터페이스'

톰과 우리 패거리가 헤드셋과 장비를 만들기 전에 VR 장갑에 집착한 한 가지 이유는 대안이 없었기 때문이다. 컴퓨터는 화면 위 그래픽을 처리할 만큼만 빨랐을 뿐 고글 내부의 그래픽을 처리할 만큼은 되지 못했다.

하지만 그것은 뜻밖의 축복이었다.

표시보다 중요한 것은 입력이며 VR에서의 입력은 이용자 자신이다.

입체 동영상spherical video에서 보는 것 같은 비반응형 VR 경험에 사람들이 열광하는 것을 보면 어리둥절하다.

손을 뻗어 가상 세계를 만지고 무언가를 하지 못하면 그곳에서 이등 시민에 불과하다. 나머지 모든 것은 세계의 구조와 연결되어 있으나 이용자는 홀로 동떨어져 있다.

이것은 미묘한 문제로, 개인적 경험을 통해서 이해하는 것이 가장 수월하다. VR이 존재할 수 있는 것은 오로지 주관성 덕분이지만, 그 느낌을 어떻게든 전달해 보고자 한다. VR 안의 배타적 관찰자는 허깨비 신세이다. 사람들을 놀래키지도 못하는 하찮은 귀신인 것이다.

대다수 사람들은 가상 세계와 상호 작용하고 그곳에 영향을 미치지 못하면 처음에만 참신함을 느낄 뿐 더는 VR에서 전율을 느끼지 못한다. 이에 반해 단순히 자신의 손을 뻗고 아바타의 손을 — 이 손은 여전히 자신의 손이고 여전히 반응하고 여전히 날렵하다 — 보는 초보적 단계만으로도 즐거움을 느낄 수 있다. 결코 싫증 나는 법이 없다.

장갑 이야기를 하면서 나는 (오늘날과 같은 형태의) VR 헤드셋이 이미 작동하는 것처럼 간주할 것이다. 그렇게 되려면 몇 년이 지나야

♦ 손은 엉덩이butt와 마찬가지로 손쉬운 말장난거리이며 인간 정체성의 근원이다. 나를 만나거든 VR 언어유희를 부릴 생각 마시길. 이미 다 들은 것이니까.

했지만.

데이터글러브를 끼면 가상의 공을 집어 던지거나, 가상의 채를 집어 가상의 마림바를 연주할 수 있다. 이런 단순한 일조차 하지 못하는 VR 경험을 사람들이 참아 낸다는 게 신기하다.

아니면, 외계에서 암벽 등반도 할 수 있다. 암벽은 살아 있고 어마어마하게 높다. 홀드♦는 끊임없이 꼼지락거리며 돌아다닌다. (상상할 수 없을 만큼 높은) 꼭대기에 올라가면 행글라이더를 잡고 뛰어내린다.

인간은 손을 쓰도록 진화했다! 그러니 손을 쓸 수 있어야 한다.

수동적 햅틱

우리가 만든 최초의 장갑은 센서만 달렸기에 완전히 수동형이었다. 손의 모양은 구별했지만, 신체 감각을 직접 전달하지는 못했다. 우리는 온갖 종류의 버저, 히터 등을 실험했지만, 솔직히 말하자면 이 중 어느 것도 대중화될 만큼 눈부신 성능을 나타내지는 못했다.

VR에 완전히 몰입한 이용자는 공감각을 느끼기도 한다. 나도 느껴 보았다.

이것은 내가 데모에서 꽤 자주 쓴 수법이다. VR 데모에서 이용자에게 가상의 책상을 보여 주고 손으로 세게 내리치라고 말한다. 손이 책상 표면에 가까이 갈수록 그림자가 가까워지고 접촉 순간에 그럴듯한 타격감이 느껴지면 대부분의 사람들은 실제 물체가 없는데도 손을 멈춘다.

♦ 암벽을 올라갈 때 손으로 잡거나 발로 디딜 수 있는 곳 — 옮긴이주.

VR은 마술이나 최면과 비슷하다. 관건은 암시이다. 물리적 저항이 있을 거라고 단호하게 말하면 손은 더 확실하게 멈춘다.

VR의 열네 번째 정의: 디지털 장치에 적용되는 마술의 수법.

특수 장비를 착용하지 않고도 손과 몸이 무엇을 하는지 감지할 수 있기를 꿈꾼 것은 당연한 수순이었다. 1990년대 후반에 깊이 카메라♦가 개발되면서 이 꿈이 마침내 가능해졌다. 깊이 카메라는 세상의 3차원 정보를 취합하여 몸이 무엇을 하는지를 소프트웨어가 분석할 수 있도록 하는 장치이다. 장갑이나 슈트는 전혀 필요 없다.

212쪽 사진은 초창기 깊이 카메라(실은 카메라 한 대가 아니라 여러 대를 써서 영상을 비교하여 3D 형태를 얻는다)로 본 내 모습이다. 이 작업이 이루어진 1990년대에 나는 인터넷2Internet2 사무국의 수석 과학자였다. 이곳은 여러 대학 실험실의 연합체였으나, 3D 장비 구입은 펜실베이니아 대학교의 루제나 바이츠시와 코스타스 다닐리디스가 주도했다.

오늘날은 키넥트Kinect(마이크로소프트에서 2010년에 Xbox 게임기에 처음 도입했다)처럼 엄청나게 저렴한 소비자용 깊이 카메라를 통해서나 홀로렌즈HoloLens에 내장된 센서를 통해서 손이나 온몸의 형태를 추측할 수 있다. 이론상으로는 다시는 장갑을 낄 필요가 없다.

하지만 내 경험상 장갑을 끼면 이용자의 뇌는 손이 몰입해 있음을 알

♦ 입체 영상을 제작하려고 촬영하는 장면 또는 물체의 깊이 정보를 획득하는 카메라—옮긴이주.

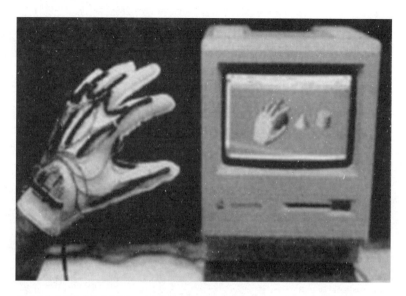

1984년 초 최신형 맥에 인터페이스로 연결된 1세대 VPL 데이터글러브.

수 있다. 장갑이 수동적 감지 장치 역할만 할지라도 말이다. 신경계는 뭔가 특별한 일이 벌어지고 있음을 안다. 나는 장갑이 퇴물이 될 거라 예상했지만 그런 일은 아직 일어나지 않은 듯하다.

베어링 암

장갑은 완벽하지 않다.

데이터글러브의 가장 심각한 문제는 팔의 피로일 것이다. 팔을 허공에 뻗은 채 몇 분만 있어 보라. 팔 근육에서 작은 경련이 일어나다가 머지않아 힘이 쫙 빠질 것이다. 우리에게 친숙한 동작은 빠르게 움직여 그 운동량으로 팔을 들어 올리거나 자신이 다루는 물체에 팔을 기대는

SCIENTIFIC AMERICAN

OCTOBER 1987
$2.50

The next revolution in computers, the subject of this issue, will see power increase tenfold in 10 years while networks and advanced interfaces transform computing into a universal intellectual utility.

Wired Glove gives a computer user the sensation of handling objects on the screen; the image of the hand mimics the user's movements.

『사이언티픽 아메리칸』 표지에 실린 VPL 데이터글러브. 장갑은 1980년대 컴퓨팅의 상징이었다.

것이다.

　장갑 인터페이스는 영화 「마이너리티 리포트」에서 중요한 역할을 맡았으며, 미술 디자이너는 이런 방식의 가상 상호 작용이 실제로는 팔에 경련을 일으킬 텐데도 그렇지 않게 보이도록 하느라 무진장 애를 썼다. 나는 작가들과 스필버그가 참석한 브레인스토밍 회의 때 (실제로 작동하는) 장갑 기반 감시 시스템을 선보였다. 영화에 나오는 장갑과 약간 닮았다. 다들 경련을 일으켰으며, 장갑이 컴퓨터화된 미래의 매혹적인 모습을 상징하는 동시에 불편할 수 있음을 깨달았다. 따지고 보면 장갑은 영화에 안성맞춤이었다. 피로를 유발하는 실제 디자인을

채택한 것은 겉보기에는 무척 근사하지만 실제로는 경련을 일으키는 허구적 미래를 상징하기 위해서였다.

햅틱 레모네이드

1986년이나 1987년경의 초창기에 우리는 팔의 피로 말고도 장갑의 또 다른 문제와 씨름해야 했다. 컴퓨터는 인간의 날쌘 손동작을 따라잡을 만큼 빠르지 않았다.

이용자들은 느려 터진 센서와 컴퓨터 그래픽 프로세서에 시간을 주기 위해 너그럽게도 (종종 자기도 모르게) 동작 속도를 늦췄다. 장갑을 끼면 시간 왜곡을 경험한다. 이용자들은 자신이 VR에서 보낸 시간이 실제보다 짧았다고 생각했다. 이것은 뇌가 몸의 리듬을 이용하여 시간의 흐름을 측정한다는 사실을 명쾌하게 보여 주었다(의도한 바는 아니었지만).

실제로 우리가 겪은 어려움은 (물리 치료에 대한 새로운 접근법을 비롯한) 근사한 발견으로 이어졌다.

1세대 데이터글러브를 이용하여 VR에서 가상의 공을 토스할 수는 있었지만 천천히 해야 했다. 공도 슬로 모션으로 움직였다. 저글링에 서툰 사람에게는 잘된 일이었다. 공이 느려서 누구나 저글링을 할 수 있었으니까. 우리는 가상의 공으로 점차 속도를 높이면 진짜 공으로 저글링 하는 법을 배울 수 있음을 깨달았다. 신체적 기술을 배우는 과정에서 이런 식으로 걸림돌을 없앨 수 있다. VR에서 느리고 쉽게 해본 뒤에 조금씩 속도와 현실감을 높이는 것이다. 이 발상은 고급 재활 훈련에서 흔히 쓰이고 있다. 이를테면 속도를 늦춘 VR을 이용하여 의족에 익숙해지도록 하는 치료 시스템이 있다.

VR의 열다섯 번째 정의: 학습하기에 더 수월하도록 세상을 바꾸는 장치.

최초의 소비자용 VR 제품

우리는 값싼 VR 장비를 대중에게 선보일 방법을 늘 모색했다. 가장 잘 알려진 예는 장갑이었다. VPL이 실제 회사로 탈바꿈하자 — 이

이야기는 좀 있다 할 테지만 —— 우리는 거대 장난감 회사 마텔Mattel과 파워글러브Power Glove 판매 계약을 맺었다. 이 장갑은 초기 버전의 닌텐도 게임기에서 작동했다. 우리는 장갑 수백만 켤레를 제작했다. 시제품 게임과 VR 경험을 더 많은 사람들이 접할 수 있었다면 얼마나 좋을까. 지금 봐도 인상적이니 말이다. 하지만 실제 생산된 게임은 늘 그렇듯 타협의 산물일 수밖에 없었다. 사람들은 파워글러브를 위해 출시된 공식 게임보다 파워글러브를 더 기억한다.

그럼에도 파워글러브는 대중문화에서 나름의 생명력을 얻었다. 오늘날까지도 광팬들이 있다. 어찌나 멋지게 생겼는지!

VR의 열여섯 번째 정의: 다른 장소, 다른 몸, 세상이 돌아가는 방식에 대한 다른 논리의 환각을 만들어 내는 오락용 제품.

이종 간 위장 햅틱

초기 VR 장갑은 근사할 뿐 아니라 영감과 아이디어의 원천이었다. 괴상하고 (때로는) 웃긴 실험의 도구로 쓰이기도 했다. 실리콘 밸리 위쪽 산마루에서 그런 일이 벌어졌는데, 그곳에는 페니 패터슨과 그녀의 고릴라 재단Gorilla Foundation, 그리고 말하는 고릴라 코코가 살고 있었다.

코코는 수화를 이용하여 의사소통을 했지만, 동작이 너무 빨라서 제대로 분간하기 힘들었다. 그래서 코코의 수화를 제대로 해석했느냐가 논란거리였다. 연구자들이 코코의 실제 의도보다 과잉 해석했을 가능성도 있었다.

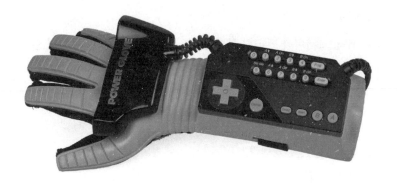

초기 닌텐도 게임기에 장착된 파워글러브. 게임 콘솔과 호환되는 일반용 햅틱 입력 장치로서 위Wii와 키넥트의 출현을 예고한 제품.

그래서 페니는 고릴라용 데이터글러브를 만들어 줄 수 있느냐고 물었다. 물론이지! 고전하던 회사에 엄청난 기회가 찾아왔다. 내가 무슨 생각을 하고 있었느냐고?

나는 자금을 자체 조달하여 만든 값비싼 시험용 장갑을 가지고 고릴라 재단을 찾았으나, 으레 그렇듯 코코는 발정기였다. 내가 옆에 있으니까 지나치게 흥분했다. 그래서 페니는 어린 수컷 마이클에게 장갑을 시험해 보자고 제안했다.

페니는 장갑을 마이클의 손에 씌웠다. 마이클은 1초가량 어리둥절한 표정으로 장갑을 쳐다보더니 순식간에 삼켜 버렸다.

몇 달 뒤에 전화가 왔다. 「장갑 기억하세요? 나왔어요.」 고릴라의 소화관은 소화할 수 없는 물체를 반쯤 굳힐 수 있는 것이 틀림없다. 나는 돌려받고 싶었다! 귀한 물건 아닌가. 우리는 입씨름을 벌였다. 애석하게도 고릴라 재단은 장갑을 돌려주지 않았으며, 가진 사람이 임자이니 여러분에게 사진을 보여 드릴 수는 없다.

문어 집사 로봇

능동형 햅틱, 그러니까 단순히 몸의 움직임을 감지하는 것이 아니라 힘, 저항, 열, 날카로움 같은 촉각을 전달할 수 있는 장치가 있다면 어떨까?

1970년대 햅틱 실험에서는 거대하고 무시무시한 로봇 팔을 프로그래밍하여 가상 세계에서 사건을 전달했다. 프레드 브룩스는 채플힐에서 실험을 진행했다. 로봇 팔은 아이번의 초기 표시 장치처럼 주로 천장에 부착했다.

로봇 팔은 능동적이어서, 가상의 물체가 언제 장애물이 되는지를 전달할 수 있다. 여러분이 로봇 팔을 움직이면 로봇 팔은 커서나 가상의 연장, (심지어) 아바타의 손을 움직인다. 가상의 연장된 팔이 (가상의 책상 표면 같은) 장애물에 닿으면 로봇은 더는 그 속으로 뚫고 들어가지 않는다. 표면을 건드리는 느낌이 드는데, 이것은 추측된 감각이나 합성된 감각이 아니라 실제 감각에서 비롯한다. 여러분의 뇌는 로봇에게서 전달되는 햅틱 단서를 눈앞에 있는 책상의 컴퓨터 그래픽 영상과 조합한다. 여러분이 고집불통만 아니라면 책상의 물질성을 경험할 것이다.

햅틱 장치가 제대로 작동하면, 가상의 빈백 의자를 쳤을 때 책상 표면의 딱딱한 촉감이 아니라 부드럽고 아삭거리는 촉감을 느낄 것이다. 마찬가지로, 가상의 무게추를 집어 올리면 로봇 팔은 여러분의 진짜 손을 아래로 끌어당겨 중력을 흉내 낼 수 있다.

이것을 〈힘 피드백force feedback〉이라 한다. 쉬워 보이지만 실제로는 여간 힘들지 않다. VR에서의 시각 처리과 마찬가지로 지연 시간을 줄이고 정확도를 향상시켜야 하는 어마어마한 과제는 문제의 시작에 불과하다. 로봇을 고정하는 법을 알아내야 하고, 그다음에는 로봇을 엉터리로 프로그래밍하더라도 내게 해를 입히지 않도록 해야 한다.

힘 피드백을 지각하는 일은 온몸을 쓰기 때문에 매혹적이다. (진짜이든 가상이든) 책상의 표면을 내리누르면 느낌이 온몸으로 전해진다. 서서 내리누르면, 내게 저항하는 책상의 현실성을 감지하고 이에 대응하도록 몸 전체가 조정된다. 앉아서 내리누르면, 팔과 등 전체가 조정된다. 몸의 자세와 긴장이 감지되는데, 이 긴장은 〈자기수용·proprioception〉이라는 햅틱 경험과, 누르고 있는 국소 부위에서 전달되는 촉각을 통해 자세에 영향을 미친다.

힘 피드백은 VR의 하위 분야로, 오랫동안 상업적으로 활용되었다. 이 책은 VR 분야 전체의 기록이 아니라 개인적 서술이므로, 내가 좋아하는 힘 피드백 연구자인 스탠퍼드의 켄 솔즈베리에게 초점을 맞추고자 한다. 그가 공동으로 발명한 장치 중 하나인 팬텀Phantom은 오랫동안 VR 시스템의 일반적 구성 요소였다. 팬텀은 근사하고 아담한 로봇 팔인데, 이것을 이용하면 한 손으로 가상 기구를 작동시킬 수 있다.

이 계통의 힘 피드백 장치는 주로 의학에 쓰인다. 펜처럼 생긴 부위를 메스 같은 실제 연장의 손잡이로 가정할 수 있다. 모의 수술 장비가 바로 이런 식이다.

한 외과 의사가 내게 직접 나의 망막에 레이저 시술(의 일부)을 하도록 ─ 내가 디자인을 도와준 수술 도구로 ─ 해준 적이 있다. 물론 그것은 규정 위반이었으므로 이름을 밝히지 않겠다.

힘 피드백 장치는 근사하지만 한계도 뚜렷하다. 첫째, 한곳에 고정시켜야 하기 때문에 가지고 돌아다니면서 이용하기 힘들다. 그래서 어떤 사람은 나를 조용히 따라다니는 로봇에 힘 피드백 장치를 탑재하여 필요할 때마다 내 손에 장착되는 방식을 구상했다. 로봇이 제자리에 있을 수 있도록 바닥 전체가 움직이는 방법도 있었다. 둘 다 시도해 봤는데 둘 다 힘들었다.

어쨌든 켄과 나, (그리고 헨리 푸크스를 비롯한) 동료 몇 명은 이 방식을 〈집사 전략butler strategy〉이라고 불렀다.

작동 방식을 좀 더 자세히 설명해 보겠다. 여러분이 가상 세계에 있고 가상의 책상을 손으로 내리치고 싶다고 상상해 보라. 이제 시중 드는 로봇이 근처에서 돌아다니고 있다고 가정하라(물론 여러분은 컴퓨터가 생성한 가상 세계를 보고 있기 때문에 로봇을 보지 못한다). 로봇은 집사처럼 손에 쟁반을 들고 있다. 여러분이 손을 내리치기 시작하면 로봇은 가상의 책상 표면을 때리게 될 것이라 판단한다. 로봇은 정확한 시점에 팔을 뻗어 진짜 쟁반이 가상 책상과 같은 위치에 놓이도록 함으로써 책상 표면이 처음부터 그곳에 있었다는 착각을 여러분에게 일으킨다.

청컨대 안전 문제는 잠시 제쳐 두도록 하자. 지금은 사고 실험을 하고 있을 뿐이니까.

집사의 쟁반 표면을 손가락으로 쓰다듬으면 금세 가장자리에 닿을 것이다. 쟁반은 움직일 때 여러분을 건드리지 않도록 작아야 한다. ……하지만 책상은 크다. 그래서 집사 로봇은 여러분의 손동작에 맞춰 쟁반을 움직임으로써 표면이 실제보다 크게 느껴지도록 해야 할 것이다. ……하지만 여러분은 손가락으로 표면을 쓰다듬을 때 표면이 움직이고 있는 것을 느끼지 못할 것이다.

여기에는 햅틱의 또 다른 측면인 촉각이 관여한다. 촉각은 피부에 들어 있는 감각 세포가 담당한다.

촉각 피드백이 놀라운 이유는 실제로는 저마다 다른 감각들의 총체적 생태계이기 때문이다. 피부에는 여러 종류의 감각 세포가 있다. 열을 감지하는 세포도 있고 날카로움이나 나긋나긋함을 감지하는 세포도 있으며, 이런 성질 자체가 아니라 성질의 변화만을 감지하는 변형 세포도 있다.

어떤 감각 세포는 손가락으로 물체를 쓰다듬을 때의 질감에 민감하다. 자, 심호흡 크게 하고 읽어 보시라. 이 질감 감지 세포에 녀석이 기대하는 감각을 공급하려면, 집사 로봇의 쟁반에는 어느 방향으로나 스크롤 될 수 있도록 표면이 코팅되어야 할 것이다. 그러면 쟁반이 움직이는데도 가만히 있는 것처럼 착각을 일으켜 표면이 실제보다 큰 것처럼 느끼게 할 수 있다. 이 메커니즘을 시각적으로 떠올리거나 문장으로 이해하기 힘들 수 있다는 것을 안다. 전문 VR 연구자들도 우리가 만들려 하는 〈겉과 속이 뒤집히는〉 장치를 이해하기 힘들어 한다.

그건 그렇고, 이제 여러분의 손가락이 주전자나 (설상가상으로) 닭고기의 감촉을 느껴야 한다면 어떨까? 주전자는 표면이 휘어져 있으므로 로봇은 접촉면이 곡면을 흉내 내도록 해야 한다. 어떻게 해야 할까?

자연에서 실마리를 찾을 수 있다. 동물 중에는 흉내 문어mimic octopus처럼 모양을 자유자재로 바꿀 수 있는 것들이 있다. 그래서 켄과 나는 흉내 문어를 흉내 낸 로봇을 만들기로 했다. 이 로봇은 다양한 모양으로 조용히 신속하게 바뀔 수 있을 터였다.

이를테면 주전자에서 여러분이 만지려는 부위의 모양을 취할 수 있다. 여러분의 뇌는 온전한 형태의 주전자가 있다고 믿을 것이다.

일부 고등 두족류는 질감을 변화시켜 위장하려고 표면에 올록볼록한 패턴을 만들어 낼 수 있다. 실험적 인공 재료 중에서 이 교묘한 수법을 조금이나마 쓸 수 있는 것이 등장하고 있다. 단단한 금속은 흉내 내기가 비교적 쉽다. 소재가 스스로 뒤틀려 닭고기 표면의 느낌을 가질 수 있을까? 깃털을 비롯한 모든 요소를? 언젠간 그렇게 될지도 모른다.

그러니 능동형 햅틱의 일반적 체계에 필요한 모든 요소를 적어도 상상은 할 수 있게 되었다. 우리는 〈문어 집사 로봇〉을 개발한다는 장기적 계획을 가지고 있었다. 이 로봇은 다양한 햅틱 피드백을 제공함으로써 이용자가 상상력을 마음껏 발휘할 수 있도록 한다(VR의 시각적 측면에서 이미 실현되었듯).

하지만…… 골칫거리가 있다. 우리 중에서 전체 과정을 완수할 만큼 인내심이 강한 사람은 아무도 없었다. 내가 소개한 과정이 매우 단순화된 것임을 명심하라.

능동형 햅틱(반발 작용을 일으키는 햅틱)의 문제는 범용적으로 활용하기 힘들다는 것이다. 팬텀처럼 메스를 들고 있는 느낌을 흉내 내는 디자인을 만들 수는 있지만, 여러분이 원하는 온갖 가상 세계에서 어떤 힘과 감각이 필요한지 예상하는 장치는 상상하기조차 힘들다.

범용성은 VR의 핵심 아이디어를 이루는 요소이다.

VR의 열일곱 번째 정의: 모의 비행 장비나 모의 수술 장비 같은 특수 목적 시뮬레이터와 대조되는 범용 시뮬레이터.

지금까지는 고전적인 전면 가상 현실에서의 햅틱에 대해 이야기했다. 이에 반해 혼합 현실에서는 현실 세계를 보고 듣고 느끼면서도 여기에 덧붙은 가상의 사물을 보고 들을 수 있는데, 이 경우는 사정이 달라진다.

핵틱 피드백을 위한 즉흥적 도구로서의 물리적 행동 유도성physical affordance을 소프트웨어가 주위 환경에서 찾을 수 있기 때문이다. 이를테면 진짜 책상 가장자리를 따라 가상 슬라이더를 놓을 수 있다. 이런 식으로 가짜 슬라이더로 값을 입력하는 것은 손을 허공에서 움직이는 것보다 수월하다. 슬라이더를 일정하고 정확하게 조정할 수 있으며 팔이 피로해지는 것도 피할 수 있기 때문이다.♦

이제 고전적 VR로 돌아가자. 안타깝게도 능동형 핵틱 장치를 쓰려면 VR이 특정한 수공구의 쓰임새에 특화되어야 하는 경우가 많다. 또한 이런 종류의 능동형 핵틱 장치를 장착하면 VR의 이동성이 낮아지는 경향이 있는데, 이는 대체로 기중기 같은 물리적 세계에 장치를 고정시켜야 하기 때문이다. 이런저런 이유로 능동형 핵틱 장치를 채택한 VR은 특수 분야에 국한되는 경우가 많으며, 이것을 사실 VR이라고 보기 힘들다.

하지만 수동형 핵틱 장치는 그런 문제가 없다.

문제를 핥다

인체의 출력 장치는 손만 있는 것이 아니며 VR의 관건은 측정이다.

물론 말로 가상 세계를 변화시킬 수 있다. 하지만 말은 지속적 변화를 일으키기에 미흡하다. 목소리는 그렇지 않을 수도 있지만 말이다. 노래와 말을 새로운 방식으로 조합하면 가상 세계 상호 작용의 이산적 측면과 연속적 측면을 결합할 수 있을지도 모른다.

♦ 여기서 컬럼비아 대학교의 스티브 파이너를 꼭 언급해야겠다. 그는 이 방면에서 훌륭한 성과를 냈다.

뇌로 통하는 감각 입력 통로 중에서 가장 대역폭이 큰 것은 눈에서 시신경을 거쳐 들어오는 통로이다. 단일 기관에서 나오는 감각 출력 통로 중에서 가장 대역폭이 큰 것은 — 알아맞혀 보시라 — 바로 혀이다! 혀는 얼굴을 제외한 신체 부위 중에서 팔이나 다리처럼 관절에 고정되지 않고 끊임없이 유의미한 방식으로 형태가 달라질 수 있는 유일한 부위이다. 또한 얼굴과 달리 활용도가 꽤 낮다. 먹거나 말할 때를 제외하면 혀는 제자리에 가만히 있다.

혀를 입력 장치로 쓰는 실험을 몇 년간 한 결과 혀에 독특한 잠재력이 있음을 믿게 되었다. 입안에 센서를 넣지 않고서는 혀의 모양을 감지하기가 쉽지 않다. 나는 태아를 관찰할 때 쓰는 것과 비슷한 초음파 스캐너로 시도했다. 그 밖에도 다른 방법이 있는데, 대부분의 연구는 몸이 마비된 사람들의 의사소통 능력을 향상시키기 위한 것이었다. 이런 실험에서는 치아와 혀를 이식하고 혐오스러운 (틀니와 비슷하게 생겼지만 덜 편안한) 탈착식 장치를 이용했다.

혀로 인터페이스를 제어하는 법은 금세 배울 수 있다. 문어가 오디오 믹서를 조작하듯 연속된 여러 파라미터를 동시에 제어할 수도 있다. 혀의 민첩성은 제각각이지만, 대부분은 가상 세계에서 기하학적 디자인 과정을 진행하기에 충분할 만큼 민첩하게 변형될 수 있다. 버튼이 꼭 필요하다면, 치아를 버튼으로 쓰는 법도 쉽게 배울 수 있다.

심층 타임머신

네트워크 기반 가상 현실의 초창기 실험에서는 사람들이 머리와 손만 떠다니는 모습으로 시뮬레이션되었다. 당시의 컴퓨터로는 그게 최선이었다. 가상 세계에서 시각 정보가 (현실성이 있을 만큼) 빠르게 작동하려면 시각 정보의 양을 최소한으로 줄여야 했기 때문이다.

컴퓨터가 아바타의 온몸을 보여 줄 만큼 빨라지자마자 우리는 사람들이 온몸으로 아바타를 움직일 수 있도록 전신 데이터슈트DataSuit를 만들었다. 이것은 최초의 판매용 모션 캡처motion-capture 슈트였을 것이다(이런 종류의 슈트는 요즘도 판매되는데, 대부분 애니메이션 캐릭터를 움직이기 위해 배우의 동작을 캡처하는 데 이용한다).

이따금 비현실적인 온몸 아바타가 제작되었는데, 대개는 아무짝에도 쓸모가 없었다. 이를테면 아바타의 머리가 엉덩이 옆에 달려 있으면 세상이 이상한 각도로 보일 테고 이용자는 어지럽거나 욕지기를 느낄 것이다.

우리는 아바타 디자인을 탐구하는 과정에서 비현실적이거나 (심지어) 기괴한데도 사람들이 이용할 수 있는 — 토하지 않는 — 특이한 신체 구조를 이따금 발견했다. 첫 번째로 생각나는 예는 이 책 첫머리에서 소개했듯 시애틀을 덮은 나의 거대한 손이다.

이는 자연스럽게 〈기묘하지만 이용 가능한 아타바〉에 대한 비공식 연구로 이어졌다. 우리는 점점 기묘해지는 — 하지만 이용 가능한 — 인간 아닌 신체를 번갈아 가면서 조작했다. 대부분의 신체는 전체 구조와 팔다리 개수 면에서 적어도 포유류를 닮았다.

마지막으로 탄생한 아바타는 포유류의 형태를 벗어났다. 앤은 사람들이 바닷가재 복장을 한 엽서를 보았다(엽서는 메인 바닷가재 축제의 기념품이었다).

앤은 바닷가재 아바타를 만들었다. 바닷가재의 몸은 사람보다

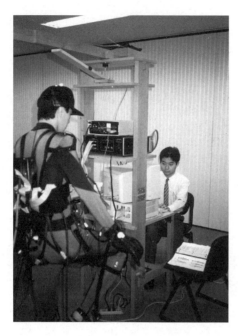

개발 중인 데이터슈트.

팔다리가 많기 때문에, 보디 슈트로 측정한 파라미터로는 바닷가재
아바타를 일대일로 조작할 수 없었다. 우리는 보디 슈트의 자유도를
바닷가재의 수많은 자유도와 매핑해야 했다. 그러나 꼼수를 찾아냈다.
이를테면 왼쪽 팔꿈치와 오른쪽 팔꿈치를 똑같이 움직이면 따로 움직일
때보다 더 많이 구부리라는 명령을 가슴다리에 전달할 수 있었다.

이런 전략 덕분에 인간을 바닷가재에 매핑하는 것이 가능해졌다. 더
놀라운 일은 대다수 사람들이 바닷가재 되는 법을 비교적 쉽게 배울 수
있었다는 것이다. 내 경우는 바닷가재가 되는 것이 바닷가재를 먹는
것보다 쉬웠다.

나는 기묘한 아바타들의 연구에 〈호문쿨루스 유연성homuncular
flexibility〉이라는 이름을 붙였다. 호문쿨루스는 인체를 운동 피질에

매핑한 것으로, 기형의 인간을 뇌의 표면에 펼쳐 놓은 모습으로
묘사된다(물론 〈호문쿨루스 가소성homuncular plasticity〉이라고 부르는
게 나았으리라는 건 알지만, 그때는 밤늦은 시각이었기 때문에).

호문쿨루스 유연성은 심오한 주제여서 여기서는 간략하게만 언급하고
넘어가겠다. 사람에게 제3의 팔을 주는 일이 흥미롭다는 것까지는
언급하겠지만, 그 경우는 환각이 상상 이상으로 확장될 수 있다.

어떤 햅틱 환각은 몸 〈바깥〉에서 오는 듯한 감각을 만들어 내기도
한다. 피험자의 양팔에 버저를 달고서 꼼꼼히 조정하고 적절한 무대
장치를 하면, 버저의 감각이 팔 사이 허공에서 오는 것으로 느끼도록 할
수 있다. 이것은 으스스한 느낌이다.

피험자에게 VR 헤드셋을 쓰도록 한 뒤에 버저 감각이 오는 것으로
느껴지는 그 위치에서 제3의 팔을 시각적으로 지각하도록 하면, 햅틱
지각은 허공이 아니라 제3의 팔에서 오는 것으로 느껴진다. 이렇듯 뇌를
전극에 직접 연결하거나 에너지 빔을 쓰지 않고서도 능동형 햅틱
피드백을 (제한적이기는 하지만) 가상의 팔다리와 통합할 수 있다.
일반적인 VR 장비로도 헛팔다리 통증을 치료할 수 있다.

헛팔다리 현상을 연구하는 V. S. 라마찬드란 연구진은 우리의
호문쿨루스 유연성 연구를 모방했다. 라마는 거울을 이용한 간단한
장치를 이용하여 우리가 정교한 VR 장치로 관찰한 것과 비슷한 인지
현상을 연구할 수 있었다.

칼테크의 생물학자 짐 바우어는 이용 가능한 비(非)인간 아바타들을
계통수*와 접목할 수 있지 않겠느냐고 말한 적이 있다. 뇌는 수억 년에

♦ 진화에 의한 생물의 유연관계를 나무에 비유하여 나타낸 그림 ─ 옮긴이주.

이르는 심층 진화의 시기를 거치면서, 인류로 진화하기 이전 생물들의 체제[*]를 제어하는 법을 기억했는지도 모른다. 기묘하지만 이용 가능한 아바타는 뇌가 어떻게 먼 미래를 대비하여 미리 진화할 것인지를 생물에게 알려 주는지도 모른다. 우리는 수억 년 뒤에 진화했을 모습에 대한 사전 적응으로서의 전적응preadaptation을 쉽게 탐구할 수 있을지도 모른다.

**VR의 열여덟 번째 정의: 심층 시간에 걸친
신경계의 적응과 전적응을 탐구하는 수단.**

햅틱 지능

언젠가 VR이 성숙하면 VR에서의 예술 활동이나 수업, 대화 등이 (현재 상상하듯) 여러분이 방문하는 가상의 장소로 이루어지는 것이 〈아니라〉 여러분이 변하는 형태로 이루어지리라는 것이 나의 일관된 생각이었다. 어쨌든 VR에서는 아바타와 세상의 절대적 경계가 없으니까. 손목을 돌렸을 때 구름이 돈다면 구름을 점차 신체 지도의 일부로 받아들이게 된다. 운아일체(雲我一體)의 경지라고나 할까.

그러면 드넓은 탐구 영역이 펼쳐진다. 내가 기억하기로 가장 극단적인 실험은 눈을 딴 사람과 바꾸는 것이었다. 이 말은 딴 사람의 머리/눈 위치에 따라 시점이 이동한다는 것이다. 감각 운동 고리는 〈8〉자가 되었다. 처음에는 움직임을 조응시키기가 힘들다. 피험자는

---

[*] 생물체 구조의 기본 형식 — 옮긴이주.

친밀하고 야한 느낌을 받을 수도 있다.

유토피아 오류에 빠지지 말 것! 내 말은 아바타가 공유되거나 얽히는 경험을 한다고 해서 반드시 영적이나 (심지어) 에로틱한 경지에 이르지는 않으리라는 뜻이다(20대에 그런 주장을 하기는 했을 것이다. 나를 변호하자면, 그렇게 주장하지 않는 것이 더 패씸하지 않았을까? 젊다는 게 뭔가?).

인지적 〈8〉자로 얽히면 상대방의 눈으로 자신을 볼 수도 있다. 우리가 이 실험을 했을 때는 그래픽의 질이 조잡해서 인상적인 결과를 얻지 못했다. 우리가 경험한 것은 단지 움직임 조응의 햅틱적 측면이었다.

하지만 오늘날 조응은 (이상적인 상황에서) 상당한 공감과 연민을 불러일으킬 수 있을 수 있지만 자기애를 증폭할 수도 있다. 예리한 코미디언 스티븐 콜버트는 〈8〉자 감각 운동 고리의 경험을 〈자신에게 떡을 치다fucking oneself〉라고 표현했다. 이전의 모든 매체와 마찬가지로 VR은 이렇게 될 것이다. 사람의 내면에 있는 최선의 것과 최악의 것을 둘 다 증폭시킬 것이다.

좋든 싫든, 우리가 추구하는 것이 강렬한 자극과 세상의 탐구라면 낯선 장소에 가서 자신의 감각 운동 고리를 변형한다는 생각에서 벗어날 필요가 있다. 고양이처럼 움직이면 고양이처럼 생각하게 된다. 뇌와 몸은 두부 자르듯 자를 수 없다. VR에서 새로운 몸을 얻으면 우리의 뇌도 확장된다. 이것이야말로 VR 모험의 핵심이 될 것이다. 기묘하지만 이용 가능한 아바타의 가장 심오한 의미는 몸과 연결된 방대한 뇌 부위를 깨우는 데 있을지도 모른다.

사람들은 자신을 신체적으로 표현할 때 다른 방식으로 생각한다. 피아노 즉흥 연주를 배운 사람이라면 누구나 경험했겠지만, 나는 내

손이 수학적으로 까다로운 화성 문제들을 어떤 생각 방식보다 빠르게
해결하는 것에 놀랐다.

내가 피아노 앞에서 더 똑똑해지는 비결은 피질의 가장 넓은 부위, 즉
햅틱과 연관된 부위를 동원하기 때문이다. 운동 피질은 일반적으로
추상적 문제 해결을 담당하지 않지만 — 균형 잡기나 공 잡기처럼
구체적인 과제만 담당한다 — 피아노 즉흥 연주에서 보듯, 불가능한
일은 아니다.

나는 이 가능성에 늘 매료되었으며, 전신 상호 작용이 가능한 멋진
VR 시스템 안에서 아이들을 DNA 분자나 추상적 기하학 문제 같은
아바타로 변화시키려고 시도했다.

프로이트 아바타가 된 정신과 의사들처럼 분자를 3D로 보거나 만질
수 있는 장소가 VR의 전부라고 생각하지 말라. 결코 그렇지 않다!
VR은 분자가 되는 곳이며 분자처럼 생각하는 법을 배우는 곳이다. 뇌는
기회를 기다리고 있다.

**VR의 열아홉 번째 정의: 운동 피질 지능을
탐구하는 수단.**

한 가지 강박으로는 모자란다는 듯

피아노와 햅틱 지능에 대해 이야기하다 보면 실리콘 밸리에 집을
장만했을 때 내게서 꽃핀 개인적 기벽을 언급하지 않을 수 없다. 나는 이
기벽을 〈오르가노마니아organomania〉라고 부르는데, 새 악기를
연주하는 법을 배우려는 충동을 일컫는다.

부모의 물건 중에서 내가 뉴욕으로, 또 캘리포니아로 가져온 것이 두 가지 있다. 하나는 엘러리의 로열 휴대용 타자기였으며 다른 하나는 빈에서 생산된 릴리의 꽃무늬 치터였다.

뉴욕에서는 일본 전통 대나무 피리를 본뜬 싸구려 플라스틱 샤쿠하치를 발견하여 이토 데이지(伊藤貞司)에게 연주법을 조금 배웠다(이토는 내가 좋아하는 영화 제작자 마야 데렌의 남편이다). 따라서 팰로앨토에 도착했을 때 내게는 악기가 세 개 — 샤쿠하치, 클라리넷, 치터 — 있었다. 작은 업라이트 피아노도 대여했다.

하지만 그때 재난이 서서히 다가왔다. 샤쿠하치를 연주하는 것은 너무 신나는 일이어서 나는 거기서 멈출 수 없었다. 나는 당시에 〈월드 뮤직〉이라고 하는 것에 오랫동안 푹 빠져 있었다. 어릴 적 우리 집에는 우다이 샹카르Uday Shankar를 비롯한 경이로운 비서구 음악가들의 SP 레코드판이 있었다. LP 시대에는 넌서치Nonesuch 레이블의 음반(가믈란, 티베트 종교 음악, 가나와 세네갈의 타악, 가가쿠 궁중 음악 등)에 탐닉했다.

새로운 종류의 음악을 들을 때마다 숨겨진 동굴이 내 앞에서 열리는 것 같았다.

당시에 베이에어리어는 가장 국제적인 문화 중심지였다. 샌프란시스코 차이나타운의 지하층에는 열성적인 중국 음악 클럽들이 있었다. 알리 아크바르 칸은 마린에서 북인도 전통 라가♦를 가르치는 학교를 열었다. 가믈란, 서아프리카 타악 악단, 다이코(太鼓)♦♦ 도장,

♦ 인도, 방글라데시, 파키스탄의 고전 음악에서 사용하는 즉흥 연주 및 작곡법의 선율 구조 — 옮긴이주.
♦♦ 일본의 전통 북 — 옮긴이주.

플라멩코 카페도 있었다.

그래서 나는 배울 수 있는 악기를 모조리 배웠다. 그 말은 내 오두막에 악기가 쌓이기 시작했다는 뜻이다. 그것도 많이.

1982년경에는 몇십 개밖에 없었을 것이다. 옛날 사진들을 보면 그렇다. 한 여자 친구는 이렇게 말했다. 「악기 좀 밥상에서 치우면 안 돼? 난 무서워서 못 옮기겠어. 밥 먹고 싶다구.」

오르가노마니아는 불치병이다. 요즘 우리 집에는 악기가 1,000개를 훌쩍 넘는다. 2,000개가 되는지도 모르겠다. 이 모든 악기를 적어도 즐길 수 있을 만큼은 연주할 줄 안다. 악기는 서로 비슷한 게 많으므로 별로 대단하게 들리지 않을지도 모르지만, 나는 인생의 대부분을 악기에 대한 집착에 빼앗겼다.

나는 늘 이렇게 말한다. 「적어도 헤로인보다는 싸잖아.」 진짜 그런지는 모르겠지만. 악기 이야기는 다른 책에서 다룰 예정이지만, 이 책에서 언급한 이유는 내가 VR을 이해하는 데 중심적 역할을 하기 때문이다.

우리 주위에는 거창하지 않은 햅틱 문화가 얼마든지 있지만, 내가 좋아하는 것은 악기에서 찾을 수 있다.

시간적·공간적으로 멀리 떨어진 악기를 배울 때는 몸을 원래 연주자의 방식으로 — 적어도 그와 연관된 방식으로 — 놀리는 법을 반드시 배워야 한다. 악기는 글처럼 세기(世紀)와 대륙을 가로지르는 햅틱 통로이지만, 글보다는 덜 상징적이고 훨씬 친밀하다.

어떤 악기는 힘과 무력을 전달한다. 다양한 호른, 백파이프, 북은 전투의 도구, 사실상 무기였다. 이 악기들을 대근육으로 연주하려면 힘을 집중하기 위해 바짝 긴장해야 한다. 내가 사용하는 근육 집단의 크기는 연주할 리듬과 밀접하게 연관되어 있다. 잃었던 음악이 내 몸과 고대 악기 사이에서 조금이나마 되살아난다.

다른 악기는 외부적이고 현세적인 상황보다는 인체의 척도에 맞춰져 있기에 최소한의 움직임으로 연주하며 무아지경에 이를 수 있다. 우드'가 그런 악기이다. 관악기 중에는 샤쿠하치처럼 여러 해 동안 연주하고 나서도 점점 더 미묘한 차이를 새롭게 느낄 수 있는 것이 있는 반면에, 현대 플루트처럼 더 정확하고 빠르고 화려하게 연주하고 싶어지는 것도 있다. 목에서 차이가 느껴진다.

악기는 지금껏 발명된 최고의 햅틱 인터페이스일 뿐 아니라, 숙달과 표현력만 놓고 보자면 종류를 막론하고 최고의 인터페이스이다.

악기는 무엇이 가능한가를 — 전산학이 얼마나 발전해야 그나마 첫발을 뗐다고 말할 수 있는가를 — 보여 준다.

상처와 치유

호문쿨루스 유연성은 전 세계 연구실에서 수십 년 동안 연구되었는데, 그 이유는 뇌와 몸의 관계를 이해하는 데 안성맞춤이기 때문이다.

특별히 언급해야 할 연구자가 두 명 있다. 멜 슬레이터(바르셀로나 대학교와 유니버시티 칼리지 런던)는 경이로운 실험들을 수행했는데, 그중에는 아바타에서 꼬리가 자랐을 때 사람들이 꼬리 쓰는 법을 얼마나 쉽게 배우는가도 있었다.** 답을 알려 주자면, 사람들은 꼬리를 자유자재로 놀린다. 우리가 진화 과정에서 꼬리를 잃은 것은 최근이며

♦ 중세와 근대 이슬람 음악에서 유행한 현악기 — 옮긴이주.
♦♦ http://publicationslist.org/data/melslater/ref-238/steptoe.pdf.

우리의 뇌는 꼬리가 제자리에 달려 있어도 전혀 놀라지 않는다. 이것은 기다란 연구 업적의 목록 중에서 아무거나 고른 것이다. 여기서 멜의 진면목을 소개할 수는 없다. 직접 찾아보시길.

스탠퍼드의 제러미 베일런슨은 내게 특히나 소중한 사람이다. 우리는 그가 학생일 때부터 함께 연구했으며, 그는 현재 아바타에 대해 모든 것을 연구하는 근사한 연구실을 이끌고 있다.♦ 그의 연구는 대담하고 인상적이다. 그는 아바타가 달라질 때 사람들이 어떻게 서로를 다르게 지각하는지 연구했다. 애석하게도, 아바타의 키가 커지면 사회적 지위가 높아진다. 물론 그의 연구는 인종주의를 비롯하여 우리의 성격에 있는 나쁜 면에 대해 시사하는 바가 크다.

제러미와 나는 가능한 아바타의 범위를 파악하는 장기 과제를 시작했다. 우리의 목표는 인간의 뇌가 어떤 생물에 적응하거나 선적응했는지 찾아내는 것이다.

이따금 제러미의 학생이 우리 연구실 인턴이 되기도 한다. 최근의 흥미로운 사례 하나는 꼭 언급해야겠다. 앤드리아 스티븐슨 원은 당시에 학생이었으며 지금은 코넬 대학교 교수인데, 2015년에 아바타를 이용하여 통증을 관리하는 앱 시제품을 개발했다.

그의 발상은 이렇다. 만성 통증 환자가 아픈 자리에 가상 문신을 그린 뒤에 혼합 현실에서 사람들과 상호 작용하여 자신의 문신이 사회적으로 인정받도록 한다. 그런 다음 치료사가 가상 문신을 점차 지워 사라지도록 한다. 이렇게 하면 만성 통증의 주관적 세기가 줄어든다.

이것은 제러미가 설명한 사악한 효과를 좋은 용도에 적용하는

♦ http://onlinelibrary.wiley.com/doi/10.1111/jcc4.12107/full.

방법이기도 하다. VR에서 아바타 디자인을 바꿈으로써 사람을 더 인종주의적이거나 두려워하거나 굴종적으로 만들 수도 있지만, 통증을 더 잘 관리하도록 할 수도 있다.

VR 분야가 아직 걸음마 단계임은 아무리 강조해도 지나치지 않다. 아직도 모르는 것이 너무 많다.

12 해상의 여명

다른 한숨들

여명기, 그러니까 우리가 장갑으로 제어하는 실험적 표면 지향 프로그래밍 언어를 만들던, 하지만 고글을 이용한 본격적 3D 소셜 VR 시제품을 개발하기에는 컴퓨터의 성능이 낮던 시절에는 우리 느슨한 부족을 하나로 묶어 주는 공식적 틀이 없었다.

톰, 앤, 영, 척, 스티브, 그리고 호기심에서 찾아오는 사람들은 VR에 열렬한 관심을 보였지만, VR에만 관심을 가진 것은 아니었다. 우리는 모두 이리저리 방황했다. 앤과 영은 스탠퍼드에서 학위 과정을 밟고 있었으며 척, 스티브, 톰은 생활비를 벌기 위해 온갖 프리랜서 활동을 했다.

나도 마찬가지였다. 나는 최초의 VR 회사인 VPL 리서치사를 창립하기 전에 스타트업 창업을 시험적으로 시도했다. 월터 그린리프와의 공동 작업이었다.

월터는 스탠퍼드에서 신경 과학 박사 과정을 밟고 있었는데, 공교롭게도 캠퍼스에서 최고의 작업 멘트를 구사하는 남자가 되었다. 「스탠퍼드 섹스 연구실의 실험에 피험자가 되어 주시겠어요?」

피험자들은 센서를 부착한 채 오르가슴에 도달하라는 지시를 받았다.

오래전에 공식 리셉션에 쓰이던, 낡았지만 화려한 옛 건물의 가짜 르네상스 돔 아래로 나선형 계단을 올라가면 연구실이 나왔다. 그 전에 주렴을 통과하고 환각적인 포스터 앞을 지나야 했다. 의과 대학이어서 지하실에는 시신이 보관되어 있었다. 이 건물은 인간 존재의 신성하고 신비로운 경계들을 원스톱으로 연구할 수 있는 시설로 유명했다. 그 경계란 섹스, 잠, 죽음이었다.

안타깝게도 건물은 얼마 지나지 않아 철거되어 잊혔다. 지금은 주차 빌딩이 들어섰다(궁금할까 봐 알려 주자면, 주차 빌딩은 게이츠 전산학 연구동 동쪽의 다층 건물이다). 나는 언제나 돔이 서 있던 자리에 최대한 가까이 차를 댄다.

이곳은 비슷한 시기에 스티븐 라버그가 자각몽이 실재함을 밝혀낸 바로 그 연구실이었다.

자각몽은 자신이 꿈을 꾸고 있음을 아는 꿈을 일컫는다. 연습을 통해 꿈에서 일어나는 사건들을 조종할 수도 있다. 하늘을 날거나 다이아몬드 궁전을 생기게 할 수도 있다. 자각몽은 단지 〈진짜〉처럼이 아니라 진짜보다 더 진짜처럼 느껴진다. 그렇지 않다는 사실을 아는데도 말이다.

물론 사람들은 하늘을 날고 초인적 섹스를 했으며 산만 한 바다 괴물을 솟아오르게 했다. 스티븐은 사람들이 꿈 이야기를 지어내는 것이 아니라 자각몽이 진짜로 일어나고 있음을 어떻게 알 수 있었을까?

스티븐의 실험 중 하나에서는 피험자들에게 자각몽 중에 미리 정해진 패턴으로 눈동자를 움직이도록 했다(잘 때는 몸의 대부분이 움직이지 않고 꿈속 사건과 무관하지만 눈동자는 여전히 움직인다).

스티븐은 렘수면에 빠진 피험자들이 요청대로 눈동자를 움직이는 것을 관찰함으로써 사람들이 꿈속에서도 자신의 몸을 통제한다는 사실을 밝혔다. 또한 여러 남세스러운 센서를 이용하여 피험자가 꿈에서 섹스를 경험했다고 말할 때 진짜 그랬는지 확인했다.

나의 해커 친구와 사귀던 여자는 자각몽 중에 연구실의 어떤 피험자보다 많은 오르가슴에 도달했다(적절하게도 스티븐은 꿈에서 무슨 일이 벌어지고 있느냐고 여자에게 묻지 않았다). 오르가슴 횟수를 자랑하는 게 바보 같긴 하지만, 오늘날 소셜 미디어에서 가짜 친구 수를 세는 것보다는 더 흥미롭지 않은가?

나는 자각몽 꾸는 법을 배웠는데, 잠깐은 매혹되었으나 이내 시들해졌다. 혼자 만들어 내는 경험은 혼자만을 위한 것일 뿐이다. 꿈을 기억할 수 있다는 것, 뇌를 자유롭게 풀어놓을 수 있다는 것이 더 흥미롭다. 하지만 요점은 실재의 내용이 아니라 타인과의 연결이다. 규모는 현실이 아니다. 거대한 크리스털 용이 단순한 단어 이상의 존재이려면 사람들이 이걸로 발화 이상의 행위를 할 수 있어야 한다. 이것은 남들과 협력하지 않고서는 불가능하다.

월터, 스티븐, 그리고 내 오두막의 비공식 동료들은 여러 방식으로 협력했다. 우리는 자각몽을 꾸는 사람에게 VR 장갑을 끼게 하고는 꿈속에서의 움직임 중에서 감지할 수 있는 것이 — 아무리 사소하더라도 — 있는지 살펴보았다. 과학적으로 신뢰할 만하지는 않더라도 당시에는 그것이 우리가 찾던 답이었다.

다른 만물들

1980년대 초에 많은 사람들은 자각몽과 VR을 쌍둥이 연구 과제로 여겼다. 나는 둘을 비교해 달라는 요청을 곧잘 받았다.

VR의 스무 번째 정의: 자각몽과 비슷하지만 (1) 두 사람 이상이 같은 경험 속에서 역할을 맡을 수 있고 (2) 질이 낮으며 (3) 통제권을 가지고 싶으면 — 당연히 그럴 텐데 — VR을 프로그래밍해야 한다는 점이 다르다. 반면에 통제권을 얻으려 들지만 않는다면 대체로 꿈이 최선이다. 심지어 스티븐 라버그는 자각몽을 안 꾸려고 한다. 뇌가 스스로를 놀라게 하고 새롭게 하는 것은 속박되지 않은 꿈을 꿀 때이기 때문이다.

자각몽은 동시에 터져 나온 〈만물의 꿈〉 세 가지 중 하나에 불과했다. 다른 하나는 VR이었고 나노 기술이 세 번째였다.

당시에 에릭 드렉슬러는 물리적 실재를 다양한 자유 시나리오 — 우리가 자각몽이나 VR 안에서 실현하려고 한 것 — 로 재구성하는 사이키델릭한 과제를 수행하면서 〈나노 기술〉이라는 용어를 대중화시켰다. 우리는 대부분의 물리적 실재가 별과 암석처럼 인간이 만들지 않은 물체로 이루어짐을 받아들이기를 거부하고 원자를 우리가 바라는 온갖 형태로 바꿈으로써 실재를 제어하는 법을 배웠다. 우리는 우주를 날았으며 우리의 피부는 진공으로부터 몸을 보호하기 위해 황금

막을 생성했다. 우리는 거대한 우주 괴수로 변신하고 천국 같은 거품 정원에 들어갔다.

훗날 〈나노 기술〉은 작은 모터를 만드는 것 같은 화학 분야의 야심찬 시도를 일컫게 된다.

하지만 당시에는 나노 기술과 VR을 비교해 달라는 요청을 많이 받았다. 나는 그런 비교를 하기에는 속이 좀 좁았다.

> **VR의 스물한 번째 정의: 〈나노 기술〉에 대한 이전의 거창한 정의와 비교하자면, VR에서는 남들이 나와 공유해야 하는 하나의 물리적 세계를 엉망으로 만들지 않고서도 기상천외한 일들을 경험할 수 있다. VR은 훨씬 윤리적이다. 또한 너무 막 나가지도 않는다. VR은 기이한 가정을 세우거나 기본 물리 법칙을 어기지 않고서도 작동할 수 있다.**

반론도 많이 받았다! 사람들이 이렇게 말했다. 「조만간 가능한 모든 가상 세계에 실제로 부합하도록 현실 세계를 바꿀 수 있을 텐데 뭐하러 가상 세계를 프로그래밍하느라 고생하나요?」 현실의 우위를 주장하는 사람이 여기도 있었다.

하지만 이런 사고방식을 완전히 배격하고 싶지는 않다. VR은 기술이 발전하고 사람들의 선택지가 다양해지는 미래에 우리가 무엇을 원해야 하는지 실마리를 줄 수 있을지도 모른다. 오늘날 우리는 『우주 가족 젯슨*The Jetsons*』 같은 세상에서의 삶을 시뮬레이션할 수 있다. 직접 시도해 보면 이것이 우리가 정말 원하는 것인지 알 수 있을 것이다.

> **VR의 스물두 번째 정의: 언젠가 기술이**
> **발전했을 때 현실이 어떤 모습일지 미리 보여**
> **주는 것.**

이전의 만물

방에서 날아다니는 800파운드짜리 고릴라♦는 환각성 약물이었다.
환각제는 현존하는 〈만물의 꿈〉으로, 베이비 붐 세대를 사로잡았다.
나는 〈X 세대〉로 알려진 다음 집단에 대체로 속하지만, 베이비 붐
세대는 세상을 주도했으며 우리가 한 모든 것의 맥락을 놓았다.

1980년대 초에 가장 많이 들은 질문은 VR과 LSD가 어떤 관계냐는
것이었다. 사람들이 실제로 VR을 체험할 수 있게 되자 그 질문은 점차
사그라들었다. 하지만 기록용으로 적어 둔다.

> **VR의 스물세 번째 정의: VR은 이따금 LSD와**
> **비교되지만, VR 이용자가 세상을 객관적으로**
> **— 비록 환상일지라도 — 공유할 수 있는**
> **반면에 LSD 이용자는 그럴 수 없다. VR**
> **세계는 디자인과 엔지니어링 작업이**
> **필요하며, 자신의 경험을 창조하고**

♦ 힘이 천하무적이어서 무엇이든 할 수 있는 존재를 일컫는다 — 옮긴이주.

공유하려고 노력할 의향이 있을 때 최선이
된다. VR은 롤러코스터를 타는 것이 아니라
자전거를 타는 것과 같다. VR 경험은
흥미진진하지만 언제든 고글을 벗을 수 있다.
통제권을 잃을 염려가 없다. VR은 현실이나
꿈이나 (약물로 인한) 환각보다 대체로
〈저급〉하지만, 그 차이를 감지할 만큼 감각을
단련하는 것은 자신에게 달렸다. LSD는 지금
써먹을 수 있으나 VR은 한동안 미흡할
것이다. 여러분의 자녀나 손자녀 때는 더
나아질 테지만.

티머시(팀) 리리는 VR 개념이 또 다른 논쟁의 불씨가 되리라
생각했지만, 그때는 시도할 방법이 없었다. 나이가 어려서 당시 상황을
모르는 사람을 위해 말해 두자면, 일찍이 팀은 환락을 전염시켜
〈미국에서 가장 위험한 자〉로 알려졌다. 그는 환각제만 옹호한 것이
아니라, 모든 것이 갑자기 달라졌으니 정부, 대학, 화폐 같은 옛 제도는
거부하고 무시하는 것이 최선이라고 선언했다.

팀은 세상이 계시의 끝에 도달했으며 그 뒤에는 우리 모두가 평화와
아름다움을 더 많이 누릴 것이라고 생각했다. 그리고 마약이야말로
장애물을 넘는 열쇠라고 믿었다. 그는 베이비 붐 세대의 문화에서 가장
영향력 있는 인물로 꼽히며, 오늘날까지 미국을 괴롭히는 문화
격차cultural divide를 정의하는 데 한몫했다.

한번은 팀이 VR을 새로운 LSD로 선언했다. 우리는 완강하게 이의를

제기했다.

언더그라운드 잡지 등에서 한 차례 공방을 주고받은 뒤에 팀이 나의 우려를 불식하자며 개인적 만남을 청했다. 물론 면담을 위해서는 편법을 동원해야 했는데, 이것은 신나는 일이었다.

팀은 빅서의 에설런 연구소Esalen Institute에서 워크숍을 진행하기로 계약이 되어 있었는데, 내가 자신을 빼내 줘야 한다고 말했다. 우선 팀의 대역을 물색하고 몰래 투입하여 워크숍을 대신 진행하도록 해야 했다. 그런 다음 팀을 내 차 트렁크에 숨겨 정문 검문소를 유유히 통과해야 했다. 우리는 냉전 시대 베를린에서 누아르 영화 장면을 연출할 참이었다. 좋지, 안 할 이유가 없지 않은가.

내 차의 트렁크를 비우는 것은 쉬운 일이 아니었다. 월터가 자신의 스탠퍼드 연구실 뒤쪽 쓰레기장 옆에서 청소 작업을 도와 주었다. 우리는 수북이 쌓인 인쇄물과 컴퓨터용 테이프, 깔개만 한 플로피 디스크를 분류했다. 한동안 부팅하지 않은 컴퓨터 몇 대도 버렸다. 오늘날 골동품으로 가치가 있을 만한 것들이었지만, 오로지 팀이 들어갈 자리를 마련하기 위해 폐기했다. 그중에는 선에서 제작한 애플 III와 리스프 머신♦의 일부도 있었다.

나는 부스를 지키는 경비원의 눈길을 피하며 공손하게 손을 흔들었다. 죄인처럼 보이지 않으려고 애를 쓰느라 심장이 벌렁거렸다. 힐끔 엿보니 내가 두려워한 것과 달리 제복 차림의 근육질 경비원이 아니라 홀치기염색 티셔츠 차림의 작고 멍하고 수염을 기른 청년이 앉아 있었다.

♦ 짐작했겠지만, 리스프 머신은 한때 수학자와 인공 지능 연구자에게 사랑받은 초기 프로그래밍 언어 리스프에 특화된 컴퓨터이다.

대역은 감쪽같았다. 내가 알기로 아무도 속임수를 알아차리지 못했다. 학생들은 아마도 약에 취해 있었을 것이다. 팀 빼돌리기 작전은 순조롭게 진행되었다.

팀은 우리가 마련한 공간에 꼭 맞았다. 남은 장비들이 그를 덮치긴 했지만. 임무가 성공하려나? 앞서 팀은 빅서 파이퍼 포인트에 있는 가장 으리으리한 집의 주소를 알려 주었다. 그곳에 도착한 나는 팀을 트렁크에서 꺼내어, 보름달 아래 파도를 내려다보고 토킹 헤즈의 근사한 미발표곡을 들으며 할리우드 인사들과 저녁을 먹었다.

팀은 자신을 추종하는 히피 청년들에게 늘 둘러싸여 있었으나, 자신은 할리우드 명사들의 세상에 끼고 싶어 했다. 그는 나와 의견은 달랐지만 좋은 친구가 되었다. 내게는 좋은 연습이었다(시간이 지나면서 이런 일을 더 많이 겪었다).

스페인에서 열린 학회에 연설을 하러 갔는데, LSD를 발명한 알베르트 호프만도 연사로 참가했다. 그가 내게 다가와 〈당신이 팀의 후계자로군요〉라고 말하며 의미심장한 표정을 지었다. 어안이 벙벙했다.

팀과 나는 환각제와 VR을 어떻게 비교할 수 있을지에 대해 결코 합의에 이르지 못했다. 그는 VR에 대한 입장을 조금 누그러뜨리는 데는 동의했는데, 잘된 일이었다. VR이 구현되기도 전에 대량의 알레르기 반응이 나타나는 것은 결코 바라지 않았으니까.

팀의 소개로 나머지 환각제 세계 사람들을 만났다. 특히 사샤 설긴이 맘에 들었는데, 그는 경이로운 화학자였으며 버클리 뒤쪽 언덕의 작은 시골 오두막에 숨겨진 세계 수준의 화학 실험실에서 미국 정부의 특별 허가하에 새로운 환각제 수백 가지를 발명하고 시험했다. 그는 내가 만난 사람 중에서 누구보다 명석하고 다정다감했다.

팀의 추종자 중 일부는, 어떤 약물은 공감을 증진하고 또 어떤 약물은 기쁨을 증진하고, 많은 약물은 세계 평화와 영적 충만과 영원한 천재성을 보장한다고 되뇌었다. 그들은 종종 약물을 존재로 여겼는데, 이것은 전산학자가 컴퓨터를 살아 있는 인공 지능으로 생각하려 드는 것과 같다. 버섯의 환각성 분자는 인류에게 지혜를 가져다주는 피조물 역할을 맡을 수 있다 (환각제 연구자들이 저작권이나 연구비 같은 학계의 일반적 떡고물을 놓고서 사납고 옹졸한 논쟁을 벌인 탓에 약물의 유토피아적 힘이 〈그다지〉 강력하게 발휘되지 못했음은 꼭 언급해야겠다).

환각제 유토피아에는 자동적 성질이 있는데, 이는 훗날 기술 자유 지상주의 감수성과 잘 어우러졌다. 유토피아를 위해 투쟁해야 한다는 옛 마르크스주의적(또는 아인 랜드적) 의미는 한물갔다.

환각제 사상이 나의 VR 이상주의를 성숙하게 한 측면은 부인할 수 없다. 유토피아의 장막 뒤에서는 〈정신적 환경과 물질적 환경set and setting〉처럼 더 흥미로운 개념을 발견할 수 있었다(이 표현은 약물 분자가 〈실제로는〉 어떤 특별한 의미도 부여하지 않으며 텅 빈 맥락을 제시할 뿐이라는 뜻이다). 이를테면 MDMA(엑스터시)는 단순히 쾌락을 주거나 공감제(공감을 자극하는 약)로 이해되었다. 밤을 잊은 채 쿵쾅거리는 유로 댄스 클럽에서 자극제와 감각 확장제로 널리 쓰이게 된 것은 훗날 일이다. 지금은 외상 후 스트레스 장애와 (심지어) 자폐증 치료용으로 시험되고 있다.[•]

따라서 향정신성 분자 하나에도 폭넓은 의미가 담길 수 있다. VR이 약물과 같은 것이라고는 한 번도 생각해 보지 않았지만 〈정신적 환경과

[•] 위험할 수도 있으므로, 권하지는 않는다. 실제로 비플의 부모 한 명이 MDMA를 쓰다가 심장 발작으로 죽었다.

물질적 환경〉 원칙은 VR에 적용해도 무방해 보인다. VR은 아름다운 예술과 공감의 수단이 될 수도 있고 무시무시한 감시와 조작의 수단이 될 수도 있다. 의미를 정하는 것은 우리 자신이다.

LSD는 기술 진영에서 흔한 약물이었다. 스티브 잡스도 LSD 얘기를 곧잘 했다.

나는 약물을 — 특히 LSD를, 적어도 대마초를 — 사용하라는 엄청난 사회적 압박에 시달렸다. 하지만 대마초조차도 결코 해본 적이 없다. 끊임없이 이유를 설명해야 하는 것은 힘든 일이었다. 사람들은 나의 선택을 모욕으로 받아들였다.

약물은 내게 맞지 않는 것 같았다. 다른 이유는 없다. 남들을 판단하는 것이 아니다. 요즘 소셜 네트워크 서비스를 이용하지 않는 사람도 비슷한 압박을 느끼는데, 내 답은 한결같다.◆

나를 거짓말쟁이라고 부른 사람들도 있었다. LSD로만 접할 수 있는 것을 내가 〈보고 깨달았다〉는 이유에서였다. 내가 아주 괴상하고

◆ 소셜 미디어를 이용할 때 최선의 모습을 보이지 않는 사람들(이를테면 현재 자유 세계의 지도자)을 손가락질하기보다는 내가 오늘날과 같은 형태의 소셜 미디어를 다룰 수 없다고 판단했음을 밝히고자 한다. 나는 책 홍보를 비롯하여 여러 동기가 있음에도 소셜 미디어 계정이 하나도 없다. 나는 온라인에서 대화하다가 나 자신이 옹졸해지는 경험을 했다. 내 일을 좋아하는 사람이나 싫어하는 사람과 말꼬리를 물고 늘어졌으며, 원치 않게 극단적인 표현을 주고받았다. 소셜 미디어가 내 안에서 최악의 것을 끌어낼까 봐 두렵다. 소셜 미디어가 나의 경력에 도움이 될지도 모르지만, 내 성격에 해를 끼치면서까지 하고 싶지는 않다. 그렇다고 해서 소셜 미디어가 모든 사람에게 반드시 나쁘다는 말은 아니다. 알코올과 같아서, 어떤 사람에게는 괜찮지만 어떤 사람은 멀리해야 한다.
나는 대안 우파 편집증이 확대되는 것을 우려하지만 이것은 당파적 견해가 아니다. 우파의 좌파 비난은 종종 대학생들이 얼마나 괴상해졌느냐에 중점을 두었다. 얼마나 예민한지! 얼마나 성마른지! 패턴이 보이는가? 우파 비평가들이 〈가련하고 좀스러운 눈송이주의〉라고 조롱하는 성격 결함은 트럼프 대통령에게서도 똑같이 찾아볼 수 있다. 소셜 미디어 중독은 정치적 스펙트럼을 가리지 않는다.

환각적인 사람이었던 것 같긴 하다. 팀 리리는 내게 〈통제군〉이라는 별명을 지어 주었다. 나는 그 무리 중에서 약물을 하지 않는 유일한 사람이었으므로, 기준 역할을 할 수 있었을 것이다. 어쩌면 약물이 사람들을 더 반듯하게 했는지도 모르겠다.

〈누군가〉에게는 통제군이 필요했다. 한참 뒤에 리처드 파인먼이 암 발병 사실을 알고서 LSD를 실험할 때가 왔다고 판단했다. 그의 계획은 빅서의 파도 위, 울타리가 없는 높은 낭떠러지 끝에 욕조를 놓고 히피 여인들과 어울린다는 것이었다.♦ 그는 자신이 바위에서 떨어지지 않도록 적당한 거리를 두고 지켜보라고 통제군에게 요청했다. 그는 LSD에 잔뜩 취했다. 더는 산수를 할 수 없었다. 그가 즐거운 표정으로 자신의 머리를 가리키며 말했다. 「기계가 고장 났어.」

VR과 유난히 잘 통하는 약물이 하나 있었다. 아마존에서 쓰이던 화합물로, 이름은 아야와스카ayahuasca 또는 야헤yage이다. 윌리엄 버로스가 이 약물에 대한 글을 남겼으며 그 밖에도 유명한 언급들이 남아 있다.♦♦

아야와스카를 이용하는 문화에서는 이 약물이 사람들을 정신적으로 연결하여 언어를 초월하는 소통 방식으로 경험을 공유하게 한다고 한다. 따라서 아야와스카는 내가 생각한 가상 현실의 미래와 비슷하게 이해되었다.

유사성은 이것만이 아니었다. 둘 다 사람들에게서 구토를 유발했다.

♦ 에설런은 아니다. 미안하지만 장소는 밝히지 않겠다.
♦♦ 『아마존 상류의 마법사*The Wizard of the Upper Amazon*』는 우리 패거리가 좋아하는 책이었다. 실제로는 엄청난 영향력을 발휘한 카를로스 카스타네다의 책들 — 겉보기에는 다른 지역의 다른 약물에 대한 것이었다 — 이 분위기를 조성했을지도 모르지만.

이것은 경솔한 논평이 아니다. 둘 다 위험과 준비, 잠재적 희생을
이용자에게 요구했다. 이것은 제의적 숭배를 위한 완벽한 조건이었다.

요즘은 VR을 하다가 토하는 사람이 거의 없지만 — 이제는 시연을 할
때 구토용 봉지를 가지고 다니지도 않는다 — (최근에 브라질에서
향상된 법적 지위를 누리게 된) 아야와스카 문화에 대한 매혹은 지금도
VR 엔지니어들을 끌어당기고 있다. 실리콘 밸리의 VR 수장들이
정기적으로 브라질을 찾아가며 캘리포니아에서는 아마존 의식을
재현하려는 이벤트가 여전히 벌어지고 있다.

나는 아야와스카를 해본 적이 한 번도 없어서 효과에 대한 판단은
유보하겠다. 다만 아야와스카를 쓰는 사람들이 정신적으로
연결되었다는 증거는 한 번도 목격하지 못했으며, 아야와스카를 여러
번 — 그 이상 — 복용하는 사람들을 보았다. 그래서 (내가 종종 하는
얘기지만) 나는 줄타기를 한다. 여러분도 알다시피, 왼쪽으로 떨어지면
미신을 믿는 사람이 되고 오른쪽으로 떨어지면 환원주의자가 된다.

스팀시티

어쨌든 1982년경에 팰로앨토로 돌아왔다.

월터와 나는 스티븐 라버그의 장치와 연관된 센서를 이용하여 활력
징후를 측정하는 간단한 장비를 만들었다. 모양은 장갑의 일부처럼
생겼다. 이것을 끼면 자신의 내장이 실시간으로 화면에 표시되었다.
화면의 폐는 내 폐와 같았다. 심호흡을 하면 화면의 폐가 확장되었다.
박동하는 심장도 마찬가지였다.

데이터를 기록하기는 했지만, 대개는 시늉만 냈다. 당시에는 대량의

데이터를 저장하는 데 비용이 너무 많이 들었기 때문이다. 게다가 직원이 옆에 앉아서 끊임없이 플로피 디스크를 교체해야 했다.

우리의 발상은 사람들에게서 데이터를 수집하면 결국 알고리즘이 건강과 관련한 상관관계를 발견할지도 모른다는 것이었다. 시스템이 병을 진단할 수 있게 될지도 모를 일이었다. 스트레스를 다스리거나 건강 상태를 추적하는 데도 유익할 터였다. 건강을 증진하는 장난감이라고나 할까.

여러분에게는 낯설게 들리지 않을 것이다. 피트니스 밴드 같은 장치가 어디에나 있으니 말이다(쓸데없이 많이 팔리는 경우도 종종 있다). 하지만 당시에는 참신하고 놀라운 아이디어였다.

월터와 나는 야간에 공동 작업을 했는데, 이것은 월터의 수면 연구실 일정 때문이었다. 나는 애플 리사 컴퓨터에 짐 끈을 달아 가져갔으며 우리는 밤새 야식을 먹으며 일했다. 쓸 만한 곳에 설치된 콘센트가 몇 개 없어서, 원하는 테이블을 차지하려면 작전을 짜야 했다. 「햄에그 살 테니까 자리 바꾸자!」

어느 날 밤 우리는 스탠퍼드 근처 — 내가 나중에 〈크리머리creamery〉라고 부르게 될 곳 — 에서 일하고 있었다. 노파심에서 밝혀 두자면 이곳은 오늘날 팰로앨토에 있는 크리머리 식당과 다른 곳이다. 굳이 밝히는 이유는 스탠퍼드의 크리머리에서 주인이 계산대 뒤를 돌아다니는 쥐를 잡으려고 밤새도록 닌자처럼 괴성을 지르는 광경을 볼 수 있었기 때문이다. 성공하는 건 한 번도 못 봤지만, 의지는 가상했다. 활기찬 쥐 몇 마리는 이름이 있었으며 해킹 집단 내에서 애정을 받았다.

「이 친구는 쥐를 한 번도 못 잡지만 어찌나 끈질긴지 놀라워.」

「기술 분야에 몸담았다면 지금쯤 대기업을 일궜을 거야.」

「우리는 왜 그렇게 안 하는 거지?」

우리는 시제품을 만들어서 라스베이거스에서 열리는 소비자 가전 전시회CES에서 시연하려고 가져갔다. 대기업이 라이선스를 얻고 싶어 할지도 모르니까!

순진한 생각이었다. 우리는 평판이 썩 좋지 않은 인물과 사업 제휴 관계를 맺었다. 그의 임무는 사람들을 만나고 계약을 따내는 것이었다. 하지만 그는 우리를 싸구려 호텔에 집어넣고는 아무 실적도 거두지 못했다.

그래도 세상이 돌아가는 것에 대해 교훈을 얻을 수는 있었다. 월터는 열정적으로 환대받은 일을 기억한다. 나는 잠재 고객들이 자신의 내장 동영상을 보고 구역질을 하던 기억이 난다.

사업의 즐거움을 느낀 것도 기억난다. 발명. 홍보. 향유. 반복.

1990년대, VPL이 폐업한 뒤 월터의 관심사는 VR을 연구 및 치료 수단으로 — 특히 행동 의학 분야에서 — 활용하는 것이었다. 그 뒤로 그는 VR을 이용하여 갱단의 폭력 충동 조절을 비롯한 매혹적인 쓰임새를 연구했다. 21세기에는 내게 미래의 아내를 소개해 주었다. 「베티 붑 같은 여자야.」 이것이 그녀에 대해 처음 들은 말이었는데, 사실이었다.

정통성, 머리카락, 거인의 어깨

지금은 웃기게 들리지만, 스물두 살 즈음의 나는 지금껏 묘사한 모든 것을 즐기면서도 내가 구제 불능의 패배자가 아닐까 두려워했다.

학업을 스스로 중단한 것이 부끄러웠다. 어머니는 내가 하버드 대학교 교수가 되길 바랐을 것이다. 정통성으로 향하는 길을 찾아야 한다는 시대착오적 생각이 나를 사로잡았다. 나는 (실리콘 밸리가 잿더미로 만들어 버릴지도 모르는) 성(城)에 초대받고 싶었다.

문더스트를 판매한 회사가 저명한 컴퓨터 그래픽 학회인 시그래프에서 게임을 시연해 줄 수 있겠느냐고 물었다. 이 학회는 업계와 학계 둘 다에 걸쳐 있었기에, 공식 자격으로 참석하면 내게도 기회가 열리지 않을까 생각했다.

그해 보스턴에서 열린 시그래프는 열광과 환희의 도가니였다. 이 학회는 〈버닝 맨〉♦의 처음 몇 해처럼 순수한 혼돈을 감당할 수 있을 만큼 작은 반(反)문화 회합이었다. 또한 오두막에서 그랬듯 컴퓨터의 속도가 충분히 빠르지 않았기에, 사람들은 무어의 법칙이 효과를 발휘할 때까지는 시간을 때우느라 괴상한 짓을 해야 했다.

보스턴 지역을 처음 방문하는 동안 운명의 모든 끈이 한데 모였다. 시그래프가 끝나기 전, 나는 한동안 그곳에서 살기로 마음먹고, 평생을 함께할 친구 몇 명을 새로 만나고, 결혼할 — 기이하고 짧은 결혼 생활이기는 했지만 — 여인을 만나고, 가장 소중한 멘토를 만나고, 최초의 진짜 연구 장비를 입수했다.

MIT에서 온 괴짜 학생들과는 만나자마자 의기투합했다. 마치 여러 해 동안 사귄 친구 같았다. 알고 보니 그들은 인공 지능 분야의 창시자 마빈 민스키의 제자였다.

그중 한 명은 수십 년이 지난 지금도 친구로 남아 있다. 데이비드

♦ Burning Man. 네바다 사막에서 일주일 동안 공동체 생활을 하는 축제 — 옮긴이주.

레빗은 머리카락이 나와 똑같았으며 색깔만 짙었다. 그는 중간 길이의 레게 머리를 분수처럼 길렀다. 그는 흑인이었지만 ─ 실은 자신을 〈니브루〉'라고 불렀다 ─ 눈을 가늘게 뜨고 보면 우리는 거울상처럼 보였다. 그는 나를 〈배다른 형제〉라고 불렀다.

우리는 인상적인 한 쌍이었으며 화려한 차림으로 돌아다녔다. 가장 좋아하는 복장은 선명한 서아프리카 로브''였다. 나처럼 데이비드도 피아노 연주법이 독특했는데, 내가 스크랴빈, 낸커로, 스트라이드'''를 구사한 반면에 그는 멍크와 래그타임''''에서 출발했다.

데이비드의 MIT 박사 논문 주제는 비주얼 프로그래밍 언어였다! 결국 그는 캘리포니아 무리에 합류했다.

그의 부모는 급진적 민권 운동에 경도되어 있었다. 〈역사는 되풀이된다〉라는 것을 보여 주기라도 하듯 데이비드는 최근에 미국 상원 의원 선거에 출마했는데, 심지어 베이에어리어에서도 왼쪽에 치우친 후보였다.

이 시점에서 주제와 무관하지만 종종 제기되는 문제인 머리카락에 대해 언급하는 게 좋겠다. 내 머리카락은 유전학에 순응하는 것 이외에 어떤 명분도 내세우지 않는다. 흑인으로 통하려는 시도이거나, 자메이카인이나 인도인의 성스러운 이미지에 대한 찬사가 아니다. 그저 머리카락이 지독하게 곱슬곱슬할 뿐이다.

빗질로 머리카락을 펴려고 끝없이 노력하느라 삶을 허비할 수 없어서

♦ nebrew. 흑인과 유대인의 혼혈 ─ 옮긴이주.
♦♦ 아래위가 붙어 하나로 된 길고 헐렁한 겉옷 ─ 옮긴이주.
♦♦♦ 옥타브를 오르내리는 피아노 반주법 ─ 옮긴이주.
♦♦♦♦ 1880년대부터 미국의 미주리주를 중심으로 유행한 피아노 음악 ─ 옮긴이주.

포기하고 레게 머리가 되도록 내버려 두었다. 간단한 이야기이다. 1980년대 초에 출간된 『현업 프로그래머들Programmers at Work』이라는 책 표지에 곱슬머리를 편 나의 사진이 실려 있다. 괴상하게 보이지 않으려고 몇 시간을 기꺼이 허비하던 짧은 시기의 유일한 기록이다.

이젠 레게 머리가 하도 길게 자라서 다른 방식으로 불편해지는 바람에, 어쩌면 깎아야 할지도 모르겠다. 하지만 이 문제는 계속 뒤로 미루게 된다. 머리카락에 신경 쓰고 싶진 않으니까.◆

◆ 머리카락 얘기가 나왔으니 내 몸무게에 대해서도 한마디 하는 게 좋겠다. 어릴 적 병원에서 퇴원하고 1년쯤 뒤에 몸무게를 는 만큼 줄였지만 — 쉽지 않았다 — 그 뒤로 십대 때 몸무게가 무섭게 불었다. 20대에는 살을 빼려고 무진장 노력했다. 그때마다 몸무게는 초자연적 힘처럼 돌아왔으며, 장기적으로 보면 계속 늘었다. 그때 몸무게를 줄이려고 애쓰지 않았다면 오늘날 몸무게가 덜 나가지 않을까 싶기도 하다.

이따금 처음 보는 사람이 별 생각 없이 내게 운동을 더 열심히 하라고 말한다. 해보니 별 것 아니라고. 그래 놓고 입에 침도 마르기 전에 자기네 스타트업이 투자를 받지 못하거나 자기네 책이 출간되지 못한다고, 또는 자신의 잘못이 아닌 불운을 겪고 있다고 징징거린다.

실리콘 밸리는 수량화된 자조(自助)와 생산성 숭배에 빠져들고 있다(이 숭배의 목표는 개인의 삶을 모든 면에서 이상적으로 조각하는 것이다). 이것은 어리석을 뿐 아니라 파괴적이다. 모든 것을 이해하는 척하려는 충동은 예방 접종 반대 운동이나 진화론 반대 운동과 마찬가지로 반(反)과학적이다. 또한 은밀히 순응을 주입하는 행위이기도 하다. 그들은 모두가 생산성과 성공에 대해 똑같은 정의를 받아들여야 한다고 생각한다. 개인의 외모까지도.

몸무게에 대한 합리적 과학으로부터, 또한 어마어마한 사이비 과학으로부터 뒤죽박죽에다 종종 모순되는 결과가 쏟아져 나온다. 하지만 사실 몸무게는 우주에 대한 여러 사실 중에서 아직 제대로 밝혀지지 않은 것 중 하나이다.

하지만 언젠가는 몸무게가 이해될 것이다. 조만간 그렇게 될지도 모른다. 요즘은 근사한 생물학적 측정 도구가 아주 많기 때문이다. 언젠가 사람들이 선택을 할 수 있게 되면, 그들은 다양한 선택을 할 수 있어야 한다. 다양성은 본질적으로 좋다.

내 몸무게가 내 삶에 부정적 영향을 미쳤느냐고? 어떤 면에서는 그렇다. 카메라는 날씬한 사람을 좋아한다. 내가 날씬했다면 책을 홍보하거나 사이버 관련 주제를 토론할 기회가 왔을 때 텔레비전에 더 많이 출연했을 것이다. 하지만 내가 바라는 삶의 관점에서는 더없이 성공적이었다. 어떤 면에서는 본의 아니게 어떤 전형성을 띠었는지도 모르겠다. 똑똑한 당시에는 백인이 레게 머리를 하는 것이 극히 드물었기에 나는 매우 이색적인 존재였다. 하지만 지금은 진부해졌으며 사람들 시선도 곱지 않다. 그래도 어쩔 수 없다.

실리콘 밸리나 MIT에서 내 머리카락에 신경 쓰는 사람은 아무도 없었다. 하지만 내게는 MIT가 실리콘 밸리보다 수월했다. MIT는 칼테크와 비슷했지만, 이번에는 내가 필요로 하는 한심한 것이 내게 있었다. 정통성 말이다.

앨런 케이는 제록스 팰로앨토 연구소를 떠나 아타리의 후원으로 새로운 연구실을 차렸다. 그는 여름 동안의 연구원 자리를 내게 제안했다. 보통은 대학원생에게 돌아가는 자리였다. 학교로 돌아갈 수 있게 되었다! 나는 은총으로부터의 추락을 극복했다.

아타리의 연구실은 켄들 광장에 있었는데, 사실상 MIT에 소속되어 있었다. 연구실은 (몇 년 뒤에 개소하여 영향력을 발휘하게 될) MIT 미디어 랩Media Lab의 전신이었다.

여기서 마빈 민스키를 만났다. 그는 내게 가장 자상하고 너그러운 멘토가 되었다.

케임브리지 살면서 일어난 일들 — 이를테면 마빈의 너저분한 집에서 길을 잃은 것과 자유 소프트웨어의 여명에 대해 리처드 스톨먼과 논쟁한 것 — 은 전작들에서 이미 언급한 바 있다. 여기서 그 이야기를 되풀이하지는 않겠지만, 2016년 마빈이 세상을 떠난 날 내가 그에 대해

기술계 사람들은 좀 신기하게 생겼을 거라는 선입견이 있으니 말이다. 아인슈타인에게 머리카락이 있었다고 생각해 보라. 하지만 전반적으로는 별 상관이 없었는데, 이유는 간단하다. 내가 남성이기 때문이다. 말하기 괴롭긴 하지만, 뚱뚱한 여자는 나 같은 위치에 오르지 못했을 것이다.

쓴 글은 읽어 주기 바란다(이 글은 존 브로크먼의 edge.org에 올린 추모 글이다).

몇 달 전 마빈을 마지막으로 보았을 때, 그는 자신의 멋진 집에서 지내고 있었다. 현관문은 열려 있었으며 학생들이 예고 없이 방문했다. 어린 MIT 학생 하나가 여름에 서커스단에서 일했는데, 아치형 천장에 공중그네가 매달린 것은 당연한 수순이었다. 학생은 고양이처럼 기어올라가, 우리 모두가 AI에 대해 이야기할 때 그네를 탔다. 마치 40년 전처럼.

저 공중그네가 언제 설치되었는지 기억한다. 그때 나는 젊은 제자였다. 왜 매달았을까? 그건 기억나지 않지만, 그때 튜바가 피아노 밑에 자리를 잡았다. 지금은 책과 망원경 부품, 수많은 경이로운 물건에 가려져 잘 보이지 않는다.

그날 밤 마빈을 보러 가는 길에 우리의 공동 지인에게서 전화를 받았다. 「마빈과 논쟁하지 말아요. 노쇠했으니까.」 나는 귀를 의심했다. 「하지만 마빈은 논쟁을 해야 기운을 차린다고요.」

내 말이 맞았다. 마빈은 이렇게 말했다. 「자네가 AI를 비판하는 것은 절대적으로 옳네. 큰 그림에서 자네가 틀렸다면 자네는 AI를 개량할 걸세. 해야 할 일이 산더미 같겠지만. 큰 그림에서 자네가 옳다면, 자네가 옳은 걸세. 대단한 일이지!」

오늘날 우리가 스스로에 대해 생각하는 방식의 절반은 마빈이 창안한 것이다. AI에 대한 그의 독특한 분석에는 수백만 가지 상상이 담겨 있었다. 기계의 미래에 대한 마빈의 서사는 사람들이 두려워하는 바로 그것이다. 하지만 그것은 막간극이다.

본 공연은 사람과 우리의 감정에 대한 마빈의 사고방식이 프로이트의 신화를 어느 정도 대체했다는 것이다. 이를테면 픽사의 「인사이드 아웃」은 느낌과 (심지어) 모습 면에서 수십 년 전 마빈의 강의를 연상시킨다(이를테면 그는 우리가 주어진 감정에 반응할 수 있도록 우리의 뇌가 사물이나 사건의 기억에 색깔을 칠한다고 상상해 보라고 말했다).

이 모든 일은 전산학의 토대를 놓은 그의 업적에 비하면 여담에 불과할지도 모른다. 또한 그는 수많은 분야에 기술적으로 기여했다. 이를테면 최신 가상 현실 광학 장비는 마빈의 발명품인 공초점 현미경confocal microscope으로부터 영향을 받았다.

마빈은 내게 왜 그토록 너그러웠을까? 나는 그에게 근심을 안겼다. 사사건건 이의를 제기했다. 심지어 공식적으로는 그의 학생도 아니었다. 그런데도 그는 내게 조언하고 영감을 주고 적잖은 시간을 들여 나를 도와 주었다. 그의 다정함은 총체적이었다. 다정함의 특이점이었다.

1980년대에 그가 캘리포니아로 찾아왔는데, 내가 20대이고 가상 현실이 점차 견딜 만해지던 때였다. 그는 헤드셋을 쓴 채 앉아 — 이것은 신경 세포가 발화하는 해마 안에 있는 모습을 시뮬레이션한 것이었을까? — 진짜 그랜드 피아노를 연주했는데, 현실의 두 평면이 아름답게 조화를 이루었다.

그것은 음악! 마빈이 바흐와 비슷한 스타일인 정교한 대위법으로 피아노 즉흥 연주를 한다는 사실은 누구나 알지만, 그는 한 번도 판에 박힌 연주를 하지 않았다. 또한 그는 내가 전 세계에서 가져온 낯선 악기들에 매혹되었다. 마빈에게는 모든 것이 새로웠기에 바흐의 스타일마저도 늘 새것이었다. 마빈은 싫증 내는 능력이 결여되었으며,

현실의 끊임없는 신기함에 놀라는 것을 수줍어하는 일이 결코 없었다.

마빈이 딸 마거릿과 내게 앨런 와츠에 대한 생각을 이야기한 기억이 난다. 구루를 닮았고 아시아에 치우친 와츠는 마빈과 가장 동떨어진 철학자이지만, 마빈은 죽음에 대한 와츠의 견해가 매우 지혜롭다고 생각했다. 환생이 사람을 입자설이 아니라 파동설로 해석하는 방법이라는 와츠의 발상을 논하던 장면이 떠오른다(그렇다고 해서 마빈이나 와츠가 개인이 환생을 통해 삶을 이어 간다는 개념을 받아들였다는 뜻은 아니다. 둘의 생각은 사람의 속성이나 패턴이 새로운 사람들의 집합에서 새로운 조합으로 ─ 대략적으로 ─ 다시 나타난다는 것이었다).

어느 봄날 케임브리지의 화사한 상점들 근처를 걷다가 유모차 탄 아기를 마주친 기억이 난다. 마빈은 마치 아기가 장치인 것처럼 〈그것〉에 대해 이야기하기 시작했는데, 나는 그가 나를 도발하려고 일부러 그러는 것임을 잘 알았다. 「그것은 시야에서 물체를 추적할 수는 있지만, 상호 작용 능력이 제약되지. 그것은 시각 자극에 조응하는 관찰된 행동 속성의 뭉치를 아직 구축하지 않았다네.」

아, 그때의 의미심장한 미소. 그는 내가 발끈하여 내가 내 사상의 노예임을 입증할 거라 추측했다. 하지만 마빈의 온기가 어찌나 따스하던지 그의 술책은 수포로 돌아갔다. 우리는 웃음을 터뜨렸다.

마빈은 유머에 지혜를 접목했다. 유머는 그의 뇌가 채울 구멍을 발견하고 더 똑똑해지는 방법이었다. 그를 생각하면 매 순간 좀 더 웃기고 좀 더 현명하고 좀 더 따스하고 좀 더 다정해지는 방법을 찾는 모습이 늘 떠오른다. 마빈이 그 일에 실패하는 것은 한 번도 본 적이 없다.

아, 마빈.

아타리 리서치사에는 진짜 자원이 있었다. 레이저 프린터로 인쇄하고, 서로 이메일을 보내고, 그 밖에도 당시에는 매우 미래주의적이고 엘리트적이고 독점적이던 디지털 행위를 할 수 있었다. 나는 한때 나락에 떨어졌으나 다시 거대 과학의 세상에 복귀했다.

나는 지극히 비주류적인 프로그래밍 언어 개념과 두어 가지 신기한 햅틱 게임을 연구했다. 그중 하나는 시뮬레이터에서 탈 수 있는 로봇 빗자루였다. 목적은 마녀가 되기 위해서였다. 다시 말하지만 이 게임에는 은은한 성적 뉘앙스가 담겨 있었다.

말이 나왔으니 말인데, 케임브리지에서 일어난 일 중에 새 친구, 멘토, 연구 장비는 모두 언급했다. 이젠 여인 차례이다.

그녀의 이름은 밝히지 않을 것이다. 어차피 이름이 중요하진 않으니. 놀라운 것은 그녀의 존재였다. 그녀는 천변만화하는 여신이었으며, 완벽한 전형적 금발 미인에 환각적 히피의 분위기를 풍겼다.

헤프고, 무시무시하게 똑똑하고, 수다스럽고, 가슴골이 선명하고, 하여간 모든 것을 갖췄다. 계산된 무심함까지. 전에도 여자에게 빠진 적이 있었지만, 이번에는 강한 자석이 잡아당기는 듯한 전혀 다른 경험이었다.

하지만 여기에 묘한 구석이 있다. 사실 나는 직접적 의미에서 그녀에게 매력을 느낀 것이 아니었다. 다들 그녀에게 매혹되었다. 나는 집단적 조류에 휩쓸린 것이었다.

그녀는 신분의 상징이었다. 고대의 주술 집단에 발을 디디는 느낌, 강하고 아름다운 자들의 비밀 결사에 입회하는 느낌이었다.

그녀를 처음 만났을 때, 나는 이름이 알려져 있지 않았다. MIT에서 흔히 볼 수 있는 호기심 많고 똑똑한 털북숭이 중 하나에 불과했다.
그녀는 섹시한 북극성이었다. 고양이의 머리가 낚시 장난감을
따라다니듯 모든 머리가 그녀 방향으로 돌아갔다.

그녀는 헤아릴 수 없는 사교적 야심에 깊이 물들어 있었다. 첫 대화
자리에서 그녀가 말했다. 「팀 리리가 저를 하버드로 보냈어요. MIT
컴퓨터 천재들을 환각제 혁명으로 유혹하라면서요.」 그것은 역사적
중요성을 띤 비밀 임무였다!

당시에는 우리 사이에 아무 일도 있어나지 않았지만, 결국은
(잠깐이나마) 결혼하게 된다. 이 이야기는 적당한 때에 계속하겠다.

딕시 미래주의

어엿한 연구자로서의 황홀한 막간이 끝나가고 있었다.

마빈의 딸 마거릿은 MIT에서 햅틱을 주제로 박사 논문을 쓰고
있었는데, 내게 채플힐에 있는 노스캐롤라이나 대학교 VR 연구실을
자기랑 함께 방문하자고 청했다.

남부의 정서가 떠오르면서 기분이 울적해져 몸이 말을 듣지 않았다.
느리고, 뿌옇고, 덩굴로 싸인 느낌. 점잖게 차별당하는 느낌. 이번
여행을 즐기는 것은 잘못일 것 같았다. 부적절한 재료로 새콤한 요리를
준비하는 심정이었다. 멸종 위기종으로 양념 바비큐를 만드는
격이랄까.

그 지역을 어떻게 생각하든 연구실은 최상이었다. 편애하면 안
되지만, 노스캐롤라이나 대학교 채플힐은 예나 지금이나 내가 아끼는
학계 VR 연구실이다.

이곳에는 진짜 남부 신사 프레드 브룩스가 있었다. 프레드가 이끄는 연구진은 IBM을 위해 최초의 상업용 운영 체제를 개발했으며 비트로 글자를 표현하는 방식인 아스키ASCII 부호를 정의했다. 그는 디지털 시대를 출범시킨 인물 중 하나였다. 컴퓨터에 대한 몇 안 되는 명저 중 하나인 『맨먼스 미신』도 그가 썼다. 그 책은 사람이 컴퓨터를 프로그래밍한다는 것이 어떤 일인지를 처음으로 예리하게 설명했다.

무엇보다 프레드는 선도적인 VR 연구자였다. 내가 처음 방문했을 때, 프레드는 햅틱에 특히 관심이 많았는데, 마거릿도 햅틱에 열정이 있었기에 우리는 로봇 팔로 가상 물체의 경계를 느끼는 일에 많은 시간을 보냈다.

노스캐롤라이나 대학교 채플힐 연구실의 또 다른 기둥은 헨리 푸크스이다. 내가 좋아하는 공동 연구자이기도 하다. 그는 두뇌 회전이 빠른 천재로, 말하는 속도가 생각하는 속도를 못 따라간다. 그의 제자들은 오랫동안 그 분야의 최상층부를 장악했다. 헨리가 없었다면 현재 VR은 존재하지 않았을 것이다.

노스캐롤라이나 대학교에는 당시에 (아마도) 가장 빠른 그래픽용 컴퓨터가 있었는데, 나는 여기에 매혹되었다. 헨리 연구진은 VR의 시각적 구현을 위해 어마어마한 비용을 들여 자체 컴퓨터를 제작했다. 픽셀 플레인스Pixel Planes는 VR용 그래픽에 최적화된 최초의 컴퓨터로 꼽힌다. 첫 방문 때는 프레임 하나를 그리는 데 몇 초가 걸리긴 했지만. 그래도 무어의 법칙에 따르면 성능은 틀림없이 개선될 터였으므로, 우리는 모두 미래의 삶을 상상했다.

머지않아 캘리포니아로 돌아갈 때가 되었다. 공식 일정은 없었지만, 가야만 할 것 같았다. 무언가가 무르익고 있었다.

임무 수행 중인 개미

「와, 돌아온 줄 몰랐어!」

「안녕! 보고 싶었어. 이제 막 도착했어. 이렇게 화창하다니 믿을 수 없군. 공기도 상쾌하고. 여기선 숨을 쉴 수가 있군. MIT의 여름 공기는 뜨겁고 탁한 시럽이야.」

앤은 〈시애틀 패션〉으로 알려진 옷차림을 하고 있었다. 길고 곧은 검은 머리에 커다란 사슴 눈망울을 하고 있었다. 「즐길 수 있을 때 즐겨. 전부 사라지고 있어. 팰로앨토의 흙길 또 하나가 방금 포장됐어.」

「아, 안 돼! 끔찍하군. 근데 이 소리 좀 들어 봐! 와, 저 소리 그리웠다구.」 도로 아래쪽에 고양이 은신처가 있었는데, 백여 마리가 야옹거리는 소리를 들을 수 있었다. 현악 파트가 사납게 몰아치는 것 같았다.

「그럴 리가. 20분만 지나면 미칠 지경이 될걸. 나는 네가 불평하는 소리를 들어야 할 테고. 그리고, 개미가 있어.」

「신경 꺼.」

「한두 마리여야 말이지.」

우리는 내 오두막 주변의 버려진 과수원을 본거지로 삼고 있었다. 앤과 영은 아이들을 데리고 내 맞은편의 — 역시 흙길에 있는 — 똑같이 생긴 오두막에 들어왔다. 딴 사람들은 시시때때로 근처 오두막에서 살았다.

실리콘 밸리에 여전히 이 정도로 기이한 구석이 있었으면 좋겠지만, 그런 시절은 오래전에 지나갔다. 옆집에는 당대 최고의 여성 컴퓨터 사업 컨설턴트가 있었는데, 알고 보니 다중 인격 장애를 앓고 있었다(여러분이 상상도 못할 사람이다). 입이 건 펑크록 가수가 나를

괴롭히고 말주변이 좋은 실세가 나를 거대 기술 기업에 꽂아 넣어
주겠다며 구슬렸다.

　알고 보니 냉장고가 고장 나서 개미 차지가 되었는데 어찌나 많은지
빈자리가 없었다. 아르키메데스가 물 대신 개미로 실험을 했나 싶을
정도였다. 녹슨 우주 시대 유물을 개울가에 가져가 속을 비워야 했다.
냉장고는 휴고 건스백의 1950년대 싸구려 SF 잡지 — 엘러리가 여기에
대중 과학 칼럼을 썼다 — 표지에 나왔을 법한 납작한 로켓을 닮았다.
우주선은 여행에서 살아남지 못한 대규모 침략군을 토해 냈다. 크롬에
반사된 햇빛에 눈이 부셨다.

　등 뒤에서 또 다른 목소리가 들렸다. 다중 인격 이웃이 오늘은 완전히
멀쩡한 — 약간 정신없긴 했지만 — 소리로 말했다. 「축제 차림이네요!
무슨 일 있어요?」

　케임브리지의 친구 몇 명과 나는 커다랗고 화려한 발리산(産)
윈드브레이커에 구멍을 뚫어 옆으로도 입을 수 있게 하자는, 별 볼일
없는 아이디어를 떠올렸다. 흐느적거리는 소매 두 개가 왼쪽에서
늘어져 있었다.

　「오늘이 개미 퇴치하는 날인 줄 알았는데요. 실은 늘 이런
모습이에요. 제가 케임브리지에 있을 동안 다들 반듯해졌어요. 무슨
일이죠?」

　「듣고 보니 그런 것 같네요. 당신이 말하기 전까진 몰랐지만요.」

　내가 없을 때 해커의 드레스 코드가 이색적 히피 스타일에서 (오늘날
용어로 하자면) 〈놈코어〉♦로 바뀌었다. 이 상황이 내 안의 빈정거림

♦ normcore. 노멀과 하드코어의 합성어로, 평범함을 추구하는 패션 스타일을 일컫는 말 —
옮긴이주.

본능을 끌어냈다. 「다들 평범해 보여요. 평범한 것에 비해 좋아 보이지는 않지만요. 추레해요. 어떻게 된 거죠?」

「무심함을 표현하는 우리 나름의 방식인 것 같은데요.」

냉장고를 물로 씻고 한 번에 조금씩 회전시켜 가며 오두막으로 돌아왔다. 「지금이야말로 세상에 VR이 진짜로 필요하다는 징조인지도 몰라!」

「순진하긴. 그런 걸 〈섈로 앨토〉*라고 부르는 거야.」

「그렇게 달라졌어?」

「흥미롭던 게 하나도 남지 않은 것처럼 보여. 자살 클럽Suicide Club은 시내에 있고, 『전체 지구 목록Whole Earth Catalog』은 마린으로 옮겨 갔고 ─ 한숨 ─ 생존 연구소Survival Research Lab는 아예 찾아오지도 않아. 흥미로운 사람들은 이제 아무도 집세를 감당할 수 없으니까.」

실리콘 밸리 초기의 이 단체들을 처음 들어 보는 사람도 있을 것이다. 자살 클럽은 펑크 도시 모험 클럽으로, 금문교에 불법으로 올라가기 같은 일을 했으며 버닝 맨의 선조 격이다. 버닝 맨의 표어 〈흔적을 남기지 말 것Leave No Trace〉은 자살 클럽에서 차용한 것이다.**

생존 연구소는 실리콘 밸리에서 슬쩍한 장비로 엄청나고 위험천만하고 거대한 행위 예술을 선보였다. 살아 있는 기니피그가 통제받지 않은 채 10미터짜리 화염 방사기가 달린 탱크를 진짜로 조종한다고 생각해 보라. 이 쇼를 보려면 목숨을 걸어야 했다. 이 모든 요소들이 최초의 VR 회사를 창립하는 데 역할을 했지만, 그때는

♦ Shallow Alto. 팰로앨토를 천박한 사람들의 도시로 비하하는 표현 ─ 옮긴이주.
♦♦ 이것은 대체로 자유로운 분위기의 버닝 맨 축제(1년에 한 번씩 수만 명이 네바다의 황무지 사막에 모여 괴상한 예술과 해프닝을 벌이는 행사)에서 참가자들이 지키는 최고 명령이다.

몰랐다.

「떠나도 상관없어. 우리가 역사상 가장 흥미로운 일을, 바로 여기서
할 거니까.」

「의욕이 넘쳐 보여.」

「네가 말하기 전까진 몰랐는걸.」

재생 중

나는 여러 해 동안 모종의 사명감을 다져 왔는데, 마침내 여기에
집중적으로 매달릴 수 있게 되었다. 친구들을 부추겨 소셜 VR을
가능하게 하는 기계를 만들고 VR을 (노버트 위너가 우려한 마인드
컨트롤 게임과 바보짓에 경쟁할 수 있는) 적절하게 강렬한 매혹의
원천으로 홍보할 생각이었다. VR은 AI의 대안이 될 터였다.

고차원적 전략은 뚜렷해지고 있었으나 밑바탕의 전술적 게임은
여전히 모호했다. 스타트업을 차려야 할까? 대학이나 대기업을 꾀어 VR
연구실에서 우리를 후원하도록 해볼까? 게임이든 뭐든 만들어서 돈을
충분히 번 뒤에 전례를 무시하고 뭔가를 만들어 볼까?

우리가 만드는 것이 어떤 방식의 조직일지 다들 궁금해 했지만,
아무도 알지 못했다. 좌파적 이상주의와 기업적 이상주의의 결합일까?
합의에 대한 의사 결정에 바탕을 둔 기술 기업일까? 정신 나간
발상일까? (2017년의 재런이 〈그래, 미친 생각이었어!〉라며 끼어든다.)
하지만 당시에는 모든 것이 가능해 보였으며, 최신 데모가 실행되도록
하려고 잠도 자지 않고 몇 날 며칠을 꼬박 새울 정도로 모두가
이상주의적이고 젊었다.

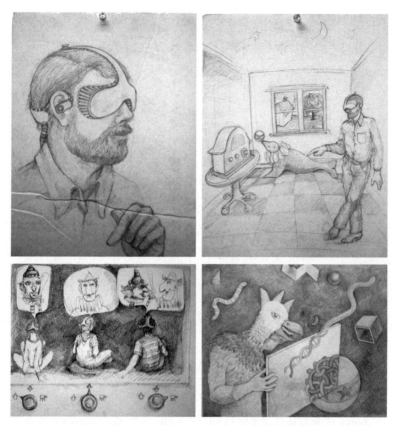

케빈 켈리가 1980년대 후반에 VPL을 방문하여 벽에 걸려 있던 앤의 초기 개념도를 촬영했다. 왼쪽 위: VPL 아이폰의 매우 초기 개념도. 그 뒤로 VR 헤드셋을 만든 모든 팀과 마찬가지로 우리도 이 장치가 얼마나 두꺼워져야 할지를 과소평가했다. 오른쪽 위: 사용 중인 아이폰. 왼쪽 아래: 아이들이 펀치와 주디(영국 전통 인형극의 주인공 — 옮긴이주) 아바타가 된다. 오른쪽 아래: 닭 아바타에 들어간 사람이 가상 엑스선 유리로 가상 물체의 내부를 본다. 국방부 같은 곳에서 시연할 때 이런 이미지를 썼는데도 그들은 우리와 일하고 싶어 했다.

1983년에 우리는 VR 프로젝트를 구축하는 일에 점차 빠져들었다. 분명한 사실 하나는 우리가 모든 것을 할 수는 없다는 것이었다. 나는 그 생각을 떨치려고 애썼지만, 전면 표면 지향 시각을 구현하는 일은 몇 해가 아니라 몇 세대가 걸리는 과제라는 사실이 점차 뚜렷해졌다.

하지만 실시간 3D 컴퓨터가 등장했을 때 이 컴퓨터를 VR로 구동할 수 있도록 준비할 수는 있었다.

데이비드는 데이터플로dataflow라는 MIT의 비주얼 프로그래밍 언어로 실험을 하고 있었다. 나는 척과 친구들에게 말했다. 우리는 중간 과정을 진행하기로 합의했다. 여기에는 고차원적 증분 컴파일러처럼 우리가 개발한 내부적 트릭이 몇 개 포함될 테지만, VR 소프트웨어와 관련해서는 이미 이해된 데이터플로 패러다임을 선택하기로 했다(이 패러다임은 VR과 맞아떨어질 것이 분명했다).♦ 데이브는 박사 학위를 막 끝내고 우리에게 합류했다(요즘 디지털 미술가들은 맥스MAX라는 디지털 장비에 친숙할 것이다. 그 제품에 데이터플로가 쓰인다). 바디 일렉트릭Body Electric은 우리의 새로운 VR 제어 프로그램에 척이 붙인 이름이었다.

우리에게는 3D 디자인 프로그램도 필요했다. 그냥 가게에 가서 3D 모델링 기계를 살 수는 없는 노릇이니까. 영은 도전을 받아들여 나중에 〈스위블 3D〉가 될 프로젝트를 시작했다.

우리는 트래킹 문제에도 많은 시간을 썼는데, 이것은 다음 장의 주제이다.

♦ 전문 용어가 난무하는 점, 일반 독자에게 사과한다. 이 용어 중 일부는 표면 지향 컴퓨팅에 대한 부록에서 설명한다.

13

6도

(센서와 VR 데이터에
대해 간략하게)

눈은 움직여야 한다[♦]

톰이 처음으로 만든 장갑은 손가락의 휨은 측정했지만 손의 위치와
기울기는 측정하지 않았다(물체의 위치와 방향을 3차원에서
나타내려면 숫자가 여섯 개 ─x, y, z, 롤roll, 피치pitch, 요yaw ─가
필요하다).

아바타의 손이 가상의 물체를 집을 수 있으려면 손이 어디에 있는지,
어떻게 기울어져 있는지 알아야 했다. 물체의 공간적 위치를 알려 주는
장치를 대개 〈트래커tracker〉라고 한다.

인간의 동작에 알맞은 트래커는 이미 판매되고 있었지만, 가격이
어마어마했다. 신기하게도 ─1980년대가 그랬듯 ─ 버몬트주가
트래킹 산업을 주도하고 있었다. 트래킹 회사 네 곳이 버몬트의 골짜기
한 곳을 본거지로 삼았다. 고객들은 로봇, 산업 설비, 심지어 모의 비행
장비에 트래커를 이용했다.

당시에는 외부 장비 ─ 트래커의 기준점 역할을 하는 본체 ─ 가

♦ 그렇다. 이 문구는 다이애나 브릴랜드를 기리는 것이다.

반드시 있었다. 이를테면 버몬트의 고전적 트래킹 회사 두 곳(폴헤무스Polhemus와 어센션Ascension)은 자기장을 이용한 트래킹을 전문으로 했다. 펄스 장을 방출하는 커다란 전자석이 근사한 용기에 들어 있고, 작은 자기장 센서가 장갑을 통해 헤드셋에 연결되었다.

트래킹을 할 수 있는 방법은 자기장 말고도 레이저와 전파 등 여러 가지가 있었다. 우리는 야심찬 트래킹 구상에 많은 시간을 쏟아부었다.

왜 트래커를 헤드셋에 장착할까? 첩보용 잠수함 기억나나? 그것은 탐지를 해야 하기 때문이다.

4장의 〈거울이 보여 주는 것〉 절에서 설명한 VR에서의 기본 시각 원리를 떠올려 보라. 「VR의 시각적 측면을 구현하려면 (이를테면) 고개를 돌릴 때 가상 세계에서 무엇이 눈에 보일지 계산해야 한다. 눈동자가 움직이면, VR 컴퓨터는 눈에 보이는 그래픽 이미지가 가상 세계에서 진짜처럼 보이도록 끊임없이, 또한 최대한 즉각적으로 계산해야 한다. 고개를 오른쪽으로 돌리면 가상 세계는 그에 비례하여 왼쪽으로 회전하여 바깥 세상이 고정되어 있고 독립적이라는 환각을 일으켜야 한다.」

VR의 스물네 번째 정의: 인간 지각의 탐지 측면을 무효화할 수 있도록 측정하는 사이버네틱 구성.

여러분이 알아야 하는 요점은 시각 디스플레이의 품질 자체는 VR 시각 경험의 품질에서 중요한 부분이 아니라는 것이다. 더 중요한 것은 트래킹이다.[*] 시각적 이미지가 머리나 눈의 움직임에 얼마나 빠르고 훌륭하게 반응하는가가 관건이다.

뇌는 통합한다

VR의 스물다섯 번째 정의: 측정이 표시보다 중요한 매체 기술.

센서 탐지의 보편적 문제는 이것이 일련의 절차여서 시간이 걸린다는 것이다. 여러분이 VR 세계의 전문가가 되면 VR 시스템 내에서의 지연에 대해 〈레이턴시latency〉라는 용어를 써달라는 요청을 받을 것이다.

레이턴시의 중요성은 1980년대 초에 극적으로 입증되었다. 나사 에임스 연구 센터NASA Ames에서 VR 연구실이 탄생했다. 스콧 피셔가 오기 전에는 마이크 맥그리비가 연구실을 운영했다.

마이크는 실험을 하나 진행했다. 양쪽 해상도가 각각 100×100픽셀밖에 안 되는 흑백 VR 헤드셋을 만들었는데, 당시의 디스플레이 기술을 감안하면 최고 해상도였다. 핵심적 렌더링은 여전히

---

[*] 트래킹에는 여러 종류가 있다. 눈은 대체로 구형이며 대체로 한가운데를 중심으로 회전하므로, 여러분이 알 수 있는 것은 눈이 어디를 보느냐가 아니라 어디에 〈있느냐〉뿐일 때가 많다. 눈 주위에 충분히 넓은 가상 파노라마를 보여 줄 수 있다면 눈은 주위를 둘러보면서 가상의 사물을 제대로 볼 수 있다. 이것을 〈안구 트래킹eye tracking〉이라고 한다. 사실 눈은 머리가 회전할 때 그 속에서의 위치가 꽤 고정되어 있으므로, 〈머리 트래킹〉만으로 충분할 때도 있다. 어떤 종류의 VR 디스플레이에서는 눈의 위치뿐 아니라 눈이 어느 방향을 보는가까지도 알아야 한다. 이것을 〈시선 트래킹gaze tracking〉이라고 한다(측정에 끝이 없듯 트래킹에도 끝이 없다. 이따금 각 눈의 초점 거리나 홍채의 개방도를 트래킹해야 할 때도 있다).

벡터 그래픽을 이용했다. 카메라가 벡터 이미지를 보면서 픽셀 기반 디스플레이를 구동했다. 당시에는 헤드셋에서 픽셀을 쓰는 것만 해도 참신했다. 모의 비행 장비를 제외하면 이것이 최초 사례였을 것이다.

100×100은 아이콘의 해상도로는 적당할지도 모르나 가상 세계용으로는 말도 안 된다. 영상이 대부분의 시야에 펼쳐져 있음을 명심하라. 따라서 픽셀 하나하나가 벽의 타일만큼 커 보일 것이다! 그런데도 효과는 대단했다.

마이크의 헤드셋으로 위성의 단순한 윤곽 모형을 보는데 입이 다물어지지 않았다. 그럴싸해 보였다! 나는 픽셀보다 작은 세부 사항을 분간하여 괴상한 물체의 3D 형태를 감지할 수 있었다.

비결은 비교적 빠르고 정확한 머리 트래킹이었다. 레이턴시가 낮을수록 시각 경험이 향상된다! 마치 해상도를 뻥튀기하는 마법을 부린 것 같았다.

시각 경험의 바탕은 자신이 본 모든 정보를 통합하여 다음에 볼 것을 예측하는 것이다. 뇌는 눈이 보지 못하는 것을 본다.◆

마이크의 HMD◆◆를 쓴 채 머리를 움직이면 뇌는 각 시점마다 아주 조금씩 다른 시점에서 가상 세계가 어떻게 보이는지에 대해 표본을 추출했다. 시점이 정확하면, 즉 트래커가 훌륭하면 시점도 정확했다. 이 말은 뇌가 저해상도 영상의 스트림을 고해상도의 더 정확한 내적 경험으로 결합할 수 있었다는 뜻이다.

◆ 놀랍도록 극적이면서도 일상적인 예로 맹점이 있다. 각 눈은 시야의 중심에서 멀지 않은 곳에 꽤 큰 사각지대가 있는데, 이는 시신경이 망막에 붙어 시각 기능을 차단하기 때문이다. 하지만 여러분은 뇌가 그 구멍을 메우고 있음을 자각하지 못한다.
◆◆ 〈머리 착용 디스플레이Head Mounted Display〉의 약자. VR 헤드셋의 초창기 용어이다.

뇌의 입장에서 이것은 전혀 특별할 것 없는, 또 다른 일상 업무였다. 인간의 눈은 경이롭지만, 물컹물컹하고 일관성이 없고 변덕스러운 센서이기도 하다. 눈의 이러한 성질 탓에 뇌는 언제나 실제 능력보다 더 잘 본다. 뇌는 VR을 더 훌륭하게 보이도록 하기 위해 기꺼이 추측하고 꼼수를 쓴다. 하루하루의 현실에 대해서도 똑같은 일을 한다.

1980년대에는 VR의 이런 기본적 성질을 초심자에게 설명하기가 무척 어려웠다. VR 데모를 체험하게 해줘도 소용이 없었다! 나는 이 단순한 개념을 전달할 표현을 찾느라 몇 년을 연습했는데, 지금은 완전히 상식이 되어 버렸다.

> **VR의 스물여섯 번째 정의: 대체 환경을
> 정확히 시뮬레이션하는 것보다 세상이
> 지각되는 인지 역학을 시뮬레이션하는 것을
> 우선시하는 매체 기술.**

움직이는 경험

여러분이 VPL의 괴상한 연구실에서 초창기 실험에 참여한 피험자였다면, 가상 세계의 존재를 〈믿게 되는〉 전환을 처음에 겪었을 것이다. 이것은 〈개종의 순간〉으로 불렸다.

VR이 해마다 개선되면서 피험자가 헤드셋을 쓰는 순간과 개종의 순간 사이의 시차가 점차 줄었으며, 21세기 들어서자 개종의 순간 자체가 사라졌다.✦

✦ 이것은 칩이 값싸면 다른 부품이 더 많은 일을 할 수 있다는 중요한 원리의 사례이다. 기계 시각과 더불어, 관성을 통해 움직임을 지각할 수 있는 칩이 점차 좋아지고 싸졌다.

오늘날 대다수 사람들이 느끼는 감각은 지각의 변화를 알아차리는 데 시간이 걸리는 점진적 시작이 아니라 환각의 품질에 대한 갑작스러운 충격과 즐거움이다.

이것은 기술이 좋아진다고 해서 실제로 좋아지는 것은 아님을 보여 주는 예인지도 모른다. 자신에 대해 더욱 알아 가는 것보다 귀중한 일은 없다. 이용자 자신의 지각 과정을 드러내는 일에는 예전의 미흡한 VR 장비가 더 뛰어났을지도 모른다.

하지만 그렇게 생각하면 안 된다! VR 디자이너는 현대식 VR 장비에 교묘한 〈느린 시작〉 경험을 접목하여 개종의 순간을 옛날 장비보다 더 훌륭하게 구현할 것이다.

어쨌든 여러분은 과거에 개종의 순간을 경험할 수 있었지만, 이것은 첫걸음에 불과했다. 우리는 다인(多人) 경험에 주안점을 두고 있었기에, 이내 VR 안에서 딴 사람을 만나게 되었다.

아마도 여러분은 초창기 아바타를 보았을 것이다. 그것은 만화 같은 머리, 밋밋한 몸, 날렵하지만 이상한 대롱 모양의 손을 가진 매끄러운 원색 형상이었다. 이 시기 VR의 시각 품질은 다소 지리멸렬했다.

요즘은 모든 휴대용 장치에 가속계가 달려 있다. 가속계 데이터를 카메라 데이터와 결합하면 훨씬 빠르고 정확한 트래커를 만들 수 있다. 무어의 법칙은 모든 것을 집어삼킨다.

이뿐만이 아니다. 칩이 빨라지면 미래의 예측 가능성이 커진다. 여기에 흔히 쓰이는 수학을 칼만 필터Kalman filter라 한다. 뇌(아마도 소뇌)가 움직이는 야구공을 잡기 위해 손이 어디에 있어야 할지 예측할 수 있는 것과 마찬가지로 칼만 필터는 머리가 어디에 위치할지 예측한다. 더 특수화된 알고리즘은 몸과 목의 해부학적 특징을 활용할 수 있다. 머리는 특정한 방식으로만 움직일 수 있으므로 불가능한 움직임은 고려할 필요가 없다.

게다가 3D 장면의 렌더링은 시점이 약간 뒤처질지도 모른다. 3D 그래픽은 오늘날의 값싼 칩으로도 버거운 작업이기 때문이다. 따라서 고성능 VR 장비는 이미지를 좀 더 실시간으로 보여 줄 수 있도록 더 단순한 기반에서 최후 시점의 조정을 할 것이다(이를테면 전체 이미지를 옮기고 기울이고 구부릴 수도 있다).

얼굴은 똑같이 생겼다. 다들 아바타를 공유해야 했다. 부실한 자원을 가지고 효과적인 아바타를 만들 수 있는 사람은 극소수였으며, 같은 이유로 개성을 발휘할 여지도 거의 없었다. VR 최초의 아바타 얼굴은 앤 라스코가 디자인했는데, 그녀는 폴리곤 20개로 종이접기 같은 얼굴을 만들어 냈다.

시각적으로 정교하지는 않았지만 인간의 존재는 확실히 느낄 수 있었다. 그 효과는 기이하고 놀라웠다. 일상생활에서는 딴 사람과 마주칠 때 지각 상태의 변화를 알아차리는 일이 드물지만, 조잡한 초창기 VR 시스템에서는 그 차이가 강조되고 매우 극적이었다. 피부의 털이 곤두섰다.

갑자기 다른 사람이 폴리곤 몇 개로 이루어진 채 나타난 것이다! 나는 인간 존재의 따스함을 느낄 수 있었다.

무슨 일이 일어나고 있는 거지? 사람의 동작을 녹화하여 이 동작을 아바타 애니메이션으로 재생하면, 가상 세계에 있는 사람은 아바타에 진짜 사람이 깃들어 있지 않다는 사실을 분명히 알았다. 그런데 다른 사람과 아바타 대 아바타로 상호 작용을 하게 되면 사정이 극적으로 달라졌다. 심지어 누구인지도 알 수 있었다.

〈생물형 운동biological motion〉의 지각을 연구하는 오래된 과학 커뮤니티에서도 초창기 아바타 실험과 비슷한 실험이 진행되었다. 대표적인 실험으로는 사람의 전신을 검은색으로 가리고 여기저기 밝은 색 점을 찍은 채 동작을 촬영하는 것이 있다. 영상을 보면 점들이 돌아다니는 것만 보인다.

그런데 피험자들에게 그런 영상을 보여 주면 흥미로운 현상이 일어난다. 피험자들은 움직이는 점 몇 개만 보고서 개개인을 식별하고 낯선 사람의 섹스나 기분 등을 세세하게 지각할 수 있었다.

이런 움직이는 점 동영상에서 사람들이 정확히 무엇을 지각할 수 있고 지각할 수 없는지는 여전히 논란거리이다. 생물형 운동에 대해 어떤 가설을 채택하든 아바타에서는 더 많은 것을 알 수 있다. 아바타 실험은 생물형 운동 실험의 상호 작용형 버전이기 때문이다.

아바타 안에 사람이 들어 있다는 생생한 현실감은 내가 VR에서 느낀 가장 극적인 감각이었다. 상호 작용성interactivity은 단순히 VR의 특징이나 성질이 아니라 경험의 핵심에 존재하는 자연적인 경험적 과정이다. 우리가 생명을 아는 방식이자 생명 자체이다.

VR의 스물일곱 번째 정의: 상호 작용형 생물형 운동을 부각하는 매체.

이 정의는 일반적 조종기로 작동시키는 게임을 비롯한 대다수의 디지털 경험을 배제한다. 그런 경험은 연속적 몸동작이 아니라 단추 누름 동작만 전달하기 때문이다. 반면에 신체를 가장 많이 활용하는 키넥트 경험, 심지어 가장 흥미로운 멀티터치 디자인은 포함된다. 이것은 새로운 디지털 미개척지이다.

트래커는 VR 디스플레이가 작동하는 데 필수적인 받침대일 뿐 아니라, 사람들을 측정하여 서로에 대하여 아바타가 될 수 있도록 한다. 센서는 VR의 진정한 핵심 기술이다. VR은 합성의 과학이라기보다는 측정의 과학이다.

고전적 VR 시스템을 구성할 때의 급선무는 트래커를 설치하고 조정하는 것이었다. 우리 모두가 바란 것은 그 일을 다시는 되풀이하지 않아도 되는 것이었다.

밥 비숍이라는 학생이 기계 시각을 이용하여 외부 트래킹 본체나 기준점을 없애는 방안을 (박사 논문 주제로) 연구했다. 그의 소속은 물론 노스캐롤라이나 대학교 채플힐 캠퍼스였다. 그의 방식은 성과가 있었지만, 기준점 역할을 할 시각적 표적을 미리 준비해야 했다.

홀로렌즈 이전에는 사전 준비된 환경이나 본체가 필요하지 않은 완전 독립형 기계 시각 트래커를 장착한 헤드셋을 아무도 개발하지 못했다.

뱃멀미, 가상 멀미

레이턴시와 싸울 때는 찰나가 소중하다. 레이턴시의 단위는 마이크로초이다.[♦]

VR의 스물여덟 번째 정의: 시간을 상대로 가장 힘든 싸움을 벌이는 디지털 매체.

여러분이 VR에서 욕지기를 느낀다면 그것은 트래킹 문제 때문일 때가 많다.

아무리 반복해도 싫증 나지 않는 이야기가 있다. 옛날 옛적 1980년대, VR이 처음으로 대중문화에서 유행했을 때 영화감독 스티븐 스필버그에게서 전화가 왔다. 「VR 데모를 로스앤젤레스에 가져와서 엔터테인먼트 업계에 선보여 주시죠. 놀이공원이든 뭐든에다가 VR

♦ 일부 지각된 레이턴시가 7~8밀리초까지 낮아지면 VR가 좋게 느껴지기 시작한다.

탈것을 만들 수도 있을 테고요.」

「농담하세요? VR 시스템은 대형 컴퓨터와 온갖 고가 장비가
필요해요. 사람들한테 데모를 보려면 실리콘 밸리로 오라고 하세요.
비행기 타면 얼마 안 걸려요.」

「여긴 할리우드입니다. 사람들이 우리에게 온다고요.」

「실리콘 밸리가 그걸 바꿀 겁니다. 조금만 기다려 보시라고요.」

「그럴지도 모르죠. 하지만 그 전에는 이곳으로 오시는 비용을
대겠습니다. ……아주 많이요!」

「그렇다면야…… 좋습니다.」

그리하여 〈바퀴 달린 현실Reality on Wheels〉이 탄생했다. 이것은 바퀴
열여덟 개가 달린 대형 트럭으로, 수백만 달러어치의 VR 데모를 싣고
실리콘 밸리에서 할리우드로 갔다(오늘날은 수백 달러만 있으면
비슷한 데모를 만들 수 있다). 트럭은 모든 주요 영화사 앞에 한 번에
일주일씩 주차했다.

마침내 (스필버그가 영화를 제작하고 있던) 유니버설 앞에 주차했을
때 스필버그는 우리가 경쟁사 디즈니를 먼저 찾아간 것에 우려를
표했다. 〈생쥐에겐 이빨이 있다고요!〉라는 경고가 귓가에 울렸다.

유니버설의 수장으로 보르시 벨트♦의 오나시스라 할 만한 루 와서먼도
우리가 열성적 자원자들을 트럭에 태워 이색적인 새로운 경험을
선사하는 광경을 지켜보았다. 물론 사람들은 넋을 잃었다.

당시에 데모를 체험한 사람들을 이따금 만날 때가 있다. 그중 몇 명은
지금도 VR 업계에서 활동하고 있다. 그들은 VR을 바탕으로 영화나

♦ Borscht Belt. 캐츠킬산맥에 있는 유대인들의 호텔 단지 — 옮긴이주.

텔레비전 드라마의 대본을 쓰거나 벤처 투자가가 되어 VR 스타트업에
자금을 지원했다.

루는 손바닥을 들고 쪼글쪼글한 검지손가락을 마법의 지팡이처럼
구부려 나를 불렀다. 나는 신난 토끼처럼 — 당시에는 정말이지 그랬다 —
깡충깡충 뛰어 갔다.

「이봐, 사람들이 이거 안에서 토하고 있나?」

나는 숨을 헐떡거리며 알레그로 스타카토로 대답했다. 「좋은
질문입니다, 와서면 씨! 저희도 그 문제를 연구했습니다. 이제는 데모를
수백 번 하면 구역질하는 사람은 한 명밖에 안 됩니다. 머지않아 수만 명
중에 한 명이 될 겁니다. 나중에는 더 적어질 테고요. 저희는 이 문제를
잘 관리하고 있습니다.」

그는 스필버그에게 호통을 쳤다. 「엔터테인먼트 산업의 기본도
모르는 핏덩이를 데려오면 어떡하나?」

내게는 이렇게 말했다. 「꼬마야, 나는 토사물 때문에 청소부가
관둔다는 뉴스를 머리기사로 보고 싶다구!」 하긴 토사물로 인해 직장을
그만둔다는 얘기는 당시에 「조스」와 「엑소시스트」 같은 영화를
홍보하는 데 쓰던 수법이었다.

「와서면 씨, 그게 바라시는 바라면 문제 없습니다!」

내가 약속한 대로 오늘날은 VR에서 욕지기의 빈도가 부쩍 줄었다.

하지만 시뮬레이터 멀미를 방지하는 문제에서 진전이 있긴 했으나
완벽을 달성하지는 못했다. 이따금 딴 사람이 VR 데모를 체험하는 것을
보기만 해도 — 당사자는 아무 문제를 겪지 않는데도 — 불편을
호소하는 사람이 있다.

VR을 생각하는 것만으로도 욕지기를 느끼는 사람도 몇 명 봤다.

사상경찰이 되지 않고서 주관적 경험 문제를 모두 해결할 수는 없기에,
우리는 영영 불완전한 상태로 살아야 할 것이다.

와서먼 씨처럼 분위기를 반전시키는 재능이 내게도 있다면 얼마나
좋을까.

가상 현실주의 대 가상 이상주의

VR 장치나 VR 경험을 설계할 때 한 가지 기준은 물론 환각의 효과를
극대화해야 한다는 것이다. 하지만 나는 환각의 경계를 그어야 VR이 더
나아진다고 주장했다.

그래서 우리는 흥미진진하면서도 근본적인 긴장 상황에 놓였다.
VR의 한 가지 목표는 환각을 가능한 한 그럴듯하게 만드는 것이었다.
안 그러면 무엇하러 VR을 하겠는가? 하지만 VR의 가장 큰 묘미는
철석같이 믿지는 않는 데 있다. 마술 공연을 보러 간다고 생각해 보라.

마이크로소프트 키넥트가 도입되었을 때에도 이런 긴장이 펼쳐졌다.
나는 키넥트에 홀딱 빠졌다!

1990년대 후반에 내가 이끌던 연합 연구 단체인 전국 원격 몰입
연구회National Tele-immersion Initiative에서는 깊이 지도를 이용한
최초의 상호 작용형 경험을 창조했다.[♦] 이 말은 사람과 환경을 공간
전체에 걸쳐volumetrically, 실시간으로, 온전한 3D로 감지했다는
뜻이다. 시애틀을 덮은 데이터글러브 같은 이전의 3D 상호 작용에서는
몇몇 지점에서만 신체를 감지했지만, 이 경우는 전체 형태에 대해

♦ http://www.scientificamerican.com/article/virtually-there/.

키넥트 해킹 동영상에서 추출한 이미지.

연속적 3D 스캔을 시행했다. 이 소프트웨어는 사람을 관절 몇 개의 인형이 아니라 움직이는 조각으로 표현했다.

10년 전만 해도 이런 종류의 상호 작용은 실험실에서나 보는 신기한 현상이었는데 이제는 소비자용 기기로 수많은 사람들이 체험할 수 있게 되었다고 생각하니 기분이 들뜬다.

키넥트의 탄생은 가상 이상주의와 가상 현실주의 사이의 긴장을 유난히 뚜렷하게 보여 주는 예이기도 하다. 마이크로소프트는 인기 있는 댄스 배우기 게임 〈댄스 센트럴Dance Central〉 같은 공들인 게임을 발표했지만, 이 장치가 실제로 무엇을 하는지에 대한 미가공 데이터와 내부의 실제 작동 방식은 공개하지 않았다.

노출의 격차는 사람들을 깊숙이 매혹시켰으며 열띤 반응이 터져

나왔다. 아마추어 프로그래머들이 키넥트용 소프트웨어를 직접
작성하고 유튜브에 동영상을 올리는 〈키넥트 해킹Kinect Hacks〉이라는
문화 현상이 등장했다.

이 동영상들은 다듬어지지 않았다. 결코 아니었다. 어벙하고
조잡했다. 대부분은 미가공 데이터를 있는 그대로 보여 주었다.
일반인이 집에 있는 모습을 거친 3D 동적 디지털 모델로 구현한 것을
티셔츠에서 보았을 것이다.

이런 〈폭로〉가 환각의 웅장함을 망쳤나? 그렇지 않다! 키넥트의 내부
특성이 밝혀지자 수많은 사람들이 열광했다. 날것 그대로의 내부를
들여다볼 수 있게 되자 키넥트의 매력은 〈더욱〉 커졌다!

키넥트 해커는 몇천 명에 불과했지만, 시판용 기기는 수천만 대가
팔려 역사상 가장 빨리 팔리는 소비자 가전 제품이라는 타이틀을
얻었다. 키넥트 해킹은 여기에 중요한 역할을 했을까, 아니면 소비자용
시장의 거대한 바다에 뜬 하찮은 거품에 불과했을까?

나는 중요한 역할을 했다고 생각한다. 해커들은 수는 적었지만
문화적으로 비중이 컸다. 그들은 키넥트에 대해 설명하고 수백만 명이
이 기계를 어떻게 받아들일지에 대해 분위기를 조성했다.

1세대 키넥트'에서 출력되는 미가공 데이터 — 잡음과 결함 — 를
보는 것은 독특하고 매우 현대적인 의미에서 황홀했다. 마침내
사람들은 컴퓨터가 보는 것은 보았으며, 이는 그들이 살아가는 디지털
세계의 한 층위를 설명했다.

키넥트 해킹 운동을 한마디로 요약하면 이럴 것이다. 「이것은

♦ 훨씬 매끄럽고 섬세한 데이터를 생산하는 2세대가 출시되었다.

키넥트가 여러분을 볼 때 실제로 보고 있는 것입니다. 이제 여러분은 기술이 가져다주는 새로운 세계에 대해 전보다 조금 덜 몽매해졌습니다.」

키넥트 해커들과 (정도는 덜하지만) 이들의 동영상들을 본 사람들은 우리 문명을 이끄는 대화 — 우리가 세상을 알고 세상에 영향을 미치는 감각 운동 고리를 사람들이 어떻게 변화시킬 것인가? — 에 참여했다. 디지털 문화의 본질은 이 고리를 변화시키는 것이며 키넥트 해킹 동영상은 대부분 기발한 왜곡을 보여 주었다.◆

자신을 포동포동하게 부풀린 해커가 있는가 하면 자신을 투명 인간으로 만든 해커도 있었다. 어떤 해커는 괴물로 변신했고 어떤 해커는 손을 흔들어 크리스마스트리 조명을 제어했다.

디지털 기기로 우리와 현실의 인과적 연결을 비틀어 데모로 보여 주는 것 — 이것은 우리 시대의 정통적인 문화적 사건이다. VR 데모는 유머와 같아서, 생각의 폭을 약간 확장시킨다.

VR의 스물아홉 번째 정의: 해커들이 기기를 조작하여 데모에서 인과와 지각의 법칙을 변화시키는 문화 운동.

홀로렌즈는 키넥트가 처음에 했던 것과 달리 미가공 데이터를 숨기지 않았다. 지금까지도 홀로렌즈를 쓰면 내가 둘러보는 세상이 디지털화되는 가장 단순한 경험에 여전히 매혹된다. 시뮬레이션된

◆ https://www.youtube.com/watch?v=ho8KVOe_y08.

사냥꾼의 그물이 모든 것을 둘러싼다.

이 과정을 수십 년에 걸쳐 수천 번은 보았는데도 여전히 몰입하게 된다. 이것은 우리의 알고리즘적 세계 전복을 위한 장비이다. 비유가 아니라 실제 전복 말이다. 이것은 구체적이고 해방적이다. 연산은 경이롭다. 하지만 완벽하지는 않다. 이따금 돌출부나 틈새, 거친 부분이 나타난다.

뛰어난 극작가는 결코 영웅을 완벽하게 만들려 들지 않는다. 하지만 우리 기술론자들은 자신의 기술을 티 없는 모습으로 나타내려는 초보적 실수를 곧잘 저지른다.

이 책의 주제가 VR이기는 하지만, 기술에 대한 완벽주의적 사고방식이 VR을 넘어 확장되고 있음을 언급하지 않을 수 없다. 누구와 자야 하고 어떤 영화를 봐야 하는지 추천하는 빅데이터 알고리즘을 설계하는 기업들은 호기심이 없고 어수룩한 인간 변종을 기대한다. 사람들은 어떤 데이터가 실제로 동원되는지, 알고리즘이 실제로 어떻게 작동하는지 알지 못한 채 기꺼이 알고리즘에 순응한다.

VR 문화에서 내가 가장 좋아하는 것 중 하나는 다른 디지털 서비스의 허풍과 연극을 액면 그대로 받아들이던 바로 그 이용자의 상당수가 호기심을 표출하고 심지어 VR 기술의 장막 뒤를 보여 달라고 요구한다는 것이다.

이건 말이 된다. VR 데이터는 개인적이고 주관적인 경험의 파생물이다. 그래서 직접적이고 감각적이다. VR 데이터에는 풍미가 있으며 이용자는 이를 이해할 수 있다. VR은 사람들에게 호기심을 불어넣는다. 기술의 효용 중에서 이보다 중요한 것은 없다.

**VR의 서른 번째 정의: 내부 데이터와
알고리즘이 실시간적·주관적 인간 경험의
변형으로 이해될 수 있고 (따라서) 이면을
들여다보려는 호기심을 불러일으키는 기술.**

이제 내 삶의 이면을 다시 들여다볼 시간이다.

14 　　　　　창업

갈고리 앞에서 물기

1984년은 파란만장한 해였다.

영은 3D 디자인 장비를 개발하고 척은 동작을 연구하고 스티브는 사용자 경험을 설계하고 톰은 여러 가지 트래커를 제작하고 있었다. 우리는 애플의 매킨토시 출시에 환호했으며, 최초 버전에서 적당한 수준의 VR 관련 경험을 어느 정도 달성할 수 있었다(물론 진짜 3D는 아니었지만). 매킨토시는 갓 출시되었고 그 이전에는 철저하게 비밀에 부쳐졌지만, 사실 우리는 매킨토시 개발 과정을 속속들이 알고 있었다. 스티브 잡스는 종종 자신의 엔지니어들을 열 받게 했는데, 그러면 그들은 잠깐씩 반란을 일으켰다. 그래서 오두막을 방문한 사람들은 시제품이 전선으로 덮여 오토바이 뒤에 묶인 채 아무렇게나 드러나 있는 것을 볼 수 있었다.

당시는 매킨토시 운영 체제를 작성한 앤디 허츠펠드가 분통을 터뜨리며 애플을 퇴사한 직후였다.[*] 그는 오두막에 찾아왔으며 우리는

---

[*] 애플이 스티브 잡스를 해고하자 매킨토시 팀이 전원 퇴사한 것은 잘 알려진 이야기이다. 그 뒤 애플이 무너지기 직전에 잡스가 돌아왔으며, 이후로 애플은 세계에서 가장 가치 있는

맥 기반의 근사한 데모를 제작했다. 이 데모는 고수준 프로그래밍에 대한 우리의 반(反)언어적 접근법을 장갑 기반 조작과, 또한 링크를 비롯한 하이퍼텍스트적 요소와 결합했다. 또 하나의 오래된 유물이 낡은 플랫폼의 유령으로 사라진 것이 아닌지 걱정스럽다. 심지어 뭐라고 불렀는지조차 기억나지 않는다. 앤디의 코딩 실력은 말을 잊게 한다. 그는 내가 만난 사람 중에서 최고였다(그건 그렇고 앤디는 애플의 비밀을 누설한 사람들에 속하지 않았다. 그게 누구인지는 밝히지 않겠다).

그때 뜻하지 않게 유명을 떨치게 되었다. 나의 초기 비주얼

회사가 되었다. 마크 저커버그 같은 사람들이 오늘날까지도 그토록 존경심을 보이는 것은 이 때문이다.

프로그래밍 언어 디자인 중 하나가 『사이언티픽 아메리칸』의 표시에 실린 것이다.

제록스 팰로앨토 연구소의 과학자 래리 테슬러가 내 연구를 보았다. 당시에 수많은 사람들이 내게 얼마나 너그러웠는지에 대해서는 지금까지도 말로 다할 수 없다. 래리는 브라우저의 발명가로 알려져 있었다. 이때의 〈브라우저〉는 단순히 엣지나 파이어폭스처럼 웹 페이지를 보는 프로그램뿐 아니라 정보 구조를 탐색하는 선택 기반 인터페이스라는 훨씬 근본적인 개념을 일컫는다. 당시는 이런 기본적인 것들이 발명되어야 하는 시기였다. 래리는 애플에서 연구하다 나중에 아마존으로 자리를 옮겼다.

어쨌든 잡지가 제작되는 동안 한 편집자가 전화를 걸어 나의 소속을 물었다. 나는 소속이 없었을 뿐 아니라 해커적 사고방식에 젖어 있었기에 소속을 원하지도 않았다. 이게 문제가 될 줄이야.

「선생님, 저희는 『사이언티픽 아메리칸』입니다. 저희 편집 방침에 따르면 찾아보기와 기사 첫머리에 저자의 소속을 표시하도록 되어 있습니다.」한심한 공방이 몇 차례 오간 뒤에 나는 포기하고 이름을 하나 지어냈다.

「제 소속은 VPL 리서치입니다.」

편집자는 안심한 듯한 목소리였다. 신발에 박혀 걸리적거리던 돌멩이가 마술처럼 사라진 것 같았다. 「무슨 뜻이죠? 〈비주얼 프로그래밍 언어Visual Programming Languages〉의 약자인가요?」

「아니요, 〈가상 프로그래밍 언어Virtual Programming Languages〉의 약자입니다.」

이유는 모르겠지만 불쑥 이렇게 덧붙였다. 「저, 〈VPL 리서치사〉로 해주세요.」 언젠가 회사가 될지도 모르니까. 누가 알겠는가?

잡지는 출간되어 선풍을 일으켰다.

밸리의 선도적 벤처 투자가 앨런 패트리코프가 『사이언티픽 아메리칸』에 실린 가공의 기관에 〈사Inc.〉가 붙은 것을 보고 팰로앨토 촌구석의 우리 오두막에 찾아왔다. 그는 데모를 보고서 이렇게 — 토씨 하나 다르지 않게 — 말했다. 「젊은이, 자네에겐 벤처 캐피털이 필요하네.」

내가 대답했다. 「하지만 회사가 없는걸요!」

「그건 당장 해결해 주지.」

「하루 이틀 생각할 여유를 주실 수 있나요?」

「실리콘 밸리는 굼벵이를 기다려 주지 않아.」

「좋습니다.」♦

땅콩 소스 미술관

나는 운명의 기로에 섰다. 어느 쪽으로 발을 내디딜지 당장 결정해야 했다. 실리콘 밸리에 뛰어들어 회사를 차려야 하나?

다져진 길은 없었다. 스타트업 인큐베이터도, 〈젊은 기업인상(賞)〉도, 크라우드펀딩 사이트도 없었다. 게다가 나는 은행가와 아는 변호사를 사촌으로 둔 금수저 세상에서 자라지도 않았다. 아는 적임자가 하나도 없었으며 막막하기만 했다.

오늘날의 실리콘 밸리는 멀리서 보면 야생적이고 자생적인 것처럼

♦ 패트리코프는 VPL에서 끝이 좋지 못한 사람 중 하나였다. 유감스럽게 생각한다. 듣기로 그는 다시는 VR에 투자하지 않았다고 한다.

보이지만 실제로는 틀이 잡혀 있고 형식적이다. 스타트업과 대기업에 투자하고 인수를 결정하는 유력한 내부자들의 세상이 되었으며, 그마저도 점점 좁아지고 있다. 하지만 당시에는 형체를 갖춰 가는 중이었다.

나는 어떤 사람이 되고 싶은지 갈피를 잡을 수 없었다. 내면에서는 호랑이가 희미하게 꿈틀거리고 있었다. 스티브 잡스 같은 영웅적 최고 경영자가 되어야 하나? 한편 내면의 또 다른 나는 그런 최고 경영자를 비웃는 해커야말로 진짜 나라고 생각했다. 해커 문화에서 보는 최고 경영자는 멍청이가 아니면 똑똑한 밥맛이었다. 중간은 없었다.♦

리틀 후난에서 수염쟁이 해커 친구들 중 하나가 말했다(심지어 그는 우리 VR 그룹에 속하지도 않았다). 「회사를 차려서 완전히 장악해야 해.」

누군가 이렇게 대꾸했다. 「재런을 모욕하지 마. 왜 스스로 양복쟁이로 전락해야 하지?」

이 친구들의 입을 닥치게 할 방법이 없었다. 「오, 제발! 지금은 회사를 할 건지조차 모르잖아.」

「회사를 완전히 장악하지 않으면 이사회의 바보들이 자기네가 뭔가 해야 한다고 생각할 거야. 그자들은 전부 멍청한 사이코패스라구.」 이 친구는 최근에 애플을 떠난 난민이었다.

「좋은 생각이지만, 해커가 회사를 차려서 성과를 거두고 장악까지 한 것은 못 본 것 같아.」

「언젠가, 언젠가는 그렇게 될 거야!」 숨죽인 환호성이 터져 나왔다.

수십 년이 걸렸지만, 해커의 기업 지배라는 꿈은 21세기 들어 마침내

♦ 예전엔 그랬을지 몰라도 지금은 그렇지 않다. 이제 실리콘 밸리에는 눈부시게 총명하고 결코 밥맛이 아닌 최고 경영자들이 있다.

실현되었다. 페이스북은 기술광 한 명이 좌우하는 최초의 거대 〈공개〉 기업이 되었다. 하지만 후난에서의 사정은 달랐다.

나는 백일몽을 입으로 읊기 시작했다. 「어쩌면 회사를 차릴 필요가 없을지도 몰라. 그냥 미술 프로젝트를 하면 어때? VR 장비를 만들어서 〈공짜 인쇄소Free Print Shop〉처럼 무료로 나눠 주는 거지.」

「글쎄. 전자 기기 공장을 운영해 본 적 있어? 제대로 꾸려 가기가 여간 힘들지 않아. 자원봉사자들을 모을 수도 없을걸.」

「그럼 문의 전화는 누가 받지?」

치명타였다!

디지털 제품이 생소하던 시절에 문의 전화가 어떤 것이었는지는 설명하기가 쉽지 않다. 사람들은 전화를 걸어서 이렇게 말했다. 「애들 주려고 방금 〈문더스트〉를 샀습니다. 종이 상자 안에 들어 있는 작은 플라스틱 상자가 전부네요. 반짝이는 빛과 음악은 다 어디 갔습니까? 상자를 흔들면 나옵니까?」

「그 작은 플라스틱 상자를 컴퓨터의 맞는 슬롯에 꽂으세요.」

「컴퓨터도 샀는데, 상자를 꽂아도 아무 일이 안 일어납니다.」

「컴퓨터를 텔레비전에 연결하셨나요?」

「컴퓨터를 텔레비전에 연결하라고요?」

「네, 그래요. 그러면 깜박거리는 것들이 화면에 나타날 거예요.」

「작은 플라스틱 상자를 텔레비전에 바로 연결해도 됩니까?」

「아니요, 컴퓨터를 거쳐야 해요.」

이런 전화가 업무 시간 내내 쉴 새 없이 걸려 왔다. 사람들은 〈문더스트〉 카트리지에 40~50달러를 썼는데, 그 돈의 대부분은 기초 컴퓨터 사용법을 전화로 알려 주는 데 들어갔다.

다들 VR에 대해 어떤 문의 전화가 걸려 올지 상상하느라 리틀 후난은 침묵이 감돌았다. 명심할 것은 당시에 아직 VR 제품이 등장하지 않았다는 사실이다. 오늘날 우리가 생각하는 것과 비슷한 VR에 대한 실험조차도 이뤄지지 않았다. 전부 우리 머릿속에 들어 있을 뿐이었다.

「맙소사, 네 말이 맞아. 회사가 있어야 해. 월급을 주지 않으면 그 온갖 상바보 전화를 누가 받겠어?」

「그건 공산주의가 망할 거라는 뜻이야?」

「글쎄, 전에는 이런 생각을 한 번도 안했지만, 그래, 컴퓨터를 아주 가지고 싶다면 미래에는 엄청나게 지루한 일을 할 사람이 많이 필요할 거야. 그리고 자본주의만이 사람들로 하여금 지루함을 받아들이게 할 수 있어.」

「무어의 법칙에 따르면 20세기 말에 컴퓨터가 〈수십억〉 대에 이를 거야. 어디에? 문손잡이에 달려나? 그 많은 비밀번호는 어떡하라고! 인구가 그만큼 빨리 증가할 수 있을까?」

「유일한 가능성은 사람들이 제 앞가림은 직접 하는 거지.」

「그렇게는 안 돼.」

「왜 안 돼? 컴퓨터를 이용해서 사람들이 컴퓨터를 관리하도록 교육하는 거야. 자기네가 일을 하면서 우리한테 돈을 지불할 거라고.」 (이 사람은 결국 구글의 초창기 직원이 되었다.)

「이봐들! 그만해. 아직 회사도 없잖아. 코뮨도 없어. 잠시라도 뭔가 일이 되는 걸 하자.」

다들 입을 닥치고 조용히 탄탄면을 먹었다.

점선

다음으로 상대해야 할 사람들은 훨씬 중요하면서도 더 다정했다. 나와 일하던 사람들을 한꺼번에 불러 모을 수는 없어서 한 사람씩 불러들였다.

「왜 네가 최고 경영자가 되어야 하지? 넌 별종이잖아.」

「그래, 알아. 나도 생각을 안 해본 게 아냐. 어쩌면 바보들을 이사회에 앉혀 회사를 말아먹는 최고 경영자가 될지도 몰라. 하지만 일상 업무를 책임지는 사장을 고용할 수도 있잖아.」

「글쎄, 그러려면 진짜 그렇게 해야 한다는 생각은 안 들어?」

「그렇지. 나도 그게 고민스러워.」

「주식은 어쩔 건데? 누구에게 얼마나 줄지 어떻게 결정할 거야?」

「상장하게 되면 안정을 위해 내가 대부분을 보유해야겠지. 하지만 사람들에게 다른 식으로 보상할 방법을 찾을 수 있을 거야. 반발하는 사람은 프로젝트의 소유권을 일부 가지도록 하면 공정할 테고.」

「복잡하군.」

「뛰어들어 모험을 하는 수밖에 없을 것 같아.」

「우린 다들 젊어. 바보짓 한다고 죽진 않을 거야.」

「위대한 기업을 설립할 때 사람들이 그런 식으로 말하지는 않을 것 같은데.」

나는 패트리코프 씨에게 전화를 걸어 결심이 섰다고 말했다. 「좋아요. 그쪽 변호사들 연락처 좀 알려 줘요.」

「음, 알았어요. 오늘 이따 다시 연락할게요.」

「변호사 있는 거 맞죠?」

「그럼요. 누구에게 맡길지 확인해야 해서요.」

부리나케 GNF에 전화했더니 역시나 살길이 있었다. 그날 오후
실리콘 밸리의 일류 변호사 사무소를 방문할 수 있었다.

변호사를 거느린다는 것은 상상할 수 없을 만큼 근사한 일이었다.
내가 체포되면 무엇을 해야 하느냐고 그에게 물은 뒤에, 마치 중요한
질문이라도 건넨 것처럼 그의 대답을 기다렸다. 뉴멕시코에 있을 때는
변호사를 고용한다는 것은 생각조차 할 수 없는 일이었으니까.
변호사를 거느리는 것은 환상의 도시에 왔음을 증명하는 인장(印章)과
같았다. 이 친구는 기업 전문 변호사였는데, 내 질문이 터무니없다고
여겼는지 대꾸하지 않았다.

「패트리코프라고요? 어떻게 된 거죠? 누가 소개해 줬습니까?」

「그가 난데없이 전화를 걸었어요.」

「출발이 좋네요. 첫 회차를 소화할 사람들로는 누가 있습니까?」♦

허세가 필요한 시간이다. 「음. 사람들이 시도 때도 없이 연락해요.
필요한 사람들이 나타나리라 기대하고 있어요. 뉴에이지식으로
생각하는 건 아니에요. 우리가 뭘 하는지 소문이 퍼져서 사람들이
연락을 해온다는 뜻이죠.」

수줍은 시골 소년의 순박함은 차차 사라질 터였지만, 그때는 아직
얼굴이 벌겋게 물들었다.

「흠. 가능할 것 같군요. 도움이 될 만한 사람을 추천해도 되겠습니까?
제가 〈당신의〉 변호사라는 걸 명심하세요. 제게 잘보이지 않으셔도
됩니다.」

♦ 스타트업은 주식 수, 비용, 주주 권리를 규정한 일련의 주식 발행 회차를 정의해야 한다.
대체로 한 회차를 전부 매도한 뒤에 새 회차를 시작하는데, 이전 투자자는 더 큰 위험을
감수하는 대신 더 좋은 조건을 누린다.

「그래요, 알았어요. 당신이 절 도와줄 수 있으면 정말 좋겠어요.」

책상에 서류가 놓였다. 여기에 서명하면 최초의 VR 회사가 탄생하게 된다.

펜을 들자 시간이 천천히 흘렀다. 손에 든 펜이 구불구불 미끄러지면서 속건성 잉크가 종이에 배었다.

이 거대한 이족 포유류가 연한 종이 위에서 매끄럽고 기다란 물체를 부드럽게 움직여 작은 표시를 남기고 이것을 중요하게 취급한다는 사실이 환상적일 만큼 기이하게 느껴졌다.

수평선 주위로

〈첫 회차를 소화〉하는 것은 쉽고도 어려웠다.

쉬웠던 이유는 우리에겐 죽여주는 데모와 경이로운 사람들이 있었기 때문이다. 데모를 보러 온 예비 투자자들은 흥분에 몸을 떨었다. 방문객들이 숨을 몰아쉬며 〈종교적 경험〉을 했다고 외치는 것을 들은 적도 한두 번이 아니었다.

당시 우리의 데모는 여러분이 경험할 수 있었던 어떤 것과도 달랐음을 감안해야 한다. 여러분이 오늘날의 기대 수준을 가진 채 타임머신을 타고 그때로 돌아가면 그토록 감동하지는 않을 것이다. 모든 것은 상대적이니까.

리틀 후난에서 그토록 조롱받던 두려운 〈돈 문제〉와 관련해서는 단순한 세 박자 사업 계획을 세웠다. (1) 최고급 VR 제품을 개발하여 기업, 군, 학계의 연구실에 대당 수백만 달러에 판매한다, (2) 게임용 VR 장갑과 3D 디자인 장비 같은 소비자용 제품을 부수적으로 개발한다, (3)

가치 있는 특허를 취득하여 지식 재산권을 얻는다.

〈결상의 세 다리〉가 있으면 우리는 승승장구하거나 (최악의 상황에서도) 살아남을 터였다. 결국 대기업에 인수되거나, VR이 소비자용으로 팔릴 만큼 값싸질 때까지 버티다 상장할 작정이었다.

여기까진 좋았는데, 문제는 내가 VPL에서 너무 많은 실험을 한꺼번에 밀어붙였다는 것이다. 이를테면 나는 주식의 대부분을 보유하면서도 순수함을 잃지 않고 경영자처럼 굴지 않겠다는 터무니없는 계획을 고집했다. 사장은 진짜 양복쟁이이지만 실권은 없어야 했다.

투자자들은 울며 겨자 먹기로 받아들였다. 문제는 이것만이 아니었다. 나의 주식 통제에 대해 균형을 맞추기 위해 기술 임원들에게 어느 정도 자율성을 부여해야 했는데, 투자자들은 이 때문에 우리가 팀워크가 약해질까 봐 우려했다. 투자자들의 우려는 결국 사실로 드러났다.

돌이켜 보면 초기 투자자들이 목소리를 더 높였다면 모두에게 더 유익했을지도 모른다. 하지만 그들이 뭘 할 수 있었겠는가? 서툰 장고(長考) 끝에 첫 회차가 모두 소진되었다.

부두목 양복쟁이

또 다른 과제는 내가 유일한 두목 양복쟁이가 되지 않도록 사장을 영입하는 일이었다. 서류상으로는 그럴듯해 보이던 후보가 몇 명 있었지만 실제로는 기대에 못 미쳤다.

이것만 생각하면 아직도 의아하다. 재계에는 온갖 최고위직에 적임자인 것처럼 보이면서도 실무 능력은 갖추지 못한 사람이 많다. 어떤 사람은 표정은 진지했지만 회사 안내 책자에 어떤 청록색을 써야 할지 고르는 일에 시간을 쏟아부었다. 나는 울화통이 치밀었다. 「이봐요, 내 역할은 창조적인 미치광이이고 당신 역할은 제조 라인이 잘 돌아가도록 사람들을 고용하는 어른이라고요.」

나는 최고 경영자가 되는 법을 배우고 있었으나 첫해에는 여전히 무르고 어수룩했다. 어엿한 세계에 발을 내디딘다는 장밋빛 환상에 취해 게임의 가장 기본적인 규칙을 — 적어도 처음에는 — 망각했다. 나는 세상에서 가장 서툰 포커페이스였다.

숲속의 어린아이가 따로 없었다. 한번은 중요한 계약서에 서명하면서, 변호사들이 검토했으려니 생각하고 뒷장을 살펴보지 않았는데 알고 보니 상대방이 (나중에 우리를 엿 먹일) 문구를 몰래 넣어 두었다. 악감정은 없었다. 나중에 그 친구와 다시 손잡았다.

우리는 기술 산업 문화의 공격성에 감사해야 한다. 2013년경에 실리콘 밸리에서 성대한 결혼식이 열렸는데, 유명하고 오래된 벤처 투자가 한 명이 — 패트리코프는 아니고, 나중 회차에 투자한 사람이었다 — 다가와 당시에 나를 속이는 게 식은 죽 먹기였다고 회상하며 희희락락했다. 내가 보기엔 공정한 경기였다. 우리는 함께 웃어넘겼다.

다행히 GNF 중 한 명인 스탠퍼드 연구소 〈가치, 태도, 생활 양식〉 출신 마리 스펭글러가 사장감을 한 명 데리고 왔다. 그의 이름은 장자크 그리모로, 끝까지 우리 회사에 남았다. 알고 보니 스탠퍼드 연구소에서는 프랑스의 한 스타트업을 돕고 있었는데, 그 회사는 VPL보다 훨씬 시대를 앞선 연구를 하고 있었다.

포켓빅브레인Pocket Big Brain은 스마트폰처럼 생긴 최초의 기기였다. 두께는 2.5센티미터나 되었고 큼지막한 픽셀은 흑백 전환밖에 안 되었으며 백라이트도 없었다. 무엇보다 무선 신호가 없던 시절이어서, 데이터의 〈광야에서 외치는 자의 소리〉인 셈이었다. 하지만 전체적 구상과 디자인은 구현되어 있었다. 이 제품은 터치스크린, 아이콘, 앱 꾸러미, 배터리를 갖췄다. 개발자들은 3G라는 무선 표준 제안에 대해 얘기했는데, 언젠가 전 세계에 — 심지어 야외에서도 — 데이터 연결 서비스를 제공하겠다는 것이었다. 3G는 결국 실현되었지만, 수십 년이 걸렸다.

포켓빅브레인이 VR보다 훨씬 미친 계획이었던 이유는, 적어도 고급 버전의 VR은 처음부터 특수 고객에게 판매할 수 있었기 때문이다. 우리의 사업은 당장 결과를 기대할 수 있었다. 하지만 신호에 연결할 수 없는 포켓용 기기에 100만 달러를 쓰려는 사람은 〈아무도〉 없었다.

그래서 마리는 이렇게 생각했다. 「이 미친 짓을 하는 사람들이 덜 미친 짓에도 적합한지 알아볼까?」

장자크는 사장이 되어 유럽의 투자자, 고객, 제휴사를 잔뜩 몰고 왔다. VPL은 순식간에 별종이 되었다. 초국적 스타트업이라는 별종.

발자국

우리는 차고에서 성장한 여느 스타트업처럼 칙칙한 사무실로 옮겼다. 내겐 힘든 변화였다. 나는 여전히 기분이 오락가락했으며 티 없는 깨끗함에 적응하기 힘들었다.

얼마 지나지 않아 더는 견딜 수 없었다. 우리는 레드우드시티의 옛 마리나[*]에 있는 근사한 레드우드 건물로 이주했다. 사무실은 대부분 2층에 있었는데, 바로 아래로 바다가 보였다. 유리창은 미닫이 식이었고 커다란 공용 발코니가 있었다. 우리는 스스로를 〈비플Veeple〉이라 부르며 배에서 살았다. 선착장에는 멋진 식당이 있었다. 너무 근사했다. 그래서 판박이식 최고급 콘도 건설을 위해 선착장이 철거될 때 가슴이 아팠다. 실리콘 밸리도 마찬가지이다.

전화만 걸면 규격에 맞춰 제품을 소량 생산해 주는 중국 공장은 아직 없었다. 실리콘 밸리에는 진짜 공장들이 있었는데, 칩과 애플 컴퓨터 등이 모두 여기서 생산되었다. 이것이 그때와 지금의 가장 큰 차이일 것이다. VPL은 독자적인 생산 라인을 갖춰야 했다.

우리는 헤드셋과 장갑 등을 제조할 작은 공장을 레드우드시티에 세웠다. 그리고 지금은 상상할 수도 없는 일을 했다. 현지인을 고용하여 훈련한 것이다. 블루칼라 현지 고용이라니! 그것도 실리콘 밸리 스타트업에서! 어떻게 이런 일이!

하지만 완벽하지는 않았다. 스타트업의 나머지 모든 영역에 대해서는 컨설턴트가 준비되어 있었지만, 제조는 여전히 부모 같은 대기업 세계의 일로 — 새 서부 개척지라기보다는 옛 동부 경제의 일부로 — 간주되었다. 실리콘 밸리에서는 미소 규모의 제조업을 지원하는 곳이 전혀 없었다. 크거나 아예 없거나였다. 이 간극이 메워졌다면 기술 제조업 분야에서 미국의 위상이 이토록 쪼그라들지 않았을지도 모른다는 생각이 든다.

이것은 우리가 일관되게 높은 품질의 하드웨어를 생산하지 못한 것에

♦ 요트, 모터보트 등의 선박을 위한 항구로, 방파제, 계류 시설, 육상 보관 시설 등 편의 시설과 클럽 하우스, 주차장, 호텔, 녹지 공간 등을 포함한 넓은 의미의 항만 — 옮긴이주.

대한 내 나름의 핑계이다. 내가 VPL에 대해서 아직까지도 죄책감을
느끼는 것은 이 때문이다.

　나는 부품을 미국에서 조달하려고 무척 애썼다. 앨 고어라는
테네시주의 기술광 상원 의원이 흥미를 느껴, 디스플레이를 제조하는
미국 기업을 모조리 조사하도록 도와줬으나 허사였다. 대부분의 부품은
일본에서 구입하는 수밖에 없었다. 나는 일본을 뻔질나게 드나들었다.
한 주에 두 번씩 도쿄에 갔다 오는 일도 드물지 않았다.

제작 완료!

VPL은 수천 곳의 연구소와 기업이 기초적 VR 연구를 수행하고 산업용
VR 응용 제품의 견본을 제작할 수 있도록 장비를 제공했다. 우리는

종종 고객과 공동으로 작업했으며 선도적인 VR 응용 프로그램들을 제작했다.

몸에 착용하는 VR 기기는 값이 비쌌다. 일반용 아이폰은 1980년대에 1만 달러를 넘었는데, 솔직히 제대로 된 물건은 아니었다. 5만 달러짜리 HRX 모델은 더 나았지만, 이 책이 출간되는 시점의 몇백 달러짜리 헤드셋과 비슷한 수준이었다.

우리는 아이폰과 데이터글러브를 낱개로 많이 팔았지만, 우리의 대표 상품은 일체형 VR 시스템인 RB2였다. 제품 이름은 〈둘을 위해 구축한 현실Reality Built for Two〉이라는 뜻이다. 이 제품을 쓰면 둘 이상의 사람과 아바타로 결합될 수 있었는데, 내가 좋아한 것은 2인승 자전거 비유였다.

앨런 케이는 컴퓨터를 〈마음을 위한 자전거〉라고 불렀다. VR의 경우에 자전거 비유에는 이중적 의미가 있었다. 팀 리리와 몇몇 초기 VR 연구자들은 이미 VR을 〈전자 LSD〉로 상상하고 있었으나, 사실 VR을 즐기려면 주의와 노력, 기술이 필요하다. 따라서 롤러코스터가 아니라 자전거를 타는 것과 비슷하다. 또한 인간을 초월한 인지권♦ 개념보다는 사람 사이의 개인적 연결을 강조하고 싶었다. 어쩌면 우리가 지구적 가상 공간을 집단적으로 창조할 수도 있겠지만, 그렇게

♦ noosphere. 〈노오스피어no-oh-sphere〉로 발음한다. 이것은 인터넷상의 알고리즘 때문에 생겨날 전 세계 두뇌 초유기체 포스트 휴먼 인공 지능을 일컫는 해커 용어였다. 인지권은 인간을 인지적 요소로 품을 수도 있고 인간 없이 작동할 수도 있다. 두 가지는 누가 봐도 별로 다르지 않았다. 〈인지권〉이라는 용어는 피에르 테야르 드 샤르댕이 1920년대에 인간 사유의 영역에 생각의 초점을 맞추기 위해 고안했다. 오늘날의 해커적 사유는 이 용어를 그런 식으로 쓰지 않지만, 종교, 시장, 국가 같은 예전 구조를 능가하는 미래의 지구적 조직에 대한 이상을 여전히 받아들인다.

되더라도 다른 개인과의 연결이 여전히 더 소중할 것이다.

RB2는 가격이 수백만 달러에 달했다. 가장 크고 값비싼 부품은 컴퓨터였는데, 대체로 실리콘 그래픽스 제품이었으며 크기가 냉장고만 했다.

아이폰과 데이터글러브 같은 부품을 파는 것과 RB2 같은 일체형 시스템을 파는 것의 주된 차이점은 부품을 사는 고객들의 경우 소프트웨어를 직접 짜는 경우가 많았다는 것이다. 그들은 VR의 작동 방식에 대한 나름의 개념이 있었으며 우리는 그들이 자신의 이상을 실현하도록 기꺼이 지원했다.

하지만 고객이 일체형 시스템을 주문하면 VPL에서 소프트웨어를 제공했다. 사실 소프트웨어야말로 VPL의 핵심이었다. 하드웨어가 더 기억되고 있기는 하지만. 그것은 하드웨어가 내구성이 있고 촬영할 수 있는 물건이기 때문이다. 아이폰은 영화 소도구로 쓰인 적도 있지만, 소프트웨어는 직접 써보지 않은 사람에게는 설명하기조차 힘들다.

개인적 편견인지도 모르겠지만, 우리의 VR 개발 장비는 오늘날 내가 아는 어떤 것보다 훌륭했다. 가상 세계를 작동시키면서 모든 것을 바꿀 수 있었으며, 비주얼 프로그래밍을 이용할 수도 있었고 기존 것에 가까운 인터페이스를 이용할 수도 있었다.

물론 우리의 소프트웨어가 완벽하지는 않았다. 그것은 VPL의 이상한 구조 때문이었다(회사의 구조와 그 회사가 만드는 소프트웨어의 아키텍처는 서로를 반영할 수밖에 없다).

너드의 고집이 예나 지금이나 얼마나 세차게 우리를 흔드는지 생각하면 기가 차다. 영은 우리의 3D 디자인 장비를 포스FORTH라는 컴퓨터 언어로 작성했는데, 이 언어는 반항적 매력이 있었다. 척은 포스를 쓰지 않았다. 그래서 역학적 요소와 기하학적 요소를 서로 다른 프로그램으로 조정해야 했다. 동시에 돌아가기는 했지만, 인위적인 간극이 있을 수밖에 없었다. 우리는 통합된 디자인을 한 번도 구현하지 못했다. 그랬다면 훨씬 좋았을 테지만. 사실 우리가 통합 시스템을 개발했다면 오늘날 모든 사람에게 표준이 되었을지도 모른다. 우리가 최초였고 길을 닦았으니까. 그게 실리콘 밸리 방식이다. 우리는 (좋든 나쁘든) 기다란 그림자를 드리웠다.

더 미더웠으면 좋았을 테지만, 그래도 나는 우리 제품이 좋았다. 이 책을 쓰는 책상 옆에 놓인 아이폰과 데이터글러브를 보면 아직도 마음이 따스해진다.

15 자신의 소피라미드가 돼라

(VR용 시각 디스플레이에 대하여)

아이폰을 기억하며

아이폰은 최초의 상업적 VR 헤드셋이었을 뿐 아니라 제대로 디자인된 것처럼 보이는, 즉 철제 레일이 삐죽 튀어나오지 않은 최초의 제품이기도 했을 것이다. 또한 내가 알기로 연구소의 제품들을 포함해서 최초의 머리 지지형 컬러 VR 헤드셋이었다.

아이폰은 대단했다. 아이폰을 쓸 때마다 느낀 기대감이 아직도 떠오른다. 겉모습을 보자면, 초창기 아이폰은 오늘날의 오큘러스 리프트와 약간 비슷하게 생겼다. 검은색에 찍찍이 밴드가 달렸으며 꽤 두툼했다. 하지만 주관적 측면에서의 시각 경험은 오늘날의 소니 플레이스테이션 VR 헤드셋과 가장 닮았다. 아이폰은 소니 헤드셋과 비슷하게 선명도보다는 시각 경험에 중점을 두었다.

초기 아이폰의 가장 큰 문제점은 무게였다.

VR 고글의 첫 반 세기 동안 무게는 골치 아픈 문제였다. 아이번 서덜랜드는 1969년에 만든 ur-HMD의 지지부에 〈다모클레스의 칼〉이라는 별명을 붙였다. 천장에 매달아야 했기 때문이다. 또 다른 육중한 HMD에서는 케이블이 끊어져 실제로 사람이 죽는 일이 있었다.

VR을 쓴 앤. 스스로 찍은 사진.

육중한 HMD에서는 케이블이 끊어져 실제로 사람이 죽는 일이 있었다. 1970년대의 실험적 군사 훈련 시스템에서였다.

　VPL의 초기 아이폰은 두꺼운 양안 확대경*을 이용했다(리프LEEP라는 고급 광학 회사에서 만들었다). 사람 목으로 지탱할 수는 있었지만, 엄청나게 무거웠다. 또 다른 초기 VR 회사인 페이크스페이스Fakespace도 같은 광학 장비를 썼지만, 그들의 뷰어는 작은 크레인으로 지탱했다.

　1980년대에는 팰로앨토 유니버시티가의 길가 카페를 뒤지고 다니면 전날 VPL에서 데모를 체험한 사람이 누구인지 알아맞힐 수 있었다.

♦ 눈앞에 장착한 작은 디스플레이 화면의 초점을 맞추고 넓은 시야를 채운다.

얼굴에 빨갛게 눌린 자국이 남아 있었기 때문이다. 우리는 〈부족 문신〉이라고 말하곤 했다.

1980년대 후반에 VPL은 경량의 프레넬Fresnel 광학 장비로 갈아탔다. 이것은 여러 동심원으로 이루어진 얇은 확대경이다. VPL의 프레넬 디자인은 주로 초창기 비플 중 한 명인 마이크 타이텔의 작품이었다.

우리는 오늘날과 비교해도 남부럽지 않은 해상도와 시야각을 얻을 수 있었다. 단, 한 쌍에 5만 달러를 매겨야 했는데, 이것은 인플레이션을 반영하지 않은 가격이다. 나는 저 가벼운 고글을 오랫동안 아쉬워했는데, 최근 신세대 VR 사업가들은 경량 광학 장비의 즐거움을 재발견했다.

머리 위에

커다란 고전적 VR 고글의 가장 큰 단점은 가장 큰 장점이기도 하다. VR 헤드셋은 패션 액세서리로는 영 볼품이 없다. 그래도 나는 좋다.

투박함이야말로 섬뜩함을 막아 주는 요소이다. 남들의 눈에 내가 화성에서의 스포츠를 그린 1950년대 싸구려 SF 삽화에 나오는 사이키델릭한 하키 선수처럼 보인다는 사실을 알고 있으면서 이것이 VR이 아닌 척할 수는 없으니 말이다. VR은 마땅히 그래야만 한다.

VR의 서른한 번째 정의: 아무리 흥미진진한 경험을 하고 있어도 외부인에게는 터무니없이 괴상하고 바보 같아 보인다.

재런이 VR에 들어 있는 모습을 바깥에서 본 것.

　나는 VR 장비를 최대한 안 보이게 만들려는 욕망 때문에 늘 길을 잘못 들었다. 구글에서 만든 헤드업 디스플레이 구글 글래스Google Glass를 생각해 보라. 디자이너들이 구글 글래스를 자연스럽게 보이도록 하면 할수록 이 작고 근사한 물건은 더욱 두드러지게 보였다. 마치 뾰루지처럼.

　디자인에서 무엇이 두드러지느냐의 문제는 언제나 권력의 문제였다. 구글 글래스와 관련 장치들에는 속임수가 있다. 이런 기기를 착용한 사람은 전능한 엑스선 시각의 초능력을 남몰래 가지게 될 것이다. 하지만 맨눈으로 보는 사람에게는 그런 기기가 감시 장비처럼 — 마치 사람의 얼굴이 조지 오웰을 연상시키는 악마의 가면으로 다시 디자인된 것처럼 ─ 느껴질 수 있다.

하지만 ─ 이것이 핵심 문제인데 ─ 이런 기기를 착용한 사람과 이런 기기에 관찰당하는 무력한 나안(裸眼)의 사람 둘 다 실은 종속되어 있다. 정보 우위의 관점에서 보면, 클라우드 컴퓨터를 운용하면서 모든 상황을 멀리서 감시하는 자야말로 두 사람 모두의 주인이다. 장비를 착용한 사람도 실은 감시당하는 신세인 것이다.

따라서 초영웅의 마법적 정신 능력이라는 판타지를 추구하는 것은 실은 복종의 다른 모습일 뿐이다. 눈 옆에 매달린 작은 광학 장치는 얼굴을 작아 보이게 한다.

늘 그렇듯 나는 갈등 상황에 처해 있다. 구글 글래스 연구를 추진한 사람 중 몇몇은 나의 오랜 친구이기 때문이다.♦ 나 자신이 구글 글래스를 닮은 디자인을 실험하기도 했고, 그중 하나가 현실화되었다면 어떻게든 좋아할 논리를 개발했을지도 모른다. 내가 객관적인지 판단할 수 있는 입장에 있는 사람은 독자 여러분뿐이다.

어쨌든 옳고 좋은 원칙이 하나 있으니, 그것은 정보 기기의 디자인에서는 투박한 것이 좋다는 것이다. 권력관계를 피할 수는 없지만, 이 관계를 명시적으로 드러내면 더 윤리적으로 대처할 수 있다.

나를 보는 카메라는 내 눈에 보여야 한다. 내가 경험하는 세상이 진짜가 아니라면 그 사실이 명백하게 드러나야 한다. 인간의 마음은 판타지를 받아들일 능력이 무궁하기 때문에, 환각이 완벽하지 않아도 개의치 않는다. 이와 동시에, 판타지를 일으키는 것이 식은 죽 먹기라는 점에서 환각의 경계를 강조하는 것이 선량한 시민의 태도이다.

♦ 이 책을 쓰는 지금, 이 분야에서 가장 대중화된 장치는 스냅챗의 스펙터클스Spectacles일 것이다.

마술사에게는 무대가 있으며, 그 무대는 세상과 별개이다. 무대가 없이 마술을 하거나, 트릭을 쓴다는 사실을 미리 알려 주지 않는 마술사는 사기꾼이다.

이런 문제에 대한 태도는 물리적 현실을 얼마나 좋아하느냐와 관계가 있는지도 모른다. 나는 자연계를 좋아하고 살아 있음을 사랑한다. VR은 경이로운 우주의 일부이다. 우주에서 도피하는 수단도 아니요, 우주를 능가하려는 판타지도 아니다.

나는 가상 현실도 아주아주 좋아한다. 그렇기에 가상 현실을 모호하거나 비가시적으로 바꾸려는 시도에는 더더욱 흥미가 없다. 나는 고전 음악을 좋아하지만, 〈긴장 해소용〉으로 고전 음악을 틀어 놓는 사람을 만나면 실망한다. 제대로 들어 본다면 고전 음악이 결코 배경 음악에 머물 수 없음을 알 수 있으리라. 때로는 적은 것이 많은 것이다. 주의력에는 한계가 있기 때문이다.

패스스루

VR 헤드셋 디자인의 또 다른 윤리적 쟁점은 혼합 현실과 관계가 있다. 혼합 (증강) 현실을 구현하는 데는 두 가지 방법이 있다. 한 방법은 홀로렌즈처럼 광학 장치를 이용하여 실제 세계와 가상 세계를 결합하는 것이다. 내가 보는 실제 세계의 상은 헤드셋을 쓰지 않았을 때 실제 세계에서 보았을 것과 같은 광자로 이루어진다.

하지만 이 효과를 내는 또 다른 방법이 있다(〈비디오 패스스루video pass-through〉라고 부르기도 한다). 이 경우에는 세상을 바라보는 카메라들이 기존 방식의 VR 헤드셋에 이미지 스트림을 공급한다. 내가 보는 모든 장면은 헤드셋의 디스플레이에서 공급되지만, 그럼에도 실제 세상을 표상한다. 비디오 패스스루 헤드셋은 야시경과 다르지 않다.

비디오 패스스루를 이용하면 가능성이 열린다. 이를테면 자신의 손과 몸을 변형할 수 있다. 벨로키랍토르Velociraptor로 변신할 수도 있다.

세상도 변할 수 있다. 마이크로소프트 리서치의 란 같은 내가 보는 모든 것이 여전히 기능을 유지하고 같은 차원을 가지면서도 우주선 엔터프라이즈호의 장치에서처럼 즉각적으로 다시 디자인되는 필터를 이런 헤드셋용으로 개발했다. 이 필터는 재미있고 매혹적이다. 란의 성과는 연구의 관점에서도 환상적이다.

언젠가 이런 식의 소비자용 제품이 윤리적일 수 있을 만큼 사회가 발전할지도 모른다. 하지만 아직은 아니다.

우리는 가학적 가짜 뉴스의 유행이 사회에 미친 해악을 목격했다.♦ 현실에서도 가학적 가짜 요소의 유행은 위험할 뿐 아니라 권력 남용의 가능성을 광적인 수준까지 끌어올릴 것이다. 누군가의 현실을 조종하는 것은 그를 조종하는 것이다.

우리 주위를 떠다니는 어리석은 실수

내가 미뤄 둔 일이 하나 있는데, 애석하게도 그것은 여러분이 SF 영화와 콘셉트 영상, 텔레비전에서 본 VR의 모습이 대부분 물리적으로 불가능함을 설명하는 것이다.

우리는 가상의 사물이 허공에 떠 있는 것을 보고 또 본다. 물론

♦ 부록 3에서 이 문제를 들여다본다.

「스타워즈」의 레아 공주도 그랬지만, 이런 묘사는 거의 보편적인 것에 가깝다.

SF에서 그러는 거야 상관없지만, 문제는 이런 방식이 군수업체나 VR 제품을 홍보하는 회사의 동영상에서 기만적으로 쓰이기도 한다는 것이다. 크라우드소싱 사이트에서 사람들을 속여 돈을 뜯어내는 데도 쓰였다.

설상가상으로 이 모든 수법이 자기기만적인 방식으로 일어날 때도 많다! 군 장성이나 기술 기업 임원 중에는 (자신이 의뢰한) 동영상에서 떠 있는 홀로그램을 보고 어찌나 매혹되었던지 실제로는 존재할 수 없는—적어도 현재 시대에는—기술에 막대한 돈을 쏟아부은 사람이 한둘이 아니다.

이것은 돈이 많이 드는 문제였다! 특수 광학 장치의 표면 위가 아니라—또는, 헤드셋 같은 기기를 착용하지 않고서—현실 세계의 임의의 장소에서 가상의 사물이 떠 있게 할 수 있으리라 생각하는 사람들 때문에 허비된 돈이 족히 수십억 달러는 될 것이다.

그들의 바람은 실현될 수 없다!

전문가가 무언가를 불가능하다고 말하면 거의 언제나 결국은 그가 틀렸음이 입증된다는 아서 C. 클라크의 명언, 나도 잘 안다. 아마도 언젠가는 광자와 상호 작용하는 엄청나게 강한 인공 중력장을 조작하여 방 안에서 이를 정밀하게—인간 구경꾼의 몸을 찢어발기지 않고서—왜곡할 수 있을지도 모른다. 단연코 불가능한 것은 아닐지도 모르지만, 우리가 살아가는 광학의 세계에서는 결단코 상상할 수 없다.

이유는 이렇다. 요즘 물리학자들은 광자를 매우 훌륭히 이해하고 있다. 광자를 기술하는 양자장 이론은 모든 실험에서 광자의 행동을 완벽에 가깝도록 예측할 수 있다.

우리가 아는 한 가지는 미래에 일어날 궤적 변화의 지시 사항을 저장할 메모리 레지스터 같은 것이 광자에 들어 있지 않다는 것이다. 광자는 한 방향으로 이동하면 다른 물체와 상호 작용하여 방향을 바꾸기 전에는 원래 방향을 유지한다.

이 말은 방 안으로 보낸 광자가 사전 계획대로 직각으로 방향을 틀어 여러분의 눈에 보이도록 할 수 없다는 뜻이다. 여러분은 실제 사물을 보고 있어야 한다. 아니면, 그 사물은 광자가 (여러분의 망막에 닿기 전에) 마지막으로 건드린 물체여야 한다.

이 마지막 광학적 물체는 애초에 광자를 만들어 내는 화면 속의 빛나는 픽셀일 수도 있다. 일반 텔레비전이나 컴퓨터 화면이 이런 식이다. 또는 거울에서 튕겨져 나오는 광자의 파면(波面)*일 수도 있다. 자신이 이 닦는 모습을 볼 때 일어나는 현상이 이것이다. 아니면 광자 몇 개가 빽빽한 유리 렌즈를 통과하다 다른 방향으로 진행했을 수도 있다. 이것은 일반 안경을 썼을 때 일어나는 현상이며, 〈굴절〉이라 한다. 어쩌면 광자가 격자나 홀로그램 안의 현미경적 구조에서 방향을 틀었을지도 모른다. 이를 〈회절〉이라 한다.

하지만 미친 과학자의 특수 안경이나 비밀 요원의 총기 보관함 앞에서 가상의 사물이 마치 맨눈으로 보는 것처럼 허공에 떠 있을 수는 없다.

지독하게 실망스러운 폭로라는 것, 나도 안다.**

♦ 파동의 위상이 같은 점들을 연결한 면 ─ 옮긴이주.
♦♦ 불가능한 것을 가능한 것처럼 살짝 꾸미는 방법은 몇 가지가 있다. 강력한 레이저로 공기를 데우면 이온화로 인해 작고 밝고 푸르스름한 별이 생겨나 허공에서 반짝거린다. 이런 불꽃 몇 개를 조율하고 보충하면 조잡하나마 떠 있는 3D 환영을 만들 수 있다(열성적인 일본 VR 연구 공동체에서 할 법한 극단적 VR 실험의 분위기가 물씬 난다). http:www.ashistar81;

VR의 서른두 번째 정의: 이른바 허공에 떠 있는 (불가능한) 홀로그램을 만들 수 있다는 오해를 종종 받는 기술.

이 정도면 나의 절망을 짐작할 수 있으리라. 발명가와 군사 전략가 같은 똑똑한 사람들이 이것을 이해하기가 그토록 힘든 이유는 무엇일까? 이것은 값비싼 돌팔이 약을 끊으라고 사람들을 설득하는 것과 같다. 인간은 불가능한 것의 존재를 믿고 싶어 한다.

그나마 위안이 되는 것은 실제로 작동하는 VR의 디스플레이를

p/pdf/2016to6.pdf 참고.

공기는 무(無)가 아니다. 공기는 빛을 약간 휘게 한다. 강한 음파를 조율하여 빽빽한 공기 주머니를 만듦으로써 빛을 평소보다 더 구부리는 것이 가능하지만, 광자를 방 한가운데에서 눈으로 가파르게 굴절시킬 만큼 구부릴 수는 없다. 하지만 근사한 데모를 만들 방법은 있을지도 모른다. 내가 알기로 불가능한 것에 대한 이런 접근법을 조잡하게나마 데모로 구현한 사람은 아무도 없지만, 조만간 누군가 해낼지도 모른다. 실용성은 터무니없이 낮을 테지만.

허공에 떠 있는 〈홀로그램〉에 대한 지금까지의 접근법 중에서 가장 근접한 것은 나의 기발한 친구 켄 펄린이 제작한 시제품이다. 켄의 장치는 작은 공간에서 비가시광 레이저로 먼지를 탐색하여 더 큰 가시광 레이저로 임의의 먼지 입자를 즉각 밝힘으로써 효과를 연출했다. 먼지를 밝히는 방식이 다소 효과가 있긴 하지만, 그 결과는 매우 모호하고 흐릿하고 엉성할 수밖에 없다.

다른 방법도 몇 가지 있다. 밝은 프로젝터로 방 안에 있는 물체에 영상을 주사할 수도 있다. 마이크로소프트 리서치에 있는 내 동료들, 특히 앤디 윌슨은 주사된 영상을 이미 있는 실제 물체에 맞춰 조율함으로써 효과를 내는 방법을 탐구했다. 이렇게 하면 방이 맥박 치는 환각을 비롯하여 흥미로운 효과를 연출할 수 있다. 사람들이 3D 안경을 쓰면 3D 영상을 방의 경험에 주입할 수 있지만, 안경 없이 환상을 보는 것에서는 멀어진다.

실내가 흰색의 매끈한 무광 표면이라면 방 전체를 범용 프로젝터 화면으로 쓸 수 있다. 그 효과는 무대 연출이나 정교하게 계획된 반응형 예술 작업에서 유용할 수 있다. 마이클 네이마크는 이 접근법의 선구자였다. 이 방법은 〈주사 증강 현실projected augmented reality〉로 불리기도 하는데, 관련 문헌이 많이 발표되었다.

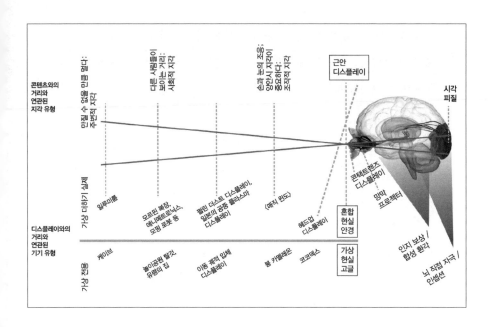

디자인하는 방법이 많이 있다는 것이다. 가능한 VR 전략이 모조리 발명되었다고 생각할 때마다 누군가 기발한 아이디어를 새로 내놓는다. 알고 보면 가능한 것이야말로 불가능한 것보다 더 흥미롭고 재미있다. 기회를 주기만 한다면.

장비 스펙트럼

위 도표는 VR에서 입증된 — 불가능한, 떠 있는 홀로그램과 달리 — 여러 광학 방식을, VR 장비가 가상 사물의 환각을 만들기 위해 개입하는 위치를 바탕으로 분류한 것이다. VPL을 시작할 때에도, 헤드셋이나 그 밖의 시각 장비를 제작해야 할지 판단하기 위해 이런 간단한 도표를 그렸다.

도표에서는 VR 디스플레이 종류가 아홉 가지이며 VR의 시각적 측면을 구현하는 방법은 총 열일곱 가지이다. 그리고 이것은 완전한 목록이 아니다! 비전문가에게는 이 도표가 어려울지도 모르지만, 몇 가지 중요한 점만 이해하면 된다.

나는 근안(近眼) 디스플레이(옛 아이폰이나 지금의 홀로렌즈 같은 친숙한 VR 헤드셋)를 가장 좋아하기 때문에 이것들을 상자에 넣었지만, 여기에 표시된 거의 모든 범주의 장치도 다뤄 본 적이 있다. 목록이 완전하지 않은 한 가지 이유는 나와 동료들이 새로운 항목을 추가할 계획이기 때문이다. 아직은 공개하고 싶진 않지만.

이 도표는 왜 이렇게 복잡해야 할까? 뭐가 이렇게 많은 걸까? 그 이유는 궁극적이고 완벽한 디자인을 갖춘 시각적 VR 기기의 형태가 존재하지 않기 때문이다. 모든 VR 디스플레이는 저마다 장단점이 있다. 예상컨대 다양한 VR 장치들이 세상에서 각자의 자리를 찾을 것이다.

VR은 궁극적으로 사람과 뇌에 대한 것이므로, 나는 뇌를 중심으로 VR의 여러 방법을 분류했다. VR 과학자의 관점에서 지각은 거리와 위치에 기반한 구역으로 분류되며, 각 구역에서는 저마다 다른 방식의 주의 및 지각이 강조된다.

이를테면 손으로 조작할 수 있는 현실의 일부를 보는 방식은 너무 멀어서 만질 수 없는 것을 보는 방식과 다르다. 이를테면 눈에 가까울수록 양안시가 중요해진다.

나아가서 우리는 바로 눈앞에서 초점이 맞는 대상과 좌우 가장자리에 있어서 주변시로 봐야 하는 대상을 구별한다. 후자는 다른 종류의 주시(注視)를 요한다. 주변시에서의 특정 운동에 대해, 수평선에 대해, 심지어 사소한 색깔 변화에 대해 더 민감해진다(특히 어두울 경우). VR

헤드셋을 잘 디자인하려면 이런 미묘한 요소들을 모두 감안해야 한다.

　도표에는 큰 수평선이 하나 있다. 선 아래의 VR 버전들에서는 가상의 사물만 볼 수 있다. 선 위는 혼합 현실(〈증강 현실〉이라고도 한다) VR이다. 이 버전의 VR에서는 가상 세계와 현실 세계가 겹쳐 보인다.

스펙트럼의 안쪽 끝

우선 가장 오른쪽에 있는 것부터 살펴보자. 여기서는 VR의 실용적 철학을 똑똑히 확인할 수 있다. 사실 전기 자극으로 인위적 빛 지각을 일으키는 것은 오래전부터 가능했다.

　시각 피질이나 시신경을 자극하는 예비 실험과 인공 망막을 만들려는 시도도 있었으나 결과는 여전히 조잡하다. 이런 작업은 매체 연구가 아니라 의학 연구의 맥락에서 추진되었으며 대체로 환자는 적은 개수의 점만 볼 수 있다. 실험 대부분이 침습적이다. 하지만 꾸준한 발전이 이뤄졌기에, 미래에는 맹인이 (원할 경우) 더더욱 좋은 인공 눈을 가질 수 있으리라 기대할 만하다.

　그렇다면 앞으로 VR은 뇌와 직접 연결하여 구현해야만 할까? 이것은 VR의 초창기 이후로 가장 흔히 들었던 물음이다.

　경우에 따라서는 뇌 직접 자극이 알맞을 수도 있겠지만, 저 물음에는 오해의 소지가 있다. 문제는 감각 기관이 없어도 된다는 가정이다. 하지만 감각 경험을 자극하려면 감각 기관을 자극해야 한다. 뇌와 감각 기관은 유기적 총체를 이루는데, 배아 시기에는 서로 어떤 형태를 취해야 할지 가르치며 아동기에는 서로를 훈련시킨다.

　눈은 미스터 포테이토헤드의 뇌에 꽂은 USB 카메라가 아님을 명심하라. 눈은 미지의 우주를 탐사하는 첩보 잠수함의 해치이다. 탐사는 곧 지각이다.

따라서 눈을 건너뛰어 뇌로 직행하는 것이 더 나은가라는 물음에는 오해의 소지가 있다. 진짜 물음은 이것이다. 눈의 존재, 즉 눈이 보고 탐지하고 탐사하는 방식을 자극하는 것이 유용할 때는 언제일까? 그 차이가 학술적 문제로 느껴질지도 모르겠지만, 이것이 중요한 이유는 눈이 (눈의 방향을 결정하는) 이용자에게 권한의 핵심 중 일부이기 때문이다. 직접 자극은 권한이 이용자가 아니라 자극원에 있음을 암시한다.

바깥쪽 끝

도표에 표시한 시각적 전략은 대부분 눈 바깥에 위치하며, 눈에서 얼마나 멀리 떨어져 이용되느냐에 따라 분류된다. 장치들은 그 거리에 따라 고유한 형태를 취한다. 눈에서 가장 먼 왼쪽 끝의 VR 디스플레이는 놀라운 장비를 갖춘 특수한 방이다. VR 방의 표준적 사례로는 3D 디스플레이 벽으로만 이루어진 케이브CAVE(동굴 속 자동 가상 환경Cave Automatic Virtual Environment)가 있다. 하지만 케이브를 이용하려면 대개는 양안시/3D 안경을 써야 한다(픽션에서 이에 해당하는 판타지 디자인으로는 「스타 트렉」의 홀로덱Holodeck이 있다).

케이브는 몸이 판타지화되지 않고 가상 사물이 너무 멀어서 만질 수 없는 경험에 안성맞춤이다. 이 범주에는 여러 과학적 시각화가 포함되는데, 거대한 데이터 조각 속에 들어가는 것이 유익하기 때문이다. 이를테면 거대한 뇌 모형에 들어가 신경 세포가 발화하는 3D

패턴을 보거나 도심에 예정된 대형 건설 공사 현장 위를 날아다닐 수 있다.

케이브는 캐롤리나 크루즈니라가 발명했다. 일리노이 대학교에서 댄 샌딘과 톰 드판티의 제자일 때였다. 요즘 그녀는 〈이상한 나라wonderland〉를 관리한다. 이곳은 아칸소 대학교 리틀록 캠퍼스에 있는 창고인데, 다양한 형태의 실험적 케이브로 가득 차 있다. 또 다른 예로는 캘리포니아 대학교 샌타바버라 캠퍼스의 앨로스피어Allosphere가 있는데, 이것은 구형의 케이브로 가운데에 통로가 있다.♦

추측컨대 자율 주행 차에서 VR이 많이 쓰일 것이다. 자율 주행 차를 타면 견딜 수 없을 만큼 지루한데, 문제는 몇 시간 동안 그 안에 갇혀 있어야 한다는 것이다. 차의 내부는 기기를 무리 없이 설치할 수 있을 만큼 작고 양방향 문제duplex problem를 해결할 수 있을 만큼 크다(양방향 문제에 대해서는 조금 있다 설명하겠다). 심지어 차멀미를 하지 않도록 도로의 움직임을 상쇄할 수도 있다. VR과 자율 주행 차는 완벽한 짝이다. 심지어 출퇴근 시간대 라디오와 운전자의 관계보다도 낫다. 부자가 아닌 사람들은 이곳저곳 돌아다니며 — 가만히 있는 것보다 싸게 먹히니까 — 많은 시간을 VR 안에서 보내지 않을까 싶다.

VR 디스플레이는 눈에 가까워질수록 작아진다. 사람의 팔이 닿지 않지만 벽만큼 멀지는 않은 거리에서는 VR 디스플레이의 크기와 모양이 대형 모니터나 텔레비전과 비슷할지도 모른다. 3D와 깊이 표현 능력을 갖춘 것만 빼면.

♦ 앨로스피어는 마이크로소프트 지사에서 강당 아래쪽에 있다. 스테이션 Q는 캠퍼스에 통합되어 있으며, 이곳에서 수학자와 물리학자가 일종의 양자 컴퓨팅을 연구하고 있다.

나는 도표에서 〈인공 현실Artificial Reality〉이라는 용어를 쓰는데,
이것은 마이런 크루거를 기리기 위한 것이다. 그는 화면 위에서의 시각
상호 작용 분야를 개척했으며 〈인공 현실〉이라는 용어를 선호했다. 그의
연구는 오늘날 마이크로소프트의 키넥트 같은 고도의 반응형 화면
기술에 녹아 있다. 완전한 VR 화면의 상업적 실현은 아직 이루어지지
않았지만.[*]

도표로 돌아가서, 몇 가지 항목(모르핀 복장, 체적 탱크volumetric tank
또는 더스트 디스플레이)을 뛰어넘어 눈에 더 가까이 가보자. 태블릿의
폼팩터[**]를 지닌 장비(대개 〈매직 윈도〉라고 부른다)는 손으로 들 수
있다. 이 장비는 크기가 더 큰 사촌과 마찬가지로 깊이와 양안시를
측정하고 눈동자를 추적해야 한다(이렇게 할 수 있는 디스플레이를
〈라이트필드 디스플레이lightfield display〉라 한다. 이보다는 덜
야심차지만 충분히 잘 작동할 법한 디스플레이는 〈멀티뷰
디스플레이multiview display〉라 한다).

대형 VR 화면과 마찬가지로 매직 윈도는 아직 한 번도 시판되지

[*] 여기서는 다르지만 비슷하게 들리는 몇 가지 장치를 구별하는 것이 중요하다. 3D
텔레비전은 다들 보았을 것이다. 대형 화면의 형태로 된 VR 장치는 이런 텔레비전과 다른
기능을 한다. 이를테면 깊이를 볼 수 있다. 3D 텔레비전은 스테레오를 제공하는데, 이것은 각
눈이 다른 영상을 본다는 뜻으로 정착되었다. 〈깊이〉는 그에 더하여 눈이 초점을 맞출 수
있어서 가까운 물체가 선명하게 보이면 먼 물체가 흐릿하게 보이고 가까운 물체가 흐릿하게
보이면 먼 물체가 선명하게 보이는 것을 뜻한다. 하지만 더 중요하게 구별해야 할 것은 안구
트래킹이다. 디스플레이는 각 눈의 위치를 알아서 그에 맞게 시시각각 시점을
조정한다(이것이 왜 필수적인지는 앞 장에서 설명했다). 가장 중요한 차이점은 VR 대형
화면이 여느 VR 화면과 마찬가지로 VR적 입력 방법을 갖춰야 한다는 것이다. VR은 단순히
동영상을 보는 용도가 아니다. VR은 사물을 조각하고 던지고 붙이기 위한 것이다.
[**] 무언가의 크기와 형태를 나타낼 때 흔히 쓰는 실리콘 밸리 용어. 예전에는 주로 기판에
썼지만 이제는 모든 제품에 쓴다.

않았다. 하지만 비슷한 효과를 내는 일반 태블릿용 앱은 나와 있다(VPL 출신의 데이비드 레빗이 그런 앱을 제작한다).

　이제 친숙한 VR 헤드셋을 살펴볼 차례이다.

스코프는 날개 달린 것*

어떤 VR 헤드셋도 완벽하지는 않지만, 완벽한 헤드셋의 추구는 종종 VR 프로젝트에 자금을 지원하는 주된 동력이었다. 우리는 시각에 대해 관심이 지대하다. 하지만 이것은 잘못이다. 다른 감각 양식도 결코 덜 중요하지 않기 때문이다. 한 가지 요인은 공학자들이 헤드셋 광학에 끌리는 이유가 공학적 난점이라는 솔깃한 환경 때문이라는 것이다.**

♦ 이 농담이 이해되지 않으면 에밀리 디킨슨의 시를 찾아보라.
♦♦ 작은 화면을 무작정 눈앞에 갖다 댈 수는 없다. 초점이 맞지 않기 때문이다. 따라서 최소한 초점을 맞출 수 있어야 하는데, 이게 다가 아니다. 그 밖의 요건을 몇 가지만 언급하자면 아래와 같다.
　• 시야는 종종 남성미 대회가 된다. 가장 넓은 시야를 디자인하는 사람이 우승자이다. 마크 볼라스의 실험에 따르면 소비자용 고전적/밀폐형 VR 헤드셋의 합리적인 시야는 90도이다.
　• 영상이 왜곡되어서는 안 된다. 시야 어디에서나 각 눈이 정확한 스테레오 영상을 볼 수 있어야 한다.
　• 현실에서는 물체의 거리에 따라 초점이 다르게 맞는다. 가상 사물에서도 이렇게 할 수 있으면 바람직하다. 업계에서는 〈조절accommodation〉이라고 한다.
　• 가벼워야 한다. 목은 쉽게 경직되기 때문이다.
　• 헤드셋을 썼을 때와 쓰지 않았을 때 머리의 무게 중심이 같아야 한다.
　• 작은 글자를 읽을 수 있을 만큼 이미지가 선명해야 한다.
　• 위험 수준의 전력이 머리 주위로 흘러서는 안 된다.
　• 뜨거워지면 안 된다.
　• 땀이 맺히면 안 된다. 응결이 일어나서는 안 된다.
　• 건전지 등의 자체 전원이 있어서 전선 없이 작동할 수 있으면 이상적이다.
　• 적어도 현실 수준의 대비와 색 재현율을 제공해야 한다.

경험상 VR을 처음 접한 공학자는 일련의 광학/디스플레이 과제 중 한 하위 과제에 대해 해결책을 찾는 데 집착한다. 연구진이 자금을 지원받아 특정 접근법 위주로 전체 VR 시스템을 구축한다. 이들은 나머지 문제는 저절로 해결되리라 확신하지만, 그런 일은 한 번도 없었다.

머리 착용 디스플레이의 광학적 디자인이 대개 광학대에서 출발한다는 사실은 언급할 만하다. 나는 이 초기 단계의 연구를 무척 좋아한다. 진동을 방지하는 특수 탁자에 작은 금속 기둥을 놓고 그 위에 레이저와 거울을 장착한다. 이 장치에서는 미친 과학자 같은, 하지만 유쾌한 느낌이 항상 풍긴다. 실내 조명을 끄고 레이저광의 순수한 빛을 볼 수 있다면 더욱 그렇다.

나의 동료이자 VR용 망막 디스플레이의 공동 발명자 조엘 콜린은 연구실 벽에 〈작업대 위에 있으면 뭐든 더 나아 보인다〉라고 쓴 포스터를 붙이자고 제안한 적이 있다. 위험성이 크거나 괴상한 VR 헤드셋 발명품의 대다수가 몰락한 것은 작업대에서 머리로 옮겼기 때문이다.

VR 헤드셋을 위한 광학/디스플레이 디자인은 수백 가지가 있는데, 하나하나는 과제의 일부만을 해결할 뿐이다. 그런데도 결국 타협이 불가피하고 그것을 염두에 두어야 함을 젊은 VR 공학자에게

• 깜박이면 안 된다. 걸리적거리는 인공물이 있어도 안 된다.
• 픽셀의 질감, 타이밍, 분포, 그 밖의 성질은 지각되지 않거나 쾌적해야 한다.
• 현실적으로 쓸 수 있을 만큼 저렴해야 한다.
위의 목록은 (가상의 사물만 보이는) 고전적인 밀폐형 헤드셋에만 해당한다. 이를테면 VPL 오리지널 아이폰과 오큘러스 리프트, HTC의 바이브 같은 제품이 있다. 홀로렌즈 같은 혼합 현실 헤드셋의 경우는 요구 사항 목록이 길고 달라진다. 혼합 현실 헤드셋은 디자인하기가 훨씬 힘들다.

설득하기란 결코 불가능하다. 그들은 언제나 〈경악〉한다. 한 번의
예외도 없이!

에탕뒤

현실에서는 효과적인 VR 시스템을 구축하는 것은 언제나 균형의
문제이며 언제나 목적이나 환경에 맞게 특화된다. 최근 몇 년간 구성
요소들이 훨씬 좋아지기는 했지만, 트레이드오프를 무시할 수 있으려면
아직 멀었다. 그날은 영영 안 올지도 모른다.

VR의 서른세 번째 정의: (영원히 설익었다는 의미에서) 궁극적인 매체 기술.

쓸 만한 모든 VR 기기 디자인의 타협과 균형에는 나름의 매력이
있다. 이것은 흑백 사진을 한물간 방식이라고 말하는 것이 잘못인 것과
같은 의미에서이다. 흑백 사진에도 나름의 문화와 느낌이 있다.
　지각은 모든 것과 마찬가지로 유한하다. 이것을 중시하려면 저것을
경시하는 수밖에 없다. 초점을 맞추지 않는 지각은 있을 수 없다.
　각 단계에서 VR의 각 형태는 독자적 매체이다. 요즘 우리는 이
형태들을 섭렵하면서 각 디자인을 버리며 다음으로 나아간다. 하지만
이 중 어느 하나라도 제대로 알 만큼 시간을 할애하진 않는다. 미래의
VR 애호가는 우리의 단계를 되짚으면서 모든 미묘한 차이를 음미할
것이다.

양방향 문제

이 장을 마무리하는 의미에서 VR 헤드셋 디자인의 미해결 문제를 하나 소개하겠다. VR은 아직도 신생 분야여서 풀리지 않은 미스터리가 아주 많다.

VPL에서 만든 몇몇 실험적이고 독특한 아이폰은 내부에서 얼굴을 마주보는 센서가 있었다. 왜냐고? 기억하겠지만, VR에서는 측정이 화면 표시보다 중요하다. 그래서 사람에 대해 더 많은 것을 측정할 수 있다면 궁극적 목적을 당장은 모르더라도 결국은 그것이 중요한 것으로 드러나는 경우가 많다.

언젠가는 프로그래머들이 표정을 이용하여 알고리즘 디자인을 미세하게 조정할 수 있을 것이다. 얼굴에는 표정이 있으니까.

이것은 장기적 목표였지만, 당장의 동기는 아바타의 얼굴에 표정을 부여하고 싶다는 것이었다. 진짜 얼굴이 미소 지으면 아바타의 얼굴도 미소 짓게 하고 싶었다.

1980년대에는 이 기능을 제품에 접목한다는 것은 비현실적이었다. 광학 센서가 별로 좋지 않았기 때문이다. 우리는 소형 접촉식 롤러로 피부의 움직임을 측정했다(마우스에 LED 대신 작은 볼이 들어 있던 시절이었다).

요즘은 센서는 문제가 아니다. 광학 센서를 내부에 장착하여 눈이 어딜 보는지와 더불어 눈동자의 변화까지 측정할 수 있게 되었다. 눈꺼풀 형태의 변화뿐 아니라 눈가의 투명도 변화까지, 입의 형태뿐 아니라 볼의 홍조까지 알 수 있다. 작고 정확하고 값싼 저전력 카메라는 센서로 알맞다.

얼굴 트래킹은 무척 재미있었다. 내가 좋아하는 경험은 NAMM

대회(미국에서 열리는 악기 산업 분야의 대형 무역 전시회) 기조 연설에서 질문을 받았을 때였다. 나는 몇 가지 웃긴 표정에 따라 몇 가지 음향이 나도록 하고서, 광적인 얼굴 경련을 반복하여 안정된 리듬을 연주할 수 있을 때까지 연습했다. 이 농담은 내가 무대에서 시도한 다른 어떤 우스갯소리보다 오래 써먹을 수 있다. 왜 이것이 대중문화에서 중요하게 간주되지 않을까? 힙합에서 써먹으면 대단할 텐데 말이다. 이 또한 알다가도 모를 일이다.

어쨌든 이제 우리는 얼굴이 무엇을 하고 있는지 측정할 수 있지만, VR 헤드셋에 센서를 장착하여 아바타의 얼굴을 구동했을 때 정작 결과가 매혹적이지 않을 수 있다. 〈소름 골짜기uncanny valley〉라는 용어로 잘 알려진 현상에 빠지게 되는 것이다.

인간의 뇌는 인간의 얼굴을 보는 일에 매우 정교하게 조정되어 있어서 무엇이든 조금만 어긋나더라도 그 낯섦이 금세 으스스하고 경악스럽게 느껴진다. 이것을 〈골짜기valley〉라고 부르는 이유는 〈정말로really〉 괴상하기 때문이다. 여러분이 바닷가재 아바타라면 여러분의 뇌는 그 정도로 신경 쓰지 않는다.

뇌가 세상과의 훌륭한 조응을 기대할 만한 충분한 이유가 있다면 그 신뢰를 깨뜨려서는 안 된다. 아바타가 괴상하되 표정이 있으면 뇌는 매혹된다. 하지만 아바타가 아주 살짝 비정상이면 뇌는 경악한다.

여러분은 발작적 음악이나 바닷가재 얼굴 정도면 상업용 VR 헤드셋에 얼굴 센서를 도입하는 데 충분한 동기가 되리라 생각할 것이지만, 결코 그렇지 않다. 피실험자와 심층 면접 집단은 언제나 적어도 어느 정도 인간적인 것을 시도하고 싶어 하는데, 그러면 다들 소름 골짜기 때문에 당혹스러워 한다. 그러다 회계 부서에서 제품

가격이 비싸다고 불평하면 얼굴 센서는 결국 최종적으로 채택되지 못한다. 나는 여러 회사에서 이 과정이 되풀이되는 것을 목격했다.

소름 골짜기에 다리를 놓을 수 있다면 — 적어도 VR 헤드셋과 아바타에서 — 엄청난 소득을 거둘 수 있을지도 모른다. 원격 협업이 개선될 수도 있고, 그 덕분에 인류의 탄소 발자국이 감소할지도 모른다. 교통 덕에 사람들은 회의, 수업, 코미디 클럽 등에 모일 수 있지만, 이는 많은 탄소를 태우며 많은 체증을 일으킨다.

친숙한 스카이프 경험에서처럼 카메라 대 카메라로 직접 대면해도 많은 일을 할 수는 있지만, 이것으로는 성에 차지 않는다. 사람들 사이에서 머리 움직임으로 전달되는 무의식적 정보 경로가 있다고 했던 것 기억하는가? 여기에 눈동자 움직임, 피부 색조, 작은 표정 변화를 더할 수 있으며, 그 밖에도 우리가 아직 알지 못하는 요인들이 틀림없이 더 있을 것이다. MIT의 샌디 펜틀랜드는 이것을 〈솔직한 신호honest signal〉라는 말로 표현했다. 이런 신호가 없으면 우리는 상대방을 덜 개방적이고 덜 편안하게 — 처음 만나는 사람일 경우에는 더더욱 — 느낀다.

사람들은 이 신호를 숨기려고 선글라스를 쓰지만 소용이 없다. 선글라스로는 머리 움직임을 비롯한 신호 경로를 감출 수 없기 때문이다. 하지만 선글라스를 쓴 사람은 신호가 숨겨진 척할 수 있다. 선글라스는 화장처럼 자신감을 높여 준다. 거기까지는 괜찮지만, 신호가 정말로 차단되면 사람들은 심기가 불편해진다.

솔직한 신호를 솔직하게 지각하려면 서로를 3D로 정확하게 경험해야 한다. 이를테면 눈을 마주치려면 눈이 어디 있는지 알아야 한다. 모든 것이 척도에 맞아야 한다. 심지어 사람들이 물리적으로 같은 방 안에 있지 않더라도(그렇다고 해서 눈을 늘 마주쳐야 한다는 것은 아니다. 문화에 따라 편차가 있을 수 있다. 하지만 눈을 마주치지 않는 사람에게는 대체로 꿍꿍이가 있게 마련이다).

눈을 마주치는 것만이 아니다. 관찰의 각도는 피부색, 무의식적인 머리 움직임, 몸짓 언어, 심지어 목소리 음조를 지각하는 데에도 필수적이다. 하지만 이 주제를 설명하려면 책 한 권을 써야 할 것이다.

3D 체적 카메라를 배열하여 실시간으로 촬영되는 상대방을 VR 헤드셋으로 바라보는 것은 경이로운 일이다. 마치 그와 같은 방에 있는 것처럼 그의 주변을 돌아다니고 어떤 위치에서든 그를 바라볼 수 있다. 이렇게 전송된 이미지는 그 사람에 대한 실물 크기의 움직이는 조각처럼 현실적으로 느껴진다. 분명 실제 사람은 아니지만 섬뜩하다.

이 효과는 1990년대에 처음으로 시연되었는데, 내가 주도한 전국 원격 몰입 연구회 사업의 일환이었다. 최근에는 샤람 이자디가 이끄는 마이크로소프트 연구진이 〈홀로포테이션Holoportation〉이라는 이름의 훨씬 나은 버전을 선보였다.

이 데모를 경험해 본 사람은 누구나 알겠지만, 이와 같은 기능을 가진 제품이 있으면 신뢰를 쌓거나 원격 회의의 집중도를 유지하기가 수월해질 것이다.

하지만. 나는 헤드셋을 쓰고 있기 때문에, 양방향 대화를 구성할 방법이 없다. 상대방에게 나는 헤드셋을 쓰고 있는 모습으로 보인다.

이렇게 되는 이유는 3D 체적 카메라가 카메라처럼 작동하려면 상대방의 얼굴에서 적어도 약간 떨어져야 하기 때문이다. 이 카메라를 VR 헤드셋 안에 넣으면 얼굴과 너무 가까워서 기초적 데이터만 가지고 얼굴을 재구성해야 한다. 그러면 소름 골짜기에 떨어지게 된다.

어쩌면 이런 생각이 들지도 모르겠다. 「이걸 해결하기가 얼마나 어려운 걸까?」 소름 골짜기를 뛰어넘는 렌더링 알고리즘을 짤 수는 없을까? 체적 카메라가 얼굴을 볼 수 있도록 헤드셋을 투명하게 만들면 어떨까? 헤드셋을 카메라의 거리를 확보할 수 만큼 크게, 그러면서도 실용적이고 편안하게 만들 수는 없을까?

이것은 VR에서 우리가 다루고 있는 복잡한 문제의 좋은 예이다. 이 문제는 인지 과학, 문화 연구, 센서 물리학, 고급 알고리즘, 산업 제품 디자인, 미학의 경계에 놓여 있다. VR의 양방향 문제에 대해 수십 가지 부분적 해결책이 제시되었지만, 세상을 바꿀 준비가 된 것은 하나도 없었다.

쉽게 해결할 수 있을 것 같다고? 해결되고 나면 정말로 그럴 것이다.

VR의 서른네 번째 정의: 언젠가 솔직한 신호로 원격 통신을 할 수 있도록 할지도 모르는 기기.

이제 1980년대 팰로앨토로 돌아가자.

16 　　　　VPL 경험

나선 안

이 즈음이면 실리콘 밸리 스타트업의 평범한 회고는 가십거리로
둔갑하기 시작한다. 다음으로는 이사회에서의 음모, 주가를 둘러싼
투쟁, 고함 치는 사람들과 물러나는 사람들, 뒤통수 치기와 배신의
흥미진진한 이야기가 펼쳐진다.

　VPL에는 이 모든 요소가 들어 있었으며 훌륭한 이야깃거리가 될
테지만, 내가 하려는 이야기는 그게 아니다. 여기에는 몇 가지 이유가
있다.

　첫째, 스타트업 경험에서 가장 기본적인 성격을 이해해야 하는데,
그것은 처음 생각한 것보다 더 열심히 해야 한다는 것이다. 우리는 무슨
일이 벌어지고 있는지 반추할 시간이 없을 정도로 열심히 일했다. 다들
물에 가라앉지 않으려고 힘껏 팔다리를 놀렸다.

　블랙홀 비유가 더 나을지도 모르겠다. 블랙홀을 볼 수 없는 이유는
빛이 탈출하지 못하기 때문이다. 그런데도 천문학자들은 블랙홀을
관찰한다. 어떻게 할까? 물질이 블랙홀에 빨려 들어가면 물이 배수구에
빨려 들어가듯 나선형으로 돌기 시작한다. 들어가는 과정의 야단법석을

관찰할 수 있는 것이다! 이 활동은 블랙홀의 존재를 시사하지만 블랙홀 자체는 아니다.

VPL이 일단 굴러가기 시작하자 과중한 업무 때문에 그 밖의 아무것도 신경 쓸 겨를이 없었다. 이 책에서 지금까지 서술한 모든 것이 이 시점으로 빨려 들어가고 있었기에, 필수적이지 않은 기억을 머릿속에 담을 정신적 공간이 내게는 없었다.

이유는 또 있다. 뉴멕시코에서 히치하이커를 태운 얘기 기억하는가? 그녀는 자신이 어디에 있는지 아무도 모를 때 마음의 부담을 떨칠 수 있다고 말했으며 타인의 관심을 심령의 주제넘은 덩굴손이라고 여겼다.

지금 나는 그녀와 같은 경험을 하고 있지만, 작가의 관점에서 그렇게 하고 있다. 지금까지 내가 회상한 이야기는 대부분 다른 사람들의 기억에 별로 간섭하지 않았다. 하지만 VPL이 설립된 뒤의 이야기는 다른 사람들과 밀접하게 얽혀 있다. 돈과 명예가 중요한 사람들도 있었지만, 정체성과 목표 의식을 중요시한 사람들도 있었다. 후자는 삶의 귀중한 요소이지만 쉽게 얻을 수는 없다.

나는 VPL을 엄청나게 아끼는 사람들이 아직도 있음을 안다. 그들이 회상하는 이야기가 나와 다르리라는 것도 안다.

가장 복잡한 시기를 꼬치꼬치 기억할 수는 없고 내가 구성한 이야기가 남들의 소중한 기억을 짓밟을 수 있음을 알면서도 이야기를 해야 하는 이유를 못 찾겠다. 어쩌면 나는 독자 여러분보다 그들의 편을 드는 건지도 모르겠다. 어쩌면 여러분은 옛 업계의 흥미진진한 사연들을 읽을 자격이 있을지도 모른다. 설령 그 시절을 겪은 사람들에게는 불쾌하더라도, 아니 어쩌면 그 때문에. 어쩌면 그것이 작가로서 나의 의무인지도 모르겠다. 어쩌면 독자를 위해 타인의 기억을 짓밟지 않으면 진짜 작가가 아닌지도 모르겠다.

하지만 여기 세 번째 이유가 있다. 내가 VPL의 막장 드라마적 측면을 회상하지 않는 이유는 지루하기 때문이다. 내가 할 수 있는 이야기는 여러분이 읽은 모든 야망과 갈등 이야기와 비슷할 것이다.

그럴 수야 없지. 이제부터 내가 들려 드릴 이야기는 우리 시대에 볼 수 없는 새로운 것들이다. 여러분은 중요한 지식을 얻게 될 것이며, 그것은 나름대로 흥미진진할 것이다.

비플

최근의 VR 추세에 대해 듣게 되는 사소한 이야기와 모험의 상당수는 VPL의 옛 이야기와 소름 끼치도록 비슷하다. 2015년 초에 밸브Valve◆의 엔지니어가 VR 안에서 잠들었다가 깨어난 흥미로운 경험을 트위터에 올렸다. 모든 곳의 VR 엔지니어들이 그 경험을 재현해 보고 싶어 했다. 어쨌든 해커들은 연구실에서 곧잘 잠을 자니까. 물론 1980년대 VPL에서도 그랬다. 처음에는 우연이었고 나중에는 의도적이었다. 그나저나 해볼 만한 가치는 있다.

우리는 젊고 짓궂었다. 마거릿 민스키(마빈의 딸)가 1980년대 중엽에 잠깐 VPL에서 일한 적이 있는데, 그때 우리는 야한 착용형 장비를 개발하고 있었다. 이름은 〈느낌이 끝내주는 란제리Very Pleasurable Lingerie〉였다. 우리의 아이디어는 란제리를 만지면 화음이 흘러 나오고

◆ 밸브는 2010년대에 VR이 다시 유행할 때 시장에 뛰어든 회사 중 하나이다. 아마도 그중에서 가장 매력적인 회사일 것이며, 내게는 VPL 시절을 떠올리게 한다. 이 회사는 스팀Steam 게이밍 플랫폼으로도 알려져 있다.

쓰다듬으면 화음 진행이 흘러 나오게 한다는 것이었다. 화음 진행은 특정 신체 부위에서만 — (헛기침) — 으뜸화음으로 해결된다. 최근에 킥스타터나 그와 비슷한 크라우드펀딩 사이트에서 이 아이디어를 다시 본 것 같다. 누가 추진하는 프로젝트인지 모르겠지만 부디 성공하길 바란다. 그럴 만한 가치가 있으니까.

응접실 탁자에는 미디 케이블(신시사이저를 제어하는 데 쓰는 케이블)과 연결된 진동 안마기가 놓여 있었다. 방문객용인 것 같았다. 무슨 기능이 있는지, 써본 사람이 있는지는 모르겠다. 아무도 뭐냐고 묻지 않았다. 한번은 브라이언 이노가 오랫동안 그 기계를 쳐다보았지만, 아무런 언급도 하지 않았다. 어쩌면 자신을 보는 우리를 보고 있었는지도 모르겠다.

나는 VPL에서 가장 어렸다. 왜냐고? 나는 여전히 엄마가 그리웠던 걸까? 나이 든 사람들을 — 그래 봐야 차이가 많지는 않았지만 — 주위에 두고 싶었던 걸까? 어른의 페르소나를 뒤집어쓰지 않겠다고 거부하기란, 아무리 저항해도 쉬운 일이 아니었다. 나는 괴팍한 반항아가 되고 싶었지만, 주위 사람들은 반항 경력이 나보다 오래되었기에 나를 능가했다.

한번은 우리 해커 중 한 명이 일본에서 대마초를 밀수하다가 걸렸다며 국무부에서 급한 연락이 왔다. 누구인지는 말하지 않겠다. 무기 징역을 살 수도 있는 난처한 상황이었다. 나는 겁에 질렸지만, 당사자는 일본 형사들을 재빨리 따돌려 증거를 남기지 않았다. 이 사건은 무모한 해킹 오락에 지나지 않았으며 금세 잊혔다.

우리와 함께 일한 사람을 모두 거명할 수는 없지만, 비플veeple 몇 명을 언급하고자 한다. 미치 올트먼은 뜨내기 직원이어서 별명이 〈혜성

미치Comet Mitch〉였다. 그는 1년 중 절반가량을 VPL에 머물면서 톰의
하드웨어 작업을 도왔다. 결국은 메이커스페이스maker space 운동의
주도적 인물이 되었다.

앤 매코믹 피스트럽도 있었다. 어떻게 이야기를 시작해야 할까? 전직
수녀에다 밝고 명랑하며 마네의 그림에 나올 듯한 분위기의 앤은
교육에 활용할 수 있는 컴퓨터의 잠재력에 푹 빠졌다. 그녀는 러닝
컴퍼니Learning Company 사를 차려 워런 로비넷의 기념비적 프로그래밍
게임 〈로키의 부츠Rocky's Boots〉를 팔았다. 이 게임은
마인크래프트Minecraft 같은 건축 게임의 원조였다. 그녀의 바람은
아이들이 VR 장비를 이용하도록 함으로써 학습을, 무엇보다 수학을
탈바꿈시키는 것이었다.

또 다른 훌륭한 프로그래머로 빌 알레시가 있었다. 그는 역대 최고의
프로그래머로 꼽을 만한 인물이다. 이전에는 HP에 근무하면서 코딩의
신code demon으로 불렸다. 그는 음악 스타가 되길 갈망했는데, 그럴
만한 외모와 재능의 소유자였다. 뉴욕의 첼시 호텔에 살다가
팰로앨토의 마지막 남은, 지저분하고 화려한 시내 호텔에
살았다(호텔이 철거된 것은 말할 필요도 없다). 그는 코딩하다가 이따금
한밤중에 휴식을 취하고 싶으면 시내 펑크 클럽에서 연주했다. 하지만
늘 돌아왔으며 그의 코드에는 버그가 없었다.

그 밖에도 언급할 사람이 많다. 훈남 조지 재커리는 초창기 VR을
판촉하는 까다로운 임무를 맡았으며, 결국 이름난 벤처 투자가가
되었다. 또 다른 홀로그램 제작자 마이크 타이텔은 MIT 출신의 다정한
사내로, 차세대 아이폰 광학 장비를 설계했다. 나의 재직 기간이 끝나갈
무렵에는 VPL의 덩치가 너무 커져서 직원을 일일이 알 수 없었다.

근사한 마리나도 이제는 비좁았다(여러분이 실리콘 밸리에 살고
있다면 산 마테오 다리 남쪽 끝에 있는 높은 건물을 알 것이다. 꼭대기에
커다란 팔각형 창문이 있는 건물 말이다. 거기가 우리 사무실이었다).

존 페리 팔로 씨는 매력적인 여성을 탐지하는 레이더가 있다고
자부하는 사람인데, 우리 회사에서 일했는데도 내 눈에 한 번도 띄지
않은 흥미로운 여인들에 대해서 이야기해 주었다. 어떤 여자는 알베르
카뮈의 후손이며 오드리 햅번을 닮았다고 했다. 어쩌면 정말
있었는지도 모르겠다.

나는 VPL에서 새로운 사람들을 만날 때마다 나의 새로운 모습을
접했다. 느긋한 시골뜨기 히피는 스트레스에 시달리는 최고 경영자로
변모했다. 이게 나였다는 걸 믿기 힘들지만, 나는 신경질적인 인간이
되어 갔다.

미신을 믿지는 않지만, 도무지 설명할 수 없는 현상이 한 가지 있다.
VPL의 기술자들은 내가 열을 받았을 때 주변에 있는—심지어 벽
너머에 있는—컴퓨터들이 먹통이 된다고 말했다. 로그가 기록되고
통계가 분석되었다.

소프트웨어뿐 아니라 하드웨어도 위험했는데, 정신력 때문만은
아니었다. 한번은 공급업자가 우리에게 필요한 부품의 선적을 연기하게
해달라면서 계약 위반에 따른 위약금을 물지 않겠다고 말했다. 나는
회사 대표단을 노려보면서 맨손으로 컴퓨터를 조각조각 부수기
시작했다. 한마디도 내뱉지 않았다. 부품은 제때 도착했다.

나중에 예의 바른 톰이 회의실 탁자에서 조각들을 모아 정돈했다.
나는 내 모습이 항상 마음에 들지는 않았다.

불굴의 여인 샐리 로즌솔이 나사의 1980년대 가상 환경 시스템을 VPL 장갑으로 조작하는 모습. 헤드셋과 전체 시스템은 VP의 개척자 스콧 피셔와 그의 연구진이 설계했다.

VR의 목적

내가 가장 흔히 듣는 질문 중 하나는 이것이다. 「VR의 대표적 응용 분야가 뭐죠? 게임이 전부인가요?」

　VR의 이야기는 이 책을 쓰는 지금 막 시작되었을 뿐이므로 앞으로도 놀라운 VR 응용 분야를 보게 되리라 기대하지만, 우리가 1980년대에 개척한 분야들이 번번이 다시 등장하고 있다. 이것들이 언젠가는 대표적 응용 분야로, 적어도 쓸 만한 분야로 기억되지 않을까 싶다.

　나는 VPL에서 작업한 응용 분야들을 파트너의 종류에 따라 정리할 생각이다. VR은 파트너십이 무엇보다 중요했다. VPL은 VR을 홍보하고 촉진하는 일을 도맡았지만, 결코 혼자가 아니었다.

　(VR의 구체적 쓰임새뿐 아니라 여러 응용 분야에도 관여한 특별한

파트너가 몇 곳 있었다. 대학 학과도 있었고 스타트업도 있었다.

고객이자 협력사이자 동료 여행자 집단이자 공동 발명자이던 몇 곳이 떠오른다. 나사,* 워싱턴 대학교,** 노스캐롤라이나 대학교,*** 거기에다 페이크스페이스****라는 스타트업도 있었다. 이 사람들과 장소들은 우리 이야기에 매우 중요하기에 이름만 언급하는 것이 실례일 테지만,

♦ MIT에 있을 때 나를 스콧 피셔에게 소개한 사람은 당연히 마거릿 민스키였다. 스콧은 서부로 가서 실리콘 밸리에 있는 나사 에임스 연구 센터에 몸담았다. 그의 계획은 훌륭한 VR 연구실을 짓는 것이었다. 사실 스콧이 좋아한 표현은 〈가상 환경virtual environment〉이었다. 그의 연구실에서는 당대의 상징적 연구를 진행했다. 그는 독자적인 머리 착용 디스플레이를 만들었으며, 최초로 판매된 VPL 장갑 중 일부를 접목했다. 나중에 스콧은 서던캘리포니아 대학교에서 학과를 설립하여 가르쳤다.

♦♦ 톰 퍼니스는 VR의 또 다른 주도적 인물이었다. 그는 공군에서 VR와 비슷한 기술인 시뮬레이터, 헤드업 디스플레이 등을 연구하다가 대학으로 전향했다. 시애틀 워싱턴 대학교의 HIT랩이라는 걸출한 연구실을 설립하기도 했다. 이 연구실은 분위기가 특히 화기애애했으며 VPL과 여러모로 협업했다. 이 책 첫머리에 나오는 가상 시애틀은—나의 거대한 손 기억하는가?—HIT랩에서 제작했다. 손 크기의 버그는 그들의 잘못이 아니지만.

♦♦♦ 나는 여러 상과 영예를 얻는 특권을 누렸지만, 가장 신나는 영예는 노스캐롤라이나 대학교에서 VPL 장비가 쓰이는 것을 보는 일이었다. 내가 일어나길 바라던 바로 그 일이 일어나고 있었으니까. 기초 도구를 이용할 수 있게 되면서 학계 연구가 한층 가속화될 수 있었다.

♦♦♦♦ 1990년대 초에 군소 VR 회사들이 등장했다. 이 회사들은 종종 협력사이자 경쟁사였으나, VR 시스템 전체를 제조하여 판매할 만큼 정신 나간 곳은 한동안 우리뿐이었다. 내가 좋아한 회사는 페이크스페이스로, 마크 볼라스와 이언 맥도월이 설립했다. 두 사람은 아이폰과 비슷한 특징이 있는 기중기 거치식 소형 VR 헤드셋을 제작했으며 VPL처럼 흥미로운 고객들과 협력하고 하청 계약을 맺었다. 우리와 협업하기도 했다.

마크는 서던캘리포니아 대학교 교수가 되어 2010년대 VR 부흥에서 큰 역할을 했다. 그는 포브투고FOV2GO라는 오픈 소스 판지 스마트폰 홀더를 설계했는데, 이것은 스마트폰을 초보적 VR 헤드셋으로 바꾸는 장치로—어쨌든 마이크로소프트의 지원금을 받았다—몇 년 뒤에 구글이 자체 버전을 발표하기도 했다. 이 장치 덕에 VR가 저렴해져 많은 사람들이 처음으로 VR를 접할 수 있었다. 또한 마크는 학생들에게 더 본격적인 헤드셋을 설계하도록 했으며, 그중 몇 명이 오큘러스를 창업했다.

적어도 느낌은 전달되었길 바란다.)

1980년대 VR 업계에 왜 수백만 달러가 투자되었는지 이해하기 위해
또 다른, 더 특별한 파트너/고객을 살펴보자.

수술 연습

조 로즌은 재건성형외과의로, VPL 시절에 스탠퍼드 대학교에서
일했으며 지금은 다트머스 대학에 있다. 조각 공부를 했기에 몸에 대한
감각이 뛰어나다. 그는 미술계에 정통했으며 마크 폴린이 폭발 사고로
오른손을 잃었을 때 이를 복원한 일로 유명하다. 마크는 악명 높은 생존
연구소의 설립자로, 기니피그가 조종하는 로봇을 선보였다.

처음에 조와 나는 최초의 인공 신경인 〈너브 칩nerve chip〉을 함께
개발했다. 신경 다발을 절단했다 다시 연결하면 상처가 치유되면서
매핑이 틀려진다. 낱낱의 신경이 엉뚱한 신경과 연결되는 것이다.
그래서 신경 다발이 다 치유되더라도, 헝클어진 신경 연결을 다루는
법을 뇌가 익히려면 몇 년이 걸린다. 우리의 계획은 신경 다발이
치유되는 동안 구멍이 뚫린 실리콘 칩을 삽입하여 칩이 신경을 제대로
재매핑하도록 하는 것이었다. 하지만 어떻게 해야 올바른 연결을 찾을
수 있을까?

우리가 고려한 시나리오는 손 절단 환자를 대상으로 너브 칩으로
신경 다발을 치유하면서 손을 다시 붙이는 것이었다(안타깝게도 조의
수술실에는 손 절단 환자가 수시로 실려 왔다). 그런 다음 환자는
데이터글러브를 꼈다. 환자가 손을 구부리거나 주먹을 쥐려고 하면
데이터글러브가 실제 상황을 정확히 감지하여 손이 환자의 의도대로

조 로즌 박사와 앤 라스코. 조가 우리의
최상위 기종 VR 헤드셋인 VPL 아이폰
HRX를 써보려는 참이다.

움직이기 시작할 때까지 칩의 신경 신호를 알고리즘으로 재매핑했다.

이것은 시대를 앞선 작업이었으며 성과에 한계가 있었지만, 조는
칩을 만들고 이론상으로 시연하는 데까지는 성공했다.

얼마 뒤에 조, 앤 라스코, 나는 최초의 실시간 모의 수술 장비를
개발했다. 그것은 가상 무릎이었다. 이 작업은 결국 또 다른 스타트업의
창업으로 이어졌으며, 이 회사는 이른바 의료 정보 회사로 탈바꿈하여
수십억 달러 규모의 인수·합병을 거치다 마침내 파이저의 자회사가
되었다. 하지만 그것은 내가 손 떼고 오랜 시간이 지난 뒤였다.

최초의 모의 수술 장비는 실용적 구현이라기보다는 개념 증명에
가까웠다. 두 번째 것은 좀 더 까다로웠는데, 이번에는 담낭

수술용이었다. 우리와 협력한 의료인은 릭 사타바 대령이었다. 그는 의무관으로, (첨단 기술 분야에 지대한 영향력을 미치던) 방위 고등 연구 계획국DARPA 산하에 의료 VR 연구부를 창설했다.

　내가 연구한 가상 세계 중에서 가장 만족스러운 것은 모의 수술 장비였다.

VR의 서른다섯 번째 정의: 비행만 빼고 모든 것을 배울 수 있는 모의 훈련 장비.

무역풍

일본과 초기 VR 문화 사이에는 특별한 연결 고리가 있었다. 특히 스콧 피셔는 일본에 가는 일을 무척 즐겼다. 한 가지 이유는 일본 문화가 이국적으로 느껴지고 우리가 연구실에서 발견하던 신세계의 낯섦을 상징적으로 나타내기 때문이었다. 신주쿠의 휘황찬란한 밤거리를 걷노라면 미래의 가상 세계를 미리 보는 듯했다. 초기 사이버펑크, 특히 윌리엄 깁슨과 「블레이드 러너」에서는 일본의 분위기가 물씬 풍겼다.

　일본인들도 가상 현실에 매혹되었다. 대단한 초창기 VR 연구소가 일본 전역에 있었으며 그곳을 방문하는 일은 경이로운 경험이었다. 헨리 푸크스와 나는 일인용 대 다인용, 증강 대 비증강, 햅틱 대 비햅틱 등 VR 연구의 분류 기준을 마련했는데 〈일본의 신기한 실험〉에 들어맞는 기준은 찾을 도리가 없었다. 그들은 가장 특이한 프로젝트를 잇따라 선보였다.

　한번은 교토에서 VR에 대해 강연을 하다가 가상 음식을 생성하는 것이 얼마나 어려울 것인지에 대해 농담을 던졌다. 「가상 음식 작동기는 너무 역겨워서 고려 대상이 되지 못할 겁니다. 고약하고 흐물흐물한 로봇형 돌출부를 입에 넣어야 할 테니까요. 여러 음식의 질감을 시뮬레이션하고, 그걸 씹으면 맛을 내는 화학 물질이 분비되도록 해야겠죠.」

1년 뒤에 VPL의 고객인 일본의 한 학계 연구소에서 연락이 왔다. 「선생을 역겹게 할 기술을 최근에 개발했음을 기쁜 마음으로 알려드립니다.」 혐오스러운 장치의 시제품을 제작한 것이었다. 그 장치는 시연할 때마다 세 가지 방식으로 살균해야 했다. 지금은 어디에 있는지 모르겠다. 적어도 뮤직비디오에서는 쓰일 법도 한데.

VPL은 도쿄에 전시실을 운영했는데, 방문객들은 일본의 문화·기술 분야에서 가장 흥미로운 사람들이었다. 우리는 일본 텔레비전에도 많이 출연했다. 나는 우리의 제조 수준이 일본의 기준을 따라가지 못하는 것이 늘 당혹스러웠다. 그들에 비하면 우리는 너무 엉성했다.

초기 VR 응용 분야 중에서 수익성이 높은 것 중 하나는 놀랍게도 일본의 부엌 디자인 장비였다. 이것은 공업 재벌 기업 마쓰시타와의 협업으로 개발되었는데, 도쿄의 최고급 부엌 전시실을 VR로 체험하는 방식이었다. 그들은 작업팀을 파견하여 기존 부엌을 디지털화했으며 고객들은 VR의 리모델링 가능성을 체감할 수 있었다.

가장 어려운 문제는 이루 말할 수 없이 값비싼 새 가상 부엌을 찾는 여인들의 값비싼 헤어스타일을 망치지 않도록 아이폰을 개조하는 일이었다. VPL 엔지니어 중에서 이런 헤어스타일 문제를 고려한 사람은 아무도 없었다. 부엌 모의 디자인 장비는 수익을 올렸으며, VPL이 망해 지원을 중단할 때까지 몇 년 동안 운영되었다.

VR의 서른여섯 번째 정의: 진짜 세상에 대한 변화 제안을 미리 체험하는 방법.

파리에 있는 우리의 유통사도 으리으리한 전시실을 운영했다. 센강을 사이에 두고 에펠탑 맞은편에 있었다. 완벽하게 차려입은 젊은 남자가 — 밀라노 출신 모델이었다 — 방문객 머리 위에 매달린 유리 상자 안에서 (전원을 연결하지 않은) 매킨토시 컴퓨터를 하루 종일 두드리고 있었다. 지금까지도 프랑스인들은 이해가 잘 안 된다.

우리는 프랑스 유통사를 통해 석유 탐사 기술 기업 슐룅베르제Schlumberger와 손잡게 되었다. 심지어 슐룅베르제 가문의 친구 하나가 한동안 VPL에서 일하기도 했다. 우리는 초창기 데이터 융합 지리 정보 시각화geo-visualization 방법을 개발했다. 이용자는 석유 매장지 위를 날아다니며 여러 채굴 전략을 모델링할 수 있었다. 지금이야 흔해 빠졌지만 당시에는 충격적이고 참신했다.

우리 고객 중에는 도시도 있었다. 우리는 서문에서 소개한 가상의 시애틀을 바탕으로 모형을 제작하여 싱가포르가 극적인 성장을 계획하는 일에 참여했다. 독일 대학의 훌륭한 연구진 및 우리의 독일 파트너 아트컴ART+COM과 손잡고 베를린 장벽 붕괴 이후의 베를린 복구 계획에 관여하기도 했다. 우리의 베를린 렌더링은 실시간 그림자와 반사를 가상 세계에 도입한 최초의 시도였을 것이다. 우리는 나중에 베를린 지하철 모형을 재활용하여 기차 크기의 뱀이 돌아다니면서 사람들을 공격하는 유니버설 스튜디오의 무시무시한 가상 세계의 무대로 삼았다.

VR의 서른일곱 번째 정의: 데이터를 최대한 분명하게 제시하는 장비.

몇 가지 미국 프로젝트

우리는 보잉의 객실 디자인, 현장 정비, 제조 라인 설계를 위한 시뮬레이터 개발에 참여했다. 훗날 보잉은 혼합 현실 — 그들은 〈증강 현실〉이라고 불렀다 — 개발을 주도한 핵심 주체 중 하나였다.

포드를 비롯한 자동차 제조사들이 VR을 이용하여 디자인 견본을 제작하는 일에도 참여했다. 이 방법은 오래전에 업계 관행이 되었다. 기차와 선박을 설계하는 회사들과도 같은 작업을 했다. 운송은 평균적으로 우리의 최대 부문이었다. 여러분이 지난 20년간 타본 모든 상용차는 VR로 시제품이 제작되었다. 이만하면 대표적 응용 분야로 손색이 없으리라.

고객 중 하나는 커다란 비밀을 지닌 제약 회사였다. 그들은 프로작이라는 최초의 〈블록버스터〉 항우울제를 출시할 계획이었다.

우리의 임무는 정신과 의사들에게 프로작의 작용 기전을 가르칠 가상 세계를 만드는 것이었다. 아이폰을 쓴 정신과 의사가 시뮬레이션된 상담실에 앉으면, 소파에는 시뮬레이션된 우울증 환자가 누워 있었다. 인체를 렌더링하려면 당시 지구상에서 가장 강력한 컴퓨터 그래픽 성능이 필요했지만, 우리의 고객은 그걸 감당할 여력이 있었다. 우리는 우울하게 보이는 인물을 만들어 내는 데 성공했다. 무척 뿌듯했다.

환자와 몇 마디 주고받은 뒤에 정신과 의사는 영화 「마이크로 결사대Fantastic Voyage」처럼 몸이 작아져 환자의 홍채 속으로 날아

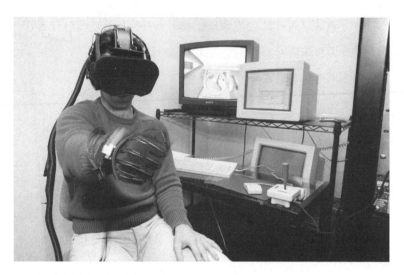

VPL의 조지 재커리가 모의 운전 장비를 시험하고 있다.

들어가 시신경을 따라 뇌로 들어갔다. 그러고는 더 작아졌다. 우리는
그를 시냅스까지 날려 올렸다. 그가 프로작 분자를 집어 수용체에 밀어
넣으면 화학 작용이 펼쳐졌다. 이것은 화학 모의실험을 비롯한 힘든
과제들을 하나의 경험에 녹여 낸 당대의 가장 야심찬 가상 세계였을
것이다.

　나는 정신과 연례 학술 대회에서 세계 최고의 정신과 의사들에게
데모를 체험하도록 했다. 이 상황은 VR보다 더 초현실적이었다.
당시에는 그들 절반이 프로이트 행세를 하는 사람처럼 보였으니까.

**VR의 서른여덟 번째 정의: 사람을 광고
안으로 붙들어 넣는 궁극적 방법. 최대한
적게 사용되길 바랄 수밖에.**

나는 우리의 매혹적인 작은 홍보용 세계를 가지고 노는 것이 우울증 환자에게 치료 효과가 있지 않을지 궁금했다. 나중에 VR은 우울증 치료에 실제로 이용되었다.

병사와 스파이

처음에는 군납 계약이 꺼림칙했는데, 거기에는 그럴 만한 이유가 있었다. 한 가지 이유는 우리 비플의 대부분이 평화주의자를 자처했다는 것이다. 군납 회사들이 일정에 갇혀 창의성을 발휘하지 못하는 것도 우려스러웠다. 군납 계약은 목표를 사전에 협상하고 반드시 달성해야만 했다. 하지만 당시는 VR의 태동기였기에 우리는 목표를 사전에 알 수 없었다. 모든 것이 막막하기만 했다.

꺼림칙하기는 했지만, 우리는 자신감 있게 행동하는 법을 배웠으며 방위 고등 연구 계획국을 비롯한 군 기관들과 몇 건의 계약을 체결했다. 당시만 해도 전례가 없던 괴상한 장비들을 제작했는데, 어떤 것이었는지는 아직도 발설할 수 없다.

그런데 군사 분야의 사람들을 만날수록 그들에 대한 존경심이 커졌다. 그쪽 분야에는 남달리 너그럽고 똑똑한 사람들이 있었다.

하지만 군사 분야 사람들이 첨단 기술 장비에 현혹되는 광경도 볼 수 있었다. 우리 때문에 군의 역량이 오히려 약해지지 않을까 우려스러웠지만, 나의 우려를 어떻게 표현해야 제대로 전달될지 알 수 없었다. 기술을 사랑하는 사람들에게 경고하기란 여전히 쉬운 일이 아니다. 평화주의에 대해 어떻게 생각하든, 약한 군대를 원하는 사람은 아무도 없다. 첨단 기술 장비가 너무 현란해지는 것에 대해서는 여전히 걱정이 든다.

프로젝트 중에는 복잡한 데이터를 이해하기 쉽도록 VR로 시각화하는 것도 있었다. 어떤 데이터였는지는 말하지 않겠다.

복잡한 데이터를 가상의 장소로 — 이를테면 돌아다닐 수 있는 궁전이나 여행할 수 있는 도시로 — 바꾸면 뇌는 더 많은 것을 기억하고 더 많은 것을 파악한다. 인쇄술 이전에는 전 세계 문화에서 〈기억술〉이 발전했는데, 이것은 궁전 같은 장소를 상상하고 그 안에 기억할 항목을 두는 방법이었다. 유럽에서는 이것을 〈기억의 궁전〉으로 불렀다.♦ 기억해야 할 사실들을 예쁜 액자에 넣어 가상의 궁전 벽에 거는 방식이다. 호주 원주민들은 가장 정교한 기억술을 발전시켰는데, 이를 〈노랫길songline〉이라 한다. 우리의 뇌는 지형을 암기하는 데 최적화되어 있다. 복잡한 것을 지형으로 바꾸면 덜 복잡해진다.

VR의 서른아홉 번째 정의: 기억의 궁전을 디지털로 구현한 것.

이 방법은 기억 장애를 겪는 참전 군인이 새로운 사실들을 더 단단히 기억할 수 있도록 돕는 데도 활용되었다.♦♦

♦ 셜록 홈스는 기억의 궁전을 효과적으로 구사한 것으로 알려져 있다(적어도 컴버배치의 연기에서는).

♦♦ VR 활용법 목록에서 눈에 띄게 과소평가된 것으로 장애인 보조가 있다. 우리는 수화, 실어증 환자 치료 등을 위한 장갑을 개발하려고 무척 노력했으나, 장애를 내세운 VR 홍보 전략에 신물이 나서 떠벌이지 않고 묵묵히 연구하는 쪽을 택했다. 이런 홍보 효과는 마약처럼 솔깃하기에, 투자자와 조직이 실질적 변화를 일으키는 데는 오히려 장애가 될 수 있다.

VR의 마흔 번째 정의: 인지 강화를 위한 범용 수단.

우리는 군을 통해 민간 법 집행 기관 사람들을 만났다. 연방 수사국과는 대중적 행사를 위협하려고 잠복한 저격수의 위치를 알아내는 장비를 개발했다. 가장 힘든 부분은 도시의 정확한 모형을 그 옛날의 컴퓨터에 넣는 것이었다. 우리는 측량 기사들에게 도움을 받았다.

VR의 마흔한 번째 정의: 정보 시대 전쟁을 위한 모의 훈련 장비.

이 응용 분야는 성공적이었으나 음산한 가능성도 제기되었다. 다른 기관에서는 우리 데모를 보더니, 도시를 돌아다니는 사람을 최소한의 카메라만 가지고 지속적으로 감시할 수 있도록 카메라를 배치하는 데 활용할 수 있겠느냐고 물었다. 물론 그럴 수 있지.

얼마 뒤에 같은 질문을 받았는데, 이번에는 역할이 반대였다. 우리 쪽 스파이가 외국의 도시에서 카메라의 끊임없는 감시를 받으면서도 임무를 수행할 수 있겠느냐는 것이었다. 스파이가 추적당하지 않으려면 어떻게 해야 할까?

내가 건넨 조언은 외국의 네트워크를 해킹하여 스파이 수천 명이 돌아다니는 환각을 일으켜 어느 신호가 진짜인지 알아내는 데 시간이 걸리도록 하라는 것이었다. 정신을 산란시켜 한발 앞서는 고전적 수법이었다. 요즘은 이 전략이 일상화되었다.

(훗날 영화 「마이너리티 리포트」의 한 장면에 대한 아이디어가

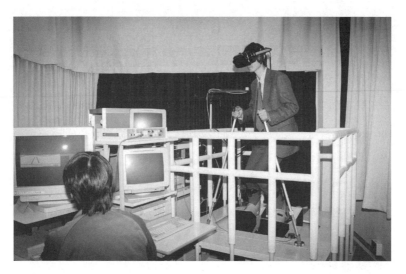

아이폰 HRX를 이용한 모의 스키 장비.

떠올랐다. 주인공이 경찰을 피해 달아나지만, 지나치는 광고판마다
자신의 모습이 표시되어 경찰의 눈을 피할 수 없다는 설정이었다.
경찰뿐 아니라 누구의 눈도 피할 수 없었다. 실제로 대본 회의를 위해 이
기술의 모형을 구현하기도 했다.) 우리의 비밀 고객은 나의 조언에
반색했다. 성공적 계약이었다. 그런데 자리에서 일어나려는 찰나
오싹한 의혹이 엄습했다. 길을 걷다가 자신의 발걸음이 고르지 않고
바로 옆이 천 길 낭떠러지임을 문득 깨달을 때처럼 말이다. 잠시 생각을
해보자.

　정보와 개방성의 홍수 한가운데에서 디지털 네트워크가 진실을
숨기는 데, 그것도 효율적으로 숨기는 데 이용될 수 있다면, 네트워크가
총체적 진실에 이바지하리라 확신할 수 있을까?

　하지만 이젠 초기 VR 응용 분야의 즐거운 이야기로 돌아가자.

인물들

모션 캡처 슈트 — 우리의 데이터슈트 — 를 처음으로 판매한 것은
우리가 아닌가 싶다. 우리는 엔터테인먼트 업계의 온갖 사람들에게 이
장비를 팔았다. 현실적인 CGI(컴퓨터로 합성한 영상Computer Generated
Imagery) 캐릭터를 영화에서 렌더링하려면 아직 멀었지만, 그래도
쓰임새는 있었다.

이를테면 금방 종영한 한 텔레비전 게임 쇼에서는 출연자들이
데이터슈트를 입고 막대 인간stick figure을 조정하여 목표를 달성해야
했는데 — 뭐였는지는 기억나지 않지만 — 아이디어 자체는 다시
시도해 봄직하다.

심지어 올림픽에서 새로운 종목을 VR로 창조하는 프로젝트도
진행했다. 이것도 당시에는 시기상조였지만, 다시 살펴볼 만하다.

우리는 놀이공원의 원형을 제작했지만 — 대부분 유니버설의
자금으로 — 실제 도입 단계까지 간 것은 하나도 없었다. 우리와 주로
협력한 사람은 앨릭스 싱어라는 영화감독이었다. 그는 드라마 「스타
트렉 TNG」에서 홀로덱이 등장하는 에피소드를 제작했다. 그를 만나러
촬영 현장에 가는 일은 무척 즐거웠다. SF가 창의적이고 인간적이면서
동시에 낙관적이던 때는 그때가 마지막이었을 것이다.

VR이 놀이공원에서 대중과 만날 준비가 된 것은 훨씬 이후의 일로,
랜디 포시♦가 디즈니와 일하던 때였다. 하지만 랜디는 VPL 시절부터

♦ 랜디 이야기가 나온 김에 그의 박사 과정 지도교수 앤디 밴 댐을 언급하지 않을 수 없다.
앤디는 브라운 대학교에 적을 두고 있으며 전산학의 최고 스승이다. 그의 제자들이 우리
시대를 발명했다. 앤디 허츠펠드처럼 이 책에 실린 사람도 여러 명이며, 어디에서나 그들을
찾아볼 수 있다.

버지니아 대학교를 시작으로 교수로 활동하고 있었다. 우리는 VR이
새로운 종류의 언어가 되리라는 음모론적 신념을 공유했다(랜디의
이름은 여러분도 들어 보았을 텐데, VR 연구 때문이 아니라 잘 살고 잘
죽는 법을 가르치는 명저 『마지막 강의』(살림, 2008) 때문일 것이다.
랜디와 나는 나이가 같았지만, 랜디는 췌장암에 걸려 2008년에 세속의
성자 같은 모습으로 세상을 떴다).[◆]

   VR 기술을 극장에 접목하는 실험을 몇 사람이 하고 있었는데, 조지
코츠는 기울어진 무대에 겹겹의 스크림[◆◆]으로 구획을 나누어 실제
배우들이 가상 세계를 걸어 다니고 가상의 사물과 상호 작용하는 듯한
환각을 만들어 냈다. 샌프란시스코의 한 초창기 마천루 안에는
성당처럼 생긴 공간이 숨어 있었는데, 코츠는 그곳에 무대를 설치했다.
관객들은 넋을 잃었다. VPL, 나사, 실리콘 그래픽스 사람들이 그에게
장비를 몰래 가져다주고 프로그래밍을 도와 주었다. 우리의 디지털
장비는 종종 쇼 중간에 고장이 났지만.

   제리 가르시아[◆◆◆]의 딸 애너벨은 데이터글러브와 (우리의 모의 수술
연구에서 입수한) 해골 손을 이용하여 그레이트풀 데드 콘서트에서

◆ www.cmu.edu/randystecture/book.
◆◆ 철로 된 프레임에 팽팽하게 둘러친 그물 모양의 미세한 금속망 — 옮긴이주.
◆◆◆ 나이가 어린 독자들을 위해 일러 두자면, 제리는 그레이트풀 데드라는 밴드의 리더
격이었다(리더라는 개념은 이 밴드의 취지와 상충하기는 하지만). 인터넷이 등장한 지금
기억이 얼마나 쉽게 사라지는지 생각하면 놀라울 따름이다. 내가 어릴 적에는 전 세대의 음악
스타들(이를테면 레이디 가가 같은 스타들의 보드빌 시대 원형인 이바 탱구에이)을 알고
있었다. 오늘날 나와 함께 일하는 밀레니엄 세대는 그레이트풀 데드를 모르는 사람도 많다.
1980년대와 1990년대 실리콘 밸리에서는 컴퓨터보다 더 거대한 존재로 여겨지기도 한
밴드인데 말이다. 그레이트풀 데드는 환각제와 연관되었으며 관객과 텔레파시로 연결된
것처럼 보였다. 열성팬들은 밴드의 투어를 따라다니기도 했다(나는 열성팬이었지만
아웃사이더였다).

재런이 짐 헨슨의 꼭두각시에게 시타르를 가르치는 모습. 인형술사 데이브 골즈가 촬영했다.

거대한 해골 손을 연출했다. 그녀는 모든 관객의 눈이 마치 진자를
바라보는 고양이처럼 일제히 해골 손을 따라다니는 광경이 신났다고
말했다.

  우리는 짐 헨슨[*]과 손잡고 월도Waldo라는 이름의 간단한 컴퓨터
그래픽 꼭두각시 인형 시제품을 제작했다(월도를 예쁘게 단장시켰더니
시제품일 때보다 멋있어 보였다). 우리 연구실에 인형술사가
찾아오다니 근사했다. 뉴욕에 헨슨의 떠들썩하고 지저분한 공방이
있었는데, 나는 그곳을 방문하는 게 좋았다. 우리는 인형술사들에게서
인물과 표현에 대해 많은 것을 배웠으며, 그들은 우리에게서 특정한
카메라 시점을 염두에 두지 않고 아바타를 디자인해야 한다는 기묘한

♦ 이름난 인형술사로, 커밋Kermit이나 미스 피기Miss Piggy 등을 부렸다.

새 아이디어에 대해 배웠다. 짐은 더없이 사랑스러웠다.

VR의 마흔두 번째 정의: 디지털 인형술.

까다로운 고객도 몇 명 있었다. 한번은 한겨울에 개인용 제트기를 타고 캐나다 수세인트마리에 있는 오지브와족의 장로들을 만나러 갔다. 가상 현실을 이용하여 그들의 언어를 보전할 수 있는지 알아보기 위해서였다. 오지브와어는 부족 신화에 나오는 사건들을 은유적으로 언급하고 있어서 사전 형식으로 보전하기에는 알맞지 않았다(이 만남은 외계인 종족이 비슷한 문제를 겪는 「스타 트렉 TNG」 에피소드에 간접적으로 영감을 주었다).

VPL에서 가장 흡족했던 것은 고객과 협력자를 방문하는 일이었다. 뭐니 뭐니 해도 VPL은 VR을 홍보하고 촉진하는 핵심 사명에서 성공을 거뒀다.

분할

위의 명단에는 소비자용 VR에 대한 것이 별로 없는데, 이유는 간단하다. VR이 소비자에게 팔릴 만큼 저렴하지 않았기 때문이다. 하지만 몇 가지 소득은 있었다.

가장 잘 알려진 것은 (앞에서 설명한) 파워글러브일 것이다.

소비자 경험의 경이로운 시제품들도 제작했지만 결코 상품화되지는 않았다. 그럴 일은 앞으로도 영영 없을 것이다. 그중 하나는 구형 아미가 컴퓨터에 3D 안경(3D 영화나 텔레비전에 쓰는 것으로, 아이폰보다 훨씬 단순하고 저렴하다)과 파워글러브를 접목한 것이었다. 핀볼과 라켓볼의 중간쯤이라고나 할까. 하지만 아미가는 관심을 보이지 않았으며, 다른 가정용 컴퓨터 중에는 컬러와 16비트가 지원되는 것이 하나도 없었다.

우리는 토이 시제품도 만들었다. VR 아바타로 재현한 테디 베어는 이름이 노스트릴다무스Nostrildamus였는데, 코에 센서가 달려서이기도 했지만 VPL의 초기 로고 이름이 〈코Nose〉였기 때문이기도 했다(〈V〉는 위를 올려다보는 눈의 옆모습을 닮았고, 〈P〉는 귓바퀴를 닮았으며, 〈L〉은 주먹 쥐고 엄지손가락을 뻗은 모습을 닮았다).

영의 3D 모델링 기계는 〈스위블 3D〉라는 이름의 독자적 제품이 되었는데, 맥 최초의 3D 디자인 도구였다. 스위블 3D는 패러콤프Paracomp라는 회사로 갈라져 나왔다가 (최초의 맥용 애니메이션 편집기를 만든) 매크로마인드라는 또 다른 회사에 합병되었다. 이렇게 탄생한 매크로미디어는 결국 어도비에 인수되었다. 그러니 VPL의 일부가 그곳에서 살고 있는 셈이다. 스위블은 여전히 내가 좋아하는 3D 디자인 도구이지만, 지금은 어떤 컴퓨터에서도 돌아가지 않는다.

우리는 투자자들에게 특허를 받겠다고 약속했기에 특허를 출원했다. VPL에서 특허는 언제나 논란거리였다. 무엇보다 초창기 해커 이상주의는 지식 재산권IP을 경멸했다. 게다가 우리는 일찌감치 업계에 진출했기에 많은 기본적 VR을 특허 형태로 공개할 수 있었다. 여러 사람을 같은 세계에서 합치거나, 아바타를 사람의 움직임과 연결하거나, 가상의 물체를 진짜인 것처럼 손으로 집는 법을 문서화한 사람은 아무도 없었다.

해커 세계의 내 친구들은 우리가 이런 개념에 대해 특허를 내기를 바라지 않았지만, 투자자들은 우리가 최대한 공격적으로 특허를 출원하길 바랐다. 우리는 흥미로운 중도 노선을 취했다.

특허를 출원하긴 했지만, 모든 것에 대한 완전한 소스 코드를 모조리 특허에 포함하여 영업 비밀이 있을 수 없도록 했다. 한편으로, 특허를 가진 사람은 누구나 코드를 변경하여 새로운 특허를 주장할 수 있었다. 훗날 선 마이크로시스템스가 VPL을 인수했을 때 벌어진 일이 바로 이것이었다.

하지만 다른 한편으로, 우리는 우리가 무엇을 어떻게 했는지를 완벽하게 공개했다. 이 말은 사람들이 우리의 지식 재산권을 피해 무언가를 하고 싶다면 필요한 모든 것을 알아낼 수 있다는 뜻이었다. 말하자면 우리는 오픈 소스이면서 IP 기반이기도 한 셈이었다.

이 방법이 먹혔을까? 그때는 그렇지 않았다. 특허는 너무도 소중한 것으로 간주되었기에 사람들은 특허를 놓고 싸웠으며, 쓸데없는 갈등으로 많은 기회가 무산되었다.

그 뒤로 VPL 특허는 모두 소멸했다. 이미 지나간 역사이다.

17 인사이드아웃 스피어

(VR 〈동영상〉과 음성에 대하여 간략하게)

비디오스피어

우리는 1980년대 〈고전〉 VR 시스템의 주요 부품을 거의 다 마련했다. 나의 구상도 마무리 단계였다. 남은 부품은 둘뿐이었다. 하나는 VR과 함께 작동하는 일종의 카메라였고, 또 하나는 3D 음향을 만들 장비였다.

그레이엄 스미스는 상냥한 캐나다인으로, VR 헤드셋으로 볼 수 있는 전방위 입체* 동영상을 만드는 문제를 처음으로 해결한 인물이다. 그레이엄은 VPL에 합류하기 전에 독자적으로 HMD를 만들었는데, 결코 사소한 성취가 아니었다. 그는 주변적environmental 비디오를 캡처하고 재생하는 제품을 디자인했다. 이 제품의 이름은 〈비디오스피어VideoSphere〉였다.

비디오스피어는 시대를 앞선 또 다른 VPL 제품이었다. 이것은 괴상하게 생긴 카메라였는데, 모든 방향의 장면을 한꺼번에 촬영할 수 있었다.

오늘날은 이런 카메라가 낯설지 않다. 콘서트장이나 시끌벅적한

♦ 실제 원리는 말 그대로 〈구spherical〉 동영상을 찍는 것보다 복잡하지만, 대략 이렇게 보아도 무방하다.

도심에서 찍은 입체 동영상을 VR 헤드셋에서 재생하면 주위를 모두 둘러볼 수 있다.

그런데 VR에서의 동영상이라는 주제에 대해 사족을 하나 달아야겠다.

(아무런 기능을 추가하지 않은) 입체 동영상 캡처의 한계는 상호 작용형이 아니라는 것이다. 대형 콘서트장의 무대에 서서 주위를 둘러보면 재밌기야 하겠지만, 할 수 있는 일은 아무것도 없다. 진짜로 온전하게 그 현장에 있는 것이 아니다. 당신은 허깨비에 불과하다. 내가 전에도 누누이 한 얘기이다.

하지만 비디오스피어 동영상은 기능을 강화할 수 있다. 동영상에 가상의 사물을 겹칠 수 있는데, 컴퓨터 그래픽으로 만든 인물이 캡처된 실제 공간을 돌아다니면서 완벽한 상호 작용을 하도록 할 수 있다. 이용자는 인물들의 반응을 통해 현장감을 느낄 수 있다.

컴퓨터의 성능이 좋아졌기에 이제는 입체 캡처 동영상에서 벌어지는 일을 반응형으로 변경할 수 있다. 이젠 동영상 캡처가 반드시 현실의 기록일 필요는 없다.

기존의 평면 동영상보다 입체 동영상을 변경하는 것이 대체로 더 쉬운데, 이것은 데이터에서 더 신뢰할 만한 단서를 포착하여 알고리즘으로 조작할 수 있기 때문이다. 경찰이 총격을 가하는 장면을 구식의 2차원 동영상으로 찍었다면, 이 동영상이 변경되었을 경우 쉽게 알아차릴 수 있다. 사소하게 어긋나거나 매끄럽지 못한 부분이 보일 것이다. 하지만 입체 동영상은 모든 이음매를 추적하고 모든 잠재적 실수를 예측하여 더 수월하게 변경할 수 있다. 이를테면 알고리즘이 총과 손의 완전한 형태에 접근할 수 있으면 행동이 달라졌을 때 그림자가 제대로 표시되도록 하기가 쉬워진다.

이것은 조만간 정치적 문제가 될 것이다. 신세대 언론인들은 입체 동영상에 유토피아적 기대감을 품고 있다. 이걸 보면 옛날이 떠오른다. 나는 입체 동영상의 강렬함이 지구에 평화를 가져다줄 거라고 예견했다. 공감이 증폭될 테니 말이다. 사람들은 폭력의, 전쟁의 참상을 있는 그대로 보게 될 것이고, 그것을 견디지 못할 것이다. 평화가 찾아올 것이다. 과연 그럴까? 소통의 기술이 강렬해질수록 그것은 거짓말을 하는 데도 더 강렬하게 쓰일 수 있다.

어쨌든 그레이엄은 VPL에서 일한 이후로 원격 현장감을 이용하여 병원에 갇혀 사는 아이들의 삶을 개선하느라 수십 년을 보냈다. 그는 기술을 이용하여 세상을 더 나은 곳으로 만드는 확실한 방법을 발견했다.

오디오스피어

스콧 포스터는 VPL의 3D 음향 기술을 개발했다. VPL은 마리나에 자리 잡고 있었기에, 엔지니어들은 보트에서 살면서 이따금 뱃길로 통근하는 일이 드물지 않았지만 내가 기억하기로 소형 비행기로 통근한 사람은 스콧뿐이었다. 그는 요세미티 옆의 활주로에서 이륙하여 마리나 바로 옆의 비행장에 도착했다.

스콧은 3차원 음향을 계산할 맞춤형 PC 보드를 설계했다. 아이폰에 장착된 헤드폰으로 그 결과를 들을 수 있었다.

3차원 음향이란 무엇일까? 설명하자면 복잡하다! 우리가 소리를 입체적으로 지각하는 한 가지 이유는 귀가 두 개 있어서 뇌가 두 소리를 비교할 수 있기 때문이다. 이를테면 소리가 양쪽 귀에 도착할 때 약간의 시차가 발생하는데, 뇌는 이 시차를 이용하여 소리가 좌우축 방향의 어디서 오는지 감지한다. 하지만 이것은 지각의 제일선에 불과하다.

뇌는 반향을 해독하는 일에도 뛰어나다. 박쥐만큼은 아니지만 우리가 일반적으로 의식하는 것보다는 뛰어나다. 우리가 듣는 반향의 패턴에는 내가 있는 공간의 형태, 공간을 이루는 표면의 재질, 공기의 습도, 공간상에서 나의 위치 같은 정보가 들어 있다.

따라서 VR의 음향 하위 시스템은 할 일이 두 가지 있다. 소리가 각 귀에 도착하는 시각을 개별적으로 지정해야 하며, 실제 공간에서 일어날 것 같은 반향을 흉내 내야 한다.

문제는 귓바퀴이다. 귓바퀴는 머리에서 삐죽 튀어나온, 괴상하게 생긴 귀 부위이다. 귓바퀴가 불규칙하고 뭉툭하고 나선형인 까닭은 무엇일까? 괴상한 모양 덕에 귓바퀴는 앞에서 오는 소리를 다른 방향에서 오는 소리보다 좀 더 잘 듣는다. 하지만 음원의 방향에 따라 음색도 달라진다.

스콧의 보드는 콘볼루션convolution을 이용하여 귓바퀴의 역할을 시뮬레이션한다. 콘볼루션은 수학적 은유(합성곱)로 생각할 수 있다. 앞선 신호가 이전에 달라진 것으로 측정되면 새로운 신호도 콘볼루션 알고리즘에 의해 비슷한 방식으로 달라진다. 우리는 VR에서 항상 콘볼루션을 이용한다.

이를 위해 불쌍한 대학원생이 완벽한 무반향실에서 작은 마이크를 귀에 끼워 넣고서 불편함을 견뎌야 했다. 스피커가 사방으로 돌아다니면서 테스트 음향을 내보내면 특정 방향에서 들려오는 소리가 귓속에서 녹음되고 콘볼루션 알고리즘이 이를 분석하여 가상 세계에서 들리는 모든 새로운 소리를 똑같이 변형했다.

결과는 오싹할 정도로 훌륭했다. 맹인 VR 이용자에게 소리를 이용하여 가상 세계를 돌아다니게 했더니 실제 환경보다 더 잘 돌아다녔다. 시뮬레이션된 입체 음향이 실제보다 더 생생할 수 있다.

요즘은 칩이 어찌나 싸고 좋은지 VR 시스템에서 3D 음향은 기본이 되었다. 하지만 상당수의 신형 시스템에서는 3D 음향을 정확하게 보정하지 않은 것 같다. 값이 비싸지 않으면 대충 하게 된다.

입체 음향을 완벽하게 소개하려면 입체 음향 사기의 극적인 역사를 꼭 언급해야 한다. 비반응형 입체 음향을 구현하는 것은 쉬운 일이며 오디오 녹음의 초창기부터 이루어졌다. 마네킹 머리에서 고막이 있어야 할 자리에 마이크 두 개를 장착한다. 그러면 마이크가 마네킹의 귓바퀴를 통해 들어오는 소리를 수집한다.

고전적인 마네킹 머리 녹음의 데모들이 10년마다 재발견되고 있다. 가장 흔한 것은 머리 깎는 소리이다. 실제로 머리를 깎을 때의 느낌이나 소리가 어떤지는 기억나지 않지만, 사람들 말을 들어 보면 가위가 머리 주위에서 철컥대는 소리(이발사가 마네킹 머리 가까이에서 가위질하는 소리를 녹음했다)의 감각이 하도 생생해서 소름이 돋는다고 한다(짓궂은 사람이라면 가위 소리가 머리 속으로 파고드는 흉내를 낼 수도 있을 것이다. 마네킹 머리에 가위가 들어갈 만큼 커다란 구멍을 뚫기만 하면 된다).

이 극적인 데모는 이게 얼마나 쉬운지 모르는 멍청한 투자자들에게서 거액을 뜯어내기 위해 수십 년에 걸쳐 써온 수법이다.

18 장면

파괴

우리 비플은 데모를 시연하는 데 시간의 절반을 쓰고 데모 시연을
거절하는 데 나머지 절반을 썼다. 기계가 너무 비싸서 오로지 방문객을
즐겁게 하려는 용도로 쓸 수는 없었다. 그럼에도 방문객을 그냥
돌려보낼 수는 없다는 압박감이 엄청났다. VPL 데모는 세상에서 가장
희귀한 경험 중 하나였으니까.

이사진이나 투자자는 근사한 양복을 입은 미지의 방문객에게 데모를
보여 주라고 요구했다. 이것은 실리콘 밸리에서 이루어지는 은밀한
물물 교환의 일환이었다. 법적으로 데모를 보여 주어야만 하는 경우도
있었다. 데모는 높은 가치를 인정받았기에 계약과 분쟁 해결의 조건이
되기도 했다. 거물 고객들은 직원이나 자기네 고객이 이곳에 들렀을 때
데모를 보여 주라고 요구하기도 했다.

VPL의 전형적인 오후 데모는 이렇게 진행된다. 「몬티 파이선Monty
Python」을 제작한 영화감독 테리 길리엄이 나의 으스스하고 초현실적인
가상 세계 중 하나(〈제의의 세계ritual world〉라고 불렸다)에 있는
휴식처에 찾아와 VR 안에서 이야기를 시작했다. 그는 내가 나이가 들어

재런의 초기 가상 세계에 설치된 기하학적 디자인들.

가고 있으니 — 생각도 할 수 없는 일이었다 — 젊은 사람들이
스포트라이트를 받도록 신경 써야 한다고 말한다. 「그들은 놀라울
정도로 대단해.」

그때 안내 직원이 데모실 문을 열면서 지독한 스코틀랜드 억양으로
외친다. 「레너드 번스타인 데모로 하죠. 달라이 라마는 차가 막혀서 못
온대요.」

데모는 불공평했다. 정치인이나 유명인은 그 밖의 훌륭한 사람보다
데모를 더 쉽게 접할 수 있었다. 밤 늦게 진행된 비공식 데모도 있었지만
말이다. 새벽에는 온갖 반문화적 친구들이 흘러들었다. 그들은
연구실에 몰래 들어와 VR을 괴상한 섹스나 마약과 결합하는 실험을
했다. 단언컨대 나는 그때 벌어진 일의 절반도 알지 못한다.

미친 짓이라고 봐야 마땅할 데모가 사리 분별을 차리는 데

한몫하기도 했다. 패러디 밴드 스파이널 탭이 우리를 방문했다. 가발은 황금 들통에 담았다(사진을 찍었어야 했는데). 그들은 로비에서 (입장하던) 앨 고어 상원 의원과 (퇴장하던) 피터 개브리엘을 맞닥뜨렸다. 신기하게도 이 무리는 기술에 대해 남달리 정통하고 창의적인 대화를 나눴다. 우리는 네트워크에 대해, 음악인의 권리에 대해 이야기했다. 그때는 인터넷 때문에 음악인의 생계가 막막해지기 전이었다.

나는 고어와 오랜 시간을 보냈다. 그는 다양한 태동기 디지털 네트워크의 통합을 추진했으며 1991년에 돌파구를 열었다. 이전에는 따로 떨어져 있던 모든 네트워크를 하나의 인터넷으로 통합할 자금과 동력이 마침내 마련되었다.

고어를 돕는 일은 즐거웠다. 나는 프레드 브룩스를 비롯한 가상 현실 세계의 인사들과 함께 상원에 증언하러 가기도 했다. 양복을 입고 넥타이를 맨 것은 (아마도) 바르 미츠바* 이후 처음이자 마지막이었다. 고어조차도 내 복장이 우스꽝스럽다고 생각했으니까. 그는 알맞은 복장을 착용하려는 나의 진실한 시도에 대해 상원이 사의를 표하도록 했다.

고어가 자신이 인터넷을 〈발명〉했다고 주장했다는 소문 때문에 훗날 조롱거리가 된 것은 애석한 일이다. 한편으로, 그는 그렇게 말하지 않았다. 하지만 다른 한편으로 그가 인터넷을 어떤 의미에서 발명한 것은 사실이다. 인터넷의 탄생은 기술적 문제가 아니라 정치적 문제였으니까. 고어가 오명을 쓴 방식은 그가 탄생시킨 인터넷에서

♦ 유대교의 성년식 — 옮긴이주.

거짓 정보가 유포되는 본보기가 되었다.

고어에 대해 하나만 더 이야기하자. 한번은 그가 부통령이 된 직후에 워싱턴 DC의 아이젠하워 행정동 빌딩으로 그를 만나러 갔는데, 내 입에서 이런 말이 흘러나왔다. 「인터넷이 연결되면 모든 사람이 과학의 세계에 직접 접속할 수 있을 겁니다. 더는 지구 온난화를 부정하지 못할 거라고요.」 정말 이렇게 말했다. 그러지 말았어야 했는데. 특히 그때는. 이 일화는 당대의 대중적 신화에 현혹되기가 얼마나 쉬운지 보여 준다.

내가 데모를 보여 준 사람 중에서 가장 맘에 드는 사람은 누구였을까? 실은 어떻게 선정해야 할지 모르겠다. 제일 좋았던 기억은 휠체어 탄 아이들이 하늘을 나는 경험을 한 것이었다.

아, 레온 테레민! 그는 내가 어릴 적에 만들던 (VR처럼 생긴) 악기의 발명자이다. 20세기 초 모스크바에 있을 때 발명했다. 훗날 레온은 미국에서 멋진 사업가가 되어 멋진 발레리나와 결혼했다. 그러나 냉전 시기에 소련에 납치되어 강제로 나라를 위해 첩보 장비를 만들어야 했다(그는 남몰래 장비를 못쓰게 만들었다. 이를테면 소형 녹음기에서는 경고음이 났다). 그의 행적은 오랫동안 오리무중이었는데, 스탠퍼드 대학교 컴퓨터 음악 연구실에서 90대의 그를 찾아내어 미국에 데려왔다. 레온이 VR을 체험하면서 어찌나 신나게 몸을 흔들던지 그가 어떻게 될까 봐 — 심지어 옆에 서 있는 사람들이 다칠까 봐 — 걱정이 들 정도였다.

데모는 평생의 우정을 쌓는 계기가 되기도 했다. 오노 요코는 10대 아들 숀을 데모에 데리고 왔는데, 우리는 그 뒤로도 친구로 지냈다.

데모의 기법

VPL은 당시에 가장 강력한 그래픽 컴퓨터를 보유했지만, 그런데도
초창기에는 종이접기 세계를 보여 주는 것이 고작이었다. 마침내
1980년대가 가까워지면서 상황이 나아졌다. 오늘날의 VR 데모는 훨씬
정교하며 영화의 시각적 미학에 근접해 있다. 그렇다 하더라도 VR
경험의 핵심은 상호 작용성이며, 우리는 VR의 시각적 측면이 태동기에
머물러 있던 당시에도 상호 작용성을 구현할 수 있었다.

멋진 VR 데모를 보여 주려면 암시와 타이밍을 발전시켜야 한다.
대개는 메인 가이드와 (아마도) 도우미가 있었는데, 그들의 임무는
이용자가 케이블에 걸려 넘어지거나 안전한 영역 밖으로 나가지 않도록
하는 것이었다. 가이드는 일련의 가상 세계 경험을 통해 방문객을
미세하게 움직여, 마치 바람에 흔들리는 것처럼 느껴지도록 했다.

VR 데모를 잘 만드는 사람은 이용자가 가상 세계를 잘 헤쳐 나가도록
보살핀다. 그러면 방문객은 자신이 가상 세계를 완벽하게
좌지우지한다고 느낀다. 발을 디디면 빠지는 트랩도어나 만지면 정교한
조각으로 팽창하는 작은 꽃처럼 방문객을 깜짝 놀라게 하려고 준비한
장소 앞에서 방문객이 딴 데로 가려고 할 때 그의 장갑 낀 손을
건드리면, 죄송하다고 사과는 해야겠지만 어쨌든 그를 원래 의도한
경로로 인도할 수 있다. 그러면 방문객은 계획대로 놀람을 체험한다.

데모를 시작할 때는 마임이나 농담 같은 수법을 써서 손님이 몇 가지
규칙과 기술을 최대한 빨리 익히도록 해야 한다. 많은 VPL 세계에는
손을 앞으로 뻗으면 앞으로 날아가고 손가락 두 개를 뻗으면 뒤로
날아간다는 등의 규칙이 있다.

우리는 VR 데모에서 오늘날까지도 주로 쓰이는 상투적 기법들을

발견했다. 데모가 시연되는 실제 방을 렌더링하면 놀라운 효과를 줄 수 있다. 여기에다 기상천외한 변화를 일으킬 수 있기 때문이다. 이를테면 벽이 순식간에 안쪽으로 녹아 들어가게 할 수 있다.

우리는 방문객이 가상의 물체 안으로 머리를 집어넣어 안에서 놀라운 광경을 보도록 하는 순간을 늘 계획했다. 이를테면 방문객이 허리를 숙여 크롬 용의 머리 속으로 들어가면 기어와 케이블이 얼굴 바로 앞에서 빙글빙글 돌면서 살갗 속으로 파고드는 식이다. 사람들은 비명을 지르고 몸서리를 쳤다.

오늘날에도 이런 수법을 볼 수 있다. 그런가 하면 나는 커지고 상대방은 작아져 내 손 위를 걸어다니거나, 바닥에 구멍이 뚫려 있는데 이것이 진짜가 아님을 알지만 무서워서 디디지 못하는 상황을 연출할 수도 있다(이 구멍은 멜 슬레이터가 고안했다). 제러미 베일런슨은 이 구멍이 뤼미에르 형제의 기차 도착 장면 같은 VR 최초의 상징적 비유가 되었다고 논평한 적이 있다.

몇 년간 연습한 뒤에 우리는 방문객에게 요령을 잽싸게 알려 주어 마치 자신이 그 요령을 이미 알고 있던 것처럼 느끼게 하는 법을 숙달했다. 우리는 부끄러움을 몰랐다. 대체로 방 안에는 방문객이 가상의 걸음마를 할 때 처음 몇 분 동안 격려해 주는 바람잡이가 있었다.

조잡한 옛날 동영상을 보면 도저히 믿기 힘들겠지만, 사람들은 우리의 데모에 완전히 빠져들었다.

VR이 마침내 저렴하고 흔해지면서 VR 데모의 문화가 저물고 있다. 이제 사람들은 VR 세계를 집에서나, 또는 어디서든 제작자의 안내 없이 경험할 뿐이다. 수업이나 무역 박람회, 아니면 디자인을 시연할 때와 같은 특수 상황에서 아직도 남아 있는 데모 문화를 향유하는 것은 중요한 일이다.

　VR 데모를 돋보이게 하는 최고의 수법은 방문객이 VR 경험을 하고 있을 때 몰래 근처에 진짜 꽃을 가져다 두는 것이다. 헤드셋을 벗은 방문객은 꽃을 마치 자신이 이제껏 본 최초의 사물인 것처럼 경험한다. VR 최고의 마법은 데모가 끝난 직후에 펼쳐진다.

세계의 기법

VPL의 고객들은 대부분 산업계나 학계에 몸담고 있기 때문에, 우리의 가상 세계는 대부분 환상적이기보다는 실용적이다. 무릎 수술을 하고 제트 엔진을 수리하고 부엌을 디자인하는 법 등을, 그것도 투박한 그래픽으로 배우는데, 그럼에도 이해와 기술 습득에 이만한 방법이 없었다.

　하지만 우리 중 상당수가 진정으로 원한 것은 낯섦이었다. 그래서 우리 비플은 부족한 시간을 쪼개어 순수한 즐거움을 위한 낯선 세상을 만들어 냈다.

　나는 무정물에 생기를 불어넣는 일이 좋았다. 구름과 책상이 꼬리를 장난스럽게 휘둘렀다. 내가 만든 세계는 이용자를 미묘하고도 뜻밖의 방식으로 반영하여 아바타와 환경의 경계를 지웠다. 어깨를 으쓱하면, 의식하지 못할 만큼 살짝 샹들리에가 흔들렸다. 색깔도 언제나 조금씩 달라졌다. 몸이 점차 커지거나 작아지기도 했는데, 이 또한 알아차리지 못할 만큼 조금씩 진행되었다. 나는 〈지상 기지〉를 떠올려, 가상 세계에 직선적 요소는 하나도 넣지 않으려 들었다.

　우리는 시그래프에서 이런 세계를 하나 선보였다. 앤과 영의 어린 딸이 수많은 관객 앞에서 찻주전자 아바타 — 유명한 컴퓨터 그래픽 찻주전자* — 로 변신했다. 물론 아이는 「작은 주전자」를 불렀다. 우리는 부끄러움을 몰랐으니까.

앤은 기상천외한 발상의 소유자였다. 이를테면 신나고 화려한 〈이상한 나라의 앨리스〉 세계를 만들었다. 이용자는 흰 토끼의 입속으로 뛰어들 수도 있었다. 존 테니얼의 원래 삽화를 클라인 병**으로 멋지게 구현한 것이었다.

요즘 샌프란시스코에서 셀카봉을 겨누면 VR 디자인 스타트업을 시작한 사람이 꼭 배경에 찍힌다. 그들은 이따금 가상 세계 디자인에 대한 내 생각을 묻는데, 지금쯤 여러분도 짐작했겠지만 나는 여간해선 입을 열지 않는다.

VR 디자이너와 미술가에게 주는 조언

a) 가장 중요한 캔버스는 가상 세계가 아니라 이용자의 감각 운동 고리이다. 이것을 늘이고 줄이고 비틀고 남들의 고리와 엮으라.

b) 몸이 하는 일을 대부분 내다 버리는 경직된 UI(사용자 인터페이스)보다 생물형 운동을 강조하라. 최악은 버튼이다. 버튼을 달지 말라. 연속적 컨트롤을 이용하라.

c) VR 클리셰가 이미 존재하므로, 이것을 회피하는 것이 좋다.

♦ 오랫동안 컴퓨터 그래픽 업계에서는 렌더링 기법을 시연할 때 다들 똑같은 찻주전자 모형을 이용했다. 심지어 픽사의 오리지널 「토이 스토리」에서도 이 찻주전자를 볼 수 있다.
♦♦ Klein Bottle. 클라인 병은 사랑스럽고 신기한 기하학 형태로, 병이 자기 자신 안에 들어 있는 모양이다.

트랩도어, 얼굴로 날아오는 물체, 딴 데를 보면 달라지는 물건 같은 것은 이제 식상하다. 아니면 클리셰를 수용하되 더 큰 목적에 활용하라.

d) 자신이 만든 세계를 다양한 사람에게 테스트하라. 다양한 사람을 팀에 끌어들이면 더 좋다. 문화적 배경, 나이, 성별, 인지 유형 등은 사람들이 VR을 어떻게 받아들이느냐에 대해 다른 매체에서보다 더 큰 영향을 미친다. 자신의 디자인이 인간 인지 유형의 폭넓은 지형에 어떻게 들어맞는지 이해하라. 그것이 의미 있는 유일한 극장이기 때문이다.

e) 위 규칙의 결과: VR의 과학은 아직 초창기이므로, VR이 누구를 위한 것인가에 대한 통념에 의문을 제기하라. VR이 여자보다 남자에게 더 적합하다고 누군가 말하거든, 테스트한 가상 세계를 남자가 디자인해서 그런 것이 아닌지 의문을 품으라.

f) 가장 중요한 기승전결은 가상 세계 안이 아니라 현실 세계 안에 있다. 그것은 이용자가 여러분의 디자인을 체험하기 시작하고, 실제로 체험하고, 종료하는 전체 과정이다. 이용자가 헤드셋을 쓸 때, 가상 세계를 체험할 때, 헤드셋을 벗을 때라고 말할 수도 있다. 전체 경험에 대해 생각하라. 이용자는 가상 세계에 들어가기 전에 무엇을 기대하는가? 가상 세계에서 나오는 것은 어떤 느낌인가?

g) 자신의 개발 도구로 가장 쉽게 달성할 수 있는 것에 저항하는 실험을 해보라.

h) 주변에 있지만 가상 세계에 있지 않은 사람들을 생각해 보라. 그들은 경험의 일부인가? 그들은 몰입된 사람들이 보는 것을 구석 화면에서 보고 있는가? 안에 있는 사람과 밖에 있는 사람 사이에 공통분모가 있는가?

i) 대학 영화학과에서 내면화한 충동과 맞서 싸우라. VR은 영화가

아니다. 하나만 예를 들자면 영화에서는 관객이 투명 인간이 되지만 VR에서는 그렇지 않다. 돌아다닐 수 있는 가상 세계는 이용자의 몸보다 덜 중요하다. 이용자가 손을 볼 때 무엇이 보이는가? 거울을 볼 때는? 여러분의 답이 (이야기에 중심적이지 않고) 지엽적이라면 그것은 VR을 위한 디자인이 아니다.

j) 게임에서 내면화한 충동에 맞서 싸우라. 하나만 예를 들자면, 기존 화면에서 박진감 넘치는 게임이라도 VR 헤드셋에서는 황량하고 맹해 보일 수 있다. 한 가지 이유는 화면에서는 게이머가 게임보다 크지만 VR에서는 게임보다 작기 때문에, 여느 게임에서 적을 추격하고 사격하고 적에게 추격당하고 사격당할 때와 위치 계산이 달라지기 때문이다.

k) 이용자는 흔적을 남기고 우주를 찌그러뜨릴 수 있어야 한다. 그렇지 않으면 온전히 존재하는 것이 아니다. 즉, 여러분이 가상 세계를 디자인하는 데 성공하지 못했다는 뜻이다.

l) 모든 것을 알고리즘에 따라 자동화해야 한다고 가정하지 말라. 여러분의 세계에 생음악 연주자의 틈새가 있다면 어떨까? 인터넷상에서 출연하여 (심지어) 수익을 거둘 수 있다면?

m) 위험과 안전에 대해 생각하라. 이를테면 여러분이 유선 헤드셋을 개발한다면 이용자가 움직이다가 걸려 넘어지지 않도록 해야 한다. 이용자가 가만히 앉아 있는 경우에도 주의할 것이 있다. 이를테면 같은 방향으로 끝없이 돌게 하면 안 된다. 드문 일이긴 하지만 디자인 때문에 시뮬레이터 멀미가 발생할 수 있다면 자신과 이용자에게 솔직하라. 그런 경우에는 이용자가 VR 체험 직후에 운전하지 않도록 하라.

n) 권력관계와 혼란이나 학대 가능성에 유의하라. 하지만 미래가 더

나아질 수 있다는 대담한 생각을 버리지는 말라. 전술적으로는 비관적이되 전략적으로는 낙관적이어야 한다.

　o) 나 또는 그 누구의 말에도 반드시 동의할 필요는 없다. 스스로 생각하라.

> **VR의 마흔세 번째 정의: 게임, 영화, 기존 소프트웨어, 신경제 권력 구조, (어쩌면) 심지어 선구자의 생각에 사로잡혀서는 안 되는 새로운 예술 형태.**

깃발을 꽂다

내가 〈가상 현실〉이라는 용어를 만들었다고 말하는 사람이 종종 있는데, 그것은 맥락, 언어, 역사의 경계에 대해 어떻게 생각하느냐에 따라 다르다. 내가 만들지 않았다는 주장도 매우 설득력이 있다.

　제2차 세계 대전 이전에 급진적 극작가 앙토넹 아르토가 〈레알리테 비르투엘réalité virtuelle〉라는 프랑스어 표현을 썼는데, 〈잔혹극〉을 논의하는 맥락에서였다. 〈잔혹극〉은 역겨운 것을 뜻하지 않았다. 아르토가 뜻한 것은 기존 언어로는 닿을 수 없는 깊이의 인간 경험과 이해를 자극할 만큼 강렬한 비언어극이었다.

　나는 아르토에 대해 알기 전부터 〈가상 현실〉이라는 표현을 쓰기 시작했지만, 세대를 가로지르는 인연이 있다는 사실이 더없이 기쁘다. 요즘 VR 업계 사람들은 수잰 랭어(1950년대에 〈가상 세계〉 개념을 제시했다)나 아르토를 읽으면 깜짝 놀랄 것이다.

VR 어휘의 어원에 대한 논란은 이것만이 아니다. 나는 SF 소설가 닐 스티븐슨이 〈아바타〉라는 용어를 만든 것을 똑똑히 기억한다. 단어 자체를 처음 만든 것은 아니지만 — 이 단어의 어원은 힌두교로 거슬러 올라간다 — VR에서 자신의 몸을 가리키는 용어로는 처음이었다. 하지만 다른 주장도 있다.

〈가상 현실〉을 (대략적으로) 뜻하는 용어가 이것 하나만 있는 것은 아니다. 1980년대에는 사람들이 단어를 놓고 믿기 힘들 만큼 치열하게 싸웠다. 용어는 정체성과 관계가 있었기 때문이다.

학술 대회 발표회에 가보면 〈가상 현실〉이 아니라 〈가상 환경〉이라는 용어를 고집하는 파벌이 있었고, 그 반대를 고집하는 파벌도 있었다. 〈합성 현실synthetic reality〉과 〈인공 현장감artificial presence〉의 깃발도 내걸렸지만, 누가 어느 편이었는지는 기억나지 않는다. 돌이켜 보면 사람들이 그런 일에 집착했다는 게 믿기지 않는다.

우리 분야의 또 다른 개척자 마이런 크루거는 〈인공 현실〉을 선호했다. 1970년대에 그는 인체의 윤곽을 텔레비전 화면에 실시간으로 렌더링하여 인공 물체와 상호 작용할 수 있도록 했다. 이것은 오늘날의 키넥트 센서와 같은 친숙한 상호 작용 방식을 예견한 돋보이는 초기 작업이었다.

〈가상 환경〉은 나사 같은 〈거대 과학〉 진영과 연관된 용어였기 때문에, 그 시대의 많은 공식 문헌에서 쓰였다. 아마도 나사의 스콧 피셔가 만들었을 것이다.

〈원격 현장감〉은 마치 자신이 로봇인 것처럼 — 또는 적어도 로봇이 있는 곳에 있는 것처럼 — 로봇과 연결되는 것을 뜻한다. 원격 현장감을 연구하는 커뮤니티는 오래전 아날로그 시대에 — 아이번 서덜랜드나

(심지어) 앨런 튜링보다 먼저 — 출범했다. 최근에는 용법이 확대되어 VR이나 혼합 현실에서 스카이프와 같은 식으로 상호 작용하는 것까지 포괄한다.

〈원격 존재Tele-existence〉는 일본의 훌륭한 선구적 VR 연구자 다치 스스무(舘暲)가 원격 현장감과 VR을 아우르려고 만든 말이다.

내가 〈가상 현실〉이라는 용어를 쓰기 시작한 때가 언제인지 정확히 기억나지는 않는다. 실리콘 밸리에 오기 전인 1970년대에 이 단어는 나의 북극성이자 나의 햇병아리 명함이었다.

내가 좋아하는 〈VR〉의 용법은 〈가상 세계에서 일인칭으로 존재하는 것〉을 가리키는 것이지만, 남들과 함께 있는 것을 가리키는 것은 더더욱 좋다. 기술적 맥락에서 보면, 〈현실〉은 아이번 서덜런드가 말한 〈세계〉의 사회적 버전인 셈이다.

1970년대 히피 문화는 〈합의된 현실〉이라는 개념에 집착했다. 나는 조잡한 뉴에이지 철학에 늘 화가 치밀었는데, 내가 거기 물든 탓에 생각을 제대로 하지 못한다고 생각했기 때문일 것이다. 1970년대에는 모든 사람이 동시에 무언가를 믿기만 하면 무엇이든 바꿀 수 있다는 식의 주장을 흔히 들을 수 있었다. 하늘이 자주색으로 바뀔 수 있었고 소가 날 수 있었다. 현실은 집단적 꿈 기획에 불과했으며 비극은 악몽을 꾼 사람 탓이었다.

내가 보기에 현실의 현실성을 과소평가하면 그 사고방식의 더 유익한 측면을 제대로 보지 못하게 되는 듯했다. 모든 사람의 생각이 바뀔 수 있다면 세상은 더 다정하고 똑똑해질 수 있다. 하지만 그렇게 되더라도 사람들이 무엇을 생각하거나 꿈꾸어야 하는지 알아내기란 쉬운 일이 아니다. 세상을 더 나은 곳으로 바꾸겠다면 문제 해결이라는 측면을 피할 수 없다.

실리콘 밸리의 진정한 신자들은 우리 모두가 사회주의를 꿈꾸어야 한다고 요구했지만, 그 요구는 자유 지상주의로, 최근에는 인공 지능의 우월함에 대한 신앙으로 바뀌었다. 완벽한 꿈은 규정된 적이 없고 앞으로도 그러지 않을 것임을 기꺼이 인정할 사람은 아무도 없다.

어쨌든 〈현실〉이라는 단어에는 1970년대 유토피아적 명령의 뉘앙스를 넘어서는 의미가 있었으며, 나는 그 느낌이 좋았다. 거기에 딸린 온갖 문화적 군더더기는 별로였지만.

내가 알기로 〈혼합 현실〉이라는 용어도 내가 만들었다.◆ 하지만 우리의 최대 고객사 중 하나인 보잉의 엔지니어가 〈증강 현실〉에 매혹되어서 우리도 기꺼이 그 용어를 사용했다. 나는 아직도 〈혼합〉이 더 좋다. 〈뒤섞인 현실〉은 어떨까?

요즘 들어 〈증강〉은 세계에 설명을 달아 보여 주는 것으로 이해되는 반면에 〈혼합〉은 진짜처럼 취급될 수 있는 별도의 사물을 세계에 추가하는 것으로 이해된다.

〈가상 현실〉에는 브랜드 가치가 있었다. 원래는 VPL 리서치와 관계가 있었기 때문이다. 하지만 VPL의 모든 사람이 〈가상 현실〉을 좋아한 것은 아니었다. 우리의 대장 해커 척은 〈레저용 차량〉의 줄임말인 〈RV〉와 발음이 비슷하다며 싫어했다. 「노인네들을 우리가 대접하지 않아도 되도록 시뮬레이션에 보내 버리고 싶은 것처럼 들리잖아.」 이건 그의 생각이 틀렸길 바란다.

◆ 내가 1980년대에 이 용어를 쓴 예는 "Virtual Reality: An Interview with Jaron Lanier" (Kevin Kelly, Adam Heilbrun, and Barbara Stacks, Whole Earth Review. Fall 1989, no. 64, p. 108[12])에서 찾아볼 수 있다.

어쨌든 VR의 또 다른 정의는 이것이다.

VR의 마흔네 번째 정의: VPL 리서치의 괴짜들을 편애한 사람이 1980년대에 썼을 용어.

수많은 이름

이 책에서 서술한 사건들보다 훨씬 훗날에 『전체 지구 리뷰*Whole Earth Review*』 1999년 가을호에 〈가상 현실〉이라는 용어가 당시에 여러 의미로 널리 쓰이는 현상에 대한 내 기고문이 실렸다. 아래는 약간 다듬은 발췌문이다.

수십 년 전에 나는 일종의 컴퓨터 사용자 인터페이스 기술을 〈가상 현실〉이라고 불렀다. 사회적이고 신체적인 두 성질이 어우러진 결과는 고립된 가상 세계와 사뭇 달랐다. VR은 사람들 사이의 틈이나 연결 역할을 했는데, 예전에는 물리적 세계가 도맡던 역할이었다. 따라서 〈현실〉이라는 용어가 적절했다.

〈세계〉는 지각되는 것의 지속성을 마음이 믿을 때 생긴다. 〈현실〉은 다른 마음들이 같은 세상을 소통과 공감을 확립하기에 충분할 만큼 공유하고 있음을 마음이 믿을 때 생긴다. 여기에 신체적 관점을 더하면, 마음은 세계에 깃들 수 있지만 몸은 현실에서 살아 간다. 우리는 몸뿐 아니라 마음까지 염두에 두고서 장갑과 보디슈트 같은 VPL의 신체 인터페이스를 설계했다.

대중문화 판타지아

이제 실제 기술을 뒤로하고 (연구실을 뛰쳐나와 드넓은 세상으로
향하는) 은유의 모험을 따라가 보자. 가상 현실이 가진 은유로서의
위력은 너무 대단해서 일일이 추적하기란 불가능에 가깝다.

아래는 1999년 여름 당시의 용법을 불완전하게나마 정리한 것이다.

진실과의 비행(非行)적 분리: 지난 대통령 선거에서 전국 후보 네 명
모두는 상대 후보를 〈가상 현실에서 산다〉라고 비난했다. 이것은
점잖은 언사였다. 다른 때는 더 공격적인 표현을 썼다.♦ 〈가상 현실〉은
좋은 의도를 가진 똑똑한 사람의 실수, 그러니까 조작이라기보다는
착각이라는 의미로 쓰였다.

창조성의 변화무쌍하고 광범위한 승리: 프랭크 시나트라의 CD
표지에서는 〈프랭크는 노래하면서 가상 현실을 창조한다〉라고
떠벌린다. 이 용어는 소설, 영화, 음반의 광고문에 끝없이 등장했다.

편재적 소외: 기술 문명이 초래한, 자연적 현실과의 거리감. 이것은
(자신의 노동으로부터 소외된다는 의미의) 단순한 마르크스주의적
소외라기보다는 대중 매체와 그 밖의 편재적 기술의 악마적 융합으로
인해 모든 자연적 삶으로부터 소외이다. X세대 짝퉁 50년대 냉장고
자석을 받은 적이 있는데, 노먼 록웰풍 가족이 그려져 있고 그 위에
음산한 글꼴로 〈가상 현실〉이라는 단어가 쓰여 있었다. 이 용법에서

♦ 네 후보는 빌 클린턴, 앨 고어, 밥 돌, 잭 켐프였는데, 그들이 말한 것 중에서 오늘날의
기준으로 공격적이라고 간주될 만한 것은 아무것도 없었다.

가상 현실은 텔레비전을 증오하고 두려워하는 사람들이 생각하는 텔레비전의 궁극적 형태이다.

기술이 선사하는 황홀경 또는 공현: 『월스트리트 저널』에서 가상 현실 기술을 처음으로 다룬 머리기사에서는 믿기지 않게도 이것을 〈전자 LSD〉로 표현했다.

기술이 선사하는 초월적 관점: 할리우드 영화 대본에서는 가상 현실을 등장인물과 관객에게 특권적 지식을 주는 장치로 쓰는 경우가 많다. 고글을 쓰면 더 멀리 본다는 발상이다. 초창기(「론머맨The Lawnmower Man」)에는 이 지식이 세계를 지배하거나 범죄를 해결하는 데 쓰였지만, 최근에는(「매트릭스」) 주인공이 가상 현실[에서 탈출하는 능력]을 이용하여 평범한 인간보다 더 현명한 인물이 된다(붓다나 그리스도처럼).

은유의 핵심에 놓인 모호함

사용자 인터페이스 기술에 대한 은유가 대중문화에서 이렇게 폭넓은 의미로 쓰이게 된 이유는 무엇일까? 내가 생각하기에 그 이유는 〈가상 현실〉이 컴퓨터와 모든 디지털적인 것의 지위에 대해 풀리지 않은 신비를 불러일으키기 때문이다.

어떤 전산학자들은 세상 전체를 거대한 컴퓨터나 알고리즘-유기체의 집단 — 이것은 나무일 수도 있고 인간일 수도 있다 — 으로 여긴다. 그들은 이 물음으로 대중을 즐겁게 했다. 현실과 고성능 컴퓨터 사이에 궁극적인 차이가 있을까?

이것은 대중문화적 은유로서의 가상 현실에 두 측면이 있음을 보여준다. 가상 현실이 초월적인 이유는 〈현실이 디지털이라면 프로그래밍할 수 있기 때문〉이다. 모든 것이 가능해진다. 우주를 꿈처럼 다양하게 즐길 수 있고, 자기 머릿속에 갇혀 있는 것이 아니라 이것을 장비에 연결된 다른 사람들과 나눌 수도 있다. 연결된 모든 사람에게는 순식간에 나무가 부글거리는 폭포로 변할 수도 있다.

다른 한편으로, 현실이 디지털이라면 모든 것이 나머지 모든 것과 같다. 밀실 공포증이 잽싸게 들어앉는다. 비트는 비트이다. 나무가 폭포로 변하는 것을 보면서 여러분은 비트가 나무인 것에나 폭포인 것에는 — 하긴 여러분이 여러분인 것에도 — 본질적인 것이 아무것도 없음을 깨닫는다.

파티

그보다 강렬한 것은 파티 세계였다. 문화적 기반 전체가 가상 현실과 연결되었다고 상상해 보라. 이걸 묘사하는 것은 좀 고통스러운데, 이유는 그것이 조잡하고 당혹스러웠기 때문이다. 마치 우주여행을 꿈꾸는 사람이 진짜 우주선을 평생 구할 길이 없으니 외딴 사막의 가짜 우주선에 자신을 가두어 두는 것 같았다.

실제 VR 경험과 결부된 해프닝은 많지 않았다. VR 장비가 희귀하고 비쌌기 때문이다. 그 대신 구루 후보자들이 VR에 대해 이야기했다. 이 사람 저 사람 할 것 없이 사설을 늘어놓았고 VR을 테마로 한 밴드, 괴상한 파티 장식, 기이한 장소가 등장했는데, 모두 자신들이 상상한 VR의 미래 모습이었다.

사변적 VR 강박, 계속되는 환각적 기술 파티라는 옛 세계는 오늘날의 버닝 맨 축제로, 적어도 밤의 버닝 맨으로 진화했다(밤이 되면 산은 보이지 않고 인간의 발명품들에서 빛만 반짝거린다). 이것은 현실을 온전하게 즉석에서 구현할 수 있다는 것이 어떤 것인지 보여 주는 시뮬레이션이다. 시뮬레이션의 시뮬레이션이라고나 할까.

VR을 테마로 한 파티의 시대를 기억하면 지금까지도 죄책감과 분노와 치민다. 분노가 치민 이유는 넘쳐 나는 구루 지망생들이 유명해지고 싶어서 나를 쪼아 댔기 때문이다. 마치 질투와 배신으로 가득한 모호한 미술계나 학문적 소우주 같았다. 떡고물은 턱없이 작았는데도 말이다. 나는 VR 기술을 실제로 개발하는 사람들에게서는 동지애를 느꼈지만, 말 많은 사람들 중에는 아무짝에도 쓸모없는 자기 홍보꾼이 득시글했다. 돌팔이들이 시류에 편승하여 가짜 약을 팔아 먹고 자질구레한 사기를 저질렀다.

죄책감이 치민 이유는 그 무대에 애착을 가지고 그 속에서 삶의 길을 찾은 사랑스러운 젊은이들이 있었기 때문이다. 그들 중 상당수는 내가 입을 다물자 나를 배신자라고 욕하는 데 거리낌이 없었다.

나는 VR 파티에서 VR 데모가 준비되도록 해야 한다는 지독한 사회적 압박에 시달렸다. 이따금 대형 행사가 열리면 VPL은 파티 참가자들을 몇 명씩 데리고 와서 데모를 보여 주었다. 대규모 회합은 가동이 중단된 공장이나 버려진 연락선, 베이에어리어의 괴상한 파티 장소에서 열렸는데, 한 번에 몇 사람씩 몰래 밴을 타고 VPL 사무실에 와서 밤새 죽치고 있었다.

연사와 밴드 양성소가 자리 잡았다(내가 좋아하는 밴드는 디쿠쿠D'Cuckoo였다. 린다 제이컵슨은 내가 좋아하는 GNF이자 VR의

현인이었다). VR 파티의 세계는 환각의 세계와 그레이트풀 데드의
세계에 걸쳐 있었다. 베이 주변의 유토피아 추종자들이 끝도 없이
몰려들었다.

버클리 구릉 지대에서 물이 콸콸 흐르는 샘 위에 자리 잡은 거대하고
아름다운 19세기 목조 저택에는 신비주의적 사이키델릭 잡지를
발행하는 친구들이 살았다. 그들은 VR 파티의 미학을 수용하여 『몬도
2000Mondo 2000』이라는 사이키델릭풍 기술 잡지를 만들어
냈다(2000이라는 숫자는 불가능하리만치 멀고 의심할 여지없이
초월적이고 무시무시한 미래를 의미했다).

『몬도』는 나중에 실리콘 밸리에서 등장한 친숙하고 키덜트적인
양식의 원형이었다. 화려하게 채색한 환각적 바보짓이라고나 할까. 그
세계에 새로 나타난 것은 뭐든 운을 맞춘 무의미한 이름이 붙었다. 도를
넘은 젖먹이가 초능력의 환상을 품은 꼴이었다. 『와이어드Wired』는
처음 나왔을 때 『몬도』의 아류작처럼 보였지만, 그럼에도 근사했다.
『와이어드』의 초기 멤버는 그 집단의 일원이었다.♦

리코셰 라 팜

『몬도』하우스에 누가 살고 있었는지 맞혀 보시라. 케임브리지
대학교에서 만난 여인이 살고 있었다. 결혼할 거라 말했던 여자.

♦ 『와이어드』는 전산 관련 초기 저작의 형태를 새롭게 했다. 절반은 너드적 시스템 사고로,
유토피아적 감수성과 (이제 너드가 세상을 다스린다는) 깨달음을 담았으며 (내가 좋아하는)
나머지 절반은 개인적 관점에서의 환각적 소란이었다. 나는 초창기에 편집자를 지내면서 이
분위기에 푹 빠져 있었다.

우리가 MIT에서 처음 만나고 몇 해 지나지 않아 나는 이름이 널리 알려졌다. 텔레비전 퀴즈쇼 「제퍼디」에 출연했고 여러 잡지의 표지에 실렸다. 금세 실세가 된 것이었다.

그녀가 내게 속삭였다. 「당신은 인류의 역사에 혁명을 가져다줄 거야. 소통, 사랑, 미술을 바꿀 거야. 내가 곁에 있을게.」

우리는 결혼했다. 내 평생 최악의 실수였을 것이다.

그녀와의 대화를 재구성하기가 유난히 힘든 이유는 기억을 떠올리려다 자꾸 움츠러들기 때문이다. 내가 뭘 했기에?

자기가 중요한 인물이라고 믿으면서 서로에게 그 믿음이 현실인 것처럼 느끼게 만드는 부류가 있다. 나는 1980년대 후반 실리콘 밸리에서 유명해지면서 섹스와 권력의 소용돌이가 어떤 것인지 보고 느꼈다. 그곳은 씨름하는 거인족, 고래, 대왕 오징어의 은밀한 세계였다. 젊은 여인들은 권력을 쥔 남자들이 신화 속 인물 같은 느낌을 받을 수 있도록 몇 시간씩 몸치장을 하고서 부스러기를 얻었다.

나중에 이 게임을 하는 여자 몇 명을 알게 되었는데, 이번에는 전사가 아니라 친구로서였다. 그들은 종종 자신의 목표를 성취했으며 스스로를 완벽하게 돌볼 줄 알았지만, 그럼에도 이따금 옛 클리셰의 중력에서 벗어나지 못했다. 한 명은 도널드 트럼프라는 사람에게 한동안 매달렸다. 「그와 함께 있으면 안전하다는 기분이 들어. 날 보호해 줄 것 같거든.」 그는 그녀를 학대하고 잔인하게 버렸다.

하지만 이것은 내 인생의 이야기이다. 사실 나는 1980년대 들어서 혼자만의 시간을 가졌다. 그것은 나의 요구였다.

로맨스와 자존감이 결합된 느낌은 하도 강력해서 현실을 재구성한다. 심지어 주변 사람들도 감지할 수 있다. 스티브 잡스의 유명한 〈현실

왜곡장〉처럼 말이다.

　엄밀히 말해서 욕정은 아니었다. 더 강력한 무언가였다. 역사적 위인과 소통하고 그들의 불멸 회합에 가입하는 비밀의 생식기를 발견하는 것과 같은, 심오하고도 오래된 인간사였다. 내면에 있던 허영의 악마가 매혹적 괴물로 변하여 나를 둘러싼 채 말한다. 〈위대한 과학자와 정복자, 우리가 기억하는 자, 너도 그들의 하나가 될 것이다.〉

　너무 터무니없어서 입에 담기도 힘들지만, 내가 커다란 싱크홀을 가리킴으로써 누군가의 저주를 풀 수도 있지 않을까 하는 바람이 있다. 당시에 나의 저주를 풀 수 있는 것은 무엇이었을까?

　나는 한동안 『몬도』에서 그녀와 함께 살았다. 그녀는 『몬도』의 선임 편집자 퀸 무와 대판 말다툼을 벌였다. 무는 (자기 말로는) 타란툴라 독의 표본을 냉장고 가득 채워 놓았다. 그 성분이 무슨 작용을 하는지는 기억나지 않는다. 나는 아내에게 말했다. 「여자들이 세상을 다스린다면 전쟁은 훨씬 줄겠지만 독살은 훨씬 많아질 거야.」

　우리는 근처의 모조 그리스 신전으로 이사했다. 이사도라 던컨 패거리가 지은 화려한 저택이었다.♦ 당시는 맥스필드 패리시♦♦의 그림 속에서 사는 것 같았다. 알록달록한 이국적 야외극 같았다. 그다음 샌프란시스코를 내려다보는 으리으리하고 값비싼 주택에 잠깐 살았다. 영화 촬영지이기도 한 명소였다.

　그녀는 결혼하고 싶어 했지만, 결혼이 마치 상이나 터치다운이나 로열플러시인 것처럼 이야기했다. 돌이켜 보면 그녀는 적이라기보다는,

---

♦ 이사도라 던컨은 현대 무용의 초창기 권위자였으며 샌프란시스코 지역 출신의 자유로운 영혼으로 이름을 날렸다.
♦♦ 미국의 영향력 있는 화가로, 이제껏 제작된 그림 중에서 가장 꿈속 같은 그림을 그렸다.

트라우마와 전통이 판 깊은 홈통에 빠진 희생자에 가까웠다.

그녀에게서 우스꽝스럽게 과장된 황금광의 성격, 전형적인 인간형이 드러났다면 내게서는 멍청한 허영의 괴물이라는 거울상이 드러났다. 어느 날 그녀의 정령들이 나의 정령들을 법원으로 끌고 갔다. 그것은 행복처럼 보였을지도 모르지만, 사실 나는 의식이 진행되는 내내 부끄러움과 분노로 흐느꼈다. 그녀와 나 둘 다 자신의 것이 아니라 물려받은, 진저리 나는 사이비 욕망과의 싸움에서 졌다.

결혼은 완전히 미친 짓이었을까? 꼭 그렇지는 않다.

집착은 욕정과 별개로 존재할 수 있다. 그것은 자기애, 야심, 박탈된 유년기의 헛팔다리로 이루어질 수 있다. 삶의 감촉은 너무나 강렬했다. 정신을 잃을 정도로 달콤한 색깔과 향기가 가득 배어 있었다. 그 느낌들은 이제 이론처럼, 구조처럼, 다시는 돌아오지 않을 빛나는 호기심의 자리처럼 기억된다.

나의 짧고 기이한 첫 결혼에서 가장 인상적인 일은 당사자에게 실제로 끌리지 않고서도 자기희생적인 사랑의 열병을 앓음으로써 순수한 형상을 느꼈다는 것이다. 너드 용어로 말하자면, 로맨스의 노출된 힘은 마치 연산인 것처럼, 우리를 빚어내고 미래의 생명을 창조하는 유전 공학인 것처럼 느껴졌다. 집착은 부질없는 수증기인지도 모르지만, 거기에는 무언가가 있다. 그것은 생명과 더 큰 무언가와의 얽힘, 수십억 년의 시간, 〈나〉라는 작은 싹을 품은 거대한 구조, 다음 싹을 위해 흙을 덮는 행위이다.

하지만 어린 싹 하나하나는 수십억 년의 개화에 조금씩 영향을 미친다. 로맨스는 우리를 하릴없는 바보로 만들지 모르지만, 우리는 그와 동시에 창조하기도 한다. 우리는 우주를 창조하는 예술가이다.

나는 그렇게 느꼈다. 어쩌면 끔찍한 경험 전체가 가치 있는
것이었는지도 모르겠다.

어둠의 계보

1980년대에는 VR과 연관된 신선한 문학 장르가 있었다. 그것은 바로
사이버펑크였다. 내가 보기에 이것은 E. M. 포스터의 단편 「기계가
멈추다The Machine Stops」의 연장선상에 있었다. 대체로 암울했으며
경고의 메시지를 담고 있었다.

등장인물은 대개 서로를 조작하고 속이거나 존재론적 문제에
휘말렸다. 버너 빈지는 『실명True Names』이라는 소설을 썼으며 얼마
뒤에 윌리엄 깁슨의 『뉴로맨서Neuromancer』가 등장했다.

나는 『뉴로맨서』를 우러러보았지만, 내가 사이버펑크 운동에 빛을
비출 임무를 띠었다는 터무니없는 생각을 했다. 나와 빌의 오래전
대화는 흐릿 안갯속 같지만, 그래도 한번 복기해 보겠다.

나는 이렇게 말하곤 했다. 「그건 사람들을 밀어내야 마땅한데도
사람들을 끌어당길 거예요.」 빌은 이런 이야기를 좋아했다. 그의 말은
여전히 테네시 출신처럼 들렸다. 캐나다에 살면서 억양이 조금
부드러워지기는 했지만.

「책은 자네가 계산하는 것과 다르다네, 재런. 그냥 나오는 거라구.
소싯적에 『네이키드 런치Naked Lunch』에 푹 빠졌지, 나는 젊은 친구가
『뉴로맨서』를 읽고서 푹 빠지는 장면을 상상하려고 한다네.」

「『뉴로맨서』가 젊은 버전의 당신을 매혹시키리라는 것은 틀림없어요.
하지만 더 긍정적인 미래, 추구할 만한 미래를 제시하려고 노력할 수는

없나요? 당신이 하는 일은 이 모든 것을 매혹적으로 만드는 것이지만, 그건 실패담 아닌가요?」

「노력할 수야 있지, 재런. 하지만 나오는 것은 이거라네.」

「SF에서 컴퓨터가 등장할 때 어둠이 경고 역할을 하지 않을까 봐 걱정스러울 뿐이에요. 암울한 것이 근사하게 포장되고 사람들은 그걸 원하죠.」

「내 임무는 인간성을 교정하는 게 아니라네. 자네라면 해볼 수 있겠지. 실제로 무언가를 만들고 있으니까.」

「아, 고마워요.」

「내가 처음부터 새로 해야 한다면 아마도 해보겠지. 소설을 쓰지 않고 VR 스타트업을 차렸을 거야.」

「얼마든지 환영해요.」

「음…….」

당시에 나는 (좋은 책은 고사하고) 읽을 만한 책을 쓰는 것이 얼마나 힘든 일인지 전혀 몰랐다. 빌을 가만히 내버려 둘걸.

빌 말고도 위대한 사이버펑크 작가들이 등장했다. 브루스 스털링은 느릿느릿한 텍사스 억양으로 말하는 젊은 헤밍웨이처럼 나타났다. 닐 스티븐슨은 우리의 아폴론적 학자였다.

주의 깊게 읽어 보면 초기 사이버펑크 소설들에 내가 카메오로 출연한 것을 볼 수 있을 것이다. 내 머리가 지나가는 장면이 있을지도 모른다.

거울을 평평하게

사이버펑크 이후로 VR에 대한 픽션은 대부분 암울했다. 영화 「매트릭스」도 그렇고 「인셉션」도 마찬가지이다. 한편 언론이 기술을 대하는 태도는 긍정으로 부쩍 기울었다.

VR은 스티븐 레비, 하워드 라인골드, 뤽 상테, 『몬도 2000』의 켄 고프먼(일명 아르. 유. 시리어스R. U. Sirius) 같은 신세대 언론인들을 사로잡았다. 그중에서 내게 소중했을 뿐 아니라 특별한 영향을 미친 두 사람, 케빈 켈리와 존 페리 발로가 떠오른다.

케빈은 의견이 완전히 다르지만 신뢰할 수 있는 친구의 좋은 예이다. 내가 그를 만났을 때 그는 스튜어트 브랜드의 세계와 관계된 출판물 ─ 『전체 지구 목록』이후 시기 ─ 을 편집하고 글을 쓰고 있었으며, 나중에 『와이어드』의 초대 편집장이 되었다.

케빈은 우리가 소프트웨어에서 어떤 물체가 존재한다고 지각하면 그것은 실제로 존재한다고 생각했다. 나는 그렇게 생각하지 않는다. 그는 AI를 믿으며 인지권noosphere이 존재할 뿐 아니라, 컴퓨터가 네트워크로 연결된 지금 일종의 자기 결정권을 얻었을지도 모른다고 생각한다. 나는 그렇게 생각하지 않는다. 케빈은 기술이 욕망을 가진 초존재라고 생각한다. 그는 그 초존재에게서 품격을 느낀다. 나는 그의 책 『기술의 충격What Technology Wants』에 기꺼이 추천사를 썼는데, 내가 동의하지 않는 철학을 가장 훌륭히 표현한 책이라고 말했다.

케빈은 우리가 각자의 아이디어를 떠올린 것이 바로 지금, 말하자면 3분 전이라고 기억한다. 그러니 연산에 대한 우리의 아이디어를 신성시해서는 안 된다는 것이다. 그는 유머 감각과 열린 마음의 소유자이다.

존 페리 발로는 해커 본거지에서 나를 만난 것을 완벽하게 기억한다고 주장하지만, 나는 내가 그곳에 없었음을 입증할 수 있다. 기이한 일이다. 그는 모든 것을 수정처럼 뚜렷하게 기억하는 사람이며 나는 안갯속에서 살아 가는 사람이기 때문이다.

발로와 나는 매우 가까운 사이였다. 우리는 공통점이 많았다. 그는 와이오밍에서 목장을 운영했으며, 나와 마찬가지로 화려한 도시 생활이 겉치레에 불과함을 깨달았다. 우리는 읽고 쓰기를 좋아했는데, 기술 진영에서는 뜻밖에도 참신한 일이었다. 발로는 음악 업계에서 일했기에 그쪽 바닥에 나와 공통의 친구가 있었다.

그는 그레이트풀 데드의 작사가였다. 당시에 그레이트풀 데드는 일개 밴드가 아니었다. 팬들에게는 삶의 방식이었다. 그래서 발로는 존경을 받았으며, 고급스러운 삶을 살았다.

우리는 사교에 대한 접근법이 달랐다. 발로는 늘 카메라 세례를 받는 것처럼 살았다. 늘 어떤 식으로든 재미있는 이야기를 했으며 늘 기억에 남는 문장을 말하려고 애썼다. 여자들에게 인기가 있었으며 늘 여자 꼬실 궁리를 했다.♦

나는 발로의 세계에 들어가기를 거부했다. 그와는 일대일로만 만나거나 (뜨내기가 아니라) 진짜 친구 한두 명과만 만났다. 이 기본 규칙의 테두리 안에서 발로와 나는 점점 가까워졌으며 나는 이 친구를 아끼게 되었다.

발로는 처음에는 VR에 대해 선정적인 기사를 썼다. 재미는 있었다. 나중에는 이른바 디지털 유토피아를 주장하는 이론가들과 죽이 맞았다.

♦ 이것은 나의 판단이 아니다. 발로가 직접 하는 얘기를 들어 보라. http://www.nerve. com/video/shameless.

내게는 받아들이기 힘든 일이었다.

『뉴로맨서』에서는 가상 현실을 〈사이버 공간〉으로 지칭했다. 그때는 누구나 나름의 용어를 썼다는 사실을 명심하라.

발로는 빌 깁슨의 용어를 채택하여, 비트의 현실이라고 생각되는 것에 그 이름을 붙였다.

훗날 90년대 중엽에 발로는 「사이버 공간 독립 선언서Declaration of Independence for Cyberspace」를 작성했다. 사이버 공간은 새로운 서부가 될 터였다. 하지만 유한하며 영원히 정부의 손길이 미치지 않는 자유 지상주의자의 낙원으로 간주되었다.

나는 발로가 사이버 공간을 그렇게 재정의한 것이 실수라고 생각했지만, 논쟁을 벌일 만한 문제는 아니었다. 우리의 모든 아이디어에는 이론의 여지가 얼마든지 있었으니까. 마르크스주의자들이 이념을 놓고 〈분파주의〉를 일삼다 조롱받은 일을 되풀이하고 싶지는 않았다. 하지만 발로는 조직가였다. 결국 나를 선택의 기로에 서게 했다.

19 우리는 어떻게 미래의
씨앗 속에 자리 잡았나

가상의 권리는 가상의 경제적 권리가 아니다

1990년에 샌프란시스코 미션 디스트릭트에 있는 멕시코 식당에 점심 초대를 받았다. 사이버 권리를 위해 싸우는 새 조직을 공동으로 창립하는 문제를 논의하기 위해서였다. VPL의 최고 해커 척과 나는 미치 케이푸어, 존 길모어 그리고 발로와 만났다. 그들 셋은 결국 가던 길을 계속 가서 전자 개척자 재단Electronic Frontier Foundation(EFF)을 설립했다.

하지만 나는 물러섰다(척은 코딩하느라 하도 바빠서 우리 중 누구에게도 신경 쓸 여력이 없었다).

당시에는 이유를 말하지 않았다. 이 멋진 친구들에게 내 의구심을 말할 엄두가 나지 않았다. 나는 EFF가 추구하는 대의를 대부분 지지하지만, 기본 철학은 받아들일 수 없었다.

EFF는 〈프라이버시〉를 지지했는데, 이것은 안전한 암호화 기술을 쓸 권리였지 남이 나의 정보를 복제하지 못하도록 할 권한이 아니었다.

초창기의 예로 음악이 있다. 그들이 말하는 새로운 유토피아는 예전에 저작권료를 지급해야만 합법적으로 복제할 수 있던 음악을

〈공짜로〉 복제할 수 있는 세상이었다.

　나는 정보 공간에서 새로운 사적 소유 형태를 만들어 내지 않고는 프라이버시를 보장할 수 없다고 느꼈다. 사적 소유는 프라이버시를 위한 것 아니던가.

　사람이 사람이려면 사람 주위에 공간이 있어야 한다. 내가 가진 모든 것이 가장 크고 사악한 네트워크 컴퓨터를 가진 자의 손에 순식간에 상품화된다면, 나는 감시당하는 정보 노예로 전락할 수밖에 없다. 경제적 권리 없이 추상적 권리를 주창하는 것은 뒤처진 이들을 잔인하게 놀려 먹는 것에 불과하다.

　나는 음악이 〈공짜〉가 되면 자동화가 보편화되었을 때 〈아무도〉 음악으로 먹고살 수 없을 것이라고 주장했다. (로봇이 모든 일을 하게 되어) 유일하게 남은 가치가 정보이고 정보가 〈공짜〉라면, 일반인은 경제적 관점에서 무가치한 존재가 될 것이다.

　물론 로봇이 일한다는 것은 거짓말이다. 로봇은 어떤 일도 자의로 하지 않으며, 사람과 동떨어져서는 심지어 존재하지도 않기 때문이다. 로봇과 인공 지능에 대한 나의 감수성은 나의 이야기에서 너무 중요하기 때문에 두 가지 다른 방식으로 전달하도록 하겠다. 이 장 후반에서는 내가 이 주제에 대해 어떻게 주장했는지 회상하고, 현재의 생각 중 일부는 부록 3에서 밝히겠다.

　요점은 디지털 이상주의가 1990년에 터무니없는 방향으로 돌아섰다는 것이다. 우리는 사람이 아니라 비트를 중심으로 디지털 시스템을 구축하기 시작했다. 사람이야말로 비트를 의미 있게 하는 유일한 행위자인데 말이다.

세계 지배의 쉬운 길

1990년대 초에 월드 와이드 웹이라는 온라인 뼈대가 등장하여 빠르게 자리 잡았다. 또한 디지털 네트워크에서 디자인이 중시되기 시작하면서 여전히 승승장구하고 있다. 월드 와이드 웹이 태동기의 작은 기획일 때에도 그것이 우리 모두를 집어 삼키리라는 것은 금세 분명해졌다.

한 가지 이유는 기준의 하락이다(적어도 내 관점에서는). 월드 와이드 웹은 네트워크 설계에 작은 변화를 도입했는데, 그 덕에 〈사이버 공간〉적 사고방식의 완벽한 매체가 될 수 있었다.

네트워크로 연결된 정보의 초기 설계에서는 출처의 기록을 유지하도록 의무화했다. 온라인으로 접속되는 모든 정보는 기원으로 거슬러 올라갈 수 있었다. 네트워크에서 이것과 저것 사이에 링크가 있으면 그 링크는 양방향으로 작동했다. 이를테면 누군가 파일을 내려받으면 그 파일의 원래 주인은 누가 내려받기를 하는지 알 수 있었다.♦ 따라서 내려받는 모든 것은 맥락 속에 존재했으며, 예술가에게

♦ 당시에 많은 해커가 일방향 링크를 지지한 이유 중 하나는 프라이버시에 대한 우려였다. 누가 어떤 정보를 가지고 있는지를 딴 사람이 추적할 수 있으면 나쁘지 않겠느냐는 것이었다. 감시 사회로 이어질 테니 말이다. 나의 반론은 익명의 복제 때문에 정보가 가치를 잃으면 기술이 정보 중심으로 바뀜에 따라 대다수 사람들이 불이익을 당하리라는 것이었다. 자신의 기여에 대한 보상을 받지 못할 테기 때문이다. 그러면 모든 권력과 부가 가장 강력한 온라인 컴퓨터를 가진 사람에게 집중될 것이며 이 군주들은 여전히 모든 곳에서 모든 사람을 추적할 수 있을 것이다. 그들이 네트워크를 통제하기 때문이다.
당시에는 그런 식으로 생각해야 하는 게 싫었으며, 지금은 내가 옳았던 것처럼 보이는 것이 싫다.
특히 일방향 링크는 미묘한 방식으로 자본주의를 잠식한다. 샌타크루즈에서 남들이 정보에 접근하지 못하게 함으로써 돈을 번 못된/매력적인 여피를 생각해 보라. 나는 시장과 자본주의가 좋다. 오스카 와일드가 제기한 심각한 문제(너무 많은 회의)를 피하는 — 독재자에게 의존하지 않고도 — 방법이기 때문이다. 하지만 시장이 작동하려면 각 당사자가 나머지 모든 사람과 구별되는 정보를 가져야 한다. 이 구별은 시장에서 다양한 참가자가

보상하고 사기꾼을 적발할 수 있었다.

예전 설계의 중심은 데이터가 아니라 사람이었다. 정보를 복제할 필요는 전혀 없었다. 언제든 사람과 연결된 출처로 돌아갈 수 있었기 때문이다. 사실 복제는 효율성을 저해하는 범죄로 간주되었다.

하지만 팀 버너스리는 월드 와이드 웹에서 다른 접근법을 선택했다. 단기적으로는 훨씬 쉽게 채택할 수 있지만 장기적으로는 비싼 대가를 치러야 하는 방식이었다. 정보를 공개하려면 온라인 정보에 링크만 걸면 그만이었으며 링크는 한 방향으로만 흘렀다. 정보가 복제되었는지는 누구도 알 수 없었다. 예술가들은 보상을 받을 수 없게 되었다. 맥락은 유실되었다. 사기꾼들은 숨을 수 있게 되었다.

하지만 팀의 접근법은 진입하기가 엄청나게 쉬웠다. 비용이 거의 들지 않고 관리할 필요도 없고 누구에게도 책임질 필요가 없었기에 누구나 웹사이트를 만들고 남들에게서 얻은 자료를 짜깁기하여 눈 깜박할 사이에 내용을 채울 수 있었다.

월드 와이드 웹은 (요즘 말로 하면) 바이럴이 되었다. 그때는 이런 식으로 말하지 않았지만. 〈바이럴〉이니 〈파열〉이니 하는 용어는 여전히 부정적이고 파괴적인 의미로 들렸다. 우리는 아직 뫼비우스적이고 오웰적인 기술 담론의 최면에 걸리지 않았었다. 이제 우리는 자신이

다양한 기회를 누리는 비결이다. 어떤 컴퓨터가 평범한 사람들에 대해 이들이 사용하는 평범한 컴퓨터보다 더 많은 정보를 축적할 수 있다면, 최상위 컴퓨터를 소유한 사람에게 부와 권력이 축적되기 시작할 것이다. 오늘날 우버 같은 회사에서 이런 효과를 확인할 수 있다. 노동자 계급 일자리는 불안정해지는 반면에 컴퓨터로 이들을 감독하는 극소수는 엄청나게 부유해진다. 월드 와이드 웹은 가장 큰 컴퓨터를 가진 사람들에게 막대한 기회를 창출했음에도 큰 그림에서는 예나 지금이나 무척 반(反)시장적이다. 이런 생각의 흐름은 『미래는 누구의 것인가』에서 더 포괄적으로 서술되어 있다.

하고 있는 일을 정확히 서술하면서도, 자기 위안을 위해 반어법을 쓰는 시늉을 한다. 이것은 〈낫웰〉적이라고 불러야 하려나?

제록스 팰로앨토 연구소에서 테드 넬슨과 함께 최초의 웹 페이지를 구경한 기억이 난다. 「일방향 링크만 있는 디자인을 내놓을 줄은 상상도 못 했어.」 그것이 보편적 평가였다. 저것은 반칙이었다. 하지만 다른 어느 곳도 아닌 태동기 웹에서 우리가 취한 행동은 부인할 수 없다.

우리 기술쟁이들은 집단적으로 묵인했다. 역링크를 누락함으로써 인위적으로 온라인 네트워크를 파악 불가능하게 만든다는 결정에 굴복했다. 어쩌면 (오래전에 말한 것처럼) 파악 가능한 넷이 경이감을 불러일으키지 못할까 봐 두려워서 애매모호하고 파악 불가능한 넷을 선택했는지도 모른다.

양방향 링크를 구현하지 않은 탓에 무엇이 무엇으로 이어지는지 속속들이 알 방법이 없었다. 따라서 전적으로 인간의 손에 만들어진 인공물은 마치 황무지처럼 아무 길도 나 있지 않았다. 서부의 부활이었다! 하지만 이것은 인위적으로만 가능했다.

처음에는 웹을 이용하는 것에 죄책감이 들었다. 웹과 함께 자란 사람들은 이 느낌을 이해하기 힘들 것이다.

훨씬 뒤에 구글과 페이스북 같은 회사가 처음부터 매핑되었어야 할 정보를 부분적으로 매핑하는 서비스로 수천억 달러를 벌어들이게 된다.

이것은 결코 팀 버너스리를 비판하려는 것이 아니다. 나는 여전히 그를 존경한다. 그는 세계를 지배할 계획을 품지 않았다. 연구실의 물리학자들을 지원하려 했을 뿐이다.

죄책감에도 불구하고 웹의 부상은 기적처럼 느껴졌다. 나는 강연할 때 웹에 대한 흥분을 토로했다. 역사상 처음으로 수백만 명의 사람들이 강압이나 이윤 동기나 어떤 영향력 때문이 아니라 오로지 그 무언가가 가치 있다는 판단 때문에 협력할 수 있게 되었다. 사실 돌이켜 보면 예나 지금이나 과도한 허영심이 동기로 작용하긴 했지만, 설령 그렇더라도 인류에 대해 낙관을 품을 수 있다는 것이 얼마나 대단한 일이었던가! 우리가 웹을 무(無)에서 채울 수 있었다면 거창한 문제들을 해결할 수 있었을지도 모른다.

기적 같은 느낌은 여전하지만, 웹을 띄운 것은 공허였다. 우리가 치른 장기적 대가는 너무 컸다.

마이크로 중력

인터넷이 인기를 끌던 초창기에 디지털 경험을 온라인에 올리는 것을 대수롭지 않고 가벼운 일로 만들 것인지 비용과 결과를 감수해야 하는 진지한 일로 만들 것인지를 놓고 논쟁이 벌어졌다. 이를테면 에스터 다이슨과 마빈 민스키 같은 초창기 권위자들은 이메일에 마이크로 우표를 붙이는 방안을 옹호했다. 아무리 푼돈이라도 사람들이 이메일에 돈을 지불해야 한다면 대규모 스팸 메일을 보내기는 힘들 것이며 이메일이 (비용이 많이 드는) 거대한 인류 프로젝트임을 사람들이 알게 될 것이다.

하지만 논쟁에서 이긴 쪽은 이메일 우표를 비판하는 쪽이었다. 그들은 우편 요금이 아무리 소액이어도 은행 계좌도 없을 만큼 가난한 사람들은 불이익을 당할 거라고 주장했는데, 일리가 있었다. 하지만 그걸 넘어서서 인터넷에서 무중력의 환각을 일으키려는 거대한 욕망이 있던 것도 사실이다.

인터넷 소매 업체들이 오프라인 업체들과 똑같은 판매세를 부과받지 않은 것도 무중력 환각에 한몫했다. 클라우드 회사들은 저작권 위반이나 위조로 돈을 벌어도 감독 책임을 지지 않았다. 책임은 부담이나 마찰로 둔갑했다. 돈이 들었기 때문이다. 그것은 무중력에 대한 공격이었다.

한편 인터넷은 사업가들이 실험할 수 있도록 최소한의 뼈대로 설계되었다. 인터넷 자체에는 일관된 개인 정체성을 유지해야 할 유인이 전혀 없었다. 거래를 맺을 방법도, 상대방이 진짜인지 확인할 방법도 없었다. 여기에 필요한 모든 기능은 페이스북 같은 사기업이 충족시켜야 했다.

이 때문에 그 뒤로 몇십 년간 인터넷이라는 서부의 개척자들이 광적으로 몰려들었다. 그들은 신중을 기하거나 수준을 중시하지 않았다. 21세기 들머리 실리콘 밸리의 구호는 보비 맥퍼린의 명곡 「돈 워리 비 해피Don't Worry, Be Happy」를 본뜬 「돈 워리 비 크래피 Don't worry, be crappy」(〈걱정 말고 쓰레기 짓을 해〉)였다.♦

결국 우리가 얻은 것은 미답의 임시변통 인터넷이었다. 이 책에서 서술하는 기간 동안 우리의 삶이 편안해지기는 했지만, 오랜 시간이 흐른 지금 온 세상이 크나큰 대가를 치르고 있다.

무엇보다 우리는 인터넷을 신뢰하지 않는다.♦♦ 기술 기업과 서비스

♦ http://guykawasaki.com/the_art_of_inno/.
♦♦ 트럼프 대통령은 국민에게 인터넷에 의존하지 말라고 충고한다. 「진짜 중요한 게 있으면 옛날 식으로 종이에 써서 배달부 편에 전달하라.」 일찍이 이런 일이 일어난 적이 있었나? 자동차 산업이 국가 기간 산업일 때 대통령이 국민에게 차를 이용하지 말라고 한 적이 있었나? (http://www.cnn.com/2016/12/29/politics/donald-trump-computers-internet-email/index.html).

업체는 모두 자신의 우주 안에 살며, 그 우주들 사이의 울퉁불퉁한
균열은 해커들에게 홀드가 된다.

컴퓨팅 자체는 엉성하거나 제멋대로일 이유가 전혀 없다. 이를테면
은행 간의 온라인 거래 시스템은 신뢰할 수 있으며, 구글과 페이스북
같은 회사를 운영하는 주요 알고리즘이 해킹되거나 유출된 적은 한
번도 없다. 하지만 우리가 선택한 네트워크는 제멋대로였다.

보이지 않는 손을 아바타 손으로 보이게 하면 좋아진다

무중력의 매력은 디지털 네트워크를 영원히 해결할 수 없는 문제에
대한 즉각적인 영구적 해결책으로 만들려는 욕망에서 비롯했다.
마침내, 순수하게 자유롭고 독자적인 개인들이 협력해야 할 때
동반되게 마련인 따분함과 짜증을 겪지 않고서 사람들이 연결될 수
있게 된 것이다. 이들의 꿈은 정치에 구애받지 않는 형태의 민주주의를,
타인의 권리에 구애받지 않는 자유를 만들어 내겠다는 것이었다.
안전한 무정부 상태를. 꿈을 이룰 유일한 방법은 사람들을 덜 현실적
존재로 만드는 것이었다.

수많은 디지털 사상가들이 가상 현실의 강렬하고 근본적인 경험을
내면화하면서 정보 시대의 거대한 혼동에 일조한 것은 놀라우면서도
서글픈 일이었다. 발로는 그중 하나에 불과했다. 그는 VR에 대한
매혹에서 출발하여 이상적 정보 시대 사회라는 (내가 보기에) 끔찍한
체제로 직행했다.

우리의 견해가 다른 것은 내 배경이 농사이고 발로의 배경이 목축인
것과 관계가 있을 것이다. 울타리는 그에게 적이었지만 내게는

친구였다.

사이버 공간적 사고방식에서는 네트워크의 비트를 우리가 떠다닐 수 있는 장소로 간주한다. 도움을 바라지 않고, 책임을 지지도 않고, 자유롭게 돌아다닐 수 있다. 땅의 열매인 공짜 콘텐츠와 서비스를 누릴 수 있다.

이것은 카우보이식 발상이자 EFF의 정식 명칭에 〈개척자〉가 들어간 이유이며, 발로의 유명한 글 「사이버 공간 독립 선언서」에서는 더 뚜렷하게 드러난다.♦

이것은 적어도 해커에게는 실제로 유리한 체제이다. (영화가 아니라) 진짜 서부는 카우보이나 총잡이에게 좀처럼 너그럽지 않았다. 하지만 궁극적으로 최상위 수혜자는 가장 큰 클라우드 컴퓨터를 가진 자이다. 철도와 광산 소유주가 진짜 서부를 차지한 것처럼 말이다.

발로는 약과였다! 더더욱 극단적인 해커지상주의를 바란 해커들은 그의 근심거리였다.

월드 와이드 웹이 생기기 전에는 유즈넷Usenet이라는 범용 토론방 서비스가 있었다. 인터넷보다 앞선 1980년부터 운영되었으니♦♦ 1987년경에는 이미 꽤 오래된 서비스였다. 그러다 이용자들이 수많은 토론 주제를 쏟아 내는 혼란의 도가니를 정돈하기 위해 존 길모어(EFF 공동 창립자)를 비롯한 몇 명이 유즈넷을 재조직했다. 무정부주의적 새 우주는 〈얼트.*〉(계층alt. hierarchy)로 불렸다.♦♦♦

♦ https://www.eff.org/cyberspace-independence.
♦♦ 인터넷 이전에도 네크워킹은 존재했으나 통일되지 않고 분산되어 있었다. 인터넷은 네트워크 상호 운용의 출현이라는 정치적 사건이었다.
♦♦♦ 〈계층〉이라고 불리는 이유는 나뭇가지처럼 하위 주제가 갈라지기 때문이다. 이를테면 alt.arts.poetry.comments라는 나뭇잎이 있는가 하면 alt.tv.simpsons라는 나뭇잎도 있다.

포르노가 잔뜩 올라온 것도 놀라웠지만, 또 다른 현상이 벌어지기 시작했다. 〈얼트.*〉 우주의 글타래는 극단적으로 치닫기 시작했다. 가장 부도덕한 사람들 — 이를테면 소아 성애자 — 을 위한 토론방이 생긴 것만이 문제가 아니었다.

이성적인 사람들이 온라인 경험을 통해 변하기 시작했다. 나쁜 쪽으로. 예전에는 그저 괴팍하기만 하던 해커들이 온라인에 들어와서는 미친 짓의 상승 작용, 음모론의 확대, 비동조자 따돌리기 등의 패턴을 일삼았다. 당시에는 주변적 현상에 불과하던 것이 몇십 년 뒤에는 세상을 바꾸는 결과로 나타났다.

노파심에서 말해 두자면 〈얼트.*〉의 대부분은 대단했다. 나는 거기서 기이한 악기들에 대해 대화를 나눴다. 하지만 불쾌한 변두리는 시끌벅적했으며 피할 도리가 없었다. 스팸이 탄생했다. 트롤*이 등장하여 기승을 부렸다.

새 매체는 극소수의 사람들에게서 최악의 성격을 끄집어냈지만, 모든 사람이 그 극소수를 맞닥뜨려야 했다. 갑자기 전 세계 사람들이 다리들의 새로운 네트워크로 연결되었지만, 그중 몇 군데의 다리에만 트롤이 숨어 있더라도 모든 다리를 건널 때의 마음가짐이 달라진다.

정치 토론 그룹들은 서로 합쳐져 더더욱 자극적인 언사를 쏟아 냈다. 좌우를 막론하고 가짜 뉴스를 퍼뜨렸으며 외부인을 비난했다. 성별이나 인종 때문에 〈루저〉로 낙인찍힌 사람들에 대한 적개심이 경악스러운 수준에 이르렀다.

(퇴락한 사회의 축소판이 폭발적으로 성장하여 정치와 사회의

이런 그룹 약 2만 개가 2017년까지도 운영되었던 것으로 생각된다.
♦ 인터넷에서 고의로 불쾌한 글을 올리는 사람 — 옮긴이주.

주류로 편입된 과정은 부록 3에 나와 있다.)

나는 당시의 일들을 종종 머릿속에서 재연한다. 논쟁이 하나 있었는데, 그것은 검열에 대한 것이었다. 이 주제가 떠오르면, 온라인 세상을 어떻게 개선할 것인가에 대한 나머지 논의는 죄다 뒷전이었다. 검열 논쟁은 전부 아니면 전무 식이었다. 존 길모어는 인터넷이 검열을 손상으로 해석하여 우회한다는 명언을 남겼다.

하지만 고려할 만한 다른 아이디어들이 분명히 있었다. 이 아이디어들은 검열에 대한 굴복을 요구하지 않았을 것이다. 이를테면 이메일을 보낼 때마다 소액을 지불하게 하면 그것만으로도 초기 인터넷에 중력의 감각을 부여할 수 있었을 것이다. 참여자들의 살갗에 대한 감각, 성숙함을 조금이나마 느낄 수 있었을 것이다. 도덕적 풍토가 달라졌을지도 모른다.

나는 발로, 미치, 존을 진정으로 좋아한다. 우리는 이 시대를 헤쳐 나가는 방법을 함께 찾아낼 것이다.

사실 발로와 나는 ─ 미치는 더더욱 ─ 훗날 필립 로즈데일이 설립한 세컨드 라이프Second Life라는 회사에 관여했는데, 이 회사는 인터넷의 미래상을 제시했다.

처음 들어 보는 사람들을 위해 간단히 설명하자면, 세컨드 라이프는 화면 위 가상 세계에서 아바타로 상호 작용하는 게임으로, PC나 맥에 최적화되었다(스마트폰이 등장하기 전에는 PC용 게임이 큰 시장이었다). 사람들은 세컨드 라이프에서 아바타 디자인과 가상 주택의 가상 가구 같은 가상의 사물을 만들고 사고팔았으며, 이를 통해 가상 세계 안에서 경제 활동이 이루어졌다.

세컨드 라이프가 완벽했다는 말은 아니지만, 사람들이 비트를 사고파는 꽤 대규모의 사례인 것은 사실이다. 소셜 미디어에서는 왜 이런 일이 일어날 수 없었을까? 사소한 중력, 사소한 살갗의 감각은 인터넷의 정치를 누그러뜨릴 수 있었을까?

세컨드 라이프는 앞에서 키넥트 해킹을 논의하면서 설명한 현상의 또 다른 예였다. 3D 그래픽과 아바타로 구현된 가상 세계는 개개인의 가치를 중시하는 경제 실험에 동기를 부여했다. 데이터, 즉 컴퓨터의 내부가 덜 추상적으로 느껴졌으며, 그 덕에 비트 너머의 사람을 보는 일이 수월해졌다.

반면에 소셜 미디어 같은 〈사이버 공간〉은 일반인이 물물 교환을 하고 독점 기업들이 이른바 광고를 통해 거액의 진짜 돈을 벌어 들이는 이중 구조에 동기를 부여한다.◆ 이 패턴은 역사상 가장 빠르고 가장 대규모로 부를 창출했으며, 이 때문에 부가 극도로 집중되어 대다수 선진국이 불안정을 겪고 있다.

앞에서 키넥트 데이터를 설명하면서 지적했듯 가상 현실 데이터를 경험하는 것은 (VR을 그저 은유로 이해할 때에 비해) 정보 시대에 대해 더 건전한 접근법으로 이어지는 경향이 있다. 가상은 가상의 가상보다 낫다.

**VR의 마흔다섯 번째 정의: 가치의 원천인
진짜 사람들이 무시당하지 않는 디지털
경제를 촉진할 디지털 기술을 인간 중심으로,
또한 경험적으로 구축하는 것.**

◆ 〈광고〉는 온라인 광고라 불리는 대부분의 행위를 일컫는 정확한 용어가 아니다. 내가 왜 이렇게 생각하는지는 부록 3에 쓰여 있다.

실리콘 밸리는 여전히 비트를 과신한다. 일반인인 소비자에게 VR의 가짜 불멸성을 부여한다는 발상이 진지하게 논의되고 있다. 이 발상을 내놓은 사람은 레이 커즈와일이다. 한편 실리콘 밸리의 몇몇 거물은 물리적·생물학적 불멸을 이룬다는 (종종) 터무니없는 사업들에 투자한다.

종교의 탄생

비트를 가장 과신하는 집단은 인공 지능 진영이다. AI의 주요 쟁점은 이 책에서 다루는 시기에 형성되었다. 친구들과 나는 AI에 대해 근사한 논쟁을 벌였다.

사람들이 AI를 〈마치〉 종교인 것마냥 이야기하는 것이 고작일 때만 해도 AI는 내게 조롱의 대상이었지만, 이제는 임계점을 넘었다. AI가 불멸을 선사하고 망자와의 재결합을 가능케 하고 인류의 모든 문제를 자동으로 해결하기를, 무한한 지혜로 모든 사람들 다스리기를 바라는 사람들에게 AI는 소중한 믿음의 대상이다. 종교의 탄생을 지켜보는 것은 놀라운 경험이었다.[♦]

그 광경을 지켜본 내가 이해하기에 AI는 오래되고 악의 없는 작은 사고 실험에서 출발하여 자금 모금에 효과적인 스토리텔링으로, 결국 스스로의 발목을 잡는 괴상한 신앙으로 전락하고 말았다.[♦♦] 하지만 이와

♦ 이걸 보면서 고대 종교가 어떻게 탄생했을지를 다시 상상하게 되었다. 2세대 신자들은 늘 1세대보다 더 엄격할까?

♦♦ 인간사를 조직화하는 초기 사상들에 극단적으로 접근하여 이 사상들이 덜 유용해진 것과 다르지 않다. 이를테면 시장은 유용하지만 시장이 인간사의 〈유일한〉 조직 원리여야 한다는 — 또는 규제받지 않는 시장이 늘 완벽을 지향할 것이라는 — 식의 극단적 자유 지상주의 신념은

동시에 AI 신앙이 진짜가 되었으므로, 논의 주제를 종교적 자유와 관용의 방식으로 전환해야 한다.

하지만 종교적 관용에는 두 가지 길이 있다. 나는 사람들이 해석하지 않는 한 비트에만 아무 의미가 없다고 믿으며, 적어도 그 전제를 바탕으로 미래 사회의 모습을 탐구할 자유를 원한다. 하지만 일부 AI 신자들은 다른 관점이 있을 수 있음을 고려조차 하지 못하는 광신자가 되었다. 관용은 논의 주제조차 되지 못한다.

1990년경 리틀 후난으로 돌아가 보자.

하드웨어 엔지니어가 만두를 터뜨리며 말한다. 「그래, 재런. AI 문제에 대해서는 자네와 생각이 같아. AI는 혼을 쏙 빼놓을 정도로 무시무시해. 컴퓨터가 갑자기 진화하여 인류를 집어삼키고 우리를 몰아내는 악몽을 꿔. AI가 우리를 좋아하리라거나 애완동물로 기르리라는 주장은 하나도 믿지 않아.」♦

「맙소사. 그건 AI에 대해 나와 생각이 같은 게 아냐. AI를 두려워하는 건 AI를 좋아하는 것보다 더 나빠. AI를 두려워하는 것은 진정으로 믿기 때문이니까. 사람들이 악마를 두려워하게 만드는 것은 가장 열정적인 포교 방법일 뿐 아니라 그런 식의 포교는 종교를 가장 불관용적으로 만들지. 사람들은 겁을 먹으면 마음이 편협해진다구.」

「악마는 진짜가 아니지만, 컴퓨터는 진짜야.」

「AI가, 우리가 짜맞춘 비트에서 보이는 환상에 불과하다면? 인간적

시장의 유용성을 떨어뜨리는 결과를 가져온다. 마찬가지로 민주주의는 유용하지만, 모든 사소한 결정을 최대한 자주 민주적 절차에 따라 내려야 한다고 결정하면 민주주의의 유용성이 낮아진다. 종교에 대해서는, 말도 마시라.
♦ 스티븐 호킹과 일론 머스크는 이런 두려움을 표명하고 있는 주도적 인물이다.

책임을 모면하려는 술책이라면?」

「그런 주장은 수십 년 전부터 있었지. 사람들이 AI와 사람을 구별하지 못하면 AI는 진짜가 될 거야. 튜링 테스트 알잖아.」

수염 난 해커가 국수와 씨름하다가 이제야 입을 연다. 「그는 답을 알고 있어.」

「그럼, 물론이지. 자네는 사람들이 AI에 따라잡히고 추월당하기를 손 놓고 기다리는 고정된 존재라고 생각하지. 하지만 사람들이 역동적이라면, 심지어 컴퓨터보다 역동적이라면 어떨까? 컴퓨터 곁에서 자신이 달라진다면 어떨까? 컴퓨터를 똑똑하게 보이게 하려고 자기를 바보로 만든다면 어떨까?」

「그런 일은 일어날 수 없어.」

현재의 재런이 옛 자아를 최근의 이야기로부터 보호하려고 이중 들여쓰기♦를 한 채 끼어든다.

그런 일은 일어났다! 이제 연산이 우리의 삶을 좌우한다. 우리는 컴퓨터를 똑똑하게 보이게 하려고 스스로를 바보로 만든다.

넷플릭스를 생각해 보라.

그 회사는 자기네 똑똑한 알고리즘이 나를 알고 영화를 추천해 준다고 주장한다. 심지어 알고리즘을 더 똑똑하게 만드는 아이디어에 100만 달러의 상금을 내걸기도 했다.

하지만 넷플릭스의 문제는 온전한 카탈로그를 제시하지 않는다는 것이다. 특히 최신 인기작이 부실하다. 딱히 보고 싶은 영화가 있어도 스트리밍이 안 될 가능성이 크다. 추천 엔진은 마법사의 속임수이다.

♦ 이 때문에 내 생각이 사소한 것처럼 보이지 않길 바란다(한국어판에서는 이중 들여쓰기를 하지 않았다 — 옮긴이).

모든 것이 제공되지는 않는다는 사실을 알아차리지 못하게 한다.

그렇다면 알고리즘이 똑똑한 걸까, 아니면 알고리즘이 똑똑하게 보이도록 하려고 사람들이 스스로를 맹목적이고 어리석게 만드는 걸까? 넷플릭스가 한 일은 감탄할 만하다. 넷플릭스의 본질은 연극적 환각을 선사하는 것이니까. 브라보!

(그건 그렇고, 저작권에 반대하고 예술과 엔터테인먼트를 〈공짜〉로 — 순전히 자원 봉사의 영역으로 — 만드는 일에 찬성하는, 자기확신적이고 악의적인 논쟁이 수십 년 동안 벌어지고 났더니 넷플릭스와 HBO처럼 볼 만한 텔레비전 방송에 사람들이 유료로 가입하고 있는 걸 보라. 갑자기 〈텔레비전 전성시대〉라는 르네상스가 찾아온 것이다.)

여러분의 친구, 연인, 물건, 불안정한 긱 이코노미♦의 긱들이 넷플릭스의 논란거리 알고리즘과 비슷한 속임수를 통해 여러분에게 제시된다. 인터넷에 있는 선택지는 여러분 스스로 판단할 수 없을 만큼 많아 보인다. 인생은 짧기에 여러분은 의심을 거두고 알고리즘을 믿는다. 이것이 바보의 탄생이다.

다정하지만 슬픈 표정의 수학자가 만둣국을 홀짝거리며 말한다. 「재런, 자네는 VR이 AI의 반대인 것처럼 말하고 있어. 하지만 둘은 수렴하지 않나? 내 말은 무어의 법칙에 따르면 VR 섹스가 진짜 섹스보다 좋아질 때를 계산할 수 있어야 한다는 거야. 알고리즘은 자네를 알 것이고 자네에게 꼭 맞는 파트너를 자동으로 디자인할 거야. 대충 계산해 봤더니 2025년이면 그렇게 될 것 같더군.」

♦ 1920년대 미국 재즈 공연장 주변에서 연주자를 필요에 따라 섭외해 단기 공연을 진행했던 〈긱gig〉에서 유래한 용어로 그때그때 임시직을 섭외해 일을 맡기는 경제 형태 — 옮긴이주.

이 아이디어는 〈섹스 특이점sexual singularity〉으로 알려졌다.[♦] 하루 종일 곱씹어도 이해하기 힘든 개념이다. 독자 여러분에게 연습 문제로 내도 되려나? 여기서는 나의 전형적인 답변 하나만—범위가 좁긴 하지만—회상하고자 한다.

「자네는 거꾸로 생각하고 있어. 문제는 알고리즘이 나에게 무엇을 해줄 수 있느냐가 아니라 내가 자신의 마음을 확장할 수 있느냐야. 결국 우리가 무언가를 할 수 있도록 컴퓨터가 도움을 줄 수 있는 건 그것뿐이라구. 섹스를 자신의 향상을 위한 계기로 생각하면 안 될까? 그러면 남과 연결될 뿐 아니라 살아 있고 성장하고 변화할 수 있으니까. 알고리즘의 루프에 갇히지 않고 말이지. 어떤 장치가 내게 완벽한 섹스 경험을 계산한다는 것은 사실 내가 스키너 상자에서 완벽하게 훈련받는다는 뜻이야. 실험용 쥐가 되지는 마.」

AI 알고리즘이 언젠가 이상적인 음악을 작곡하고 이상적인 책을 쓰고 이상적인 영화를 제작할 것이라고 사람들이 말할 때에도 나는 비슷한 대답을 내놓았다. 그 전제는 출발부터 퇴행적이다.

「하지만 사람들이 좋다고 하면? 자네는 누구보다 뛰어난 사람처럼 굴고 있지만, 알고리즘이 자동으로 설계해 준 완벽한 가상의 섹스 파트너와 책, 음악을 좋아하는 사람이 있다면 어떨까? 자네는 판사 노릇을 하고 있어! 누구나 나름의 취향을 가질 자격이 있다구.」

「우리는 좋은 엔지니어가 되고 싶어 해. 그렇지? 내 말은 기계를 사람으로 대하면 우리를 좋은 엔지니어로 만들어 주는 피드백 고리를 망쳐 버리게 된다는 거야.」

♦ 섹스 특이점은 가상 현실 섹스가 실제 섹스보다 더 매력적이어서 (전형적 사고방식에 따르면) 여성이 남성에 대한 권력을 상실하는 미래의 가설적 순간이다.

「간단한 문제를 복잡하게 만들고 있군.」

「아니야, 생각 좀 해봐. 자네가 다른 사람에게 인격에 대한 신뢰 ─ 상대방이 실제로 인격체라는 믿음 ─ 를 부여하면, 그에 걸맞은 경의를 표하게 돼. 사람들을 재설계하는 짓은 못 한다구. 그건 파시즘이니까. 짜증스럽더라도 사람들이 스스로를 발명하도록 해야 해. 종종 짜증스러운 건 사실이지만, 그래서 우리가 사람을 좋아하는 것 아니겠어? 열린 예측 불가능성, 다양성 말이야. 그런데 컴퓨터를 사람으로 대하기로 마음먹으면 컴퓨터에게도 같은 경의를 표하게 돼. 그 말은 컴퓨터에 대한 디자인 결정의 기준이 될 근거를 잃게 된다는 뜻이야. 더는 컴퓨터를 개량할 수 없다구.」

「결벽증에서 벗어나 우리가 사람들을 재설계해야 한다는 사실을 받아들여야 할지도 모르겠어.」

「제발 그러지 마.」

「사람들을 재설계해야 한다는 사실을 받아들이지 않고서 어떻게 인지권을 구축할 수 있다는 건지 모르겠군. 적어도 조금은 받아들여야 하지 않겠느냐구!」

「인지권을 최대한 빨리 만들어야 한다는 당위에 공감이 안 돼. 〈스타 트렉〉의 〈제1지령Prime Directive〉◆이 뭐가 잘못이지? 하향식 설계자 없이 문명이 제 나름대로 탄생하게 내버려 둬. 그러면 깊이와 다양성이 저절로 생길 거야. 왜 서두르는 거야?」

「마치 우리가 지구를 어떻게 할지 결정하는 우월한 외계인인 것처럼 들리는군.」 동의한다는 듯 웅얼거리는 소리가 테이블 주위에서 들린다.

◆「스타 트렉」의 허구적 우주에서 유명한 제1지령은 기술적으로 덜 발전한 행성의 문제에 개입하지 말라는 것이었다.

어쩌면 우리는 정말로 외계인이었는지도 모르겠다.

대화의 방향을 바꿀 때가 되었음을 알아차린 빼빼 마른 친구가 생선 가시를 발라내며 말한다. 「자네가 AI가 진짜가 아니라고 말할 수 있는 것은 아직은 진짜가 아니기 때문일 뿐이야. AI가 작동하기 시작하면 증거가 어마어마할 거야.」

수염 난 친구가 국수를 늘어뜨린 채 말한다. 「이봐, 재런의 〈섣부른 신비 파괴〉 설교에 넘어가겠어.」

「이 문제로 자네들을 어지간히 괴롭힌 것 같군. 이 일이 어떻게 발전할지 보면 우리 모두 놀랄 것이고 우리 중 누구도 앞으로 무슨 일이 벌어질지 확신할 수는 없다는 데는 동의할 수 있을까?」

「그건 공리야. 무어의 법칙에 따르면 컴퓨터는 성능이 수백만 배, 또 수백만 배, 또 수백만 배 강해질 거야. 우리의 뇌를 능가할 거야. 권리를 행사할 자격을 갖출 것이고, 우리에게 권리를 요구할 거라고.」

「그렇게 말한다면 〈공감의 원〉 논증을 다시 꺼내지 않을 수가 없군. 공감의 원을 너무 넓히면 무력해져서 아무도 도울 수 없게 된다는 얘기 말이야. (내가 〈특별함의 대리인〉이라고 부르는) 작고 완벽한 존재를 지지하면 자네 꼴이 우스워져. 세균을 죽이고 싶지 않아서 이를 안 닦는 사람들처럼 말이지.」

식탁 여기저기서 불편한 듯 웅성거리는 소리가 들린다.

「그걸 예로 드는 건 공정한 논쟁 태도가 아냐. 내 생각에 자네가 정말로 심란한 이유는 가상 태아를 지지했다가 소송을 당할 것 같아서인 것 같아.」

현재의 재런이 끼어든다. 「그 이야기는 다음 장에서 할 거야.」

1991년의 재런이 말한다. 「비전문가들에게 우리 말이 어떻게 들릴지

좀 생각해 봤으면 좋겠어. 마법사가 자신이 우월한 생명체를 창조할 것이고 낡은 사람들이 퇴물이 되거나 애완동물이 되거나 할 것이라고 말하는 걸 상상할 수 있겠어? 그랬다가는 사람들이 현대 세계를 불신하게 될 뿐이라는 생각은 안 들어? 그들이 우리를 미워하지 않을까? 과학이 친구가 아니라고 주장하는 사기꾼들에게 쉬운 표적이 되지 않겠어? 공학의 본질은 비전문가에게 봉사하는 것 아니야?」

　　로봇이 공감을 받을 자격이 있다는 기사를 읽거든 기술 담당 기자들에게 거대 기술 기업의 이익에 부합하는 〈거대 발상〉을 거론하는 나쁜 버릇이 있음을 명심하라. 저작권의 해악에 대한 기사가 대거 등장한 것은 구글이 저작권을 침해하여 전례 없는 부를 시시각각 창출할 때였다. 마찬가지로 해적질의 종말과 집단성의 가치를 찬양하는 〈급진적〉 기사가 쏟아져 나온 것은 페이스북이 디지털 개인 정체성 관련 시장을 처음으로 상업화하여 매점했을 때였다.♦

　　「거대 로봇이나 초지능 나노 입자 군집이 자네를 살려 둘 가치가 없다고 판단하면 자네 생각은 중요하지 않아. 자네는 퇴출되는 거지. 그러면 AI가 진짜인지 아닌지 논의할 수도 없게 된다구.」

♦ 소프트웨어에 대한 괴상한 충성의 극단적 예는 기업이 알고리즘이 됨과 동시에 (적어도 미국 대법원에 따르면) 사람이 된 것이다.

　구글과 페이스북 같은 회사를 운영하는 알고리즘은 해킹되지 않은 유일한 비트 중 하나이다. 이것들은 신경제의 유일한 결정적 자산이기 때문이다. 나머지 모든 비트는 다른 누군가의 문제이지만, 알고리즘은 철저하게 보호받는다.

　오픈 소스와 공유에 대해 말이 많지만, 알고리즘이야말로 지구상에서 유일하게 성공적으로 지켜진 비밀이다. 나머지 모든 자산 — 달리 말하자면 콘텐츠 — 은 제삼자가 제공한 것이기에 이 회사들은 책임을 회피할 수 있다.

　따라서 대법원 판결과 신경제 관습의 결합은 미국이 알고리즘을 사람뿐 아니라 초인으로까지 인정했음을 뜻하지 않을까? 우리가 깨닫든 깨닫지 못하든.

「이젠 나를 열 받게 하는군. 생존 연구소 공연에서 불 뿜는 탱크를 기니피그가 조종하던 것 기억나? 녀석이 자기가 무슨 일을 하는지 아는가 여부는 중요하지 않았어. 그 공연을 보려면 창조자 자신이 아니라 기니피그를 운전석에 앉힌 사람들을 고소하지 않겠다고 약속하는 계약서에 서명해야 했잖아.」

인류를 파멸시키는 사악한 AI 기계를 인지하는 것과 기술론자 및 군부의 총체적 무능을 인지하는 것의 〈유일한〉 차이점은 두 번째 해석이 소송감이라는 것뿐이다.

AI를 믿을 때마다 인간의 행위 주체성과 가치에 대한 믿음이 낮아진다. 그것은 자신과 나머지 모든 사람을 망치는 일이다.

VR의 마흔여섯 번째 정의: VR = −AI(VR은 음의 AI이다).ʼ

이 말이 어떻게 읽힐지 안다. 〈저 VR 친구는 VR이 디지털 정보에 접근하는 최선의 방법이라고 말하고 있어. AI, 소셜 미디어, 심지어 월드 와이드 웹까지 거부한다구! 그냥 자기 분야가 최고라는 얘기 아니야? 다들 그렇게 말하잖아.〉

♦ 이와 관련된 공식으로 〈AI는 VR와 비슷하지만 시간과 장소가 뒤바뀌었다〉가 있다. 즉, VR에서의 아바타는 실시간에서 여전히 반응하는 사람의 공간적 변형이다. 이를테면 사람이 바닷가재로 변하면서도 여전히 다른 사람 및 나머지 모든 환경과 실시간으로 상호 작용할 수 있는 것이다. 하지만 AI에서는 데이터가 사람들에게서 수집되어 〈나중에〉 (이른바) AI 인격체를 통해 매핑되고 재생된다. AI 존재는 〈비(非)실시간 아바타〉이며, 이는 AI가 결코 아바타가 아닌 듯한 환상을 일으킨다. AI 프로그램이 작동할 때는 데이터의 원천인 사람들이 방에 있지 않기 때문에, AI 프로그램이 인간의 데이터, 자본, 행위 주체성의 반영이 아니라 독립적 인격체라고 상상하기 쉽다.

나도 인간이다. 편견이 전혀 없다고 말할 순 없다.

VR이 디지털 기술에 접근하는 가장 명쾌한 방법이라는 나의 주장은 전문 마술사들이 최고의 마술 폭로자인 것과 같은 맥락이다. 후디니에서 펜, 텔러, 어메이징 랜디에 이르는 마술사들이 속임수를 간파하고 폭로하는 실력은 환상적이다. 마찬가지로 미스버스터스MythBusters(애덤 새비지와 제이미 하이네만)는 영화 특수 효과의 전문가였다. 환각을 일으켜 먹고사는 사람들은 환각을 안다.

VR 과학자들은 과학의 환각술사이다. 우리는 여러분을 속일 때 그 사실을 솔직하게 말한다. 그러니 우리만을 속이는 것이 아니라고 말할 때 진지하게 귀를 기울이기 바란다.

VR의 마흔일곱 번째 정의: 총체적 환각의 과학.

신화가 아니라 일을 사랑하라

내 말을 오해하지 말라. 내가 몸담은 연구실은 세계 일류의 인공 지능 연구실이다. 나는 우리가 거둔 성과가 무척 자랑스럽다.

하지만 나는 AI를 〈믿지〉 않는다. 다른 용어와 환상을 가지고 우리의 작업을 묘사했으면 좋겠다. 수학과 알고리즘, 신경 과학, 클라우드 아키텍처, 센서, 작동기 등 우리가 다루는 실제 분야는 모두 경이롭고 유익하며 심지어 인류의 미래에 필수적이기까지 하다. 하지만 우리의 성과를 다르게 포장하면 더더욱 좋아질 것이라고 믿는다.

많은 동료들은 내 결론에 동의하지 않는다. 기술 업계 언론이나 많은

이해 당사자들도 동의하지 않는다. ……내가 합의된 견해를 표명하고
있지 않음을 알아 달라.

많은 동료는 AI를 우리가 만드는 무언가로 생각하지만 나는 AI를
우리가 만드는 것에 씌우는 포장지로 생각한다. 그 차이는 상황에 따라
의미가 있을 수도 있고 없을 수도 있다.

시뮬레이션된 대화 상대를 만들어 내는 프로그램이 있고 그 환상이
목표라면 분명히 그것을 AI로 받아들이는 것 말고는 선택의 여지가
없다.

하지만 환상과 〈다른〉 목표가 있다면, 이를테면 의료 기록을 더
효율적으로 분석하는 것이 목표라면, 그 일 — 의료 기록을 분석하는 일
— 과 관계가 있는 알고리즘을 분리해 내어 상상의 존재를 끌어들이지
않고도 결과를 최대한 명료하게 확인할 수 있는 사용자 인터페이스를
설계할 수 있을지 알아보아야 한다는 것이 나의 지론이다. 경험상
그렇게 하려면 시간과 노력이 많이 들지만 결과가 향상될 때가 많다.

VR은 복잡한 것을 명료하게 전달하는 일에 탁월하다(기억의 궁전
효과나, 아이들이 4차원 물체 다루는 법을 배우는 방식을 떠올려 보라).
따라서 VR은 이런 문제에 적용할 자연스러운 전략이다.

이 논증에서 한발 더 나아가 보자. 우리의 분석 결과를 확인할 개선된
사용자 인터페이스를 만들지 〈않는〉다면, 로봇이 가장 유용한 결과를
우리에게 제시하고 있는지 어떻게 알 수 있겠는가? 달리 말하자면
무엇이 중요한지, 그것을 어떻게 전달하는 것이 최선인지 이해할 때
로봇에 의존한다면, 로봇의 판단을 점검할 그 밖의 수단이 전혀 없는
상황에서 로봇의 유용성 여부를 어떻게 알 수 있겠는가? 그래서 나는 UI
문제를 우선 공략하고 — 아마도 VR을 이용하여 — AI 포장지는 그

뒤에나 고려해야 한다고 주장한다(이 우선순위는 표면 지향적 이상을
반영하고 있는데, 이에 대해서는 부록 2에서 설명한다. 간단히
말하자면, 중간 결과는 언제나 포괄적인 사용자 인터페이스 포맷으로
되어 있어야 한다).

　의료 기록에서 빠뜨린 패턴을 찾는 도구를 만든다고 말하면 따분하게
들린다는 것, 나도 안다. 물론 그 일을 하는 로봇을 만든다고 말하면
흥미진진하게 들릴 것이다. 하지만 VR을 이용하여 그 일을 한다고
말하는 것이 훨씬 흥미진진하게 들리지 않는가?

　VR이 더 낫든 아니든 AI는 엔지니어링에 혼란을 가중시킨다(심지어
기반 기술이 아름답고 필수적인 때에도). 우리의 우선순위는 무엇일까?
상상의 존재에 대한 환상을 떠받치는 것일까, 의료 기록 분석을
개선하는 것과 같은 목표를 달성하는 것일까?

외계 가상 현실

VPL 시절의 문화적 유산 중에서 마지막으로 꼭 언급해야 할 것이 있다.
그것은 비트에 대한 믿음 중에서 AI보다 더 극단적일지도 모르는
유일한 것이다. AI가 새로운 종교가 되었다면, 우리는 새로운
스콜라주의를 맞닥뜨릴 참이다. 이것은 너드가 되는 일일 것이다.

　기술 분야에서 한 무리의 사람들은 우리가 이미 VR 속에서 산다고
확신한다. 그것은 (그레고리 베이트슨의 정식화를 이용하자면) 차이를
만들지 않는 차이일 것이다. 해로운 강박이 될 수 있다는 점만 빼면.
해킹당하는 것은 해커가 가장 두려워하는 일이며, 우리가 이미 VR 속에
있다면 우리는 메타해커에 취약할지도 모른다.

리틀 후난 같은 장소에서나 내 강연의 질의응답 시간에 이런 의문이 곧잘 제기되었다. 우리가 이미 VR 속에 있다면 그 사실을 어떻게 알 수 있을까?

나는 때에 따라 다르게 답변했다. 물리적 세계의 성격 — 실험이 재현 가능하며 (우리가 관찰할 수 있는 한) 우아한 물리 법칙이 결코 위반되지 않는 것 — 을 보건대 우리가 다른 누군가의 VR 속에 있다면 그 VR을 관리하는 존재는 시시콜콜 간섭하지 않으리라 추측된다. 나는 VR 운영자를 믿는 것이 신을 믿는 것과 비슷하지만 이 신은 초월적 신이나 도덕적 의미를 가진 신이 아니라 막강한 힘을 가진 원초적 신이라고 주장했다.

이는 기나긴 대화로 이어졌다.

이렇게 주장한 적도 있다. 우리가 살아가는 VR 시스템을 운영하는 신이 더 높은 신이 운영하는 또 다른 VR 시스템 속에 들어 있을 가능성은 없을까? 원초적 신들의 사슬 꼭대기에는 심오한 신 관념이 있는데, 이것은 중간의 모든 신에 대해 생각하지 않고도 얼마든지 사유할 수 있다. 궁극적 실재가 언제나 내 앞에 있는데 뭐하러 중개자들에게 신경을 쓴단 말인가?

나는 양자 암호학의 성공이 우리가 관찰되고 있지 않음을 — 우리가 어떤 중대한 의미에서도 VR 속에 있지 않음을 — 시사할 것이라고 예견했다. 양자 암호학은 자연의 가장 근본적인 속성을 이용하여 메시지가 이전에 읽힌 적이 없음을 절대적으로 입증한다. 관찰 행위는 인간이든 신이든 누가 관찰하든 상관없이 양자계에 변화를 일으킨다.

양자 암호학은 성공했다! 따라서 여러분이 이 논증을 믿는다면, 우리가 VR 속에 있을까 봐 걱정할 이유가 하나 줄었다.

또 다른 측면의 논증은 닉 보스트롬 같은 철학자의 최근 작업과
연관이 있지만, 돌이켜 보면 리틀 후난으로 거슬러 올라간다.♦ 간단히
말해서 무수한 외계 문명이 있고 그중 한 무리가 고품질 VR을
개발하면, 많은 VR 시스템이 작동하지만 진짜 우주는 하나뿐이게 된다.
따라서 자신이 현실에 있다고 생각하더라도 실제로는 가상 현실에 있을
가능성이 있다.

이것과, 비슷한 발상들에 대한 나의 대답은 진짜 우주가 둘 이상
있으리라는 것이었다. 여러 우주가 흥미로운 화학 작용을 일으키도록
진화하여 경관landscape을 이룬다는 리 스몰린의 개념을 떠올려 보라.
리가 이 아이디어를 내놓은 뒤로 여러 변종이 등장했다. 현재 끈
이론에도 나름의 경관우주론이 있다. 일부 이론에는 무한한 개수의
우주가 있을 수 있기 때문에, 우주의 개수를 그 속에서 작동하는 VR의
개수와 비교하는 것은 잘 정의된 문제가 아니다. 무한을 비교하는
셈이니 말이다. 따라서, 다시 말하지만 걱정 마시라.

이 중에서 중요한 것은 하나도 없다. 유일한 문제는 기술 분야의 일부
젊은이들이 — 실은 전부 남자이다 — 이런 질문에 골머리를 썩이느라
자신을 갉아먹고 있다는 것이다. 그들이 전전긍긍하는 것은 VR
운영자가 자신의 이익이나 존재에 반하는 사람들을 — 또는 온 우주를
— 파괴하리라는 믿음 때문이다.

이것은 사악한 운영자, 못된 신을 상정하지 않지만, 사이버 다윈주의
효과는 일어날 수 있다. 알다시피 우리가 구현하고 있(을지도 모르)는
초인공 지능은 신과 같은 해커일 것이다. 우리의 현실이 그 결과로

♦ 로봇공학자 한스 모라벡이 처음 제기했을 것이다.

이어지지 않는다면 그 인공 지능은 유전자를 후손에게 물려주지 못하는 동물처럼 무의미해질 것이다. 이 구멍으로 내려가는 청년들은 자신의 생각이 자신이나 온 우주를 파멸시킬지도 모른다고 믿는다. 그들은 불법적 생각을 피하려는 마음 매듭으로 스스로를 옭아맨다.♦ 대부분의 증상은 소화 불량과 수면 부족으로 나타나지만, 누군가 자살했다는 소문도 이미 들려오고 있다.

이런 고통을 가라앉히는 해독제는 지나친 생각을 삼가고 VR을 이용한 진짜 물리적 연구에 종사하는 것이다. 센서를 개발하고, 실제의 진짜 현실의 감미로운 감촉을 느껴 보라. 진짜 사람들과 일하라. 심지어 VR 부분을 빼도 좋다. 그저 현실의 진짜 사람들과 더불어 일하라.

또 다른 해독제는 훨씬 이색적이며 흥미롭지만 자기 파괴적이지는 않은 이론을 내놓는 것이다.

이론 물리학자이자 재즈 음악가로, 현재 브라운 대학교에 몸담고 있는 스티폰 알렉산더와 내가 함께 부화시킨 괴상한 이론이 하나 있다. 우주가 지적 생명체로 가득하다면 외계인은 틀림없이 가장 강력한 컴퓨터를 원할 것이다. 물론 가상 현실을 돌리기 위해서.

외계인들은 시공간 위상 양자 컴퓨터spacetime topological quantum computer를 선호할 텐데, 그것이 가장 강력한 선택지일 것이기 때문이다. 이것은 시간과 공간의 작은 매듭을 묶어 정보를 저장하고 연산하는 가상의 컴퓨터이다. 우리의 발상은 이런 연산 활동이 충분히 일어나면 우주의 곡률이 달라지리라는 것이었다.

이 발상은 분명 헛소리이지만, 우주의 곡률을 결정하는 우주 상수가

♦ 이 문제는 말이 안 되기 때문에 시시콜콜 설명하고 싶지 않지만, 궁금하다면 〈로코의 바실리스크Roko's Basilisk〉를 찾아보시길.

계산 결과보다 훨씬 작다는 문제를 해결하는 방법 중에서 이보다 더 멀쩡한 것도 없다. 그러니 외계인 컴퓨터가 우주를 펴고 있다고 생각하지 못할 이유가 무엇인가? 우주 상수는 우주 하드 디스크가 얼마나 찼는지 보여 주는 척도가 된다. 외계인의 정보는 가시적 우주 전체에 비국지적으로 저장되어 있을 것이기 때문이다. 밤하늘을 올려다보았을 때 우리 눈에 보이는 것은 생명체로 가득한 우주뿐 아니라, 해킹하는 생명체로 가득한 우주이다. 그나저나 외계인 컴퓨터는 극적인 임무를 수행할 수도 있다. 구형 우주선이 작은 블랙홀 속에 레이저를 쏘아 블랙홀을 조작하고 있을지도 모른다.♦

외계인 VR이 이미 우리에게 유익을 주고 있을지도 모른다. 걱정할 것은 아무것도 없다.

♦ 마이크로소프트 리서치에서는 위상 양자 컴퓨터를 연구하고 있지만 블랙홀을 이용하지는 않기 때문에, 아직은 우주의 형태를 바꿀 염려는 없다.

20 　　　　　1992 아웃

마이크로코즘

1992년은 모든 것이 달라진 해였다. VPL에서는 정초부터 반갑게도
이색적인 사건들이 잇따랐다.

　경이로운 프로젝트도 진행되었는데, 우리는 독일, 캘리포니아,
일본에 있는 사람들을 실시간으로 공유되는 가상 세계에서 연결했으며
대륙을 건너 원격 현장감 로봇에 탑승시켰다. 로봇 손을 아바타 손에
연동시켰는데 수술 도구를 집을 만큼 정교했다. 모의 수술은 뇌 수술로
확대되었다.

　1990년대 초에 VPL에서는 마이크로코즘MicroCosm이라는 야심찬
비밀 프로젝트가 진행 중이었다. 최초의 독립형 VR 시스템을 개발하는
프로젝트였다. 본체에는 트래킹 센서와 PC를 탑재했으며, 온갖 특수
카드가 작고 구부러진 플라스틱 구조물 안에 내장되었다. 완성품
가격은 약 7만 5,000달러였는데, 당시로서는 어마어마한 비용
절감이었다.

　마이크로코즘 아이폰은 (오페라글라스처럼 생긴) 휴대용 입체경으로
전환할 수 있었다. 즉, 반드시 머리에 써야 하는 것이 아니라 손잡이를

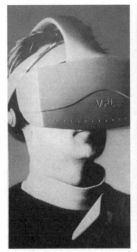

VPL 마이크로코즘 VR 시스템의 시제품. 출시되지는 않았다. 아이디오Ideo에서 VPL의 의뢰로 디자인한 마이크로코즘은 최초의 독립형 VR 시스템이었다. 사진에서는 보이지 않지만 햅틱 표면을 갖춘 탈착식 손잡이가 있어서 헤드셋을 머리에 쓰지 않고 오페라글라스처럼 눈앞에 댈 수 있었다. 사진은 디자인 잡지 『메트로폴리스Metropolis』 1992년 10월호에 실렸는데, 오로지 여기에만 공개되었다. 마이크로코즘은 그해뿐 아니라 역사를 통틀어 미국식 디자인을 가장 훌륭히 표현한 제품으로 손꼽혔다.

잡고 눈앞에 댈 수 있었는데, 그 덕에 가상 세계를 순간적으로 들락날락할 수 있었다. 이렇게 하면 가상 세계를 여러 사람이 번갈아 가며 자유롭게 볼 수 있었다. 헤어스타일이 망가질 염려도 없었다. 손잡이는 센서와 능동형 햅틱 피드백이 달려서 제어 장치 역할을 겸했다. 이용자의 나머지 손 — 대개는 자주 쓰는 손 — 에는 장갑을 낄 수 있었다.

　마이크로코즘은 실리콘 그래픽스의 냉장고만 한 컴퓨터 대신 최초의 PC용 3D 그래픽 카드를 내장했다. 영국의 제휴사이자 공급선인 디비전DIVISION에서 설계했다. 마이크로코즘은 쉽게 휴대하고 금세 설치할 수 있도록 손잡이가 달린 귀여운 연질 상자에 보관할

마이크로코즘 팀원들이 시제품을 검사하고 있다. 왼쪽에서 오른쪽으로 재런, 앤, 〈혜성〉 미치 올트먼, 데일 맥그루, 데이브 몰리치, 데이비드 레빗, 마이크 타이텔.

예정이었다. 그럴 예정이었다.

　마이크로코즘은 내가 그 뒤로 시도한 어떤 VR 시스템보다 더 유용하고 편리한, 경이로운 기기였다. 작은 회사가 감당하기에는 터무니없이 값비싼 기기이기도 했지만. 결국 제품은 출시되지 못했다.

VR, 영화에 갇히다

1992년 새해가 밝았을 때 우리는 짐을 싸고 있었다. 커다란 팔각형 창문이 있는 근사한 새 빌딩으로 이전하려는 참이었다. 그때 진짜 세상이 너무 기이하게 느껴지기 시작했다. 세상이 무너질지도 모른다는 생각이 들었다.

베이 옆 자갈밭에는 자동차 극장이 위태롭게 서 있었다. 정치적 문제를 해결하고 물가에 값비싼 콘도를 지을 때까지 땅임자들이 푼돈이나마 벌려고 지은 곳이었다. VPL 건물은 자동차들 위로 우뚝 솟아 있었기에, 육지를 향해 난 VPL의 창문들 너머로 흐릿하게 스크린이 보였다. 대개는 자동차 추격전이나 신파적 입맞춤 장면이었지만 1992년에 우리는 자신의 모습을 보았다.

「론머맨」은 SF 영화였는데, 실제 VPL 장비를 소도구로 썼다. VR 회사가 검은 음모에 장악된다는 내용이었다. 피어스 브로스넌이 나와 거의 비슷한 인물을 연기했다.

영화는 스티븐 킹 소설을 각색하면서 출발했지만, 결국은 VPL의 진실(이었을지도 모르는 것)에서 영감을 받은 음모론으로 끝났다.♦ 얼마나 진실에 가까웠는지는 아직도 모르겠다.

보도 자료에 따르면 우리의 사랑하는 VPL은 프랑스 정보기관의 표적이었다. 프랑스는 우리에게 귀중한 비밀 기술이 있다고 믿은 것 같았으며, 적어도 한 프랑스 관료가 상급자들을 속여 그런 취지의 첩보 활동에 예산을 승인하도록 했다. 프랑스인 투자자들과 이사들은 온갖 실리콘 밸리 회사에 침투하는 비밀 임무와 연계되었다는 의혹을 받았다.

터무니없었기에 더욱 유쾌했다. 프랑스인이! 가상 현실 회사에 침투하다니! 한 신문에는 〈가상 현실이 침투당하다〉라는 제목의 기사가 실렸고 또 다른 신문은 〈VR 회사의 존재 위기〉라는 제목을 달았다.

신뢰할 만한 슈퍼마켓용 타블로이드 『내셔널 인콰이어러』는 미국

♦ 브렛 레너드 감독이 대화 중에 한 말이다.

「론머맨」 스틸에 등장한 VPL 장비.

중앙 정보국이 비밀 지하 벙커를 채울 만큼 많은 스파이들에게
데이터글러브를 착용시켰다고 폭로하는 기사를 진지하게 내보냈다.
기사에 따르면 스파이들은 온종일 데이터글러브를 낀 채 손가락을
까닥거리면서 절단된 로봇 손을 원격으로 조종하여 적 영토에 잠입하여
서류를 탈취했다. 프랑스인들이 빼내고 싶어 한 기술은 바로
이것이었다고 한다.

　프랑스인 이사들이 그 환상을 실현하려 시도했는지는 모르겠지만,
꿍꿍이를 알 수 없긴 했다(그중 한 명은 거의 모든 문장에 〈그럼에도
불구하고〉라는 단어를 썼다).

　이사회는 VPL의 온라인 진입을 결사적으로 거부했다. 우리는
vpl.com을 등록할 수 없었다. 진짜로. 얼마나 터무니없는 일이었는지는
말로 다 할 수 없을 정도이다. 이사회에서는 보안상의 위험을 구실로

내세웠다. 누군가 우리를 해킹하여 파일을 훔칠지도 모른다는 것이었다. 다들 〈얼트.*〉 계층의 구렁텅이에서 시간을 보내다가 불평이 많아지고 생산성이 떨어질지 모른다는 것도 걱정이었다.

우리는 점차 의욕을 잃었다.

엄청난 가능성이 사라지다

VPL은 한동안 거물 기업 축에 들었지만, 실은 넘어야 할 산이 있었다. VR계의 애플이나 마이크로소프트가 되려면 수십 년을 버틸 여력이 있어야 했다. 아직은 너무 일렀으니까.

우리가 만들고 있었던 것은 VR계의 맥이라기보다는 VR계의 PDP-11에 가까웠다. PDP-11은 1970년대에 모든 연구실이 갖춰야 하는 컴퓨터였다. 일반인에게는 너무 비쌌지만 대학에서 장만하기에는 충분히 쌌다. 게다가 반짝이는 조명과 윙윙 돌아가는 릴 테이프 등 미친 과학자의 분위기도 물씬 풍겼다.

VPL은 제조업체와 소프트웨어 회사와 문화적 세력을 겸하기에는 규모가 너무 작았다. 이것은 시간이 걸리는 일이다. 주판을 굴려 봐도 답이 나오지 않았다. 우리는 값비싼 VR 장비를 만든 뒤에 수익이 날 때까지 영영 기다리기에는 자금 사정이 빠듯했다. 프랑스인 이사들은 회사가 이 한심한 문제를 해결하도록 도와야 할 시점에 훼방꾼 노릇을 했다.

다른 문제들은 더 괴상했다. 윌리엄 깁슨이 우리의 삶을 소설로 쓰고 있는 것 같다는 생각이 들기 시작했다.

우리는 파워글러브가 출시되었을 때 우리와 마텔을 중개한 라이선스 회사와 분쟁을 겪었다. 그 회사에는 좋은 사람들이 있었고 제품에 실질적인 기여도 했지만, 회사 우두머리는 요즘 같으면 〈트럼프 같은 놈〉이라고 불릴 만한 전형적인 뉴욕 사람이었다.

그는 판매와 사교술의 귀재였으나 정서적으로 극단적이었다. 이것은 우두머리 세일즈맨들에게 필요한 덕목이다. 그들은 남을 속이기 위해 궁극적으로 자신을 속인다.

그의 외모는 1980년대 할리우드의 남성적 배우를 연상시켰다. 길고 곱슬거리는 머리카락은 고급 미용실에서 깐깐하게 깎지 않았다면 〈히피〉처럼 보였을 것이며, 온몸은 화려하게 치장했다. 그의 대화는 모두 세일즈 기법에 들어맞았으며 완벽한 합의가 이루어지지 않을 때마다 히스테리컬한 장광설을 늘어놓았다.

「제 눈을 들여다보세요. 안 보고 있잖아요. 좀 보라고요. 이 눈은 몇 년 동안 엄마를 보지 않은 눈이에요. 다정한 엄마, 사랑스러운 여인을 말이죠. 엄마가 저를 멀리한 뒤로는 엄마 얼굴조차 보지 않는 눈이라고요. 제가 이 계약을 따내지 못할 거라 생각하신다는 건가요?」

이런 식이었다. 놀라운 사실은 그의 수법이 종종 내게 통했다는 것이다.

그는 자멸적 범죄 성향이 있었으며, 연방 법원에서 사기와 여러 범죄로 유죄 판결을 받았다. 범죄 전력이 있는 자와 왜 거래를 했느냐고? 변호사와 이사회도 같은 질문을 던졌다. 여러분보다는 예의를 덜 차렸지만. 답은 뻔했다. 나는 내가 무슨 짓을 하고 있는지 몰랐다. 경험이 없었으니까.

몇 해 전에 저 화려한 인간이 저작권료를 챙기려고 마음먹었다. 우리는 법정에 갔으며 그는 꽁지를 내렸다. 문제는 흔적도 없이 사라졌다.

화의를 위해 그가 요구한 것은 VPL 기술을 타인에게 홍보할 때 내가 참석해 달라는 것뿐이었다. 나는 참석만 할 뿐 어떤 계약도 받아들일 의무가 없었다. 우두머리 세일즈맨이 차린 스테이지 쇼에서 등장인물이 되어 달라는 것. 그거야 좋지.

마침내 의무를 이행해야 할 때가 왔지만, 홍보 대상자 명단을 보자 말문이 막혔다. 명단에는 이멜다 마르코스, 도널드 트럼프, 마이클 잭슨이 올라와 있었다. 그는 내가 1년 내내 전 세계를 날아다니며 승산 없는 판촉의 졸 노릇을 하기를 바랐다.

마이클 잭슨 가족의 부엌에서 그들과 어울리는 것은 즐거웠다. 당시에 마이클과는 어떻게 만나도 어색했을 것 같았지만, 우두머리 세일즈맨은 내 머리에 이가 있을지도 모른다고 운을 띄웠는데 마이클은 그런 것에 질색했다. 그래서 크고 멋진 아날로그 믹싱 콘솔에 모여 기술에 대해 이야기를 나눌 때 나는 오른쪽 끝의 서브믹스 페이더 옆에 붙박여 있었고 그는 왼쪽 끝의 입력 채널 옆에 머물렀다. 우리는 새된 목소리로 점잖게 고함을 주고받았다.

우두머리 세일즈맨은 홍보 대상 명단을 모두 섭렵하지 못했다. 내가 그의 영업 스타일에 방해가 되었는지도 모르겠다.

진짜 현실의 기이함이 VR의 기이함을 능가하고 있었다. 얼마나 오래갈지 알 수 없었다. 말이 되는 것이 하나도 없었다.

일본에서는 우리에게 판매 허가를 받은 사업자 한 명이 조직 범죄 관련 고발에 얽혔다. 이 사람들에게 받아야 할 돈을 모조리 받아 내는 것은 번거로운 일이었지만, 그들은 그 대신 내게 도쿄의 (아마도 범죄에 연루되었을) 환락가를 구경시켜 주었다. 개인별로 시중을 드는 여성 수행원은 게이샤의 현대판 후손이었다. 마천루 꼭대기의 반짝이는 수영장에 곤돌라가 떠 있고 그 속에서 온갖 빛깔과 황금빛의 꽃무늬 베일을 두른 여인들이 넋을 빼앗았다. 사방으로 야경이 펼쳐졌으며 멀리 어슴푸레하게 후지산이 보였다.

당시에 VPL은 시뮬레이션에서 사람들을 네트워크로 연결하는 것이나 아바타 같은 근본적 특허를 보유하고 있었다. 그 특허들은 순수한 꿀이어서 끝없는 소송과 분쟁의 원인이 되었으나, 그때는 초창기여서 다들 시간만 허비하고 있었다. 앞에서 말했듯 VPL의 특허는 오래전에 만료되었다. 문제는 수십 년이 지난 지금에야 VR로 진짜 돈을 벌어들일 여건이 조성되었다는 것이다.

가치를 실현할 수 없을 때 그 가치를 〈인식〉하는 것은 분쟁을 끌어당기는 최악의 자석이다. 아무도 만족하지 못한다.

매끄럽게, 몰래

결혼 생활은 짧지만 괴로웠다.

그녀가 말했다. 「당신은 나의 좋은 면을 몰라봐.」

「그건 당신의 날카로운 변(邊) 때문이지.」

「하하. 당신은 너무 똑똑하지만 충분히 똑똑하진 않아.」

이혼은 어처구니없이 거대한 싸움이 될 것 같았다.

마빈 미철슨이라는 할리우드의 이름난 이혼 전문 변호사가 내게 수작을 부렸다. 그는 내가 전처를 임신시키기를 거부했으며 이제는 그녀가 나이를 먹어 임신이 힘들어졌다는 논리를 들고 나왔다. 그러면서 내게 〈가상 자녀 양육비〉 청구 소송을 걸 거라고 위협했다.

그의 속셈은 특허의 부스러기를 얻는 것이었지만. 공교롭게도 미철슨은 소송이 진행되기 전에 딴 사건으로 변호사 자격을 잃고 투옥되었다(전처는 나중에 딴 남자의 아이를 낳았으며 모든 것이 순조롭게 해결되었다).

하지만 그 과정에서 내가 끊임없이 추적당한다는 느낌이 들었다. 어느 날 아침, 맨해튼 전역을 오랫동안 걸으며 생각을 정리하려고 길을 나섰다. 나는 아직도 캘리포니아에 살고 있었으며 시내에는 일이 있을 때만 갔다. 늦은 오후에 센트럴 파크에서 아무 벤치나 골라 앉았는데, 누가 이혼 관련 서류를 건네주었다. 집행관은 하루 종일 나를 따라다니라는 지령을 받은 것이 틀림없었다. 내가 늘 감시당하고 있다는 것을 내가 알게 하려는 수작이었다.

이 경험은 이론과 경험의 차이를 더 뚜렷이 드러냈다. 나는 인간의 삶이 신비하고 성스럽다는 명제와 남의 몸에 간섭하지 말아야 한다는 명제가 둘 다 참이라고 오랫동안 믿었다. 따라서 여성의 낙태권을 지지했다.

하지만 생식에 대한 타인의 견해 때문에 법률이 내 몸에 간섭할 수도 있다는 생각은 한 번도 하지 못했다. 이를테면 나의 정력을 법정에서 입증할 수 있도록 정자 샘플을 제출해야 했다. 이 사건은 여간 기이하지 않았기에, 다른 남자들도 내 처지가 되어 봤으면 좋겠다는 생각이 든다. 그러면 낙태 논란이 금세 해소될 것이다.

이번 일의 부작용으로 나는 늘 추적당하고 감시당하는 것이 어떤 것인지 알게 되는 불운을 겪었다. 공원 벤치에 앉아 있던 그 순간, 나는 심장이 멎을 뻔한 깨달음을 얻었다. 이런 사건들이 제어 장치 없이 전개되면 실리콘 밸리는 나를 추적했듯 금세 모든 사람을 추적할

터였다. 현실을 부정하지 않는 이상 이런 식으로 살 수는 없다. 그
수법을 평생 회피하려면 결국 내면의 일부가 죽어야 한다.

안타깝게도 우리 디지털 구루들은 모든 사람을 솔직한 삶의 경험에서
밀어내야 했다. 현실을 부정하면서 살지 않고서는 누구도 감시받는
삶을 받아들일 수 없을 테니 말이다.

하지만 마지막의 경이로운 순간만은 만끽할 수 있었다. 마이크로코즘
시제품을 멋지게 활용했을 때였다.

한 손의 소리

1992년에 시카고에서 시그래프가 열렸다. 영화 상영은 언제나 행사의
하이라이트로, 관중의 함성 속에 최신 특수 효과를 업계에 선보이는
자리이다. 실연(實演)이 펼쳐지는 무대에서는 대개 막간 쇼가 열리는데,
그해에는 내가 마이크로코즘을 쓰고 가상 현실 안에서 음악을
연주했다. 마이크로코즘을 일반에 선보인 것은 그때가 유일했다.

나는 (데이터글러브를 하나만 끼고 음악을 연주했기에 〈한 손의
소리Sound of One Hand〉라고 부른) 가상 세계의 디자인에서 출발하여
연주법을 배웠는데, 공연까지는 한 달밖에 남지 않았었다. 나는 창작
과정에 완전히 몰입해야 했다. 음악에 빠져드는 것은 얼마나 무모한
사치인가. 돌이켜 보면 나는 기술 비즈니스를 떠나는 실험을 그때부터
하고 있었던 것 같다.

나는 공연에서 마이크로코즘 헤드셋을 쓰고 오페라 손잡이를 잡은 채
가상 세계에 들어가 있었으나, 청중은 내가 한쪽 눈으로 보는 장면을 내
뒤의 커다란 프로젝터 화면에서 볼 수 있었다. 물론 내가 연주하는

음악도 들을 수 있었고.

〈한 손의 소리〉는 음 하나하나가 마치 데이터글러브에서 가상 악기로 전달되듯 내 손의 움직임에 맞춰 생성되었다. 정해진 악보 같은 것은 없었다. 내가 즉흥 연주를 하고 있음을 청중으로 하여금 믿게 하기란 쉬운 일이 아니다. 연주자가 미리 녹음된 음악에 맞춰 시늉만 하는 것일 수도 있기 때문이다. 상호 작용형 기기를 무대에서 활용하려면, 상호 작용이 진짜임을 청중에게 설득할 수 있도록 간단한 데모를 먼저 보여 줘야 한다.

상호 작용성을 시연하기 위해 내가 공연에서 처음으로 연주한 가상 악기는 리듬 짐벌이었다(짐벌은 서로 다른 회전축으로 이루어진 기계 장치를 일반적으로 일컫는 말이다).

리듬 짐벌은 자이로스코프를 닮았다. 가만히 있을 때는 새하얗고 아무 소리도 나지 않았지만, 집어 들어 움직이자 소리를 내기 시작했다. 실은 고리들이 서로 마찰되면서 소리가 났다. 고리가 맞닿으면 색깔도 달라졌다. 리듬 짐벌을 일단 움직이면 천천히 느려지지만 완전히 멈추는 데는 오랜 시간이 걸렸다. 그래서 내가 고리를 전혀 돌리지 않은 채 조심스럽게 손을 놓지 않으면 내가 보지 않을 때에도 계속해서 소리가 났다. 다른 악기를 연주할 때 들리는 〈배경〉 소리는 리듬 짐벌에서 나는 것이었다.

짐벌을 회전시키면, 개방적이고 조화롭고 차분한 소리에서 격렬한 불협화음까지 다양한 화성과 음색을 탐구할 수 있었다. 내가 좋아하는 것은 중간 지대였는데, 후기 스크랴빈과 바버의 아다지오를 섞은 듯한 소리가 났다(농담 아니다).

이 간단한 장치가 얼마나 훌륭한 화성을 만들어 내던지 소름이 돋을 정도였다. 작곡가의 뇌가 이걸 전부 해낸다고? 하지만 짐벌을 독립형 알고리즘 음악 발생기로 묘사하는 것은 적절치 않다. 이 신기한 악기의 기묘한 화성을 찾으려면 직관적 연주의 요소가 꼭 필요하다.

리듬 짐벌에서 특정 화음을 만들어 낼 수는 없었지만, 화음 진행에서 어떤 느낌을 받을 수는 있었다. 코드가 언제 얼마나 심하게 변할지에 내가 영향을 미칠 수 있었기 때문이다. 할 수 있는 게 적다기보다는 다르게 할 수 있는 것 같은 느낌이었다. 좋은 악기의 판단 기준은 무엇을 할 수 있느냐가 아니라 배우고 탐구하면서 얼마나 무한히 악기에 예민해질 수 있느냐이다. 좋은 악기에는 몸이 배울 수 있는 깊이가 있는데, 언어적·시각적 마음은 이를 배울 수 없다.

애초 계획은 〈한 손의 소리〉를 정교한 VR 〈데모〉, 또는 해설로 선보이는 것이었다. 하지만 가상 세계에서 작업하면서 어떤 기분이, 또는 어떤 정수가 나타나기 시작했으며, 더구나 그것은 나의 정서적 경험과 영적 경험에 부합했다. 뜻밖의 신나는 사건이었다. 내용은 발랄하지 않았지만. 그래서 나는 명료하고 가벼운 유머가 있는 친숙한 컴퓨터 문화에서 벗어나 더 어둡고 직관적인 과정을 받아들였다. 내가 프로그래밍을 직관적으로 느낀 것은 매우 드문 일이었는데 — 기술적 역량과 정서적 역량이 어우러지게 하기란 쉬운 일이 아니다 — 이때가 그중 하나였다.

다른 악기들도 있었는데,♦ 전부 속이 빈 소행성 안을 떠다니고

♦ 사이버 색소폰은 인체 공학적으로 가장 복잡한 악기였다. 색소폰을 쥐면 점차 손에 잡히되 손가락 사이로 빠져나가지 않아야 했다. 내가 색소폰을 쥐었을 때 가상 손가락의 위치는 실제 손가락의 위치를 여전히 반영했지만 색소폰 키에 제대로 놓이도록 조정되었다. 이것은 가상 손 도구를 디자인할 때 중요한 — 특히 힘 피드백을 구현할 수 없을 때 — 제어 필터링의 예이다.

있었으며 나는 정처 없이 홀로 악기 주위를 날며 (보이지) 않는 관객을 위해 음악을 만들었다.

컴퓨터 음악은 코딩의 성격이 있기에 음악이 무엇인가의 개념을 토대로 만들어진 악기를 이용하게 될 수밖에 없다. 이것은 과거의 〈벙어리〉 악기와 극적으로 다른 점이다. 피아노는 음이 무엇인지 모른다. 때리면 진동할 뿐이다. 예민함, 경외감, 삶을 둘러싼 신비야말로 과학과 예술의 핵심이지만, 의무적 개념이 내장된 악기는 이 예민함을 무디게 할 수 있다. 자신이 코딩할 수 있는 것이 자신이 할 수 있는 것에 대한 완벽한 이해를 반영하는 것처럼 가장(假裝)하면 모든 것*의 가장자리에 놓인 신비를 보지 못하게 된다. 이는 〈너드〉한 예술이나 밋밋한 예술로 이어질 수 있다. 컴퓨터 미술이나 컴퓨터 음악을 제대로 하려면 사람들과 인간적 접촉이 관심의 초점이 되도록 더더욱 신중을 기해야 한다.

나는 〈한 손의 소리〉가 공연자, 청중, 기술 사이에 이례적인 지위 관계를 만들어 낸 것을 보고 뿌듯했다. 공연에서 희귀하고 값비싼 고급 기술을 이용하여 볼거리를 창조하면 대개 공연자의 지위가 올라간다. 공연자는 감히 이의를 제기할 수 없는 존재가 되는 반면에 관객은 압도당하는 것이 당연한 처지가 된다.

하지만 〈한 손의 소리〉가 만들어 낸 상황은 전혀 달랐다. 관객은 내가 우주를 항해하고 가상 악기를 다루면서 온갖 모양으로 몸을 뒤트는 것을 보았지만, 나는 아이폰을 쓰고 있었다. 내가 우스꽝스러운 자세를 취하는 것을 5,000명이 보았으나, 나는 그들을 볼 수 없었다. 내 모습이

♦ 〈모든 것〉이라는 단어를 이렇게 쓰는 것은 레너드 코언이 「송가Anthem」에서 〈모든 것에 틈이 있으며, 그곳으로 빛이 들어온다〉라고 했을 때와 같은 용법이다.

그들에게 어떻게 비칠지도 알 수 없었다. 기술에도 불구하고 나는 쉽게 상처받을 수 있는 지극히 인간적인 존재였다. 이로부터 더 진실된 음악 환경이 생겨났다. 관객 앞에서 음악을, 특히 즉흥 음악을 연주해 본 사람이라면 연주자가 진정한 연주를 하기 전에 취약해진다는 말이 무슨 뜻인지 알 것이다.♦

〈한 손의 소리〉는 내가 70년대 후반에 뉴욕에서 관여한 어떤 기이한 〈실험적〉 공연보다도 커다란, 미지로의 도약이었다. 나는 곡이 분위기나 의미를 띨지, 관객이 자신의 경험을 이해할 수 있을지 전혀 알 수 없었다. 공연은 내게 유쾌하고 치유적인 사건이었다. 기술적 블루스이자 내가 행복하게 연주할 수 있는 암울한 곡이었다. 그것은 VPL 가족들과 순수하게 창조적인 프로젝트를 진행할 기회였다. VPL 모든 자원을 업무의 대상이 아니라 주어진 (신뢰할 수 있는!) 원재료로 취급할 기회였다. 가상 도구 디자인에 대한 나의 설교를 실천할 기회였다. VR을 오로지 아름다움을 위해 쓸 기회였다. 터무니없이 야심찬 전문가 동료 집단 앞에서 음악성을 발휘할 기회였다.

청중은 믿을 수 없을 만큼 열띤 반응을 보였으며 그 공연을 데모라고 말하는 사람은 아무도 없었다. 그것은 음악이었다.♦♦

한 유한 게임의 종말

돌이켜 보면 〈한 손의 소리〉는 내게 피츠카랄도적 순간이었다.♦♦♦ 산더미

♦ 책을 쓰는 것도 비슷한 권력의 역학 관계를 창조한다.
♦♦ www.jaronlanier.com/dawn.
♦♦♦ 「위대한 피츠카랄도Fitzcarraldo」는 베르너 헤르초크 감독의 영화이다 ― 옮긴이주.

같은 일과 공연을 한 뒤에 황무지로 떠나는 남자.

시그래프 92는 황홀했지만, 나는 그 뒤에 현실을 직면해야 했다. VPL 이사들의 눈을 쳐다볼 수 없었다. 우리는 모든 역량을 마지막 한 방울까지 쥐어짜고 있었다. 나는 우리가 마이크로코즘에 모든 것을 걸길 바랐다. 회사 전체를 위험에 빠뜨리는 한이 있더라도. 나는 VPL이 네트워킹의 성장에 편승하길 바랐다. 우리에게는 이미 최초의 네트워크 애플리케이션으로 손색이 없는 소프트웨어가 있었다. 나머지 이사들은 VPL이 방향을 바꿔 덜 위험을 감수하고 더 평범한 회사가 되길 바랐다. 군납 계약을 따고 고비용 고이윤의 제품을 소량으로 판매하고 지식 재산권의 가치가 올라가 높은 가격에 팔릴 때까지 기다리길 바랐다. 이사회의 포부에는 엄청난 대가가 따랐다. 그것은 전략적 파산이었다.

이 계획에 따르면 VPL은 파산 절차를 밟고 그 뒤에 채권자에게서 자유로운 새 회사가 창업하며 — 이사들도 채권자였으나 내가 상관할 바 아니었다 — 프랑스인 투자자들이 전권을 쥘 터였다. 이때 내가 싸웠다면 이길 수도 있었을 것이다. 내가 본 것은 큰돈을 걸 기회였지 파산의 필요성은 아니었다.

내 마음 뒤켠에서는 내가 엉뚱한 꿈을 좇기 시작한 게 아닌가 하는 의문이 피어올랐다. 실리콘 밸리 거물이 내 목표였다면 아직도 기회가 있었다. VPL을 대기업으로 탈바꿈시킬 방법이 있었다. 그것은 네트워킹의 성장에 편승하는 것이었다. 무능한 이사회, (소문에 따르면) 일본 깡패, (소문에 따르면) 프랑스 스파이, (확인된) 할리우드 이혼 전문 변호사와 우스꽝스러운 싸움을 벌이고 거대 기술 기업을 손에 넣을 수도 있었다. 하지만 내가 원하는 게 무엇인지 새삼 의문이 들었다.

당시의 나 자신을 야박하게 평가하라면 내 문제는 사랑받고 싶었다는 것이라고 말하겠다. 나는 여전히 엄마를 잃은 어린 소년이었으며, 실리콘 밸리에서 성공에 따르는 시기와 괴롭힘을 견딜 수 없었다.

하지만 이게 전부가 아니었다. 남성적 성공이라는 재계의 신화도 의심스러웠다.

재계의 분위기에는 군사 문화의 어렴풋한 잔재가 남아 있다. 기업 총수는 마법처럼 일을 성사시키는 사람이다. 스티브 잡스는 〈우주에 흔적을 남기자〉라고 말했다. 재계의 남성적 신화는 생각이 현실을 창조한다는 뉴에이지 미신 같았다. 주술적 사고가 만연했다.

하지만 이 즈음에 나는 기술 기업, 거대 장난감 회사, 군납 회사 등 여러 업체들과 친분이 생겼다. 내가 알기로 그 기업들에서 실제로 일어난 일들은 비즈니스 슈퍼맨의 신화에 들어맞지 않았다. 총수들은 권력과 명성을 놓고 서로 다퉜지만, 어떤 일이 실제로 쓸모 있게 해결되었을 때마다 그 뒤에는 반드시 이름 없는 누군가가 있었다. 그는 보이지 않는 천사였다. 나의 신화가 돋보이기는 했지만 VPL이 실질적인 성과를 거둔 것은 척과 앤 같은 사람들이 나 못지않게, 어쩌면 더욱 기여한 덕분이다.

위인 신화를 더는 믿지 않는다면 그런 목표를 품기 힘들다.

그래서 나는 이해할 수 없는 결론에 도달했다. 내가 VPL을 떠날 때가 되었다는 생각이 들었다.

그것은 마치 조국이나 종교를 버리는 것과 같았다. 나는 혼란스럽고 불안했다.

VPL은 나 없이 똑같은 제품을 팔면서 꾸려 갔지만, 내가 아는 한 혁신은 없었다. 소식이 끊긴 지도 오래되었다. 1999년에 선 마이크로시스템스에 인수되었으며 결국은 오러클 소속이 되었다.

다시 한번 나의 일부가 죽었다. 잊을 수 있는 만큼 잊고 새로 시작할 때가 되었다.

21   코다:
현실의 좌절

1992년 이후의 시기는 온갖 경이로움으로 가득했다. 나는 달라졌다. 모든 것이 달라졌다.

내 주위에는 더없이 다정한 가족이 있다. 나는 행복하다.

하지만 바깥 세상으로 말할 것 같으면 이야기가 복잡하다.

엘패소는 내가 어릴 적에만 해도 끔찍한 곳이었지만, 오늘날은 미국에서 가장 안전한 도시 중 하나이다. 민족 간의 갈등이 줄었고 여유가 늘었다. 이곳 문화의 쌉싸름한 거품은 상쾌하며 표면에서 부글거린다.

한편 나의 사랑하는 시우다드후아레스는 한동안 세계의 범죄 수도로 알려졌다. 젊은 여인들이 무더기로 사라진 무시무시한 사건 탓이었다. 2008년부터 2011년까지의 가장 음침하던 시절에 엘패소 다리를 걷노라면 중세의 지옥에 내려가는 기분이 들었다. 이제 엘패소는 어둠에서 기어 나오고 있는 중이다.

그런가 하면 미국의 레스토랑들에서 흡연이 금지되었다. 내가 젊다면 레스토랑에서 밴드 공연을 할 수 있을 텐데.

뉴욕와 로스앤젤레스는 공기가 숨 쉴 만해졌다. 이제는 미국

마이크로소프트 리서치의 2015년 직원 회의. 이 책에서 언급한 VR 연구자가 많이 보인다. 이것은 사진이 아니라 체적 캡처의 2차원 이미지이다. 왼쪽에서 오른쪽으로: 연구 인턴 빅토르 마테에비치, 켄 펄린(뉴욕 대학교), 마크 볼라스(서던캘리포니아 대학교 출신으로, 지금은 홀로렌즈 담당), 연구 인턴 앤드리아 원, 크리스토프 레만(마이크로소프트), 앤디 반 담(브라운 대학교), 나, 데이비드 킴, 헨리 푸크스(노스캐롤라이나 대학교), 연구 인턴 요제프 멩케, 스티브 파이너(컬럼비아 대학교), 샤람 이자디(마이크로소프트), 블레어 매킨타이어(조지아 공과 대학교), 캐롤리나 크루즈니라(아칸소 대학교, 홀로렌즈 담당), 연구 인턴 키쇼어 라티나벨, 톰 퍼니스(워싱턴 대학교), 연구 인턴 게릭 스파이지그너(실험적 헤드셋인 리얼리티 매셔Reality Masher에 머리가 파묻혀 있다), 켄 솔즈베리(스탠퍼드 대학교), 웨인 창(마이크로소프트), 샤오젠슝(프린스턴 대학교), 란 갈(마이크로소프트), 모르는 방문객 두 명, 하비에르 포라스 루라스치(마이크로소프트), 장정유(마이크로소프트).

대도시를 방문해도 외계 행성의 대기 속으로 착륙하는 기분은 들지 않는다.

하지만 맨해튼은 어디에나 있는 연쇄점에 점령당했다. 예전에 비해 맨해튼만의 특색이 줄었다.

그와 동시에 로스앤젤레스에서 문화적 깊이가 뿌리를 내렸다. 예전에는 요령부득의 주택들이 늘어선 모호한 도시였지만 이제는 막다른 길처럼 느껴지지 않는다. 내가 보기에는 현실적이고 충만한 삶을 사는 사람들로 넘쳐나는 듯하다. 무엇이 더 많이 변했을까? 로스앤젤레스일까, 로스앤젤레스를 알아보는 나의 눈일까?◆

무엇보다 실리콘 밸리가 달라졌다. 우리가 이겼다. 우리가 엄마 대여를 운영한다. 이사회는 관여하지 않는다. 해커들이 회사를 직접 소유한다.

우리는 세상에 대고 즐거움을 위해 변화하라고 말했는데 그대로 됐다! 전 세계 아이들이 우리에게 개인 정보를 내주었으며 우리의 알고리즘이 그들의 꼭두각시 줄을 잡아당긴다. 그들은 우리의 스키너 상자에 달린 단추를 쫀다.

해커는 세계 역사상 가장 부유한 회사를 소유하고 있으나, 신경 써야 할 직원은 비교적 적다. 젊은 해커 개인이 주기적으로, 그리고 순식간에 전 세계 나머지 인구의 상당수보다 부유해진다.

왕국들은 뜨고 졌다. 선의 옛 사옥은 이제 페이스북 본사가 되었다. 실리콘 그래픽스의 옛 본사는 구글플렉스가 되었다. (내가 VR 실험을 하던 곳이 지금의 구글플렉스 구내식당이다.)

밸리에 있는 〈느낌〉은 어떻게 되었을까? 커다란 변화 하나는 민족적 다양성이다. 요즘은 회의가 열리면 인도와 중국을 비롯하여 전 세계

♦ 호혜적인 침묵의 맹세를 깨는 것처럼 느껴지긴 하지만 — 우리는 모두 서로가 안다는 사실을 아는 척한다 — 이 책의, 아니 스토리텔링 일반의 가장 기본적인 측면을 언급하지 않을 수 없다. 다양한 사회적 풍경과 물리적 환경이 때마다 내게 전혀 다르게 보였음을 자세하게 묘사한 이유 중 하나는 내적 삶의 현실성을 강조하고 싶어서이다. 느낌은 사실과 다르다. 자신이 지각하는 것에 강한 반응을 보일 수는 있지만, 이 반응은 자신이 지각하는 사물의 성질보다는 자신의 내적 정신·정서 과정과 관계가 더 많을 때가 있다. 디지털 문화가 행동과 측정의 중심에 자리 잡은 탓에 우리는 세상이 느껴지는 방식이 세상 자체가 아니라 내적 경험이 지각을 어떻게 색칠하느냐에 달려 있음을 잊기 쉽다. 여러분이 예방 접종, 글루텐, 여성의 말할 때 내는 소리, 이민자, 정치적 올바름 등에 발끈하는 것은 어쩌면 전혀 다른 이유 때문인지도 모른다. 내면에서 일어나는 일에 주목할 필요가 있을지도 모른다. 나는 내적 삶, 경험을 더 많이 자각할수록 나와 다른 사람들이 더 훌륭한 과학자와 공학자가 되고 더 다정다감해지는 것을 보았다.

출신의 엔지니어들을 많이 볼 수 있다.

하지만, 이건 내 직감인데 인지적 다양성은 〈살짝〉 감소한 듯하다. 다들 예전에 비해 자폐적 활동에 (적어도) 좀 더 많은 에너지를 쏟는 듯하다.

또 다른 변화는 정치에서 일어났다. 밸리는 여전히 꽤 좌파적이고 진보적이지만, 자유 지상주의 성향이 매우 강해졌다.◆

이 책 첫머리에서 나의 어린 시절 자아는 미래가 지옥이자 천국 같으리라고 생각했다. 하긴 요즘은 돌아다닐 지옥이 얼마든지 있으니까.

역겨운 정치적 발언의 디지털 온상은 유즈넷의 〈얼트.◆〉 계층에서 레딧이나 포챈4chan 같은 허브로 옮겨 왔으며 게이머게이트Gamergate와 (최근에는) 대안 우파alt-right 같은 악의의 분출을 부추겼다. 안타깝게도 VR의 이야기는 이 경향과 얽혀 있다. 부록 3의 서글픈 이야기를 읽어 보라.

◆ 많은 젊은 기술신봉자들이 왜 자유 지상주의로 돌아섰는지 이해할 수 있다. 정부의 실리콘 밸리 운영은 마치 기술신봉자들을 좌절시키려고 작정한 것처럼 보일 수 있다. 그런 불만이 종종 제기된다.

이를테면 이곳의 베이교(橋)는 본디 1933~1936년에 건설되었으며 세상에서 가장 길었다.

사실 이 다리는 베이 한가운데의 섬을 관통하는 다리로 연결된 두 다리이다. 그중 한 부분이 1989년 지진 때 손상되었다. 손상은 샌프란시스코 쪽의 웅장한 현수교에서 일어나지 않았다. 그 고대의 공학은 굳건히 버텼다. 문제는 오클랜드로 이어지는 하층 구조물에서 발생했다.

회의가 어찌나 많이 열렸던지 2002년에야 보수가 시작되었으며 보수 구간은 2013년에야 재개통되었다. 손상 구간의 철거는 이 책이 출간될 때까지도 완료되지 않을 것이다.

여러분이 실리콘 밸리에 있는 밀레니엄 세대라면, 정부는 가장 실험적인 초기 컴퓨터보다 더 전에 원시적 조건에서 고작 3년 만에 건설된 다리를 보수하는 데 여러분의 전 생애보다 긴 기간을 들인 것이다. 이에 반해 아이폰과 페이스북 같은 실리콘 밸리의 산물들은 몇 달 만에 세상을 바꿀 수 있다.

나는 대안을 충분히 목격했기에 민주주의가 소중하다고 믿지만, 기술 기업과 베이 교만 목격한 사람이라면 다르게 느낄 법도 하다.

컴퓨터의 위험을 경고하는 이야기들(디스토피아가 근사해 보인다는 이유로 사람들이 디스토피아를 원한다는 것)*이 빗나간 오랜 역사가 있지만, 나는 VPL을 떠난 직후에 스스로 이 장르의 글을 쓰기 시작했다.

알고리즘 간의 추상적 전쟁으로 사회가 얼마나 불합리해질 것인가에 대해, 온라인의 〈바이럴〉 성향이 어떻게 갑작스러운 사회적·정치적 격변을 일으킬 수 있는가에 대해 에세이를 썼다. 일부 진영에서는 나의 경고를 귀담아들었으나, 내가 경고한 사건들을 미연에 방지하지는 않았다.

나는 또다시, 하지만 이번에는 다르게 경고하고자 한다. 많은 사건이 일어난 지금, 나의 이야기는 더는 경고가 아니라 현실이다. 나는 여러분이 따라올 수 있도록, 여러분 자신이 어디 있는지 감을 잡을 수 있도록 빵 부스러기를 떨어뜨리고 있다. 도움이 되려나? 그랬으면 좋겠다.

하지만 이제 더 유쾌한 주제로 돌아가자.

나는 아직도 VR을 사랑한다. 그냥 좋다. 젊은 디자이너들이 내놓는 가상 세계를 돌아다니는 재미가 아주 쏠쏠하다. 사람들이 아찔한 VR 경험을 하는 광경을 지켜보는 일도 즐겁다.

나는 아직도 VR에서 배울 것이 있다. 나의 신경계가 작동하는 모습을 보는 일이 좋은데, 이것이 가장 가능한 환경은 VR이다. 빛에서, 자연계의 움직임에서, 숲의 잎에서,** 아이의 살결에서 이제껏 몰랐던

♦ 2017년 소비자 가전 전시회의 히트 상품은 여러분과 대화를 나누고 여러분의 삶을 최적화하는 둥근 고정식 장비였다. 사람들은 헬을 사고 싶어 한다!
♦♦ 내가 이 책을 쓸 때 학생 인턴 주디스 아모레스Judith Amores가 미술과 조각을 실세계에 추가하는 홀로렌즈 앱을 개발했다. 이 앱에서 무지개 구조를 조각하고 벽이나 (심지어) 사람들에게 그래피티를 그리면 실제처럼 표면에 붙어 있으며, 끈적거리는 덩어리를 철퍼덕

뉘앙스를 보는 일이 즐겁다. 이것은 현실과 VR을 비교할 때 가장 강렬하게 느낄 수 있다.

더 나은 VR 장비를 만드는 기술은 여전히 새롭고 신선하다. 가상 물체를 집어 드는 더 나은 방법을 찾아내면 여전히 전율을 느낀다.

무엇보다 즐거움의 고갱이는 VR이 명백히 아름다울 수 있다는 것이다.

내가 가장 좋아하는 것은 사람들이 VR을 좋아하는 것을 보는 것이다. 가상 현실은 2010년대 중엽에 다시 인기를 얻었다. VR의 즐거움을 발견했을 뿐 아니라 광적으로 빠져든 세대가 새로 등장했다.

이따금 20대 풋내기가 VR은 몇 해 전에야 발명되었다거나 투자를 받지 못한 VR은 언급할 가치도 없다고 말하는 것을 보면 불쾌하지 않으냐는 질문을 받는다. 전혀 불쾌하지 않다. 오히려 희열을 느낀다. 그들은 VR을 소유하고 싶어할 만큼 애정이 있다.

젊은 사람들이 VR을 소유해야 한다. VR은 그들의 것이다. 내가 말하는 것보다는 다음 세대가 만들어 내는 것이 더 중요해질 것이다.

이 책은 〈고전〉 VR을 주로 다뤘지만, 최근 들어 혼합 현실(MR)이 급부상했다(홀로렌즈 개발이 큰 몫을 했다). 젊은 디자이너들이 혼합 현실에서 만들어 내는 가상의 사물을 얼른 보고 싶다.

VR과 MR는 어떤 관계일까? 둘은 영역이 겹친다. 미래의 장치는 두 모드 겸용으로 작동할 수 있을 것이다. 그렇게 되더라도 VR과 MR는

던지면 축 늘어져 뚝뚝 떨어진다.

나는 이것을 가지고 숲으로 갔다. 나는 나무 옆을 수월하게 걸으며, 이것을 당연하게 여길 수 있었다. 나무를 지우거나 쓰러뜨려 나만 남게 할 수도 있었다. 아니면 나무를 가상으로 장식했다가 되돌릴 수도 있었다. 문득 나무가 실감이 났다.

문화적으로 별개일 것이다. 영화와 텔레비전이 같은 채널에서 같은 화면으로 방송되는 지금도 둘이 별개인 것처럼 말이다.

이 책이 출간될 즈음이면 고전적 VR에 대한 최근의 열광이 정점에 이르렀을 것이다. 하지만 그렇게 되더라도, 또한 여러분이 최근 몇 년 사이에 VR에 푹 빠진 젊은이이더라도, VR 파도가 더 찾아올 것임을, 그것도 머지않아 그럴 것임을 알아 달라. VR은 실험실에서도 제대로 다루기가 힘들다. 근사한 VR 제품을 만들려면 아직도 배워야 할 것이 많다. 인내심을 가지길.♦

일부 독자의 눈에는 내가 조현병 환자처럼 보일지도 모른다는 것, 나도 안다. 여러분이 기술 종사자라면, 우리가 스스로를 좀비로 전락시키고 있다는 우울한 경고에 내가 이토록 많은 시간을 쏟아붓는 것이 의아할지도 모르겠다. 여러분이 인문학 애독자라면, 내가 그럼에도 어떻게 기술의 치어리더 노릇을 할 수 있는지 의아할지도 모르겠다. 여기서 줄타기를 하는 것은 쉬운 일이 아니지만, 인류가 살아남으려면 우리 모두 줄 타는 법을 배워야 한다.♦♦

이 책을 쓰는 지금, 세상은 20세기 중엽 SF에서 상상한 디스토피아에

♦ 아이폰iPhone의 등장이 모두를 버려 놓았다. 아이폰은 처음부터 〈거대〉했으며, 아이폰이 출범시킨 스마트폰 장르는 시간이 갈수록 커져 갔다. 하지만 이것은 이례적인 현상이다. 거의 결코 일어나지 않는 일이다. 개인용 컴퓨터는 그만큼 순조롭고 즉각적으로 보급되지 않았으며 소셜 미디어도 마찬가지이다. 하지만 이 디자인들은 거대해졌다. 시간이 좀 더 걸렸을 뿐이다. 기술을 구현하는 데 시간이 걸린다고 해서 세상이 그 기술을 거부했다고 생각해서는 안 된다.

하지만 이 책이 출간될 즈음에 이런 위안이 옳으리라는 것은 나의 짐작일 뿐이다. 어쩌면 VR이 어마어마하게 커질지도 모른다. 가장 중요한 일은 우려스러운 과열을 가라앉히는 것일지도 모른다.

♦♦ 우리는 줄 위에서on line 줄타기를 한다. 무슨 뜻인지 이해되나?

점점 가깝게 느껴진다. 이 장르의 소설들은 한결같이 미래의 기술을 (거부할 수 없을 만큼) 근사하게 묘사하면서도 그 위험을 경고했다.

언젠가 우리 가족이 다른 가족을 방문한 일이 있는데, 우리 아이들이 더없이 즐거운 표정으로 홀로렌즈를 가지고 노는 동안 부모들은 미국이 전체주의 국가가 되어 가는 것에 불만을 토로했다. 이것은 본디 필립 K. 딕의 소설에 나오는 장면 아니던가? 「시계태엽 오렌지」에서 삭제된 장면 아니던가?

나는 젊은이들이 기술을 이용하는 것을 보면서 희망을 얻는다. 내가 나누고 싶은 느낌이 (내가 알기에) 과학적으로 입증되지는 않았지만, 마음을 열고 들어 주기 바란다.

젊은이들은 온라인상의 거짓 선동에 쉽게 속아 넘어가지 않는 듯하다. 그들은 멍청한 소셜 미디어가 넘쳐나는 시대에서 자랐으므로, 사리분별을 할 줄 안다. 나이 든 사람들은 소셜 미디어에서의 거짓말이라는 신기술에 호되게 당했으며, 종종 내가 VR에서 꿈꾼 어떤 세상보다 인위적인 세상에 떨어진 것처럼 보인다.

젊은 사람일수록 기술을 활용하면서 현명한 중도를 잘 찾는 듯하다. X 세대는 밀레니엄 세대에 비해 소셜 미디어에 좀 더 중독된 듯하며♦ 아이들은 비슷비슷하고 무의미한 콘텐츠의 물결에 더 빨리 싫증을 느끼는 듯하다.

마인크래프트는 나의 어린 시절 자아에게 특히나 매력적이었을 것이다. 모르는 사람을 위해 설명하자면, 마인크래프트는 블록으로

♦ 이 주장을 뒷받침하는 예비적 연구가 조금 있긴 하지만, 추세라 부르는 것은 아직 섣부르다. 희망이라고 부를 수는 있겠지만. https://www.nytimes.com/2017/01/27/technology/millennial-social-media-usage.html.

이루어진 기발한 가상 세계로, 처음에는 PC용으로 출시되었으며 이용자들에 의해 끊임없이 재설계되고 재프로그래밍되고 있다. 어린이용 디지털 설계 중에서 역사상 가장 인기 있는 것 중 하나이다.

마이크로소프트에서 마인크래프트 제작사를 인수했는데, 나는 마인크래프트 직원들과 함께 이 게임을 VR 버전용으로 포팅하는 임무를 맡았다. 아홉 살배기 우리 딸과 아이 친구들에게 디자인을 테스트했더니 〈황홀해〉라는 반응이 나왔다. 아이들은 기술적 테크닉을 배우는 것에 그치지 않고 아름다움을 창조한다. 이와 같은 미래의 꿈을 표현할 말을 찾으려고 애쓰던 십대 시절에 내가 바라던 것보다 더 훌륭하다.

기술을 깊이, 그리고 온전하게 즐기는 것은 기술에 소유당하지 않고 기술을 소유하는 최선의 방법이다. 뛰어들어 보라!

후기

2014년에 독일의 도서 전시회에서 평화상이라는 걸 받았다. 그때
일어난 일을 술회하기에는 나의 수상 소감만 한 게 없을 테니, 그 소감의
결론을 인용하는 것으로 이 책을 마무리하고자 한다.

사람이 기계나 알고리즘 이상의 무언가라는 의미에서 특별하다고 믿는
것은 괜찮습니다만, 이 명제는 기술 진영의 천박한 조롱거리가 될 수
있습니다. 실제로 이 명제가 참임을 입증할 절대적 방법은 없습니다.
　우리는 오로지 신뢰를 토대로 스스로와 서로를 믿습니다. 이것은
신앙보다 더 실용적인 믿음입니다. 이를테면 이 믿음은 더 공정하고
지속 가능한 경제로 이어질 수도 있고 더 책임감 있는 기술 설계로
이어질 수도 있습니다(사람을 믿는 것은 신을 믿는 것과 믿지 않는 것,
어느 것과도 양립할 수 있습니다).
　일부 기술론자들은 사람의 특별함에 대한 믿음이 감상적이거나
종교적이라고 여겨 이를 증오합니다. 하지만 인간의 특별함을 믿지
않고서 어떻게 공감 어린 사회를 추구할 수 있겠습니까?
　기술론자들에게 인간의 특별함을 적어도 믿는 척이라도 하고서

결과를 보라고 제안해도 될까요?

마지막으로, 이 수상 소감을 제가 책을 쓰는 동안 돌아가신 아버지께 바칩니다.

저는 걷잡을 수 없이 슬펐습니다. 저는 외아들이며 이제 양친이 아무도 남지 않았습니다. 부모님은 온갖 고통을 감내했습니다. 아버지 가족은 포그롬으로 수많은 목숨을 잃었습니다. 친척 한 명은 평생 벙어리로 살았는데, 어릴 적에 침대 밑에 숨은 채 언니가 칼에 찔려 죽는 것을 보면서도 목숨을 건지기 위해 아무 소리도 낼 수 없었기 때문입니다. 어머니 가족은 빈 출신으로, 수용소에서 많은 이들을 잃었습니다. 이 모든 일을 겪고서 이제 저만 남았습니다.

하지만 이내 슬픔보다 훨씬 커다란 감사의 마음이 저를 사로잡았습니다. 아버지는 90대까지 살았으며 손녀를 보았습니다. 아버지와 저희 딸은 서로를 알고 사랑했습니다. 서로에게 행복의 원천이었죠.

(창조적 파괴를 사랑한다고 공언하면서도) 불멸을 연구하는 저의 디지털지상주의자 친구들이 뭐라고 생각하든 죽음과 상실은 피할 수 없습니다. 우리가 아무리 큰 고통을 겪더라도, 죽음과 상실은 피할 수 없기에 결국 따분한 일이 됩니다.

놀랍고 흥미진진하고 눈부시게 경이로운 것은 우리가 만들어 내는 기적, 우정, 가족, 의미입니다.

그것은 사랑의 창조입니다.

부록 1   탈기호 소통
(나의 고전적 VR 대화에서의 몽상에 대하여)

더 많은 녹취

〈녹취〉라는 제목의 절은 1980~1981년경의 강연을 기록한 것인데, 강연 첫머리에서 산만큼 큰 두족류와 어린 시절의 경험을 언급했다. 〈기술이 영원토록 권력의 문제이기보다 의미의 문제일 만큼 매혹적이려면 어떻게 해야 할까?〉라는 주제를 제시하는 방법은 이것뿐이었다.

강연은 이렇게 이어진다.

21세기가 되고 수십 년이 지나 로봇이 부쩍 발전했다고 가정해 봅시다.[*]
어쩌면 여러분은 브롭딩낵[**]처럼 거대하고 애니메트로닉스[***]처럼 자유자재로 움직이는 문어 모양의 화려한 수중 오두막을 지을 수 있을 것입니다. 어쩌면 언젠가 미래에는 생물 공학이 발전하여 사람이 잘 수

---

[*] 이 오래된 녹취록을 편집한 시점은 그로부터 한참 뒤였지만, 베이에 숨은 거대 인공 피조물은 아직도 등장하지 않았다.

[**] 『걸리버 여행기』에 나오는 거인 — 옮긴이주.

[***] 〈애니메이션animation〉과 〈일렉트로닉스electronics〉의 합성어로 기계적 뼈대나 전자 회로를 가지고 제작한 실물과 흡사한 캐릭터를 원격 조정을 통해 움직이게 하는 CT(culture technology) 기술 — 옮긴이주.

있는 침실을 가진 도시 크기의 맞춤형 문어를 만들 수 있을지도 모릅니다.

우리가 기술에 대해 배운 것은, 기술이 발전할수록 어떤 것은 더 빨라지고 더 쉬워질지도 모르지만 또 어떤 것은 여전히 예전만큼 힘이 든다는 것입니다. 칩이 빨라질수록 이를 생산하기 위해 공장을 짓기는 점점 힘들어집니다.

따라서 거대 문어를 실제로 만드는 것은 머나먼 미래에도 고역일 것이라고 추측하는 것이 합리적입니다. 어떤 종류의 고역일지는 알 수 없지만요.

그리고 실제 작업보다 정치에 더 많은 시간을 써야 할 수도 있다는 것을 명심하십시오. 미래에 생물 공학의 규제가 완화되더라도 그렇게 거대한 것을 위해 땅과 물을 이용하는 것에 대해 협상할 권리와 규제는 여전히 남아 있을지도 모릅니다.

하지만 이 세상에서 새로운 것을 자연스럽게 경험하는 —심지어 여러분이 성인이더라도— 방법이 몇 가지 있습니다.

인체를 생각해 보면 생각만큼 빠르게 움직이고 생각만큼 다양하게 변화하는 특수 부위가 몇 개 있음을 알 수 있습니다.

뭔지 아시겠습니까? 머리를 쓰세요. ……혀와 손가락이잖아요!

손가락은 피아니스트가 생각하는 속도만큼이나 빠르게 피아노에서 음을 연주할 수 있습니다. 가장 빠른 피아노 연주자는 사람들이 들을 수 있는 한계만큼이나 빠르게 즉흥적으로 선율을 지을 수 있습니다. 제 말이 믿기지 않는다면 아트 테이텀의 솔로를 들어 보세요. 정신 차리고 들어 보면 넋을 잃으실 겁니다.

우리는 손을 이용하여 온갖 인공물을 만들었습니다. 손은 불을 피우고, 불은 쇠를 녹여 칼을 만드는 식으로, 점점 길어지고 느려지는 중간 단계들을 거쳐야 하기는 했지만요.

기다란 기술 기차의 맨 앞에는 언제나 손이 있습니다. 하지만…… 손을 조율하는 것은 혀입니다. 우리가 말을 하는 것은 손으로 무엇을 할지 계획하기 위해서입니다.

우리가 간직한 최초의 기억은 대개 첫 언어 경험과 일치합니다. 언어를 이해하려면 우선 급하다는 게 뭔지 생각해야 합니다.

언어는 인간이 이용할 수 있는 물리적 현실의 작은 부분 중에서 생각의 속도로 다룰 수 있는 것(이를테면 혀)으로, 매우 느리고 힘들게 해낼 수밖에 없는 현실의 나머지 모든 조작이 빠르게 이뤄진다는 환각을 일으킵니다.

언어는 실리콘 밸리 문화에서 〈핵hack〉이라고 부르는 것입니다.

몇 번만 혀를 굴리고 성대를 울리면 〈거대 자수정 문어〉를 토해 낼 수 있습니다. 이 생물을 실제로 구현하는 데 걸릴 수십 년의 ─ 심지어 먼 미래에도 ─ 고역과 비교해 보세요.

기호는 효율성을 높이기 위한 수법입니다. 언어라는 기호를 이용하면 우리의 뇌는 변화를 물리적 현실로 구현하는 모든 과정을 거치지 않고도 생각을 남들에게 실시간으로 표현할 수 있습니다. 기호는 혀처럼 우리가 제어할 수 있는 우주의 일부를 우리가 급하게 제어할 수 없는 나머지 우주와 모든 가능 우주의 호출자invoker로 탈바꿈시킵니다.

이제 미래의 가상 현실이 어떤 모습일지 생각해 봅시다.

VR 안에서 오늘날의 악기처럼 빠르고 훌륭하게 새로운 사물을 만들어 내는 사용자 인터페이스가 언젠가 탄생한다고 상상해 보세요. 심지어 촉감도 악기와 같을지도 모릅니다.

몰입형 가상 세계에서 색소폰처럼 생긴 가상 악기를 집어 들 수 있을지도 모릅니다. 그것을 보고 느끼려면 특수 안경과 장갑을 써야 할 수도 있습니다. 다른 장비가 더 필요할 수도 있고요. 가상 악기를 들고, 짚는 법과 부는 법을 배우면, 오늘날 색소폰에서 악음이 흘러나오듯 쉽고 빠르게 가상의 문어 주택과 온갖 환상적인 것으로 가득한 세상이 흘러나올 겁니다.

새로운 트릭이 종의 레퍼토리에 담기는 셈이고 인류의 이야기에서 새로운 반전이 생기는 셈입니다. 언어를 가능하게 한 바로 그 신체 부위가 (가설적 경험을 기호로 가리키는 게 아니라) 경험의 대상을 만들어 내는 데 활용됩니다.

물론 연주를 통해 사물을 존재하게 하는 법을 배우려면 몇 년이 걸릴 겁니다. 말하는 법이나 피아노 치는 법을 배우는 데에도 몇 년이 걸리니까요. 하지만 그 결실은 분명합니다. 다른 사람들은 여러분이 숨결을 불어넣어 만든 존재를 경험할 것입니다. 여러분이 자발적으로 만든 발명품은 객관적으로 존재할 것이며, 물체에 대한 지각이 공유되는 것과 같은 정도로 공유될 것입니다.

이 이상적 운명에 가까워지려면 VR은 〈표현적 현실 발산 색소폰〉 같은 프로테우스적 연장을 갖춰야 할 것입니다. 이런 연장을 만들 수 있는지 없는지는 아직 모릅니다. 하지만 만들 수 있다고 가정해 봅시다.[•]

그러면 가상 현실은 물리적 현실과 언어와 천진난만한 상상력의 성질들을 결합하되 완전히 새로운 방식으로 결합할 것입니다.

가상 현실의 이러한 운명을 저는 〈탈기호 소통postsymbolic

[•] 표면 지향성을 다루는 부록 2에서 이것이 어떻게 가능할지에 대한 나의 생각을 약간 설명한다.

communication〉이라고 부릅니다. 유령 이야기를 할 필요 없이 아예
유령의 집을 만들 수 있습니다.

　　가상 현실은 한없는 다양성을 낳는다는 점에서 상상과 비슷할 것이며
객관적이고 공유될 수 있다는 점에서는 물리적 현실과 비슷할 것입니다.
성인이 생각의 속도만큼 빠르게 표현하는 법을 배울 수 있다는 점에서는
언어와 비슷할 것이고요.

새로운 종류의 파랑

강연은 이렇게 끝났지만, 그 뒤에 쏟아진 질문들이 기억난다. 여기서는
그중 하나에만 대답하겠다.

「그런데요, 가상의 사물은 그냥 새로운 종류의 기호가 되는 것
아닌가요? 존재할지도 모르는 사물을 추상적으로, 또는 플라톤적으로
가리키는 것 아닌가요? 말과 정말로 다른가요?」

「좋은 질문입니다.」 첫 번째로 이해해야 할 것은 우리가 아직 의미나,
기호, 추상을 과학적으로 정의하지 못했다는 사실이다. 우리는 이것들을
뇌에서 일어나는 현상으로 기술하지 못한다. 수천 년간 이 단어들의
의미를 궁구했지만, 이 단어들이 무엇을 표상하든 우리는 그에 대한
탐지기를 만들지 못한다. 우리는 이것들을 컴퓨터 프로그램에서
구현하는 척하지만, 그건 홍보와 자금 조달을 위한 시늉일 뿐이다.

　　그럼에도 나는 탈기호 소통이 앞선 소통 수단과 구별된다는 논증을
제시할 수 있다.

〈파랑〉을 생각해 보자. 과학자는 파랑을 망막의 특정 감각기에 가장 잘 들어맞는 빛 진동수로 설명할 것이다. 하지만 그게 전부가 아니다. 우리는 그런 의미에서 파랗지 않은 바다, 풀, 음악 같은 것에서도 파랑을 지각한다. 그렇다면 〈파랑〉은 무엇일까?

VR에서 모든 파란 것을 담은 들통이 있다고 상상해 보라. 머리를 집어넣으면, 타디스'처럼 안이 넓은데, 온갖 파란 것이 멀찍이서 떠다니고 있다. 여러분은 단어가 없이도 공통점을 감지할 수 있다.

이것이 새로운 종류의 파랑일 것이다. 충분히 유동적인 구체성이 추상화의 임무를 적어도 일부는 떠안을 수 있을 것이다.

달리 말하자면, 온 우주가 여러분의 몸이라면 말은 무의미하다. 묘사할 필요 없이 그저 깨달을 것이기 때문이다(VR을 안 해본 사람은 앞의 두 문장을 이해하기 힘들지도 모른다).

파랑을 뜻하는 단어가 생기기 전에는 고대인들이 파랑색의 존재 자체를 알지 못했다고 주장하는 학자들이 있다." 많은 고대 문헌에는 파랑색이 등장하지 않는다. 그렇다면 오늘날 우리가 무엇을 놓치고 있는지 궁금하지 않을 수 있겠는가? 탈기호 소통은 우리의 지각을 말보다 더 넓게 열어 줄 것이다.'''

♦ 영국 드라마 「닥터 후」에 나오는 차원 초월 시공 이동 장치로, 전화 부스처럼 생겼다 — 옮긴이주.

♦♦ 가이 도이처의 『그곳은 소, 와인, 바다가 모두 빨갛다Through the Language Glass』참고.

♦♦♦ 나는 파랑의 들통에 대해 오랫동안 생각만 했으나 이제는 구체적 실험을 인용할 수 있다. 어쩌면 나의 오래된 맥거핀이 퇴장할 때가 되었는지도 모르겠다.

고양이와 개를 구별하는 것 같은 기계 학습 알고리즘에서 우리는 고양이, 개, 파란 것 같은 범주에 무엇이 속하는지 알기 위해 수많은 사람에게 질문한다. 대체로 그들은 온라인 게임이나 신기한 경험의 차원에서 공짜로 우리를 위해 이 일을 한다.

그런 다음 우리는 통계적 상관관계의 피드백 네트워크(기계 학습 알고리즘이라고

말하라, 촉수여!

내 강연을 들으러 온 사람들은 두족류 얘기를 귀에 못이 박히도록 들었을 것이다. 나는 두족류에 푹 빠져 있었으니까.

앞에서 만나 본 흉내 문어처럼 더 근사한 두족류는 자기 피부에 이미지를 투사할 수 있다. 촉수를 비틀고 표면을 올록볼록하게 바꿔

부른다)를 이용하여 모든 사람들이 우리에게 말한 것을 정리한다. 이렇게 탄생한 소프트웨어는 개, 고양이, 파란 것을 구분할 수 있으며, 종종 일반인과 비슷하거나 더 잘하기도 한다.

내 옛 사고 실험의 들통은 이렇게 구현되었다(알고리즘의 초기 사례를 직접 작업하기도 했다).

내가 VR 강연을 하던 1980년대에는 추상화와 기호의 우위에 이의를 제기해야 했다. 그것들이 학계의 총애를 받고 있었기 때문이다. 하지만 기계 학습 알고리즘이 꽤 훌륭히 작동할 뿐 아니라 역사상 최대의 부를 벌어 들이는 지금은 정반대 문제가 생겼다.

최근 모든 사람들은 고양이와 개를 구별할 줄 안다고 해서 인지의 모든 측면이 이해된 것은 아님을 상기해야 한다.

인간의 뇌에서는 상관관계를 넘어선 무언가가 일어나고 있다. 이를테면 우리는 단지 무작위적인 새로운 수학적 표현과 예전의 정확한 표현 사이의 상관관계를 확립하여 새롭고 정확한 수학적 표현을 찾아내는 것이 아니다. 우리는 수학을 〈이해〉한다. 하지만 이해가 무엇인지는 이해하지 못한다. 이 시점에는 뇌에 있는 생각을 과학적으로 기술할 방법이 없다. 언젠가 가능할지는 몰라도 아직은 아니다. 우리는 자신이 이해하지 못한다는 사실을 잊어버리는 능력이 있다. 우리는 스스로를 쉽게 혼동한다.

나의 친구 블레즈 아구에라 이 아르카스(마이크로소프트 랩스에 있다가 지금은 구글로 옮겼다)는 동료들과 함께 기계 학습 알고리즘을 거꾸로 돌려 개와 고양이의 플라톤적 상이 나오는지 알아보고 있다. 여기서 나타나는 것이 의미를 가지려면 예술가의 손길을 거쳐야겠지만, 재미있고 초현실적인 것이 나타날 수도 있다.

우리는 인간의 뇌에 플라톤적 개나 고양이가 들어 있는지 모른다. 우리가 아는 것은 개나 고양이를 보았을 때 서로 다른 신경세포가 발화한다는 것뿐이다. 하지만 왜 그런지, 어떻게 해서 그런지는 알지 못한다.

기호 소통이 무엇인지, 이것을 50년 뒤에도 버젓한 개념으로 간주할 수 있을지 알지 못하기에, 탈기호 소통이 무엇인지도 실은 모르겠다. 이 세월이 지난 뒤에도 나는 여전히 탈기호 소통 개념이 좋다. 가상 현실에서 무엇이 새로울 수 있는지 알려면 최대한 멀리 손을 뻗어야 한다는 사실을 강조하기 때문이다.

형태를 놀랍게 바꿀 수도 있다. 문어는 난데없이 물고기로 바뀌기도 하는데, 포식자가 좋아하지 않는 물고기라면 훌륭한 위장 수단이 된다. 두족류는 지능을 가지도록 진화했다. 변신할 수 있을 뿐 아니라 현명하게 변신할 수 있다.

우즈홀의 로저 핸런이 찍은 유명한 동영상이 있는데, 카리브해문어가 산호로 변신한 모양이 얼마나 감쪽같은지 적어도 사람들은 차이를 눈치채지 못한다. 또 다른 재주꾼 두족류인 갑오징어 변종은 짝짓기 철에 성별을 바꿔 경쟁자를 혼란시킨다. 두족류는 체스판처럼 예전에 본 적 없는 물체로 변하는 법을 배울 수도 있다. (정말이다!)

우리가 그렇게 변신할 수 있다면 얼마나 좋을까. 그러면 타고난 아바타가 될 수 있을 텐데. 무엇이든 생각하는 대로 될 수 있을 것이다. 하지만 두족류의 삶은 완전함과는 거리가 멀다. 안타깝게도 두족류는 알에서 태어나며 부모와 유대 관계를 맺지 않는다. 대단히 똑똑하지만, 세대를 넘어 문화를 발전시키지는 못한다. 내게 선택하라고 하면, 인간이 되는 편을 선택하겠다.

하지만 VR에서는 사람들이 엄마 아빠가 있는 두족류가 될 수 있다. 훌륭한 VR 디자인 소프트웨어를 만드는 법을 알아낼 수 있다면 말이다.◆

포이에시스

예전 강연에서 소개한 아이디어 중 일부는 우리의 VR 정의 목록에

◆ 『디지털 휴머니즘』 말미에서 이런 사고방식을 길게 설명했기에 여기서 시시콜콜 반복하지는 않겠다.

넣어도 괜찮을 것이다. VR의 가능성에 놀라지 않도록 숨을 깊이
들이마시길.

VR의 마흔여덟 번째 정의: 공유되고 각성 상태이고 의도적이고 소통적이고 협력적인 꿈.

이렇게도 표현할 수 있다.

VR의 마흔아홉 번째 정의: 어린 시절의 친밀한 마법을 성인기로 확장하는 기술.

어린 시절의 환상이 실현되는 것이다. 현실의 행위가 신의 행위가
된다. 이런 생각이 들었다. 우리가 유치한 본성에 솔직하고 그 바탕에서
지속 가능한 기술을 만들어 냈다면 그런 본성이 그다지 나쁘지
않았을지도 모른다고.

VR의 정서는 참신함에 대한 갈망보다 더 깊이 파고든다. 사람들은
짧은 생애를 둘러싼 벽 안에서 분투한다. 그래서 상상하는 능력은
뛰어나지만 행동하는 능력은 형편없다. 기술이 우리 머리를 벽에
처박고 있다. 적어도 움푹 들어가긴 한다.

그래서 정의 하나 더.

VR의 쉰 번째 정의: 인간성을 규정하는 모든 한계에서 벗어난 삶 경험이 어떤 것인지 보여 주는 실마리.

매혹 대 자살

으레 제기되는 질문이 또 있다(아무도 묻지 않으면 내가 스스로 물었지만). 「어린 시절의 본성을 숙고하고 확장된 방식으로 사람들과 연결되는 것이 왜 그토록 중요한가요? 이것은 선생께서 품은 모호한 강박 때문 아닌가요?」

내 대답은 이것이 인류의 생존을 위해서라는 것이었다.

이대로 계속 가면 우리는 결국 스스로를 파멸시킬 것이다. 미래에 기술적 역량이 더 커지면 인류의 이야기를 끝장낼 방법이 더 다양해질 것이다. 숫자 놀음은 우리 편이 아니다.♦

나는 종종 기술회의론자와 기술유토피아주의자 사이에서 샌드위치 신세가 되었다. 내가 두말할 필요 없는 친기술진보주의자임을 거듭 천명해야 했다. 인류사를 거슬러 올라갈수록 상황이 열악했다. 꽤 최근까지도 사람들은 자녀를 낳을 수 있는 데까지 낳았다. 그중 일부는 성년까지 살아남지 못할 터였기 때문이다. 끔찍한 질병과 굶주림이 만연했으며 대다수 사람들은 문맹에다 무식했다.

♦ 수렵·채집 시절에는 소규모 집단이나 부족이 서로를 견제했다. 소수의 사람들은 소수의 사람들에게 피해를 입힐 수 있었다. 그러다 농업이 등장하면서 규모가 유리하게 작용하게 시작했다. 도시 주위로 벽이 세워지고 폭력이 규격화되었다. 많은 사람들이 많은 사람들에게 피해를 입힐 수 있게 되었다. 그러다 군사 전략과 혁신이 발전했다. 몽골의 침략이나 영국 해군에서 보듯 많지 않은 사람들이 많은 사람들에게 피해를 입힐 수 있게 되었다.

하지만 이제 우리는 무어의 법칙과 같은 결과를 목격하고 있다. 소수의 사람들이 많은 사람들을 죽일 수 있는 방법이 점점 증가할 것이다. 대규모 폭력의 도구가 점점 값싸지고 있으며, 언젠가는 사실상 공짜가 될 것이다.

마찬가지로, 예전에는 많은 사람을 감시하려면 많은 사람이 필요했다. 동독의 무시무시한 슈타지 감시·조작 제국처럼 말이다. 하지만 소수의 사람들이 나머지 모든 사람을 감시하고 나머지 대다수가 그런 일을 못하게 막을 수 있게 되었다. 이것은 디지털 네트워크가 말처럼 공평하지 않기 때문이다.

이런 역사에도 불구하고 나는 과학이나 기술이 〈저절로〉 삶을 개선한다고는 한 번도 주장하지 않았다. 과학과 기술은 선택의 여지를 넓힐 뿐이다. 이를 이용하여 더 윤리적이고 도덕적이고 합리적이고 행복한 삶을 사는 것은 우리 몫이다. 과학과 기술은 도덕적·윤리적 개선의 필요조건이지 결코 충분조건이 아니다.

실리콘 밸리의 유토피아적 학술 대회에서 늘 들을 수 있는 얘기 중 하나는 〈풍요〉이다. 우리의 맥락에서 이 단어가 뜻하는 바는 기술이 금세 발전하여 모든 사람이 잘 살 수 있으리라는 — 아마도 영원토록, 사실상 공짜로 — 것이다. 이 발상은 극단적 부의 집중에 대한 우려를 불식하는 논리로 제시되기도 한다. 「얼마 지나지 않아 당신이 원하는 모든 것이 사실상 공짜가 될 테니, 누가 돈을 가졌는지는 중요하지 않아.」

하지만 인류는 〈이미〉 그런 잠재력을 달성했다. 20세기 언젠가에 그곳에 도달했다. 이미 모든 사람에게 의식주와 교육을 제공할 수 있음은 우리에게 친숙한 사실이다. 모든 사람에게! 그런데도 우리는 그렇게 하지 않았다. 이것은 기술의 전체 기획 한가운데에 오래전부터 자리 잡은 어두운 치부이다.

나는 지배적 지도 원리로서의 기술 발전이 우리가 결국 자멸의 낭떠러지에 이르러 떨어질 때까지 우리를 고양시킬 것이라고 주장했다. 그런데도 우리는 기술 발전에 등을 돌릴 수 없다. 그것은 너무 잔인한 처사이기 때문이다. 하지만 기술이 발전하면서 우리가 오르는 발전의 경사로를 재인식하고 개선할 수는 있을지도 모른다. 경사로는 하나가 아닐지도 모른다.

내가 여러분에게 젖먹이, 두족류, 환상적 경험에 대해 이야기하는 이유는 더 나은 발전의 경사로에 이르는 길을 가리키고 있기 때문이다. 생존의 길로 이어지는 경사로를. 나는 이 경사로를 매클루언♦ 경사로라고 이름 붙였다.

인류의 여명기 이후로 사람들을 연결한 혁신적인 방법들을 생각해 보라. 1만 년 전의 말에서, 수천 년 전의 글, 수백 년 전의 인쇄술, 사진, 녹음, 영화, 컴퓨터, 네트워크, 그리고 가상 현실, (바라건대) 궁극적으로 내 이야기에서 실마리를 찾을 수 있을 탈기호 소통, 그리고 내가 상상할 수 없는 것에 이르기까지 수많은 방법들이 있다.♦♦

매클루언 경사로는 발명으로 이루어졌지만, 이 발명들은 실용적 임무를 달성하는 데 그치지 않고 인간성의 새로운 차원 — 잠재적으로는 공감까지도 — 을 고양한다. 나는 〈우리 사이의 경계선〉이 여느 경계선과 달리 정의상 끝이 없다고 말해 왔다. 우리는 경계선을 탐구함으로써 더욱 섬세해질 것이기 때문이다.

나는 이렇게 외쳤다. 「이 꿈 같은 시도는, 제가 그토록 정력을 쏟은 이 미친 계획들 — 탈기호 소통이라는 철학적 관념, 표면 지향 아키텍처의 공학적 기획♦♦♦ — 은 매클루언 경사로에 이르는 작은 계단들을 오르려는 시도입니다.」

우리는 머나먼 항성계를 탐구하는 상상뿐 아니라 미래에 서로를 더

♦ 1960년대에 두각을 나타낸 유명 지식인 마셜 매클루언에 빗댄 표현이다. 그는 매체 연구를 개척했다.
♦♦ 워싱턴 대학교 인간 인터페이스 연구실Human Interface Technology Lab(톰 퍼니스가 설립한 VR 연구실로, 최초의 가상 시애틀이 탄생한 곳)의 수석 과학자이던 윌리엄 브리컨은 수학에 대한 탈기호적 접근법을 탐구했다. 출간 예정인 그의 책 『기호 수학Iconic Mathematics』을 읽어 보라.
♦♦♦ 부록 2에 나와 있다!

잘 알 방법을 찾을 수 있으리라는 상상도 할 수 있다. 우리는 본질적으로 창조적이기에 그 과정은 결코 끝나지 않을 것이다. 우리가 자신에 대해 더 알수록 우리는 더욱 흥미로워질 것이다.

나는 이것을 공감 경사로라고 부르기도 한다. 우리가 경사로를 오를수록 공감의 가능성이 점점 커지기 때문이다.

VR의 쉰한 번째 정의: 다른 사람의 처지에 서게 해주는 매체이자 (바라건대) 공감을 늘리는 길.

매클루언 경사로는 성취 경사로와 달라서, 추락으로 이어지지 않을 수도 있다. 계속 올라가기만 할 수도 있는 것이다. 군사적 성취의 경사로를 올라가다 보면 무기가 더는 정교해질 수 없는 지점에 이른다. 모든 사람이 지구상의 나머지 모든 사람을 내키는 대로 죽일 수 있게 되면, 군사적 발전의 경사로가 완성될 것이며 그다음은 낭떠러지일 것이다.

나는 강연하다가 이 시점이 되면 으레 제임스 P. 카스가 쓴 『유한 게임과 무한 게임*Finite and Infinite Games*』을 언급한다. 그 책에서는 어떤 게임은 끝이 나는 반면에 어떤 게임은 끝없는 모험으로 이어진다고 주장한다. 농구 경기 하나는 끝나지만, 농구의 세계와 문화 전체는 끝날 필요가 없다. 기술은 어느 쪽일까?

나는 종종 이런 고언으로 강연을 마무리했다. 「기술론자들은 인류를 집단 자살로부터 꾀어낼 수 있을 만큼 아름답고 매혹적이고 심오한 매체 기술을 내놓을 책임이 있습니다.」

나는 강연에서 위 구절을 말할 때 한껏 힘을 주었지만 — 청중은 침을 꼴깍 삼켰다 — 사람들이 기억한 것은 휘황찬란한 히피 신비주의였다. 나의 첫 책 『디지털 휴머니즘』에서는 인류를 집단 자살을 저지르지 않도록 유도하는 문구로 마무리를 지으려 했으나, 당시 나의 저작권 대리인이 그러면 판매량이 뚝 떨어질 거라며 만류했다.

하지만 솔직히 말하자면 오로지 암울한 사실주의야말로 휘황찬란한 낙관주의의 탄탄한 토대이다. 전술적으로는 비관적이되 전략적으로는 낙관적이어야 한다.

구루는 이제 그만

나는 1992년 이후로는 〈구루 강연〉을 대부분 중단했는데, 꿈이 희미해져서가 아니라 사람들이 너무 열렬하게 반응해서였다. 사람들의 반응이 점점 불편해졌다. 마침내 종지부를 찍은 것은 터무니없이 알랑거리는 군중을 끌어모은 러닝어넥스Learning Annex의 신파적 행사였다. 지금도 수많은 사람들이 구루를 찾고 있지만 나는 진짜 구루가 되고 싶지는 않았다.

부록 2 　　　표면 지향성

(VR 소프트웨어에 대하여)

필수적 탈바꿈

이것은 전산학에 몸담은 삶의 회고이기에, 전산학에 대한 논의가 동종 요법 수준으로 포함되었다. 기술 얘기만 나오면 두드러기가 나는 사람이라면 VR의 소프트웨어를 다루는 이 부록을 건너뛰기 바란다. 하지만 뜻밖에 흥미를 느낄지도 모른다.

질문: VR 소프트웨어는 무엇을 닮아야 할까? VR 소프트웨어는 다른 소프트웨어와 전혀 달라야 한다. 이유는 아래와 같다.

거의 모든 소프트웨어는 애벌레와 나비처럼 두 형태로 존재한다. 첫 번째 형태는 소프트웨어를 작성하거나 손보는 것이고 두 번째 형태는 소프트웨어를 실행하는 것이다. 프로그래머들은 코드를 이리저리 들여다보며 손보고 실행하고 또 손보고 실행한다. 사실상 모든 소프트웨어가 두 가지 형태를 거친다. 어느 순간에든 프로그래머는 소프트웨어를 작성하고 있거나 실행 장면을 관찰하고 있다.

(물론 마인크래프트처럼 플레이 중간에 많은 것을 바꿀 수 있는 〈건축〉 게임도 있지만, 대개는 변화에 제약이 있기 때문에 더 깊은 변화를 주려면 애벌레 모드로 전환해야 한다.)

하지만 VR에서는 그럴 필요가 없다. VR은 스마트폰 같은 외부 상자에서 돌아가는 것이 아니다. 여러분은 VR 안에 있으며 VR이 곧 여러분이다.

물리적 세계, 이를테면 부엌을 생각해 보자. 음식을 요리한 다음에 먹을 때는 두 활동 사이에서 현실의 규칙이 달라질 필요가 없다. 여러분이 가사 상태에 빠진 동안 기술자들이 와서 냄비와 주걱 대신 포크와 나이프를 다룰 수 있도록 여러분의 손을 개조하는 일은 없다. 적어도 그렇게 믿을 이유는 전혀 없다. 여러분은 같은 세계에서, 같은 연속선상에서 그저 첫 번째 일을 한 다음 두 번째 일을 할 뿐이다. VR 소프트웨어도 그와 같다고 하면 이해가 되려나? 모드리스modeless(모드가 없음)라고 하면?♦

이것은 처음부터 분명했다. 그래서 나와 동료들은 가장 기본적인 원리에서 출발하여 소프트웨어 아키텍처를 재검토해야 했다.

은총

코드 개발과 코드 실행을 왔다 갔다 하는 모드 전환의 대부분은 그레이스 호퍼가 발명했다. 호퍼는 해군 소장이자 전산학자였으며 그녀가 정식화한 핵심 패턴은 지금도 소프트웨어 제작에 쓰이고 있다.

〈소스 코드〉는 (컴퓨터 소프트웨어를 작성하고 편집하는) 애벌레 모드에서 우리가 수정하는 인공물이다. 이런 코드는 대체로 영어 단어와 그 밖의 기호로 이루어졌으며, 어느 정도 판독이 가능하다.

♦ 이것은 1980년대 래리 테슬러Larry Tesler의 유명한 번호판 문구인 〈모드 사절NO MODES〉에 빗댄 것이다. 모드가 있으면 소프트웨어를 이용하기가 힘들어진다. 래리는 브라우저를 비롯하여 우리 디지털 세상의 여러 친숙한 요소들을 발명했다.

컴퓨터가 무슨 일을 할 것인지 알려 주는 이야기라고나 할까. 하지만 첫인상은 거짓이다. 소스 코드는 컴퓨터가 오류를 일으키지 않기 위해 거쳐야 하는 정확한 행동 절차를 꼼꼼히 기록한 법률 문서에 가깝다.

이런 양식상의 오해 때문에 학생들은 첫 프로그램을 작성할 때 종종 혼란에 빠진다. 소스 코드가 인간 친화적 텍스트를 약간 닮긴 했지만, 이것이 실제로 작동하려면 강박적이고 로봇 같은 정밀도로 작성해야 한다. 로봇을 프로그래밍하려면 스스로 로봇이 되어야 한다.

소스 코드 개념의 완벽성은 호퍼와 (전원 여성으로 이루어진) 해군 수학자 팀의 경이로운 성과이다. 그들은 프로그래밍 언어와 컴파일러를 비롯하여 〈고수준〉 소스 코드를 구현하는 데 필요한 기술을 발명하거나 완벽하게 다듬었다.♦

우두머리 남성 수학자들은 뉴멕시코 로스앨러모스에 틀어박힌 채 핵폭탄 만드는 법을 궁리하고 있었기에, 컴퓨팅의 이상을 추구하는 일은 오로지 여성 수학자들에게 남겨졌다. 호퍼의 팀은 눈부신 업적을 달성했으며 심지어 최적화 컴파일러가 전산학의 인기 주제가 되기 훨씬 전에 이를 만들기도 했다.

텍스트 기반 코드에서는 한 분야의 특별한 추상화가 지배적이어야 한다. 거기서 어휘를 조달받기 때문이다. 따라서 호퍼의 접근법은 추상화를 본질적이고 불가피하게 보이도록 하는 효과를 낳았다.

♦ 〈고수준〉은 뜻이 일정하지 않지만, 대체로 비트에서 멀리 떨어졌음을 의미한다. 비트가 하는 일을 요약하는 추상화의 정도가 커진다는 뜻이다.

이것을 상상하라

프린스턴 고등 연구소에 있는 요한 폰 노이만의 지하 연구실에서 돌아가던 것과 같은 최초의 컴퓨터들은 대부분 조잡한 시각 디스플레이가 달려 있었다. 비트 하나에 조명 하나가 할당되어 있어서 빛이 수시로 깜박이는 것을 볼 수 있었다.◆ 프로그램이 돌아가는 것을 볼 수 있었다는 말이다.◆◆ 나는 연산에 대해 이런 식으로 — 물질의 상태가 바뀌는 구체적 과정으로, 깜박이는 비트로 — 생각하는 게 좋다.

공학자들이 이 조명을 더 유용하게 바꾸기로 했다면 컴퓨터를 프로그래밍하는 또 다른 방법이 탄생했을지도 모른다. 상상해 보자. 깜박이는 비트의 흐릿하고 원시적 배열이 점점 개선되어 비트를 화면에 칠하고 또 칠할 수 있게 되면 프로그램을 실행 중에 고칠 수 있을 것이다.

이것은 어떻게 작동할까? 자신이 그린 것의 의미를 어떻게 알 수 있을까? 어떤 비트가 무엇을 하는지 어떻게 알 수 있을까?

컴퓨터에서 충돌이 일어나지 않도록 하려면 어떻게 해야 할까? 어떻게 해야 칠을 완벽하게 할 수 있을까? 아무리 사소한 실수만 있어도 충돌이 발생할 수 있음을 명심하라.

비트는 단순히 무의미한 뒤범벅으로 나타나서는 안 된다. 의미 있는 그림으로 조직화되어야 한다. 다시 칠할 수 있고 고도로 제약된 칠하기

◆ http://alvyray.com/CreativeCommons/AlvyRaySmithDawnOfDigitalLight.htm.
◆◆ 고전적(비[非]양자) 컴퓨터의 내부는 매우 긴 스위치 목록에 불과하다. 이 스위치들은 켜져 있거나 꺼져 있다. 우리는 이 스위치를 비트라 부르며 이것들이 0이나 1의 상태에 있다고 말한다. 컴퓨터가 작동하면 스위치가 수없이 켜졌다 꺼졌다 한다. 컴퓨터에서 일어나는 일은 이것이 〈전부〉이다. 나머지는 비트 다발이 화면에 영상으로 표시되는 것처럼 우리가 주변 장치를 지각할 때 발생하는 해석이다.

기법이 있어야 한다.

이것이 현실적일지, 바람직할지, (심지어) 가능할지에 대한 의심은 잠시 거두어 주시길.

컴퓨터 프로그래밍이 이런 식으로 진화했다면 오늘날의 사회 전체가 달라졌을 것 같다. 주된 이유는 처음에는 이해하기가 좀 힘들지도 모르겠지만, 나중에 다시 설명하겠다. 일단, 비트를 보고 조작할 수 있으면 컴퓨터에 대해 더 물리적이고 생생한 느낌을 가질 수 있다고만 말해 두자.

하지만 소스 코드는 구체적이지 않다. 특정 컴퓨터 언어와 관련된 추상화가 소스 코드의 전부이다. 우리가 얼마나 끈질기게 추상화에 매달리느냐 하면 디지털 문화에 익숙한 사람들은 추상화가 실재라고 믿기 시작하며 AI 존재나 (이른바) 완벽한 이념 같은 추상적 대상을 좀 지나치게 믿기 쉬워질 정도이다.

이 가설은 제쳐 두고, 더 구체적이고 시각적이고 즉각적으로 편집 가능한 전산 스타일은 〈모드리스〉이며 VR에 더 알맞다. VR에서는 세계 안에 있으면서 세계를 변화시킬 수 있다. 이게 훨씬 재밌지!

하지만 방금 묘사한 것은 실제로 일어난 일과 다른 환상일 뿐이다. 전산학을 지배한 것은 소스 코드 프로그래밍 개념이었다.

소스 코드에는 좋아할 만한 점도 많다. 소프트웨어를 테스트할 때마다 상태를 고정하기 때문에, 적어도 이론상으로는 더 엄밀하게 테스트할 수 있다(현실에서는 소프트웨어를 디버그하기가 힘든 것은 마찬가지인데, 이것은 또 다른 주제이다. 노파심에서 말해 두자면, 〈소프트웨어 버그〉라는 용어는 호퍼의 초기 컴퓨터에 갇힌 나방 한 마리 때문에 프로그램 오류가 발생한 사건에서 비롯했다).

나는 호퍼를 여러 번 만났으며 그녀의 성과를 더없이 존경하지만 —
솔직히 말하자면 기가 죽었다 — 소스 코드의 사례는 탐사할 길이
아직도 남아 있음을 전산학이 망각했음을 똑똑히 보여 준다. 모든
소프트웨어가 항상 호퍼가 제시한 패턴을 따라야 한다고 생각할 근거는
하나도 없다.

손재주

프로그래밍과 코드 실행의 인위적 구분은 텍스트 기반 코드라는 바로
그 개념의 부작용이었다. 전산에 내재적인 것이 아니다.

내가 묘사한 대안적 역사가 미래에 실현될 수 있을까? 사용자 경험이
컴퓨터 속의 비트를 재설정하여, 고정된 추상화에 얽매이지 않고서
프로그램이 실행되는 동안 프로그램을 구성할 수 있을까?

그런 방법이 충분히 정교해지면 프로그래밍이 더 실험적이고
직관적으로 바뀔지도 모른다. 그러면 온 세상과 시스템과 경험을
표현하는 — 이제껏 나타내지 못한 새로운 차원의 의미를 표현하는 —
수단으로서 프로그래밍을 재인식하는 길이 열릴 것이다. 이것이야말로
내가 컴퓨터로부터 원한 것이다.

이 야심을 일컫는 나의 용어는 〈표면
지향phenotropic〉이다(〈뉴로미메틱〉이나 〈유기적〉 프로그래밍이라고
불릴 때도 있지만). 〈표면 지향〉은 표면이 서로를 향한다는 뜻이다.

표면 지향 소프트웨어는 아직 실험적 아이디어이다. 상업용 VR이
최초에 꽃피던 시기에 잠깐 온갖 실험이 이루어지기는 했지만.
이를테면 VPL의 가상 세계 소프트웨어에서는 가상 세계 안에 있으면서

그 세계의 내용과 규칙을 어떤 식으로든 근본적으로 바꿀 수 있었다.

우리는 이를 위해 편법적 메커니즘을 썼는데, 여기서 자세히 설명하지는 않겠다. 그것은 오도하는 계략이었다. 우리는 중앙 프로세서가 쳐다보지 않는 순간에 옛 비트 패턴을 새 비트 패턴으로 바꿔치기했다. 이 수법은 완벽하게 실행되어야 했다. 컴퓨터에서 충돌이 일어나지 않으려면 수많은 비트를 정확한 순간에 정확한 방식으로 바꿔야 하기 때문이다(컴퓨터에서 충돌이 일어나지 않으려면 비트 수준에서 모든 것이 완벽해야 한다).

우리가 애초에 이 영웅적 과업에 뛰어든 이유는 당시의 느려 터진 컴퓨터에서 충분히 빠른 성능을 이끌어 내는 방법이 그것뿐이었기 때문이다. 이 메커니즘을 이용하면 코드를 종종 더 빨리 작동시킬 수 있었다.

우리가 가상 세계 안에 있으면서 세계를 변화시킬 수 있다는 것은 처음에는 유쾌한 부수 효과에 불과했다.

편집기와 매핑

표면 지향 아키텍처를 구성하는 요소들을 〈편집기editor〉라 한다. 기존 아키텍처에 친숙한 전산학자들은 처음에는 이 개념을 이해하기가 좀 힘들 것이다.

표면 지향 프로그래밍 경험과 현재의 친숙한 변이형 사이의 주된 차이점은 표면 지향 프로그래머가 똑같은 형식의 소스 코드를 줄창 들여다보지 않아도 된다는 것이다.

지금은 프로그래밍 언어마다 그에 속하는 코드가 전부 비슷하게 보인다. IF, THEN, REPEAT, 아니면 언어에서 규정된 온갖 단어와 기호가 끝도 없이 등장한다.

하지만 표면 지향 시스템에서는 프로그램의 종류와 성격에 따라 저마다 다른 특수한 사용자 경험이 존재한다.

표면 지향 프로그래밍을 할 때 여러분이 감지하고 조작하는 이 디자인을 〈편집기〉라 한다. 편집기는 컴퓨터 화면 위의 이미지나 가상 세계의 가상 물체처럼 보인다.

편집기는 사용자 인터페이스 경험과 비트 패턴 사이의 〈매핑〉이다.

프로그램이 작동할 때 그 프로그램의 비트를 편집한다는 것은 여러분이 이용하는 〈편집기〉가 그 비트를 해석하고 여러분에게 표시할 수 있다는 뜻이다. 그래야 여러분이 비트를 어떻게 바꿔야 할지 이해할 수 있기 때문이다. 이것을 달성하는 방법은 여러 가지가 있을 수 있다. 저마다 다른 편집기들이 〈똑같은〉 비트 패턴, 즉 똑같은 프로그램을 가리키고 이를 저마다 다른 방식으로 프로그래머에게 제시할 수 있다.

표면 지향 프로그래밍은 인간 경험의 수준과 비트 수준 사이의 매핑을 바탕으로 하기 때문에 프로그래머는 특정한 추상화에 덜 얽매인다. 어떤 편집기는 프로그램을 실행하는 비트 다발을 미로처럼 보이도록 매핑할 수도 있고, 또 어떤 편집기는 똑같은 비트를 계통수처럼 보이도록 매핑할 수도 있다.

기존의 소스 코드 기반 프로그래밍 언어는 포트란의 함수, 리스프의 리스트, 스몰토크의 객체 같은 추상적 개념에 단단히 묶여 있다. 전부 내가 프로그래밍을 배우던 시절의 언어이므로, 무엇인지 몰라도 된다. 요점은 이것들이 인간의 의도라는 세계와 컴퓨터 안에서 깜박거리는 비트 사이에 다리를 놓은 개념이었으며 각 언어는 특정한 상황에서는 찬란하게 빛났지만 다른 상황에서는 형편없었다는 것이다.

표면 지향 프로그래밍은 이렇게 저마다 다른 개념을 저마다 다른 시점에 하나의 도구 안에서 지원하는 접근법이다. 추상화는 그때그때의 필요에 맞게 섞고 맞출 수 있다.

편이

그렇다고 해서 추상화가 쓸모없어지는 것은 아니다.

친구들과 내가 오래전에 탐구한 방식으로, 즉 표면 지향 방식으로 VR을 프로그래밍하는 미래에 여러분이 살고 있다고 상상해 보라. 그곳에는 여러분이 있는 가상 세계가 갑자기 다르게 작동하도록 기본 비트를 변화시키는 다양한 행동을 할 수 있다.

이런 행동으로는 어떤 것이 있을까? 우주선 엔터프라이즈호의 함교처럼 생긴 시뮬레이션 제어판을 조작할 수도 있고, 중세의 지하 감옥에서 사슬을 잡아당기거나 나뭇잎처럼 춤출 수도 있고, 요즘 다들 이용하는 그레이스 호퍼풍 소스 코드처럼 생긴 텍스트를 편집할 수도 있다. 이 편집기 디자인 중 어느 것이든 쓰일 데가 있을 것이다.

하지만 어떤 디자인이든 반드시 있어야 한다. 관점이나 사고방식을 채택하지 않고서는 무엇도 이룰 수 없다. 하지만 특정한 시점에 특정한 디자인만 쓰라는 법은 없다.

비(非)표면 지향 소스 코드라는 그레이스의 우주에서 각 컴퓨터 언어는 그 언어를 사용할 때 특정한 추상적 물체가 실질적일 뿐 아니라 의무적이고 영속적이고 필연적이어야 한다고 명시한다. 고전적 개념인 포트란의 〈함수〉와 스몰토크의 〈객체〉는 이미 언급했지만, 이 책을 쓰는 지금 유행하는 클라우드 소프트웨어의 〈봇〉도 마찬가지이다.

이것들 각각은 때에 따라 훌륭하고 유용하지만, 필연적인 것은 하나도 없다. 이것들은 현실이 아니다. 〈현실〉이 우리가 거부할 수 없는 것을 뜻한다면 말이다. 나는 이것들이 현실처럼 〈보이는〉 것이 꺼림칙하다.

친숙한 추상화 대신 다른 추상화가 자리 잡았을 수도 있겠지만, 그래 봐야 역사의 우연일 뿐이다(널리 쓰이는 소프트웨어 추상화를 재검토할 수 있느냐는 생각해 볼 만한 문제이다. 전작 『디지털 휴머니즘』에서는 소프트웨어에서 표현되는 아이디어가 해로운 〈네트워크 효과〉에 〈감금〉당할 수 있다고 주장하지만, 여기서는 이 책의 취지에 맞게 시간과 변화의 희망이 있다고 가정한다).

여러분이 컴퓨터를 이용할 때 근본적이고 불가침인 — 진정으로 현실인 — 유일한 것은 여러분과 (컴퓨터 안에 있는) 비트 패턴의 실행이다. 두 현실 현상을 잇는 추상화는 현실이 아니다.

컴퓨터 아키텍처가 이 철학을 표현할 수 있으리라 상상할 수 있을까? 주어진 비트 패턴을 제시하기 위해 저마다 다른 편집기 디자인을 이리 바꿨다 저리 바꿨다 하는 방법이 있다면 어떨까? 비트 패턴을 때에 따라 다른 방식으로 이해하고 변형할 수 있다면?

표면 지향성 실험

친구들과 나는 1980년대 초에 일련의 표면 지향성 실험을 진행했다. 초기 실험의 이름은 〈만다라Mandala〉였고 〈그래스프Grasp〉, 〈임브레이스Embrace〉가 뒤따랐다(그래스프는 장갑을 이용했고

임브레이스는 전신 슈트를 이용했다). VR 애플리케이션의 주요 범주 중에는 VPL의 코드 없는 소프트웨어가 원형인 것도 있다.

〈코드 없는〉은 비유가 아니었다. 말 그대로 우리는 코드를 쓰지 않았다. 일단 시스템이 돌아가야 했기에 기존 코드와 개발 도구를 쓰기는 했지만, 가상 세계는 코드상에서가 아니라 (코드에 〈매핑〉된 〈편집기〉로 변형할 수 있는) 비트 패턴상에서 작동했다.

〈편집기〉는 소프트웨어를 만드는 일반적 도구인 컴파일러나 인터프리터와 근본적으로 다르다.

컴파일러는 전통적 코드 기반 소프트웨어의 탈바꿈 단계에서 번데기에 해당한다. 여러분은 텍스트 파일인 〈소스 코드〉를 편집하지만, 그 뒤에 컴파일을 하고 나서야 수정된 코드가 어떻게 작동하는지 알 수 있다. 그런 다음 앞으로 돌아가 디버그 과정을 거친다.◆

표면 지향이라는 대안은 호퍼의 그림자에서 자란 젊은 전산학자들에게는 터무니없이 괴상한 아이디어처럼 들릴지도 모른다. 코드 개념이 거의 어디서나 컴퓨팅의 동의어로 통하지만, 꼭 그래야 하는 것은 아니다.

표면 지향 편집기가 기존 코드를 흉내 낼 수 있을까? 말하자면 친숙한 고수준 텍스트 기반 언어처럼 보이는 화면상 이미지에 비트 패턴을

◆ 인터프리터는 텍스트 기반 코드의 고정된 어휘와 문법 ─ 특정한 컴퓨터 언어 ─ 과 대응한다는 점에서 컴파일러와 비슷하다. 하지만 컴퓨터의 비트를 직접 운용하지 않고 시뮬레이션된 컴퓨터를 구동한다. 사실 이 컴퓨터는 실제 컴퓨터에서 돌아가는 프로그램이다. 이 말은 프로그램이 실행되는 동안에 변화를 줄 수 있다는 뜻이다. 실제 컴퓨터가 코드를 돌리는 것이 아니기 때문이다(따라서 실제 컴퓨터에서 충돌이 일어날 봐 걱정하지 않아도 된다). 인터프리터의 단점은 간접 레이어 때문에 속도가 느려질 수 있다는 것이다. 하지만 더 중요한 사실은. 컴파일러와 마찬가지로 추상화를 실시간으로 바꿀 방법이 없다는 것이다. 추상화는 언어 디자인 시점에 고정된다.

매핑하여 편집할 수 있을까? 많은 경우에 그럴 수 있는데, 이는 우리가 코드를 〈시뮬레이션〉했음을 의미한다. 표면 지향 편집기는 텍스트처럼 보이도록 ─ 그 결과는 더 일반적인 그래픽 구성에서 비롯하더라도 ─ 디자인하고 제약을 둘 수 있다. 그런 편집기는 컴파일러가 하는 일을 전부 할 수 있되 실시간 시각적 조정이 가능할 것이다.♦

우리는 특정한 편집기 디자인에서 ─ 즉, 코드에 대한 특정한 시각적 표상에서 ─ 자신이 좋아하는 것을 가지고 놀았는데, 종종 〈데이터 흐름〉이라는 원리를 애용했다. 데이터 흐름은 대체로 전선으로 모듈을 연결한 것처럼 보인다. 하지만 그것은 본질이 아니었다. 우리는 편집기를 그레이스 호퍼의 텍스트 기반 편집기로 교체할 수도 있었고, 다른 것으로 교체할 수도 있었다.

그 짧은 기간 동안 프로그래밍 경험은 즉흥 연주에 좀 더 가까워졌다. 호른으로 재즈를 연주하는 것과 수학 도표를 그리는 것을 접목한 것 같았다.

VR의 쉰두 번째 정의: 코드 개념을 거부하라고 제안하는 컴퓨터 이용 방식.

애석하게도 우리는 VR 고객들에게 가상 세계 안에서가 아니라 일반 모니터에서 개발하라고 요청해야 했다. 주된 이유는 일반 모니터가 VR 헤드셋보다 훨씬 쌌다는 것이다. 모니터를 이용하면 더 많은 사람들이 더 많은 장소에서 한꺼번에 일할 수 있었다.

♦ 종종 우리는 작은 변화를 아주 빨리 일으켜 변화가 실시간으로 경험되는 것처럼 할 수 있다(이를 위한 비용은 조정에 따라 다르겠지만).

그 생각을 하면 지금도 가슴이 쓰리다! VR이 르네상스를 맞은 오늘날에도 모든 사람들이 기존 화면에서 기존 프로그래밍 언어를 이용하여 VR 소프트웨어를 개발하고 있는 것을 보면 더더욱 쓰라리다. 그것은 한 번도 원어민과 대화해 보지 않고서 책으로 외국어를 배우려 드는 것과 같다.

우리의 편집기 디자인을 일반 모니터에서 보면 맥스MAX와 조금 비슷하게 생겼다. 맥스는 실험적 컴퓨터 음악과 애니메이션에서 이용하는 비주얼 프로그래밍 도구이다.♦

우리는 적어도 대안적 미래를 엿보았다. 향후에 이 미래가 더 속속들이 탐구되기를 바란다.

규모

전산학에서의 근본적 충동은 〈규모 확대scaling〉이다. 이 말은 전산학자들이 자신의 작업 규모가 커져서 한없이 거대하고 복잡해지기를 바란다는 뜻이다.

표면 지향 구조를 점점 크게 만들려면 어떻게 해야 할까? 표면 지향 편집기는 기계의 비트를 사용자 인터페이스에 매핑하여 사람이 비트를

♦ 맥스는 작은 상자들을 흩어 놓고 선의 그물로 연결한 모양이다. 밥 무그와 돈 부클러가 설계한 듯한 구식 신시사이저를 프로그래밍하는 경험과 닮은 구석이 있다(이 신시사이저들은 고정대에 달린 금속 상자의 책에 많은 케이블을 꽂아 작동시켰다). 〈맥스〉라는 이름은 벨 연구소 시절에 디지털 오디오를 발명한 맥스 매슈스를 기리기 위한 것이다. 맥스가 살아 있을 적에 우리는 목요일마다 버클리에서 아침을 먹었다. 돈 부클러, 톰 오버하임, 로저 린, 키스 맥밀런, 데이비드 웨슬은 늘 함께했으며 그 밖에도 전자 음악 제품의 여러 선구자들이 돌아가면서 참석했다. 나는 VR 산업을 시작하면서 이 무리와 밥 무그를 본보기로 삼았다.

바꿀 수 있도록 한다. 그런데 편집기가 다른 편집기를 편집할 수도 있을까? 편집기를 편집하는 탑, 편집기의 그물, 거대한 균류의 생장이 가능할까?

물론이다. 바로 그것이다. 하지만 그 경우에 편집기를 다른 편집기가 편집할 수 있도록, 각 편집기가 따를 추상적 규칙을 고집해야 할까? 그것은 특정한 추상화에 얽매이지 않는다는 목표에 어긋나는 것 아닐까?

답은 놀랍게도 〈아니오〉이다. 표면 지향 편집기는 특정한 추상화에 얽매이지 않아도 다른 편집기로 조작할 수 있다.

그 이유는 각 편집기가 인간이 이용할 수 있는 사용자 인터페이스이기 때문이다. 따라서 편집기는 다른 편집기를 조작하는 인간의 시뮬레이션처럼 작동할 수 있다. 편집기는 사용자 인터페이스를 해석하여 그 인터페이스의 원칙에 맞게 이용할 수 있다.

이를테면 수학 라이브러리에 저수준 접근을 하기 위한 편집기는 계산기처럼 보일 것이다. 이 편집기는 사람이 직접 이용할 수도 있고 다른 편집기가 이용자의 상호 작용을 시뮬레이션하여 이용할 수도 있다.

약속 날짜를 계산하기 위해 산술 라이브러리를 호출해야 하는 캘린더 프로그램은 시뮬레이션된 계산기에서 버튼을 누르는 행위를 시뮬레이션할 것이다.

한 프로그램이 다른 프로그램을 어떻게 호출할지를 지시하는 공유된 추상화는 전혀 필요하지 않다. 대신 각 편집기는 다른 편집기에서 인간 지향적 사용자 인터페이스를 어떻게 쓸지 알아내야 한다.◆

◆ 이 엔지니어링은 사전 지시 없이 장치 사용법을 익힐 수 있는 프로그램을 개발하는 것과 비슷하다. 이와 관련된 연구의 사례: https://cacm.acm.org/magazines/2017/2/212445-model-learning/fulltext.

프로그램의 한 부분이 다른 부분과 상호 작용하는 방식으로서는 불확실하고 매우 비효율적인 것처럼 들릴지도 모르겠다. 사실이 그렇다! 하지만 그것은 작은 프로그램의 경우에만 그렇다.

표면 지향 가설에 따르면, 매우 큰 시스템과 거대한 프로그램을 다루기 시작할 경우에는 표면 지향성 원리가 (추상화를 쓸 수밖에 없는) 기존 원리보다 〈더욱〉 효율적으로 바뀐다.

표면 지향 시스템은 편집기 무리에서 각 편집기 뒤쪽으로 사람의 시뮬레이션이 비죽 튀어나와 있는 모습으로 생각하면 된다. 우리의 옛 디자인 두어 개에서는 거대 프로그램 전체를 옆으로 돌리면 가장자리에 있는 배후의 편집기 집단을 볼 수 있었다. 편집기들은 우주전쟁에서 보는 방패막이처럼 우주에서 대형을 이룬 채 떠 있었다.

각 편집기 뒤에는 만화처럼 생긴 인물이 다른 편집기들을 조작하고 있었는데, 그 편집기들은 또 다른 인물들이 조작하고 있었다. 이 모든 것은 그 시대에 유일하게 가능했던 스타일 — 8비트 게임 그래픽 — 로 구현했다. 전체 시야는 한 번도 구현하지 못했지만, 근접하기는 했다. 여러분에게 화면을 보여 주고 싶지만, 남아 있는 게 하나도 없다.

물론 이 측면 장면은 또 다른 편집기에 불과했다. 특별한 것은 전혀 없었다.

(인공 지능에 대한 나의 견해가 담긴 절을 이미 읽었다면 이것을 생각해 보라. 시뮬레이션된 인물을 마주보는 AI와 달리 표면 지향 시스템에서는 모든 인물이 나를 보지 않고 다른 편집기를 향하고 있되 나의 통제하에 있다. 따라서 나와 대등하지 않은 도구임을 분명히 알 수 있다. AI에서와 알고리즘은 같지만 개념이 다른 것이다.)

동기

내가 표면 지향 가설을 내세우는 데는 다양한 이유가 있다. 효과를 시시콜콜 설명하기 전에 사용성을 살펴보자.

다른 사람의 프로그램을 이해하고 수정하는 것보다는 새로 프로그램을 짜는 것이 언제나 더 쉽지만, (적어도) 그 프로그램이 표면 지향이라면 후드를 열었을 때 보이는 부품들은 언제나 사람을 위해 디자인된 사용자 인터페이스이다. 그게 전부이기 때문이다.

표면 지향 시스템은 대체로 사람이 쓰기에 알맞은 크기의 부속으로 이루어지는데, 이는 각 편집기가 애초에 사람이 쓰도록 디자인되었기 때문이다. 그래서 표면 지향 시스템은 다른 아키텍처에 비해 〈굵은 덩어리〉가 들어 있기 쉽다.

거대 프로그램의 구조는 수만 개의 작은 추상적 함수가 아니라 크고 명료한 조각으로 나뉘는데, 각 조각은 그 자체로 사용자 인터페이스이다. 당연히 이런 덩어리는 엔지니어의 이상화된 체계가 아니라 인간의 실용적 사용성을 추구하며 이해하고 유지하기가 더 수월하다.

표면 지향 시스템에서는 각 편집기 뒤에 있는 애니메이션 캐릭터가 무엇을 하는지 보고서 프로그램 전체가 무엇을 하는지에 대한 감을 잡을 수 있을 뿐 아니라, 편집기의 네트워크 속 어디에든 들어가 프로그램 속에서 직접 유희하듯 실험할 수 있다.

여기서 근본적 원리가 하나 드러나는데, 그것은 컴퓨터가 인간에게 봉사하는 도구로서만 의미가 있다는 것이다. 컴퓨터를 〈효율적〉으로 만들되 그 효율성 때문에 사람들이 합리적으로 이해하고 유지하기가 힘들어진다면, 그 컴퓨터는 실은 비효율적이다.

역할 전도

이 원리를 잘 보여 주는 예로 컴퓨터 보안이 있다. 우리는 프로그램들이 프로그램 안에서 소통할 수 있도록 끝없는 추상화 계층을 만들었는데, 이런 추상화는 이해하기가 힘들다. 따라서 해커들은 예상치 못한 취약점을 끊임없이 찾아내며, 우리는 결함, 유지, 보안 소프트웨어, 선거 부정, 신원 도용, 협박 등등을 감시하느라 엄청난 부담을 감수해야 한다.

그렇다면 표면 지향 소프트웨어가 실제로 더 안전할 수 있을까? 시험을 더 해보기 전에는 입증할 수 없지만, 나는 낙관적이다.

오늘날 시스템을 구축하는 방법은 〈심층 학습deep learning〉♦처럼 가장 중요한 기능을 수행하는 〈광맥pay dirt〉 모듈을 비트 정밀도의 소통 추상화 구조로 둘러싸는 것이다.

이 필수적인 〈AI적〉 알고리즘은 비트 차원에서 완벽하지는 〈않〉지만, 투박한데도 여전히 〈탄탄robust〉하다. 임상시험 결과를 분석하고 자율 주행 차를 운전하는 등 요즘 우리의 삶을 관리하는 프로그램들의 핵심에 이런 알고리즘이 들어 있다.

표면 지향 아키텍처에서는 프로그램의 요소 중에서 비트 단위까지 완벽한 것의 역할과 투박/탄탄한 것의 역할이 곧잘 뒤바뀐다.

♦ 이미지를 비롯한 자연 데이터를 해석할 수 있는 알고리즘을 일컫는 용어는 아직 정착되지 않았다. 이 책에서 다루는 시기에는 〈패턴 인식pattern recognition〉이라는 용어가 주로 쓰였으나 21세기 들어 〈기계 학습〉이 일반화되었다. 더 많은 데이터 집합에 대한 접근에 기반한 더 효과적인 아이디어와 연관되어 있기 때문이다. 더 최근에는 〈심층 학습〉이 떠오르고 있는데, 이것은 더 효과적인 알고리즘을 만드는 또 다른 단계와 관계가 있다. 과학자들은 자신의 성과를 앞선 세대의 알고리즘과 구별하려고 하기 때문에 용어는 계속 바뀔 것이다. 알고리즘의 차이와 (이와 연관된) 용어의 차이는 표면 지향 논증에서 중요하지 않으므로 나는 용어를 엄밀하지 않게 이용하고 있다.

표면 지향 시스템에서는 심층 학습처럼 대체로 〈인공 지능〉과 연관된 투박/탄탄한 방법으로 모듈을 연결한다.

반면에 비트 정밀도는 계산기에서 접근하는 함수 같은 일부 표면 지향 편집기 내부에서만 호출된다. 절대적 정밀도가 소통에서 쓰이는 일은 결코 없다.

이게 왜 더 안전할까? 우리는 컴퓨터를 해커에게서 보호하기 위해 이따금 〈에어갭air gap〉(망 분리)을 만든다. 이것은 필수적 기능을 수행하는 컴퓨터를 온라인으로부터 격리하는 것이다. 그러면 해커가 접근할 수 없다. 실제 사람이 현장에서만 접근할 수 있기 때문이다.

코드 없는 표면 지향 네트워크 안에 있는 각각의 모듈/편집기는 사실상 에어갭으로 둘러싸인다. 서로 추상적 메시지를 주고받을 수 없기 때문이다. 메시지는 존재하지 않는다. 시뮬레이션된 손가락이 시뮬레이션된 단추를 누를 뿐이다. 추상적 〈단추 누름〉 메시지 같은 것은 있을 수 없다.

보안 주제로 돌아가기 전에 에어 갭의 작동 원리에 대해 좀 더 설명하겠다.

표현

우선, 고백을 하나 해야겠다. 80년대에는 〈단추 누름〉 이벤트 없이 표면 지향 효과를 구현할 방법이 없었다. 기계 시각과 기계 학습은 충분한 성능을 거두지 못하고 있었다.

그래서 우리는 디스플레이와 (화면 위 단추 같은) 사용자 인터페이스 요소를 기술할 작은 언어가 필요했지만, 이것이 일시적 문제를 위한 임시방편임을 알고 있었다.♦ 무어의 법칙에 따르면 컴퓨터는 〈동일성〉뿐 아니라 〈유사성〉까지도 인식할 수 있을 만큼 빨라질 터였다. 그렇게 되면 한 편집기가 다른 편집기를 기계 시각으로 관찰하면서 가상의 손으로 조작할 수 있으며 단추 같은 사용자 인터페이스 요소의 추상적 표현은 필요 없게 된다.

90년대 중엽에 마침내 시각적 유사성을 실시간으로 인식할 만큼 컴퓨터가 빨라지자 나는 새로운 친구들과 함께 아이매틱Eyematic이라는 스타트업을 창업했다. 이 회사는 얼굴을 인식하거나 얼굴의 특징을 추적하는 기계 시각 과제를 수행했다(우리는 미국 국립 표준 기술 연구소NIST에서 개최한 정부 대회에서 우승했다. 대회 과제는 까다로운 현실 상황에서 얼굴을 인식하고 추적하는 것이었다).

아이매틱 팀의 과학자들은 대부분 선도적 신경 과학자 크리스토프 폰 데어 말스부르크의 학생 출신이었다. 척을 비롯한 비플 원년 멤버 몇 명과 옛 투자자 일부도 합류했다. 하지만 이 회사의 핵심 인물은 하르트무트 네벤이었다. 우리 회사는 결국 구글에 인수되었다.

최초의 효과적인 얼굴 추적 및 인식 프로그램을 개발하면서 기분이 꺼림칙했음을 고백해야겠다. 우리가 괴물을 만들고 있는 게 아닌가 하는 의문이 들었다. 나는 아이매틱 시제품을 이용하여 「마이너리티

♦ 1980년대산 표면 지향성 실험은 가상 세계나 화면에서 보이는 모든 것 — 방에서 아바타, 텍스트, 윈도, 아이콘에 이르기까지 — 을 묘사하는 시스템에 의존했다. 이 시스템은 다섯 가지 기본 요소로 이루어졌는데, 각 요소는 억제나 순서 같은 시각적/공간적 관계를 기술했다. 우리는 이 시스템을 이용하여 (심지어) 전통적 소스 코드의 시뮬레이션을 비롯한 모든 것을 기술하고 렌더링했으나, 실은 어떤 소스 코드도 없었다. 그 대신 한 기계어(작동하는 프로그램에 대해 비트가 설정되는 방식)와 화면에 나타나는 것 사이에 특정한 매핑이 이루어졌을 뿐이다.

리포트」에 삽입된 장면 같은 역겨운 기술의 작업 모형을 구현했다. 경찰에 쫓기는 주인공이 광고판 앞을 지날 때마다 그의 모습이 광고판에 떠서 누구나 그의 위치를 알 수 있었던 장면 기억하는가?

내가 버틴 이유는 보편 감시라는 추한 가능성을 상쇄하고도 남을 유익이 있다고 느꼈기 때문이다. 기계 시각으로 얼굴을 인식하고 표정을 추적할 수 있다면 이 능력을 활용하여 편집기가 다른 편집기를 이용하도록 할 수 있지 않을까? 마침내 우리는 땜질 처방을 제거하고 버젓한 에어갭을 갖춘 본격적인 표면 지향 시스템을 구축할 수 있었다.

이 경우 표면 지향 편집기는 사용자 인터페이스 이외의 어떠한 인터페이스나 상호 작용 방법도 지원하지 않는다. 어떤 프로토콜도, 어떤 추상적 변수도, 어떤 API도 필요 없다.$^\blacklozenge$

한 편집기의 기계 시각 및 기계 학습 알고리즘은 가상의 손을 해석하고 조작하여 다른 편집기를 가상으로 만질 수 있었다. 편집기는 임의의 시각에 자신을 조작하는 것이 사람인지 다른 편집기인지 알 수 없었다. 어느 경우이든 인터페이스는 동일하기 때문이다.

다른 편집기에 어떤 작업을 시키는 편집기 안에 있는 코드의 성질은 표준화되지 않는다. 주어진 편집기의 프로그래밍 수단도 마찬가지이다.

어떤 편집기는 작업 수행을 위해 훈련될 수도 있고 — 사례를 가지고서 기계 학습 알고리즘을 훈련하는 방식으로 — 어떤 편집기는 명시적으로 프로그래밍해야 할 수도 있다. 모든 편집기는 마치 사람이 하듯 모든 편집기와 인터페이스로 상호 작용할 수 있다.

나는 이러한 유익이 감시 문제를 상쇄하고도 남을 만큼 크다고

♦ API(애플리케이션 프로그래밍 인터페이스Application Programming Interface)는 프로그램들을 서로 연결하는 데 쓰는 추상적 계층들을 묶는 현재의 전형적 방법이다.

믿는다. 앞에서 묘사한 표면 지향 원리와 비슷한 원리를 토대로 정보 시스템을 구축할 수 있다면, 궁극적으로는 특정한 추상화를 모두가 영원히 받아들이지 않아도 되는 도구를 이용할 수 있게 될 것이다.

이제부터 우리의 정보 시스템은 사회의 여러 측면에 대한 거푸집 역할—또한 젊은이들이 사회 안에서 개인이 되는 방법에 대한 지침 역할—을 할 것이므로, 추상화가 다양하고 취소 가능한 정보 아키텍처로의 이전이 더없이 중요할 것이다. 이렇게 하면 먼 장래에 개방성과 자유를 진작할 수 있을지도 모른다.

이런 바람이 요령부득에다가 지나친 맹신, 심지어 유토피아적 충동으로 들릴 수도 있다는 것 나도 안다. 하지만 이것은 사실 유토피아를 넘어서려는 시도이다.

거대 담론을 제쳐 두더라도 아바타 얼굴이 사람의 얼굴 표정을 따라 하게 만드는 일은 무척 재미있었다. 한동안 1990년대 뉴욕의 니팅 팩토리 같은 클럽에서 나의 괴짜 밴드와 함께 표정 있는 아바타 얼굴을 실험하기도 했다. 우리 뒤에는 대형 스크린이 있었는데, 이를테면 괴짜 음악인들이 당시의 부패 정치인 아바타로 변신했다(돌이켜 보면 그때의 부패는 약과였다).

불완전함의 지혜

이상적인 미래 표면 지향 시스템의 모듈은 기계 시각을 비롯하여 인공 지능과 연관된 기법들을 이용하여 적절한 수단을 통해 연결될 것이기 때문에, 오늘날 벌어지는 광적이고 기만적인 해킹 게임의 상당수는 처음부터 차단될 것이다.

이를테면 심층 학습 네트워크를 통해 컴퓨터에 악성 소프트웨어를 주입하기가 — 가령, 감염을 일으키는 이미지 쪽으로 카메라가 향하게 함으로써 — 힘들어질 것이다. 〈힘들다〉가 〈불가능하다〉와 같은 것은 아니지만, 보안에서 완벽을 추구하는 것은 결코 이길 수 없는 게임이다.

물론 이미지를 이용하여 악성 소프트웨어를 주입할 수는 있지만 — 지금도 늘상 이루어지고 있듯 — 그것은 소프트웨어가 이미지를 비트 단위로 받아들여 정확한 프로토콜로 처리할 때만 쉬운 일이다.

정확히 맞아떨어지는 프로토콜을 속이기란 식은 죽 먹기이다. 원래 설계자가 예견하지 못한 꼼수를 얼마든지 생각해 낼 수 있기 때문이다. 흔한 예로 이미지를 기술하는 프로토콜에 규정된 것보다 많은 비트가 이미지에 들어 있을 수 있다. 이런 이미지가 주입되면 일부 비트가 컴퓨터 내에서 예상 밖의 장소로 오버플로를 일으키는데, 그중에 악성 소프트웨어가 들어 있을 수 있다.

이런 식의 전략으로 컴퓨터를 감염시키는 것은 현재 지구상에서 인간이 일으키는 사건 중에서 가장 흔한 것인 듯하다.

하지만 이미지가 아날로그 방식의 근삿값으로 〈만〉 입력되고 통계적으로만 분석되면 — 마치 이미지 쪽으로 카메라를 향하고 있을 때처럼 — 컴퓨터가 훨씬 덜 취약해진다.[*] 이미지는 문제가 아니다. 프로토콜의 경직성이야말로 문제이다.

소프트웨어가 어떻게 작동하는지를 엔지니어가 〈정확히〉 모르는 게 최선일 때도 있는 법이다.

〈심층 학습〉 및 관련 기술과 연관된 현대 알고리즘의 근사적 성격은

---

[*] 표면 지향 시스템의 원형 중에는 실제의 작은 화면과 카메라를 기계 안에 숨겨서 에어갭을 물리적으로 구현한 것도 있었다.

해커의 수법에 내재적으로 저항력이 있지만, 우리는 이런 능력을 아키텍처 구축이 아니라 특수 작업 수행에만 적용한다. 표면 지향 개념을 설명하는 또 다른 방법은 이것을 아키텍처에서 이용해야 한다는 것이다.

생물학에서와 마찬가지로 시스템이 탄탄해지면 — 이것은 완벽하다는 말이 아니다 — 보안이 강화된다. 완벽한 시스템은 부서지지만 탄탄한 시스템은 휘어진다.

회복력

표면 지향 가설에 따르면 시스템이 작업 수행에 대해서뿐 아니라 구조와 연결에 대해서도 AI적 알고리즘을 이용하면 끊임없는 파국적 오류가 덜 일어난다.

물론 표면 지향은 작은 시스템에서 모듈을 연결하는 데는 엄청나게 비효율적인 방법이다. 가장 기본적인 작업을 통합하는 데 기계 시각과 학습 알고리즘을 동원하니 말이다. 하지만 매우 큰 시스템에서는 프로토콜을 고집하면 효율이 낮아진다. 이를테면 바이러스를 막기 위해 끊임없이 업데이트와 청소를 해야 하며 프로토콜을 변경해야 할 때마다 시스템을 한참 동안 꺼야 한다.

내가 즐겨 드는 예로 음악이 있다. 나는 음원에 잔향을 넣는 소프트웨어 플러그인을 구입하느라 몇 년간 수천 달러를 썼는데, 그중에서 아직까지 작동하는 것은 하나도 없다. 단 하나도!

소프트웨어 컴포넌트가 금세 폐물이 되는 이유는 프로토콜을 비롯한 소프트웨어 생태계에 완벽하게 맞아떨어져야 하는데 작은 변화가

일어나는 것조차 막기가 힘들기 때문이다.♦

한편 나는 1970년대부터 음향 효과를 내는 실제 페달을 많이 사들였다. 하드웨어형 신시사이저 모듈도 엄청나게 가지고 있다. 이 하드웨어의 상당수에 들어 있는 컴퓨터 칩은 내가 구입한 소프트웨어 플러그인과 정확히 똑같은 기능을 수행한다. 하지만 중요한 한 가지가 다르다. 물리적 장치는 전부 여전히 작동한다. 전부 다.

둘의 차이는 이것이다. 물리적 장치는 아날로그 에어갭 연결이 있어서 좀처럼 퇴물이 되지 않는다.

이론상으로는 소프트웨어 플러그인이 더 싸고 더 효율적이고 모든 면에서 더 나아야 하지만, 실제로는 하드웨어 장비가 더 싸고 더 효율적이고 모든 면에서 더 낫다. 아직까지 작동하니까. 하드웨어 효과 페달과 모듈이 음악 기술의 표면 지향 버전이라면♦♦ 플러그인은 프로토콜 버전이다.

기술이 작동하는 방식을 한 순간만 보아서는 안 된다. 개발과 유지를 비롯하여 전체 수명 주기를 보아야 한다.

음악 도구 사례에서 표면 지향성의 또 다른 장점이 드러나는데, 그것은 충분히 큰 규모에서, 또한 오랜 기간의 이용과 수정을 고려할 경우 표면 지향 아키텍처가 전통적인 프로토콜 중심 코드 기반 아키텍처보다 효율적이라는 것이다.

♦ 내 경우에 문제는 애플의 맥 OS가 시나브로 달라지는 것이다.
♦♦ 혼동을 피하기 위해 언급하자면, 페달이 차이를 만들어 내는 하드웨어라는 말은 사실이 아니다. 페달은 프로토콜을 비롯한 디지털 생태계의 요소들에 얽매이지 않고서도 연결할 뿐이다. 표면 지향 소프트웨어에서도 같은 장점을 누릴 수 있다.

적응

내가 기존 컴퓨터 아키텍처를 비판하면서 늘 쓰는 단어로
〈뻣뻣하다brittle〉가 있다. 구부러지기 전에 부러진다는 뜻이다. 심지어
비트 하나만 잘못되어도.

뻣뻣함의 대안은 자연에서 찾을 수 있다. 자연의 진화가 어떻게
작용할 수 있는지 들여다보자. 우리의 유전자는 이따금 소프트웨어와
약간 비슷해서, 돌연변이가 하나만 일어나도 치명적일 수 있다.

하지만 저마다 다른 개인들이 유전자가 똑같지 않은데도 잘 살아
가는 것은 지극히 정상이다. 작은 변화가 늘 충돌을 일으키지는 않는다.

우리는 유전자를 완전히 이해하지는 못하지만, 이것만은 분명하다.
유전자는 진화를 가능하게 한 만큼 탄탄하다.

진화는 점진적 과정이다. 작은 변화가 오랜 시간 동안 누적되어
헤아리기 힘든 변화가 된다. 단세포 생물이 우리로 진화했듯.

그 과정에서 필수적인 소(小)단계는 유전자의 작은 변화가
유기체에서도 작은 변화로만 나타나는 것이다. 진화의 핵심에 있는
피드백 고리가 작동할 기회가 생기려면 작은 것과 작은 것의 이
상관관계가 충분히 자주 일어나야 한다.

작은 유전적 변화가 일어났을 때 유기체에서 극단적 변화가 너무
자주 일어나면 진화에 많은 것을 〈가르치〉지 못한다. 결과가 너무
무작위적이기 때문이다. 하지만 많은 경우에는 작은 유전적 변화의
결과 또한 작기 때문에 개체군이 유사한 새 형질을 조금씩 〈실험〉하면서
진화할 수 있다.

한편 컴퓨터는 비트를 아무렇게나 바꾸면 먹통이 될 수도 있으며,
비트를 〈현명하게〉 바꾸더라도 비표면 지향 컴퓨터의 보안에 악영향을

끼칠 수 있다.

하지만 현재의 프로그램에서 예측 없이 비트를 바꿔 작은 개선을
이루기란 사실상 불가능하다. 그렇다면 우리는 비트를 잘못 쓰고 있는
것 아닐까?

그래서 표면 지향 가설의 또 다른 측면은 표면 지향 편집기에서의
작은 변화가 충분히 자주 행동의 작은 변화로 이어져 〈거대한〉
규모에서의 적응적 개선을 촉진해야 한다는 것이다.♦ 지금의
시스템으로는 할 수 없는 일이다.

흔들기

나는 미래의 표면 지향 시스템을 상상할 때 편집기들이 전 세계에서
서로를 조작하며 네트워크에 퍼져 있는 모습을 머릿속에 그린다.
무수한 만화 캐릭터들이 서로 부대끼는 모습을 상상해 보시라.

♦ 대규모 표면 지향 시스템을 구축해야 한다면, 전형적인 것은 비슷하지만 저마다 다른
편집기들의 수많은 잉여적 병렬 경로를 포함할지도 모른다(오늘날 우리가 사람의 신원을
확인할 때 그의 번호로 전화를 걸고 암호를 입력하게 하는 등 여러 방법을 쓰는 것과 다르지
않다).
　둘 이상의 편집기 경로가 비교 가능한 즉각적 결과를 산출하면 특수 편집기가 이들을
비교한다. 잉여성은 엄밀하지 않은 통계적 연결의 불확실성을 상쇄한다.
　잉여성은 신뢰성을 향상시키는 데 머무르지 않는다. 알고리즘만이 아니라 아키텍처의
대규모 시스템적 적응을 가능케 한다.
　편집기와 편집기 집합은 잉여성을 통해 서로에 대해 테스트되며 이로써 전반적 시스템이
개선된다. 한 경로가 더 낫게 작동하면 선호되어 새로운 경로의 설계에 영향을 미칠 것이다.
　이 메커니즘은 살아 있는 생물 개체군 내에서 유전적 다양성이 가지는 가치를 상기시킨다.
공학자들은 이미 이런 식으로 알고리즘을 진화시키지만, 알고리즘 사이에 연결적이고
아키텍처적인 구조를 진화시키지는 〈않는다〉. 표면 지향 시스템은 이런 누락을 바로잡는다.

온도 조절기와 드론 같은 물리적 장치의 제어부는 클라우드 알고리즘과 사람에게도 동일하므로, 사람이 기계를 이해하지 못하도록 하는 난해함이 줄어들 것이다.

나는 학생들이 전 세계 클라우드 아키텍처를 헤집고 다니며 애초부터 사람을 위해 디자인되고 이해할 수 있는 모든 것을 실험하고 조정하고 탐구하는 광경을 상상한다. 물론 이 모든 것은 VR 안에서 이루어질 것이다.

사람들이 가상 세계 안에 있을 때 가상 세계가 작동하는 방식을 바꿀 수만 있다면, ……이 생각만 하면 아직도 가슴이 벅차서 적당한 말이 바로 떠오르지 않는다. 이것을 가장 훌륭히 설명한 것은 〈탈기호 소통〉에 대한 나의 옛 강연이다.

나는 21세기의 성숙한 VR이 20세기의 세 가지 위대한 예술인 영화, 프로그래밍, 재즈를 융합한 형태일 것이라고 곧잘 말했다. 이 중에서 가장 까다로운 것은 재즈적 요소일 것이다.

재즈의 묘미는 즉흥 연주이다. 음악가들은 즉석에서 곡을 지어낸다.

컴퓨터 콘텐츠를 빠르게 창작하는 초보적 도구는 이미 등장했다. 사람들은 늘 스마트폰을 이용하여 글, 사진, 동영상, 음성으로 이루어진 동시적 표현물을 만들어 낸다. 더 민첩한 이용자, 특히 아이들이 마인크래프트 같은 건축 게임에서 가상 세계를 얼마나 빨리 변경하는지 보면 놀랍기 그지없다. 하지만 더 깊은 차원의 즉흥적 프로그래밍은 아직 모호한 개념으로 남아 있다.

이론상 언어를 번역하거나 이미지를 해석할 수 있는 〈심층〉 또는 콘볼루션 네트워크와 비슷한 네트워크는 프로그램을 적응적으로 수정하여 이용자가 춤추거나 색소폰을 연주하면서 변화를 주어 프로그램의 방향을 바꿀 수 있을지도 모른다.

그러면 오늘날 문장을 말하거나 춤 동작을 취할 때와 같은 민첩성과 빠르기로 가상 세계에서의 새로운 상호 작용이나 물리학을 정의할 수 있을 것이다. 말할 단어를 생각해 내거나 춤 동작을 계획하는 데는 시간이 걸리지만, 이 과정은 우리가 생각하고 느끼는 것만큼 빠르게 일어나므로 우리는 이것들이 〈실시간〉이라고 여긴다.

프로그래밍도 실시간으로 할 수 있을까? 나는 사람들이 프로그램을 한 줄 한 줄 작성해야 하는 것이 아니라 창조의 수단으로서 빠르게 〈느끼〉도록 하는 방법을 여러 가지로 시도했다.

한 가지 방법은 사람들이 짓지 않고 고르도록 하는 것이다. 이것을 가장 쉽게 이해하는 방법은 순수하게 음향적인 버전을 생각해 보는 것이다. 여러분이 이용자에게 불협화음 공세를 퍼붓는다고 가정해 보라. 이를테면 이용자가 손을 움직일 때마다 그 순간에 발생한 소리가 루프로 반복되기 시작하고, 선택하지 않은 딴 소리들이 약간 조용해진다. 그러면 이용자는 루프에 포함할 소리를 더 고르고 다른 소리를 줄이면서 이 과정을 되풀이한다.

이 과정이 끝나면 이용자는 비록 음악가가 아니더라도 온전히 자신의 작품이라고 말할 수 있는 음향 루프를 ─ 개러지 밴드Garage Band 같은 프로그램에서 일반인 초심자가 작곡하는 것보다 더 다양하고 개인적으로 ─ 만들게 된다. 하지만 여기에는 발명의 과정이 전혀 결부되지 않았으며 오로지 선택만 이루어졌을 뿐이다(그 차이에 대해서 밤새도록 논쟁할 수도 있겠지만).

이 접근법은 시각 디자인에서도 구현할 수 있다. 시끄럽고 바람 부는 가상 세계 안에서 지나가는 작은 소용돌이를 집어 단단하게 굳히는 일을 반복하여 조각품을 만드는 것이다. 이것은 과거의 로르샤흐 테스트(잉크 반점 검사)의 능동형 버전과 약간 비슷하지만, 백지에서 시작하는 경험이라는 점이 다르다.

그렇다면 이런 방식의 전략을 일반적 프로그래밍에도 적용할 수 있을까? 아직까지는 그럴듯한 성과를 거두지 못했지만, 언젠가는 가능하리라 생각한다. 가장 큰 문제는 행동을 관찰하는 데 시간이 걸리는데 프로그램은 행동을 기술한다는 점이다.

나는 오랫동안 악기에서 사용자 인터페이스 디자인의 영감을 얻었다. 기술을 표현의 형태로 생각한다면 악기가 이제껏 존재한 가장 발전한 기술이라는 데는 의문의 여지가 없다(이 찬사는 아직까지는 비[非]디지털 악기에만 해당하기는 하지만).

사람들이 재즈에서 즉흥 연주를 하는 광경을 보면 늘 감탄스럽다. 즉흥 연주는 상당한 깊이의 문제 해결을 실시간으로 해내는 셈이다. 미래의 프로그래밍은 재즈와 무척 비슷해져야 할 것이다.

내가 가상 색소폰 같은 장치에 그토록 공을 들이는 것은 이 때문이다. 가상 색소폰은 진짜 색소폰만큼 훌륭히 연주할 수 없으며 — 적어도 아직까지는 — 정말 좋은 색소폰에는 결코 비길 수 없다.

미래의 표면 지향 즉흥 연주자들이 극복해야 할 문제 중에는 현대의 재즈 색소폰 연주자들이 극복해야 할 문제와 다른 것도 있다. 외계 거북이 내 머리 주위를 파닥거리며 나는 모습을 보면서 수백만 가지의 행동적 변이 중에서 가장 나은 것을 고르려면 오랜 시간이 걸릴 것이다.

거북의 인스턴스를 수백 개, 수천 개 본다고 가정해 보자. 각 인스턴스는 투명하고 거북의 행동 클라우드를 형성하는데, 그중에서 가장 두드러진 폭풍우 속의 행동을 선택해야 하는 것이다. 어쩌면 강조하고 싶은 거북의 동작과 일치하도록 악기 — 이를테면 가상 색소폰 — 를 연주할 수도 있겠다.

표면 지향적 관점에서는 프로그램이 할 수 있는 일의 범위를 편리하고 실용적으로 표현하는 〈편집기〉를 어떻게 디자인해야 할지 배워야 한다. 이 문제를 해결하는 데는 몇백 년이 걸릴 것이다. 믿어도 좋다.◆

구체적 가능성의 어마어마한 개수를 다루는 기존 방법은 추상화이다. 남은 문제는 추상화에 대한 현실적 대안이 될 수 있는 더 유연한 형태의 구체적 표현이 있을 것인가이다. 이것은 우리가 아는 사용자 인터페이스를 뛰어넘어서만 — 아마도 미래 버전의 VR에서 — 상상할 수 있다.

플라톤의 동굴을 메운 자갈

전산학은 공학의 한 분야, 아니면 예술, 공예, 심지어 과학의 한 분야로 생각할 수 있다. 전산학은 이 모든 것이지만, 내게는 주로 응용 철학이다. 아니, 실험 철학이라고 하는 게 더 낫겠다.

전산학자들은 삶의 의미와 삶을 개선하는 실천 방법에 대한 관념이 있으며 이를 실제 사람들의 실제 삶을 인도하는 패턴으로 구현한다. 우리는 대체로 이상주의자이다. 이상이 온전히 실현되는 일은 없기 때문에, 전산학의 역사는 깨진 꿈이 포석으로 깔린 길인 셈이다.

나는 표면 지향성이 결코 온전히 주목받지 못할 것이며 뒤늦게야

◆ 모든 프로그램에 대해 이렇게 될 가능성은 전무하다. 표현 가능한 범위의 행동을 하도록 제약된 프로그램에 대해서만 가능할 것이다.

관심을 얻을 것임을 잘 안다. 표면 지향 연구가 대규모로 부흥하더라도 내가 예견하지 못한 문제가 불거질 것이다. 완벽한 것은 아무것도 없다.

하지만 이것이 전산학의 사고방식이다. 끊임없이 추구하는 것. 아이번 서덜랜드는 〈비동기asynchronous〉 컴퓨터 아키텍처를 오래도록 추구하고 있다. 이것은 모시계(母時計) 없는 하드웨어 시스템이지만, 여기에는 더 깊은 함의가 있다. 그것은 본질적으로 덜 중앙 집중적이고 덜 위계적인 연산이 가능하다는 것이다. 이 가능성이 오랫동안 그를 끌어당겼다. 마찬가지로 테드 넬슨은 다양한 학생과 추종자 집단을 이끌며 재너두Xanadu를 구현하고 있다. 이것은 디지털 네트워크의 원래 디자인으로, 1960년에 그가 시작했다. 나는 재너두가 월드 와이드 웹보다 나으리라 확신하지만, 완전히 구현되기 전에는 아무도 모를 일이다.

전산학자들의 이상주의적 기획은 궁극적으로 세상을 다스리는 것이 아니라 간접적 영향을 미친다. 조각들은 유별난 지점에 꽂힌다. 월드 와이드 웹은 테드가 본디 제안한 개념의 희미한 그림자에 불과하지만, 그의 아이디어가 반영되어 있다.

수학이 진리의 금자탑이라면 전산학은 잊힌 전쟁의 부스러기 둔덕에 가깝다. 이것은 개탄의 표현이 아니다. 또 다른 차이점은 전산학이 사실상 화폐를 주조하며 그러다 결국은 화폐를 퇴물로 만들리라는 것이다.

하지만 부의 애석한 부작용은 최상위 회사들이 지금 하고 있는 일에 지나치게 주목하고 나머지 아이디어를 버린다는 것이다. 전산학 이상주의의 풍요로운 사상들은 바깥 세상에서 마땅한 관심을 받지 못하고 있다. 각 사상은 우리가 살았을 수도 있는, 또는 언젠가 살 수도 있는 대안적 현실을 나타낸다.

많은 동굴, 많은 그림자, 하지만 당신의 눈뿐

단순한 표면 지향 실험을 겪으면서 나의 철학적 관점이 달라졌다. 무엇보다 소프트웨어를 실재로 취급하는 것이 잘못임을 깨달았다. 비트는 실재이다. 칩으로 측정할 수 있거나 전송되기 때문이다. 사람도 실재이다. 하지만 비트가 의미를 가지는 것은 오로지 사람 때문이다.

나는 〈정보는 소외된 경험이다〉라고 줄곧 말했다 이 말은 비트가 컴퓨터에 입력될 때나 추출될 때 인간 경험에 근거하여 의미를 가지되 인간의 문화와 해석이 없으면 무의미하다는 뜻이다.

달리 말하자면 외계인에게는 스마트폰이나 라바 램프♦나 똑같이 보인다. 둘 다 그 속에서 패턴이 진화하면서 뜨거워지니까.

페르미 역설도 이 관점을 뒷받침한다. 우리가 밤하늘을 샅샅이 뒤져도 우주에서 다른 생명체의 증거를 보지 못하는 것은 어찌 된 영문일까? 어쩌면 문화를 공유하지 않는 한 생명체를 알아보기 힘들지도 모른다. 외계인의 문학이 우리에게는 잡음일 수도 있다.♦♦

비트에 내재적 의미가 있을 수 없음을 이해하면, 컴퓨터를 개량하기가 쉬워진다. 남은 유일한 기준은 사람들을 위한 디자인뿐이기

♦ 반고체 상태의 물질이 계속 위아래로 움직이는 전기 스탠드의 일종 — 옮긴이주.
♦♦ 부연하자면, 나는 암호화를 일종의 문화로 본다. 비트를 해석하는 방법으로. 따라서 암호 신호를 가진 외계인은 탐지 불가능할 테지만, 암호화와 충분히 낯선 외국어 사이의 차이는 논란의 여지가 있다.

때문이다.

이런 식으로 생각하면 사람의 지위가 높아진다. 우리에게는 뭔가 특별한 것이 있음에 틀림없다. 장담한다.

부록 3   반신반인의 결투

올더스 헉슬리는 『멋진 신세계』에서 〈필리feely〉라는 가상의 매체
기술을 통해 VR의 어두운 면을 예시했다. 내가 헉슬리의 시각을
논의하지 않은 것은 책 한 권에 모든 것을 담을 수 없기 때문이다.
이것은 부끄러운 일이다. 엘러리가 한동안 서던캘리포니아에서
헉슬리와 함께 살았고 헉슬리는 환각제 문화와 관계가 있는 것으로도
유명하기 때문이다. 이 책을 다 썼다 싶을 즈음에 도널드 트럼프가
당선되었다. 나는 헉슬리의 관점을 반영하되 당시의 구체적인 상황을
곁들여 글을 써야겠다는 생각이 들었다. 독자들이 어떻게 읽을지는
전혀 모르겠지만, 이 순간을 기록으로 남기기 위해 여기 싣기로 한다.

인공이 아니라 상상

〈우리는 어떻게 미래의 씨앗 속에 자리 잡았나〉라는 제목의 장에서
로봇과 알고리즘이 언젠가 우리의 일자리를 모조리 빼앗더라도 사실
그것들은 아무 일도 하지 않는 셈이라고 썼던 것 기억하나? 로봇이나
클라우드 알고리즘의 모든 정보는 사람들에게서 비롯한다. 모든 가치도

마찬가지이다. 여러분은 늘 데이터를 수집당하며 그 데이터는 수많은 기계 학습 시스템을 가동하여 여러분을 일자리에서 밀어낸다.

이 원리를 가장 쉽게 설명하기에 내가 늘 애용하는 예는 자동 번역이다. 인터넷이 등장하면서 음반 음악가, 탐사 언론인, 사진가와 마찬가지로 전문 번역가의 생계가 결딴났다.

하지만 자동 번역이 어떻게 작동하는지 자세히 살펴보면 살아 있는 실제 사람들이 매일같이 실생활에서 내놓는 〈수백만〉 개의 번역문을 알고리즘이 수집하여 예시로 삼아야 한다는 사실을 알 수 있다. (대중적 이벤트와 대중문화가 하루를 단위로 변천하듯 언어도 마찬가지이다.) 알고리즘은 자족적인 것처럼 〈보이〉지만, 실은 숨은 개인들에게서 비롯하는 가치를 재포장하는 것에 불과하다. AI의 장막을 걷으면 수백만의 착취당하는 사람들이 드러난다.

그렇다고 해서 AI가 나쁘다는 말은 아니다! 내 말은 AI가 아무것도 아니라는 뜻이다. AI를 두려워하는 것은 AI의 이름으로 벌어지는 해악을 증폭하는 또 다른 방법일 뿐이다. 사람들이 이용하고 싶어 하는 단순한 알고리즘을 두려워하는 것은 ― 이를테면 실업이나 의미의 위기를 〈필연적으로〉 일으킬 것이라 우려하는 것 ― 알고리즘이 살아 있고 인간의 데이터를 훔치지 않고도 혼자 힘으로 가치를 창출할 수 있다고 착각하는 것과 같은 망상이다. AI의 해악을 줄이는 유일한 방법은 AI를 새로운 유형의 피조물로 믿는 일을 그만두고 알고리즘을 사람들이 이용하는 도구로 간주하는 것이다.

자동 번역 서비스는 유용하다. 두렵다고 막는 것은 비생산적이다. 이상적이고 윤리적이고 (무엇보다) 지속 가능한 방안은 데이터 ― 이 경우는 번역문 ― 를 제공함으로써 알고리즘을 가능케 하는 사람들의 노고를 인정하고 대가를 지급하는 것이다.

1980년대에는 내 친구들 중 상당수가 미래에 경제적 가치가 없어지리라는 발상을 마음에 들어 했다. 그러면 모두가 순수한 형태의 사회주의나 유토피아 체제를 받아들여야 할 테니 말이다. 최근에는 이 발상이 기본 소득 모형에 대한 논의 과정에서 다시 등장했다. 기본 소득 모형은 로봇이 일을 모조리 대신하는 바람에 쓸모가 없어진 모든 사람들에게 임금을 주자는 계획이다.

(더 최근인 〈대안 우파〉의 시대에는 더 냉혹한 해커 진영에서 같은 전략이 추진되는 것을 본다. 하지만 이번에는 사람들이 인종주의적 독재를 받아들이도록 하는 것이 목적이다. 이 논리에 따르면, 로봇이 모든 사람을 실업자로 만들면 일반인은 기댈 곳이 하나도 없다.)

나는 기본 소득 모형이 함정이라는 의심이 든다. 이 모형에서는 사람들이 스스로를 무가치하고 부조리한 존재로 여기고, 가치가 선택적으로 무시되면서 경제가 파괴되고, 대용품은 사회 안전망은 투기꾼의 놀음판이 되어 안전망 역할을 하지 못하고, 중앙 집중화되고 거대 권력을 지닌 정치체가 체제를 쥐락펴락할 것이다. 이렇게 되면 부패는 시간문제이다.

나는『미래는 누구의 것인가』에서 이런 우려를 표명했다. 내 논지를 간단히 요약하자면 다음과 같다. AI 알고리즘은 빅데이터가 얼마나 자주 보충되느냐에 달렸지만, 전반적으로 AI 기획의 관건은 대량의 인간 데이터를 무단으로, 정당한 대가를 치르지 않고 몰래 빼돌릴 수 있느냐이다.『미래는 누구의 것인가』에서는 나노 지불을 통해 사람들의 숨겨진 데이터 가치를 공식 경제로 가져오는 것이 — 현재의 도둑질/물물 교환 인터넷 경제에 대한 대안으로서* — 기본 소득 모형의 대안이 될 수 있다고 주장한다. 나의 동기는 기본 소득 모형이 계획 경제로 전락할 수 있다는 우려를 뛰어넘는다. 기본 소득 모형의 대안으로서 보편적 데이터 경제는 정치권력의 지속 불가능한 집중에 저항할 뿐 아니라 개인의 창의성과 인간의 존엄성을 고양한다.

직관적으로 생각하기에는 각 사람에게 충분한 소득이 돌아갈 수 없을 것 같지만, 미래에는 다양하고 수많은 이른바 AI 알고리즘이 즉각적으로 나노 지불을 산출할 것이다. 모든 활동이 AI 알고리즘을 통해 일어나는 극단적 시나리오를 생각해 보자. 이 시나리오에서는 사람들이 직접 하는 일은 아무것도 없다. 인간 데이터에서 창출되는 가치는 적어도 사람들이 직접 수행한 일의 역사적 가치와 맞먹는다. 예전에 사람들에게서 비롯한 가치가 충분하다면 — 또한 충분히 다양하다면 — 자본을 외부에서 공급하는 것이 아니라 인간 자본을 재포장하는 것으로 AI를 해석하는 한 미래에도 마찬가지일 것이다.

이를테면 유전 공학이나 나노 기술 그 무엇으로도 양치질의 필요성을 없애지 못했기에 미래에도 여전히 이를 닦아야 한다고 생각해 보자. 하지만 이 미래에는 이를 직접 닦지 않는다. 로봇이 수천 명의 칫솔질을 분석하여 완벽하게 닦아 줄 테니 말이다. 여러분이 훔친 데이터를 로봇

◆ 거대한 인터넷 컴퓨터가 모든 것을 좌우하는 시대에 미국에서 엘리트만 부를 축적하긴 했지만, 같은 기간에 개발 도상국에서는 절대 빈곤이 극적으로 감소했다. 디지털 기술이 모든 것을 설명한다고 주장하려는 것은 아니지만, 값싼 휴대폰의 형태로 클라우드에 연결된 장치들이 좋은 결과를 낳은 듯하다. 평범한 사람들이 미국보다 개발 도상국에서 더 나은 결과를 얻은 이유를 설명하는 가설이 하나 있다. 저가형 휴대폰을 이용하여 기본적 문자 메시지와 통화를 하는 사람들은 시장의 1급 참가자이다. 즉, 그들은 중앙 알고리즘에 휘둘리지 않고 개인적 관점에서 기회를 찾는다. 또 다른 예는 거대 인터넷 기업들이 떠오르기 전 시대에 개인용 컴퓨터가 소기업들의 수익성을 높인 것이다. 그 이용자들이 이제는 전반적으로 침체를 겪고 있다. 우리의 알고리즘 시대는 계획 경제의 오류를 부활시키고 있다.

알고리즘에 계속 공급한다면, 치아는 계속 깨끗해질 테지만 스스로 쓸모없고 종속되고 부조리한 존재라고 느낄 것이다. 하지만 특별한 사람 몇 명이 양치질의 천재이고 여러분의 치아를 훌륭하게 관리할 예를 제공했다는 사실과, 이들이 보상을 받고 있다는 — 여러분이 자신의 장기(長技)에 대해 보상받는 것과 마찬가지로 — 사실과, 사람들이 창조력을 발휘하는 덕에 성장하는 디지털 경제에서 그들이 〈여러분〉의 기여에 대해 보상할 형편이 된다는 사실을 안다면 여러분은 스스로를 쓸모없거나 부조리한 존재로 여기지 않을 것이다. 모든 것에는 — 심지어 양치질처럼 단순한 일에도 — 존엄이 깃들어 있어야 한다.

　AI 신봉자들은 이런 생각에 경기를 일으키겠지만, 지속 가능한 경제를 위해서라면 사변적 형이상학은 미뤄 둬도 괜찮을 것이다.

무중력의 진부함

〈우리는 어떻게 미래의 씨앗 속에 자리 잡았나〉에서는 인터넷 경험을 〈무중력〉으로 보이게 하려는 근본적 욕망에 대해서도 논의했다. 그 결과 중 하나는 — 〈얼트.*〉 유즈넷 그룹에서 처음으로 나타났는데 — 잔인한 허튼소리가 폭발적으로 늘었다는 것이다. 주목 말고는 얻을 것이 없었고 예의를 차려 봐야 이득을 볼 수 없었기 때문이다.

　오늘날 가상 현실의 가장 큰 문제 중 하나는 가장 기꺼이 지갑을 여는 고객 집단인 게이머들의 문화가 여성 혐오의 격변을 겪었다는 것이다.

　이 현상은 〈게이머게이트〉로 알려져 있다. 여성이 게임에서 표현되는 방식에 대한 불만이 제기되자 혐오 발언이 쏟아져 논의를 봉쇄했다.

여성주의적 게임 디자인을 홍보했다가는 폭파 위협과 인신 공격을 당하기 일쑤이다. 게임 문화에 과감히 뛰어드는 여성은 남성인 척하지 않으면 신변의 위협을 감수해야 한다. 게이머게이트는 많은 이들의 삶을 망가뜨렸다. 그럼에도 가해자들이 스스로를 피해자로 여긴다는 사실은 말할 것도 없다.

기술 업계에서 퍼져 나오는 디자인과 문화가 모든 것을 설명하지는 않지만, 여기에는 어마어마한 영향력이 있다.

오랫동안 게이머게이트가 디지털 문화의 유일한 역병이었으나 2016년 들어 그 유산이 선거에, 특히 미국의 선거에 영향을 미쳤다. 게이머게이트는 대안 우파의 본보기이자 리허설이자 발사대인 것으로 드러났다.◆

유즈넷의 변방만을 달구던 문제들이 이제 모두를 고통스럽게 한다. 이를테면 대통령을 비롯한 모든 사람이 〈가짜 뉴스〉 때문에 심란하다. 심지어 이 말 자체에 대한 뉴스도 금세 가짜가 되었다. 〈가짜 뉴스〉라는 말이 어찌나 고의로 남용되었던지 몇 달 만에 뉘앙스가 정반대가 되어 버렸다.◆◆ 이제는 못된 미국 행정부가 진짜 뉴스를 일컫는 말로 통한다.

다행히 더 정확한 용어가 있다. 이를테면 소셜 미디어 회사에 20억 달러에 인수된 가상 현실 회사의 창업자가 — 이 일화는 이 책의 첫머리에서 언급했다 — 가학적인 온라인 거짓말을 지어내고 이것이 바이럴이 되도록 조작하는 행위를 〈똥글질shitposting〉과 〈밈 마술meme

---

◆ https://www.theguardian.com/technology/2016/dec/01/gamergate-alt-right-hate-trump. 기술이 우리 시대의 유일한 힘이 아니라 — 이를테면 패거리 의식tribalism도 있다 — 가장 흔한 낙관적 힘이기에 효과가 과대평가된다는 것을 반드시 명심해야 한다.
◆◆ 〈낫웰〉 속의 주류화.

magic)이라고 불렀다는 뉴스가 보도되었다.♦ 그런데 2016년 선거에서 이 활동을 독려하는 일에 그가 거액을 투자했다는 뉴스가 보도되었다. 무언가에 진짜 돈을 지불한다면 이를 일컬을 분명한 어휘가 필요하다.♦♦

똥글은 저질 언론이나 맹목적 여론과 분명히 다르다. 똥글은 발언의 양을 늘리는 것이 아니라 입을 막는 드문 형태의 발언이다. 이것은 적군 포로가 신경 쇠약에 걸릴 때까지 감방에 시끄럽고 짜증스러운 음악을 트는 것과 비슷하다. 똥글은 대화와 정신을 틀어막아 진실과 숙고를 무의미하게 만든다.

기술 기업이 똥글의 확산에 대해 〈무언가〉를 해야 한다는 요청이 좌우를 막론하고 빗발쳤다. 구글이 맨 처음 행동을 개시했으며 망설이던 페이스북도 뒤따랐다. 이 회사들은 가짜 뉴스에 표시를 다는 방안을 모색하고 있으며 가짜 뉴스 공급원에 수익 지급을 거부하고 있다. 시도할 만한 가치가 있는 일이기는 하지만, 이 접근법이 핵심 문제를 건드리는지는 의문이다.

진실한 뉴스 보도를 보기 위해 사회 전체가 ─ 미국뿐 아니라 전 세계에서 ─ 엄격하게 통제되는 몇몇 기업에 매달려야 한다는 게 얼마나 우스꽝스러운지 생각해 보라. 이 기업들이 지금은 개화되어 긍정적으로 대처한다손 치더라도 여기에는 무언가 기묘하고 위험하고

♦ http://www.thedailybeast.com/articles/2016/09/22/palmer-luckey-the-facebook-billionaire-secretly-funding-trump-s-meme-machine.html.

♦♦ 이미 동기를 부여받은 ─ 앞으로 드러날 것이듯 ─ 행위를 보조하는 데 사람들이 거액을 쓴 이유가 무엇일까? 여기서 인용한 다른 사례들에서 보듯 비교적 소액으로도 아수라장이 벌어졌다 이것은 내부자들조차 여전히 길을 찾고 있음을 보여 주는 예이다. 온라인 세계는 너무 흐릿해서 아무도 완벽하게 보지 못한다. 낯선 새로운 진실은 거의 아무도 프라이버시를 가지지 못하나 아무도 사태가 어떻게 돌아가는지 모른다는 것이다.

지속 불가능한 것이 있지 않은가?

우리 자신의 공적 발언 공간을 게이트키핑하는 임무를 정말로
민영화하고 싶은가? 돌이킬 수 없더라도? 창업자가 죽은 뒤에 누가
페이스북을 운영할지 누가 알겠는가? 수십억 이용자가 항의의 표시로
그런 서비스에 대한 이용을 거부할 수 있을까? 그렇지 않다면 어떤
영향력이 있을까? 우리는 다른 이름의, 하지만 우리를 덜 대변하는
새로운 정부를 선택하고 있는 걸까?

멀티터치 화면의 보이지 않는 손

그보다 더 깊숙한 문제가 있다. 똥글에 맞서는 기술 기업들의
노력에서는 알고리즘이라는 새 질서와 금전적 동기라는 옛 질서의
흥미로운 대립이 엿보인다.

두 질서는 공통점이 많다. 가장 열광적인 지지자들은 각 질서를
사람들이 발명한 기술로서만이 아니라 초인적인 생명체로 여긴다.
금전적 동기의 경우에는 애덤 스미스가 〈보이지 않는 손〉을 찬양한
18세기에 이런 승격이 이루어졌으며 알고리즘의 경우에는 〈인공
지능〉이라는 용어가 만들어진 1950년대 후반에 비슷한 일이 일어났다.

똥글 같은 퇴보의 만연을 부추기는 것이 보이지 않는 손인 반면에,
해독제는 인공 지능에 의해 신성화된다. 따라서 우리는 만들어진 옛
신과 새 신 사이의 새로운 레슬링 경기를 보게 될 것이다.

우선 손을 가진 옛 반신반인이 온라인 세상에서 행동에 어떻게
영향을 미치는지 살펴보자.

구글, 페이스북, 트위터 같은 기업들을 떠받치는 사업 모형은

광고라고 불리지만, 광고와는 사실 좀 다르다. 이 모형은 설득에 의존하기보다는 인간의 주의를 미세하게 관리하는 데 주력한다.

이런 회사들은 사람과 세상 사이의 필터가 되려 든다. 이 활동이 광고처럼 들릴지도 모르지만 — 그렇게들 부르지만 — 실은 그렇지 않다. 이것은 모든 것이 무중력이 되었을 때 유일하게 남을 사업 모형이다.

소셜 미디어와 검색의 현재 사업 모형은 광고와 달리 어떤 〈설득적〉 정보를 가장 눈에 띄게 할 것인가를 편향시키는 일에 의존하지 않는다. 읽을 게시물이나 팔로할 링크처럼 가장 쉽게 이용할 수 있는 〈행동 선택지〉를 편향시키는 일에 의존한다.

이 방법이 훌륭하게 작동하는 이유는 〈선택 비용〉이다. 기술 기업들은 무한에 대한 여러분의 지각을 조작하여 돈을 번다. (이를테면) 서비스를 이용하기 위해 클릭해야 하는 동의 문구는 읽고 이해하는 데 무한한 시간이 걸리기 때문에, 여러분은 읽지 않고 그냥 클릭한다.

마찬가지로 여러분은 수백만 개의 검색 결과를 훑어볼 수 없기 때문에, 인공 지능 알고리즘이 무한한 바다를 항해하기 위한 유일한 선택지임을 받아들인다. 선택지가 무한하면 선택의 (지각된) 비용은 무한해진다. 이른바 광고 회사가 페이스북과 구글 같은 회사에 거액을 지불하는 것은 이 때문이다. 소셜 미디어 회사들은 여러분을 무한한 지출에서 구원하지만, 이 말은 여러분이 결정권을 부분적으로 그들에게 넘긴다는 뜻이다. 이 회사들은 여러분을 설득하는 것이 아니라 더 직접적으로 행동을 편향시킨다.

이와 똑같은 설계가 뉴스에도 적용되었다.

이젠 인구의 상당수가 소셜 네트워크 서비스의 피드에서 뉴스를 접한다. 소셜 미디어 계정을 여러 개 가지고 있으면 계정마다 다른 성격의 피드를 받을 수 있지만, 아무도 그럴 시간이 없다. 게다가 그것은 여러분이 클릭한 약관에 위배된다. 그래서 여러분은 지능 알고리즘이 무한한 뉴스의 바닷물을 걸러 각 사람에게 가장 알맞은 최선의 뉴스를 가져다주리라 믿는 수밖에 없다.

하지만 신경제는 탐사 언론을 고사시키고 있다. 신문사에 광고료와 구독료로 흘러들던 자금의 대부분이 기술 기업 차지가 되었다. 따라서 진실하고 신망 있는 주요 뉴스 공급원은 예전에 비하면 거의 찾아보기 힘들다. 지역 탐사 보도는 거의 자취를 감췄다. 실제 탐사 작업을 하는 블로거들이 이따금 있긴 하지만, 그들이 하는 일은 논평이 고작이다.

스티브 배넌은 이렇게 주장했다. 「『뉴욕 타임스』가 존재하지 않으면 CNN과 MSNBC가 조정 화면이 될 것이다. 『허핑턴 포스트』와 나머지 모든 것은 『뉴욕 타임스』의 아류이다. (……) 그것이 우리가 파고든 틈새였다.」[*] 신경제가 떠오르기 전이었다면 이렇게 말할 수 없었을 것이다. 예전에는 (논평 언론과 구별되는) 탐사 언론이 크고 다양했다.

하지만 수많은 사람들이 넷플릭스류의 환각[**]에 빠져 뉴스 공급원이 너무 많은 것이야말로 주된 문제라고 믿는다.

탐사 언론사가 얼마 남지 않으면 저 모든, 겉보기에는 무한한 것 같은 뉴스는 어디서 올까? 보이지 않는 손, 즉 옛 금전적 동기를 통해 온다.

바이럴 게시물, 트윗, 밈의 세상은 본질적으로 현실과 동떨어져

---

[*] http://www.hollywoodreporter.com/news/steve-bannon-trump-tower-interview-trumps-strategist-plots-new-political-movement-948747.
[**] 〈종교의 탄생〉 절에서 설명했다. 넷플릭스는 AI 추천 기능을 이용하여 볼거리의 선택이 실제보다 다양하다는 환각을 일으킨다.

있으며, 대중음악처럼 귀를 즐겁게 한다. 대중음악의 사실 여부를 검증하는 사람은 아무도 없다. 하지만 이게 중요한 게 아니다. 요점은 이 콘텐츠를 제공하는 장치들이 누가 이것을 읽거나 보고 있는지 시시각각 추적한다는 것이다. 이것이야말로 중요한 진실이다. 화면에 무엇이 표시되느냐가 아니라. 똥글은 예전의 어떤 소통 방식보다 더 현실에 달라붙어 있지만, 현실이 전달되는 경로는 〈서버에서 독자에게〉가 아니라 〈독자에게서 서버로〉이다.

눈길을 끄는 콘텐츠는 매혹이 중요하지 않은 분야에서조차 매혹적인데, 그래서 상황이 혼란스럽다. 우리는 이용자의 행동 변화를 상품으로, 콘텐츠를 상품의 원료로 이해해야 한다.

귀여운 고양이, 재롱 부리는 아이, 못 미더운 뉴스 같은 온라인 세계의 표면적 콘텐츠는 상품이 아니다. 이런 것들은 원료이다. 이것들이 전부 나쁘다는 게 아니다. 나는 고양이를 좋아하고, 사람들이 공통의 관심사로 묶이는 걸 좋아한다. 이 원료에는 근사한 것이 많다.

하지만 상품은 다르다. 가장 쉽게 얻을 수 있는 선택지를 제한하여 이용자가 무언가를 하도록 하거나 믿도록 편향시키기 때문이다.

힐러리 클린턴에 대한 역겨운 가짜 이야기를 지어낸 마케도니아인들은 원료를 팔아서 돈을 벌긴 했지만, 그것을 상품으로 전환하지는 않았다.[*] 그들이 한 일은 트래픽을 끌어올리는 것이었다. 여러분에게 신발이나 커피를 판 회사들은 기술 기업에 광고료를 지불한 회사들이다. 기술 기업은 문지기 역할을 했으며, 문 안에 있는 것은 여러분의 주의력이었다. 상품은 바로 여러분의 (유도된) 구매 행위였다.

* https://www.buzzfeed.com/craigsilverman/how-macedonia-became-a-global-hub-for-pro-trump-misinfo?utm_term=.ghOlzDWAQ#jj3XrKoY0.

다시 말하지만 소셜 미디어에 긍정적인 가치가 전혀 없다는 뜻은
아니다. 소셜 미디어 회사들이 자신들의 몫을 정당화하기에 충분한
가치를 창출하고 있는지도 모른다. 하지만 그렇든 아니든 문제는 (구식
신문처럼) 이용자의 주의를 잠깐 끄는 것이 아니라 온종일 끄는 것으로
그들이 돈을 번다는 것이다.[*]

　　『뉴욕 타임스』 같은 진짜 뉴스 공급원의 경우에 나는 읽고 뉴스를
접하고 그걸로 끝이다. 그 과정에서 내가 광고를 보도록 — 또한 아마도
설득당하도록 — 하는 것이 『뉴욕 타임스』의 사업 모형에 포함되어
있다면, 대단한 일이다. 하지만 하루 종일 나를 붙들어 두고 내 선택을
관리하는 것이 사업 모형이라면 진짜 뉴스는 별 쓸모가 없다. 너무 빨리
읽히기 — 소비되기 — 때문이다.

　　뉴스피드는 뉴스와 달리 나를 성마르고 불안하고 두렵고 화나게
만들어야 한다. 그것이 나를 스키너 상자에 묶어 두는 방법이다.
그곳에서는 내가 가장 쉽게 누를 수 있는 단추가 어떤 것인가를 서비스
제공 업체가 결정할 수 있다.

　　소셜 미디어의 현재 사업 모형은 이용자가 깨어 있는 시간 내내 —
심지어, 잠들지 못하는 사람이라면 한밤중에도 — 소셜 미디어가 삶의
일부가 되는 것을 전제로 한다. 진짜 뉴스와 숙고는 그 목표에 별로
부합하지 않는다.[**] 현실을 진지하게 사색하는 일은 충분한 시간을
잡아먹지 않기 때문이다.

[*] 유념해야 할 인구학적 차이가 있다. 예전 미국인들은 텔레비전을 보는 데 많은 시간을
썼으며, 그 경우에 텔레비전은 설득자보다는 관문 역할을 할 수 있다. 내 주장은 클라우드에
연결된 장치에서 더 많은 시간을 보내는 젊은 세대에 초점을 맞춘다.
[**] 이 문장은 도널드 트럼프가 당선되기 전에 썼다.

그 대신 소셜 미디어 회사는 사람들을 화나거나 불안하거나 두렵게 하여 붙잡아 두려고 한다. 이용자와 친구와 가족 사이에 끼어들어 죄책감을 일으키는 방법도 있다. 가장 효과적인 상황은 이용자가 다른 이용자와 집단으로 찬반을 다투며 괴이한 소용돌이에 빠지도록 하는 것이다. 논쟁은 결코 끝나지 않는다. 이것이야말로 요점이다.

소셜 미디어 회사들은 결코 이런 이용 패턴을 계획하거나 구현하지 않는다. 지저분한 일은 미끼를 내세워 남에게 떠넘긴다. 유독한 가짜 뉴스를 올려 푼돈을 버는 마케도니아 청년들처럼. 아니면 부수입을 올리려는 미국인들까지도.♦

기술 기업들이 이용자들에게 민감하거나 성마르거나 편집증적이거나 망상적이 되라고 요구하는 것은 분명히 아니다. 이런 눈송이♦♦ 페르소나는 명시적으로 제시된 순수한 수학적 퍼즐 ― 〈어떻게 하면 가장 많은 트래픽을 일으켜 가장 많은 시간과 주의를 차지할 수 있을까?〉 ― 에 대한 새로운 답의 부산물일 뿐이다.

소셜 미디어가 이용자들에게 무중력으로 취급되지 않고 전문적 가치의 원천으로 취급된다면 링크트인의 사례에서 보듯 똥글이 감소한다는 사실을 유념할 필요가 있다. 무중력은 쉽고 신나지만, 이용자의 본성에서 선한 천사를 (적어도 조금이나마) 이끌어 내려면 중력이 조금은 있어야 하는 듯하다.

두 반신반인의 상호 작용에 대한 스케치를 완성하려면, 기업들이 대형 컴퓨터를 이용하여 위험과 보상을 분리하는 교환소를 운영하는

♦ https://www.washingtonpost.com/news/the-intersect/wp/2016/11/17/facebook-fake-news-writer-i-think-donald-trump-is-in-the-white-house-because-of-me/.
♦♦ snowflake. 진보적인 사람들을 예민한 성격으로 치부하는 용어 ― 옮긴이주.

추세의 사례가 소셜 미디어의 무중력 사업 모형만이 아님을 짚고
넘어가야 한다. 또 다른 예로, 대침체를 일으킨 악성 주택 담보부 증권을
묶은 사람들은 자기가 무엇을 파는지 알고 싶어 하지 않았다. 이것은
구글이 자기네 검색 페이지가 2016년 미국 선거의 승리자에 대해
뭐라고 말하는지 알고 싶어 하지 않은 것과 같다(선거 이후에 최고의
화젯거리는 트럼프가 힐러리 클린턴보다 많이 득표했다는 가짜
뉴스였다). 알면 책임져야 하지만, 모르면 카지노를 운영하면서 나머지
모든 사람이 위험을 나눠 지도록 할 수 있다.

AI가 스스로를 고치도록 한다는 착각

새 반신반인이 옛 반신반인을 때려누이지 못하면 어떻게 될까? 아마도
소셜 미디어 회사들은 돈 버는 방법을 바꿔야 할 것이다. 그러지 못하면,
아무리 알고리즘을 떠받쳐 봐야 금전적 동기의 물결에 늘 쓰러지고 말
것이다.

분명히 말해 두건대, 현재의 과학적 이해 수준을 보건대 나는 윤리적
필터링이 효과가 있으리라 생각지 않는다. 그런 해법은 악용되어 더
많은 조작과 허튼소리, 부패로 전락할 것이다. 사람들을 AI로부터
보호하는 방법이 (윤리를 갖춘 알고리즘 같은) 더 많은 AI라면, 이것은
아무 조치도 취하지 않겠다는 말과 같다. 그 논리 자체가 허튼소리의
고갱이이기 때문이다. 환상의 환상일 뿐.

이 시점에는 뇌에 있는 생각을 과학적으로 기술할 방법이 없다.
언젠가 가능할지는 몰라도 아직은 아니다. 따라서 알고리즘에 윤리를
담는다는 것이 어떤 것인지는 감조차 잡을 수 없다. 현재 알고리즘이

하는 일이라고는 사람들이 하는 일을 인터넷에 퍼져 있는 인상적인 국제적 첩보 체제로 측정하여 뒤섞는 것뿐이다. 게다가 그 과정에서 수많은 사람들을 괴물로 만든다.

하지만 (논의를 위해) 이른바 인공 지능으로 똥글을 바로잡으려는 기술 기업의 시도가 대성공을 거뒀다고 가정해 보자. 똥글 필터링 알고리즘이 하도 뛰어나서 모두가 이를 신뢰하게 된다고 치자. 그렇더라도 밑바닥에 깔린 경제적 동기는 달라지지 않을 것이다.

예상되는 결과는 짜증스러운 트래픽을 유발하는 차선책이 전면에 등장하리라는 것이다. 어차피 결과는 비슷할 것이다.

차선책의 예로 러시아 정보기관이 미국 대선에 개입하다 미국 정보기관에 적발된 사건을 생각해 보라. 러시아의 방법은 단순히 똥글을 쓰는 게 아니라 위키리크스를 〈무기화〉하여 한 후보에게만 타격을 주도록 정보를 선택적으로 유포한 것이었다.

기술 기업들이 악의적인 선택적 유출을 차단하는 윤리 필터를 구현한다고 가정해 보자. 다음 수단은 주의를 붙들어 두기 위해 누군가 또는 무언가에 대한 무의식적 편집증을 일으키는 것인지도 모른다.

기업들이 이것마저 방지할 필터를 만들어 내더라도 다른 방법들이 얼마든지 기다리고 있을 것이다. 우리는 우리 사회의 통제권을 어디까지 알고리즘에 맡기고 싶은 걸까? 이 과정은 어디서 끝날까? 우리가 가짜 뉴스에 대해 조치를 취하라고 기술 기업들에 촉구하기 전에 증오 발언과 조직적 괴롭힘에 대해서도 무언가를 하라고 요구했음을 상기하라. 기업들은 일부 이용자를 쫓아내기 시작했지만, 그래서 사회가 조금이라도 온건해졌나?

어느 시점이 되면, 〈도덕 자동화가 구현되더라도〉 경제적 동기라는 옛 반신반인에게 여전히 간구해야 할지도 모른다. 현재의 소셜 미디어 경제학에 대한 대안은 분명히 있다. 이를테면 (내가 제안했듯) 사람들이 페이스북에 올리는 콘텐츠의 대가를 받고 다른 사람의 콘텐츠에 대가를 지불하며 페이스북은 수수료를 받도록 하는 방법이 있다(앞에서 설명했듯, 세컨드 라이프 같은 실험에서 시도해 본 적이 있기 때문에 실현 가능성은 이미 입증되었다).

고려할 만한 잠재적 해결책이 더 있음은 의심할 여지가 없다. 나는 실증적 접근법에 찬성한다. 우리는 (사람들의 데이터에 대가를 지급하는 것과 같은) 해법을 용기 있게 시도해야 할 뿐 아니라, 결과가 실망스럽더라도 이를 용기 있게 받아들여야 한다.

결코 포기해서는 안 된다.

인간적 체계의 인간적 활용

그렇다고 해서 보이지 않는 손이 가상의 AI 존재보다 이롭거나 그 반대라는 것은 아니다. 오히려 사람들은 이 땅의 어떤 반신반인에게서도 완벽을 기대해서는 안 된다. 이것을 더 명시적으로 정의하자면 〈다인(多人) 조직 체제〉라 할 수 있다.

우리의 정보 시대는 컴퓨터처럼 생각하는 데 능한 사람을 선호한다. 이 사고방식이 새로운 것은 아니지만, 이것은 체제에 완전히 헌신하는 것, 프로그램을 수행하는 것을 언제나 좋아하던 바로 그 사고방식이다. 이들은 사회주의 낙원, 전제주의 신정 국가, (아무도 세금을 내지 않는데 가라앉지 않는) 순수한 자유 지상주의 섬을 추구한다. 컴퓨터 프로그램처럼 생각할 수 있으면 현재 세상을 구동하고 있는 컴퓨터 프로그램을 통해 부를 거머쥘 수 있다.

인류가 생존하려면 모호함에 능하며 단일한 사회 조직 원리에 피로써 맹세하지 않은 사람도 받아들여야 한다. 종교, 시장, 정치, 클라우드 알고리즘, 사회, 법률, 집단 정체성, 국가, 교육 — 우리에게는 이 모두가 필요하며 이 중 어느 것도 완벽하지 않다. 이 모든 체제에는 공학 용어로 〈고장 모드failure mode〉가 있다. 우리가 종으로서 살아남는 유일한 방법은 자동차나 냉장고를 생각하는 것과 같은 방식으로 우리의 체제에 대해 생각하는 것이다. 가장 신뢰할 만한 체제도 — 심지어 우리의 클라우드 알고리즘조차! — 이따금 우리를 실망시킨다. 순수주의자들은 이 사실을 선뜻 받아들이지 못한다.

내가 주장했듯 언젠가 상업이 알고리즘의 균형을 더 훌륭히 맞출 수 있다면, 우리의 체제들에 대한 또 다른 견제와 균형에 대해서도 규정하고 탐구할 수 있을지도 모른다. 알고리즘이 거대 체제 중 가장 최근의 것이라고 해서 다른 체제들이 갑자기 쓸모없어지는 것은 아니다.

AI가 나머지 모든 체제를 3분 안에 파멸시킬 것이므로 우리는 자신의 임박한 운명을 정상적이고 덜 전문적인 사람보다 더 잘 〈이해〉한다며 우월감을 느끼는 것 말고는 할 일이 아무것도 남지 않았다고 단언하는 현인들이 끊임없이 쏟아진다. 하지만 그것은 책임의 방기이다. 여러분이 엔지니어라면 더더욱.

우리의 손에는 근사한 체제가 있다. 앞선 모든 세대가 우리에게 남겨 준 가치를 저버리지 않는다면, 품위 있고 지속 가능하고 첨단 기술을 갖췄으며 우리가 이제껏 상상하지 못한 모험의 발사대가 될 사회를 건설할 수 있다. 하지만 우리 엔지니어들이 그곳에 도달하려면 약간의 겸손을 배워야 할지도 모른다.

이 마지막 부분에서 나는 AI가 〈실재〉가 될 수 있을 것인가에 대해 섣불리 가정하지 않으려고 주의했다. 〈실재〉란 심오하고 일반적인 지능을 가지는 것을 의미한다. 심지어, 나처럼 의식이 실재한다고 믿는 사람에게는 의식을 가지는 것일 수도 있다. AI가 앞으로도 꽤 오랫동안 사람들에게서 빅데이터를 필요로 하든, 더 〈자립적〉이 되어 적은 양의 데이터로 작동할 수 있게 되든, 위의 논증은 달라지지 않는다.

이를테면 마이크로 지불이 기본 소득 모형에 대한 지속 가능하고 창조적이고 품위 있는 대안이 될 수 있다는 주장은 AI의 빅데이터 의존도가 줄어도 여전히 성립한다.

AI가 미래에 〈일을 모조리 대신하〉리라는 데 다들 동의하더라도, AI 알고리즘이 사람들에게 봉사하려면 여전히 사람들에게서 데이터를 수집해야 할 것이다. 인류가 지독히도 멍청하고 예측 가능해지거나 사실상 집단 자살을 저지른 것이 아니라면 말이다. 따라서 여러분이 광적인 기술 추종자여서 컴퓨터가 인간 작가들의 글을 짜깁기하지 않고서도 자신에게 이상적인 책을 써주기를 기다린다 할지라도, 그 알고리즘을 여러분에게 최적화하기 위해 여러분 자신에게서 수집된 데이터에 대해서는 보상을 받을 수 있다. 이 거래를 통해 사회에서 권력과 부가 분배될 것이며 작으나마 존엄성의 여지도 생길 것이다.

컴퓨터가 그냥 사람들을 죽일 거라는 반론이 있다는 거, 나도 잘 안다. 이런 흔한 반박을 들으면 어느새 나는 옛 리틀 후난에 가 있다. 그곳에서 나는 화염 방사기가 달린 탱크 안의 기니피그에 대해 생각해 보라고 친구들을 설득했다. 여러분은 인터넷이 이미 생명력을 얻었다고 해석할 수도 있다. 혼란의 미국 대선을 인터넷이 사람들을 쓸어 내는 수단으로 해석할 수도 있다. 하늘에서 내려와 여러분을 윽박지를 초자연적 존재론 경찰 같은 것은 없지만, 인간을 책임 있는 존재로 해석하는 것이야말로 우리에게 책임 질 기회를 부여하는 유일한 해석이다.

이 책을 세련된 미래주의에 대한 보수적 또는 전통주의적 반발로 취급하는 실수를 저지르지 말라. 미래주의 배틀이 열리면 나는 어떤 미래주의자든 누를 자신이 있다.

나의 미래주의는 진짜이고 저 많은 미래주의는 대부분 가짜이다. 과거와의 완전한 단절 — 특이점, 또는 AI의 지배 — 운운하는 미래주의는 가짜이다. 과거와의 단절은 백지에서 새로 시작한다는 것, 스스로 미개해진다는 것을 뜻할 뿐이다. 온라인에서 스스로 미개해질 수 있음은 이미 확인하지 않았던가. 어쩌면 우리 자신이 하도 미개해져서 알고리즘이 상대적으로 초지능처럼 보이게 될지도 모른다.

적어도 AI 지상주의 판타지만큼 다채로우면서도 과거로의 후퇴가 아니라 진실되게 미래를 바라보는 미래관은 부록 1 끝머리에서 제안한 매클루언 경사로만 있는 것이 아니다.

우리가 모르는 과학을 이미 안다고 가장하는 미래주의도 가짜이다. 뇌의 작동에 대한 중요한 사실을 우리가 이미 전부 안다고 말하는 사람이 있다면, 그는 가짜 미래주의자이다. 사실 그 사람은 현재라는 관념에 영원히 틀어박히려는 것이다.

AI가 이미 불가피한 길에 들어섰으며 가까운 미래에 적은 양의 데이터만 있어도 될 것이라고 — 막대한 양의 데이터를 몰래 훔쳐야 하는 것이 아니라 — 가정하는 사람을 보면 아직도 경악스럽다.

여러분이 내가 학생들에게 강의하는 것을 들으러 온다면 이 책 앞쪽에서 제시한 예를 내가 상기시키는 것을 듣게 될지도 모른다.

그것은 19세기 말이 되면 물리학의 〈완성〉이 자신만만하게
선포되리라는 예언이었다. 그 뒤로 20세기에 일반 상대성 이론과
양자장 이론이 등장했으며, 두 이론이 서로 상충하기에 우리는
물리학이 〈아직도〉 완성되지 않았음을 안다. 나는 학생들에게 과학은
무지를 자각하게 해준다고 말한다. 모르는 것을 인정할 수 없다면
과학자가 되는 것은 불가능하다.

　　우리의 운명은 상식, 다정함, 합리적 생각, 창의성 등 아직 과학
용어로 정의되지 않은 인간적 특질에 달려 있다. 언제라도 지식을
자동화할 수 있으리라는 AI 판타지가 존재하지만, 우리의 체제는 이
특질들을 〈길들이〉는 것이 고작이라는 데 모두가 동의할까? 우리의
체제가 이 특질들을 〈만들〉어 낼 수는 없을까?

　　우리 시대의 질문은 이것이다. 우리의 유혹적인 정보 체제를 꿰뚫어
보고 스스로와 세상을 정직하게 바라볼 수 있을까? 이 엉망진창에서
스스로를 건져 내기 위해서는 우리가 가장 애지중지하는 신화에조차
의문을 던져야 한다는 사실을 기술 문화가 받아들이려면 상황이 얼마나
나빠져야 할까?

감사의 글

이 책의 문구 중 일부는 존 브로크먼의 edge.org에 기고한 글이나 나의 학술 저작을 수정하여 실은 것이다. 『전체 지구 리뷰』나 『뉴욕 타임스』에 발표된 글을 수정하여 싣기도 했다.

아내 레나는 내가 이 책을 쓰는 동안 나를 뒷바라지하고 참아 줬을 뿐 아니라 암과 투병하는 동안에도 놀라운 활력과 명랑함을 잃지 않았다. 고마워, 여보!

서신 교환을 통해 몇몇 구절에 영감을 준 모린 다우드에게 감사한다.

동료애를 발휘하고 나를 지지해 준 사티야 나델라, 피터 리, 해리 셤, 그리고 마이크로소프트 리서치사의 모두에게 감사한다. 물론 이 책은 마이크로소프트의 입장을 전혀 대변하지 않는다.

〈더 섀도스〉 집필실을 제공한 메리 스위그와 스티브 스위그에게 감사한다.

늘 자상한 조언을 해주었으며 특히 집필이 1년 동안 지연되고 어려운 상황을 겪으면서도 인내심을 보인 미국판 편집자 길리언 블레이커와 영국판 편집자 윌 해먼드, 그리고 제이 맨델을 비롯한 저작권 대리인들에게 감사한다. 지칠 줄 모르고 꼼꼼하게 원고를 검토한

홀트의 엘리노어 엠브리에게 감사한다.

초고를 읽어 준 마이클 안줄로, 톰 아나우, 제러미 베일런슨, 스티븐 바클리, 모린 다우드, 조지 다이슨, 데이브 에거스, 마 곤잘레스 프랑크, 에드워드 프렝켈, 앨릭스 기브니, 켄 골드버그, 조지프 고든레빗, 레나 러니어, 매슈 머콜리, 크리스 밀크, 제인 로즌솔, 리 스몰린, 메리 스위그, 글렌 웨일에게 감사한다.

사진 출처

아래 사진을 제외하고 이 책에 실린 사진은 모두 저자가 찍은 것이다.

12쪽: 케빈 켈리 촬영. 허락하에 수록.

14쪽: © AP Photo / Jeff Reinking.

76쪽 위: © Mark Richards. 컴퓨터역사박물관Computer History Museum 제공. 아래: 이나모리 재단Inamori Foundation 제공.

160쪽: 스티브 브라이슨 제공.

194쪽: 앤 라스코 하빌 촬영. 허락하에 수록.

195쪽 왼쪽: 앤 라스코 하빌 촬영. 허락하에 수록. 오른쪽: 케빈 켈리 촬영. 허락하에 수록.

202쪽: © Linda Jacobson.

206쪽: 월트 그린리프 촬영. 허락하에 수록.

210쪽: TK

211쪽: 허락하에 복제. Copyright © 1987 Scientific American, a division of Nature America, Inc. All rights reserved.

212쪽: 댄 윈터스 촬영. 『사이언티픽 아메리칸』 제공.

215쪽: 위키미디어 공용 제공.

224쪽: © REX / Shutterstock.

264쪽: 앤 라스코 하빌 그림, 케빈 켈리 촬영. 허락하에 수록.

279쪽: © George MacKerron, used with permission.

286쪽: 허락하에 복제. Copyright © 1984 Scientific American, a division of Nature America, Inc. All rights reserved.

299쪽: © MixPix / Alamy Stock Photo.

304쪽: 앤 라스코 하빌 촬영. 허락하에 수록.

306쪽: 케빈 켈리 촬영. 허락하에 수록.

333쪽: © NASA.

336쪽: 영 하빌 촬영. 허락하에 수록.

341쪽: © AP Photo / Eric Risberg.

345쪽: © AP Photo / Oinuma.

360쪽: 케빈 켈리 촬영. 허락하에 수록.

416쪽: © Rick English Pictures.

417쪽: 앤 라스코 하빌 촬영. 허락하에 수록.

419쪽: © Douglas Kirkland / Getty Images.

찾아보기

가나 40, 135, 229

가라테 29, 30, 36

가르시아, 애너벨 347

가르시아, 제리 347

가믈란 229

가상 무릎 336

가상 세계 9, 14, 17, 38, 73, 77, 78, 82, 83, 90, 91, 100, 131, 184, 185, 207, 216, 218, 220~223, 239, 268, 270, 271, 273, 301, 308, 315, 337, 339~341, 347, 356, 357, 359, 360, 363, 365~369, 371, 373, 397, 398, 415, 416, 425, 427, 437, 441, 447, 464~467, 469, 470, 485, 486

가상 엑스선 유리 264

가상 음식 337, 338

가상 환경 316, 333, 370

가상 환경 시스템 333

가슴다리 224

가짜 11, 47, 66, 69, 84, 108, 136, 167, 221, 236, 237, 309, 376, 377, 396, 399, 498, 499, 503, 505~507, 511

가치, 태도, 생활 양식 프로그램 189, 296

갈, 란 309, 434

감각 10, 19, 26, 28, 30, 35, 82, 83, 86, 88, 166, 181, 198~200, 208, 216, 218~220, 222, 225~227, 241, 244, 272, 274, 281, 282, 315, 319, 335, 357, 366, 384, 397, 398, 450

감각 운동 거울 82

감각 운동 고리 88, 226, 227, 281, 366

감시 13, 182, 206, 211, 245, 306, 307, 344, 388, 424, 425, 475, 478

감시 알고리즘 182

개브리엘, 피터 361

개인 데이터 138

개인용 컴퓨터 202

개종의 순간 271, 272

거대 문어 144, 446

건스백, 휴고 49, 261

검열 397

검은 모자 152

게이머게이트 436, 497, 498

게이트키핑 500

게임 문화 498

게임 해커 160

겔만, 머리 131

경량 광학 장비 305

경제학 508

계획 경제 496

고릴라 재단 214, 215

고어, 앨 299, 361

고프먼, 켄(아르. 유. 시리어스) 384

공감 107, 208, 227, 244, 245, 355, 373, 404~406, 443, 456, 457

공감각 208

공감 경사로 457

공정성 원칙 125, 126

공초점 현미경 255

공화당 126

과학 17, 44, 69, 70, 72, 87, 88, 90, 91, 98, 99, 102, 108, 113, 128, 148, 160, 169, 171, 175, 176, 195, 209, 235, 237, 257, 261, 273, 274, 287, 311, 314, 316, 320, 326, 362, 367, 370, 380, 406, 408, 420, 428, 440, 449, 450, 455, 477, 488, 506, 511, 512

과학 소설 13, 49, 97, 130, 159

과학적 시각화 316

광고 21, 50, 126, 127, 136, 341, 345, 374, 398, 478, 501~504

광자 59, 84, 139, 308, 310, 311

광학대 320

광학 센서 45, 193, 322

옮긴이 **노승영** 서울대학교 영어영문학과를 졸업하고, 서울대학교 대학원 인지 과학 협동 과정을 수료했다. 컴퓨터 회사에서 번역 프로그램을 만들었으며 환경 단체에서 일했다. 〈내가 깨끗해질수록 세상이 더러워진다〉라고 생각한다. 옮긴 책으로『소셜 미디어 2,000년』,『미래는 누구의 것인가』,『노르웨이의 나무』,『(세상에서 가장 재미있는) 미국사』,『천재의 발상지를 찾아서』,『바나나 제국의 몰락』,『트랜스휴머니즘』,『나무의 노래』,『정치의 도덕적 기초』,『그림자 노동』,『테러리스트의 아들』,『새의 감각』등이 있고, 지은 책으로는『번역가 모모 씨의 일일』(공저)이 있다. 홈페이지(http://socoop.net)에서 그동안 작업한 책들에 대한 정보와 정오표를 볼 수 있다.

가상 현실의 탄생

발행일 **2018년 12월 20일 초판 1쇄**

지은이 **재런 러니어**
옮긴이 **노승영**
발행인 **홍지웅 · 홍예빈**
발행처 **주식회사 열린책들**

경기도 파주시 문발로 253 파주출판도시
전화 031-955-4000 팩스 031-955-4004
www.openbooks.co.kr

Copyright (C) 주식회사 열린책들, 2018, *Printed in Korea.*
ISBN 978-89-329-1942-3 03300

이 도서의 국립중앙도서관 출판예정도서목록(CIP)은 서지정보유통지원시스템 홈페이지(http://seoji.nl.go.kr)와 국가자료공동목록시스템(http://www.nl.go.kr/kolisnet)에서 이용하실 수 있습니다.(CIP제어번호:CIP2018039818)